清人毕沅与陕西古迹保护

陈斯亮 著

中国建筑工业出版社

作者简介

陈斯亮，男，1988年生，工学博士、考古学博士后，长安大学建筑学院建筑系主任、专业责任教授、硕士研究生导师，研究方向为建筑历史与理论、建筑遗产保护。近年来发表论文20余篇，出版《中国蜀道·建筑艺术》《为谁执笔待天真》两部专著，参与编写《中国传统建筑解析与传承·陕西卷》一书，主持或参与国家级、省部级课题10余项，承担陕西省50余处重要建筑遗产的精细化测绘工作，研究成果曾受到中央电视台“中国栈道”栏目组采访和陕西广播电视台报道。

序一

毕沅，清代著名学者，曾任陕西布政使、陕西巡抚、河南巡抚、陕甘总督、湖广总督等职，有大量史地著作和诗文存世。但对许多陕西省人来说，认识他却是从广布田间地头的石碑开始的。我的家乡在礼泉县昭陵乡（社区），儿时在菜园村、烟霞村、石马岭看到的高大石碑，不仅让我们知道了那些地方千年前的过往，也记住了题字立碑的毕沅。

近日，陈斯亮副教授将其著作《清人毕沅与陕西古迹保护》的书稿示我，怀着欣喜之情，我阅读了这部数十万字的大作，深感其寻古之精、着眼之新、考察之详。

此书是迄今为止学界首部以古代人物文物保护事迹为专题的学术著作，论述对象为清代学者型官员毕沅，他是中国传统古迹保护领域的突出代表人物，亲自主持的古迹保护实践总数居古代之冠。选择这位历史上最具代表性的人物作为研究对象，可以见微知著，进而了解古人保护不同类型古迹时的观念、流程、方法，可谓寻古究古、在准在精。

此书之视野不囿于一朝一人，其事务亦不限于史料梳理，而是将人物及其事迹置入时代背景下探讨，将每件保护案例结合整体的制度规范去考察，将古代中国与同时期西方以及近现代中国进行比较，从而产生出颇多有意义的新颖结论，也发掘了不少以往未曾重视的古代智慧，为未来的文物保护工作提供良策，诚可谓着眼颇新、视野开阔。

陈斯亮二十余岁便结集出版过诗词作品，国学基础深厚；读书期间，系统学习建筑历史和建筑遗产保护，专业功底扎实；工作期间，受托率领长安大学团队，完成陕西省古建筑类全国重点文物保护单位的精细化测绘工作，实践经验丰富。因此，此书所运用之材料，除在传统的年谱、方志之外，不仅关注奏折、典章、舆图、历史影像等稀见资料，还优先选取由考古发掘或建筑测绘所得的实物信息，强调多重信息的互证和考辨。同时，书中引注颇为规范，且留意原始文献和早期版本。这些不仅体现出作者“学有本源、论有所据”的良好学养，也为其他学者开展后续工作提供了极大便利。此书中的许多表格和分析图蕴藏着丰富信息，需要长期收集整理海量的基础资料后精心编排，非有过人毅力不能为之。譬如，此书在论述清代文物保护制度时，将重要典章中的所有相关条目清晰列举；在进行中西古今比较时，将中西方数百位人物的事迹以及不同时代的制度法规齐整列举，琳琅满目、赡而不乱；在探讨文物保护个案时，往往能将所支费用精确到毫厘，工程时间精准到月日，修缮规模细致到尺寸，并辅以生动的复原图，使古人保护古迹时的面貌历历在目。诚可谓考察极详、用功至深。

文化遗产承载着民族的深厚情感和文化智慧，历史建筑的活化利用，也体现了不同时代人们的文化意识和责任，离不开使用者的情怀和能力，也离不开当地官员的认识和担当。陕西历史渊远，文化遗产丰富。应该说，许多重要遗产保存至今，与毕沅这位古代前贤的努力密不可分。他恪尽督抚守土之责，推动乾嘉学术之风，为陕西、河南、湖北等地的文物保护做出了突出贡献，堪为今人之榜样。

本书是作者在其博士学位论文基础上拓展深化而成的，向我们论述了清代的文化遗产保护认识、利用方法和管理措施，是一部难得的学术佳作、文化佳作。我相信，这些成果不仅对现在的文物保护利用有借鉴意义，也会激发更多的学者关注中国历史文物保护传统，通过古人今人的代代薪火相传，让万千文化遗产的价值不断被发掘并彰显，绽放出的文明之光也会愈发灿烂辉煌。我也希望更多的官员和管理者能够学习先贤，守土有责，认识属地文化，保护历史遗产，弘扬优秀文化，传承文明基因，为中华优秀文化保护利用和传承做出新贡献。

谨此，祝贺《清人毕沅与陕西古迹保护》出版。

赵荣

陕西省文物局原党组书记、局长

西北大学文化遗产学院特聘教授

2022年12月23日

序二

中国古人从事建筑保护已有数千年的历史，但时至今日，围绕这方面的论述和研究依然不够充分，令人颇感遗憾。欣闻陈斯亮副教授的大作《清人毕沅与陕西古迹保护》即将出版，作为一本专著，无疑是对该领域的有益补充。

这部数十万字的学术著作，纲目清晰、图文并茂、旁征博引、文笔隽永，是研究有关古代先贤从事古迹保护极为翔实的著作。此书以清代官员毕沅为重点展开深入论述，同时梳理了清代古迹保护的观念、制度、方法，并将清代古迹保护的特征与17—19世纪西方及民国时期进行比较，尝试探索中国本土的遗产保护之道，其研究具有取材广泛、多学科交融、关注时空多维度、重视古为今用等特点，充分展示了作者的用功之深、思辨之精。

此书既适合于概览的传统文化喜好者，也适合深读的古迹保护研究者。信手泛览令人耳目清新，仔细阅读则会收获良多。书中收录了不少罕见的历史影像和舆图拓本，诸如沙畹、鲍希曼、桑原骘藏、足立喜六等人拍摄的旧照，清代《华岳庙全图》以及《重修西安城垣记》拓片、西安碑林开成石经拓片等，为了解陕西乃至中国的历史文化提供了资料。书中还呈现了许多翔实严谨、整理妥当的表格，诸如清代典章中古迹保护相关内容一览表、中国历代古迹保护重要人物及事迹表、毕沅古迹考察研究及保护实践大事年表、17—19世纪欧洲遗产保护制度法令大事一览表、民国时期与古迹保护相关的法律法规表等，为关注该领域的学者提供了大量有价值的信息。书中所提炼的若干古代智慧，诸如文化信仰构建、遗产保护中推动以工代赈、将遗产保护与国家安定紧密联系等，可为政府文物管理部门贡献良策或开拓思路。全书以论述清代为主体，同时还将近三千年的中国文物保护历史进行了扼要梳理，对观念流变、制度发展等内容做了探讨，使读者能够概要明了我国文物保护从何而来，引发将向何处迈进的思考。

陈斯亮喜好古文、古诗，对传统文化多有感悟，曾在我门下攻读博士学位。针对毕沅在传统古迹保护历史上的独特贡献及陈斯亮优良的传统文化修养，在我的提议下，经多次商讨，陈斯亮将其作为主攻方向展开了长期的探索，完成了这部书的主体部分。毕业后，该成果又经过两年多的凝练和升华，最终成书。这期间，我不仅目睹了毕沅在传统古迹保护历史上所做的贡献以及清代陕西古迹保护的方方面面被陈斯亮逐步揭示的过程，也见证了一位青年学者成长、崛起的历程。作为陈斯亮的导师，我感到欣慰和自豪：一为此书的付梓；二为秀木的成材击掌贺之！

在现代文明产物充满各个角落的当下，若要保护好城镇乡野中的文化遗产，赓续古老精神的根脉，离不开对传统古迹保护的持续探索以及对既往历史的深刻反思，唯有这样方能真正建立我们的“文化自信”。

是为序。

西安建筑科技大学特聘教授、博士生导师

2022年12月15日

目录

第三章 毕沅古迹保护事迹总述

第四章 毕沅对陕西陵墓的保护及整修

第六章 毕沅对陕西城垣的保护及整修

第七章 毕沅对其他类型古迹的保护及整修

第八章 毕沅古迹保护的基本特征、时代理念及历史地位

第九章 清代古迹保护与欧洲及民国的多维比较

第十章 清代古迹保护及毕沅事迹的现实启示

第一章 绪论

一、缘起

在全球化背景下，文化的融合与发展需要进行时空维度的观察和思考。中国文化如何在世界文明体系中贡献其独特价值，各专业领域如何挖掘传统文化智慧，成为重要的时代命题。文化遗产是人类历史的璀璨结晶，国际文化遗产保护理论体系的日益进步为文化遗产保护与利用提供了坚实保障。然而，文化遗产作为不同地域、不同文明体系中形成的独特产物，其产生原因和演进历程不断提醒我们：文化遗产来自历史并属于文化，针对它的保护方法也应当从历史与文化的深处去追索，而历史文化问题并不像科学问题那样有着普适公式或唯一正解。依托历史文化背景进行本土化的理论探讨和实践尝试❶，将会为未来的遗产保护工作提供更广阔的视野和更多可能性。

以西方遗产保护学术体系为基础的国际遗产保护共识的形成尚不足百年，从1931年《关于历史性纪念物修复的雅典宪章》[2]1-4的公布，到1964年《威尼斯宪章》[2]52-54对保护和修复原则的补充，再到1987年《华盛顿宪章》[2]128-130将遗产保护对象范围扩大到历史城镇和城区，该理论体系始终处于发展完善中，许多保护理念不断在更新和修正。由于受“西方中心论”的影响，较长时间内对于文化遗产的价值评判是基于西方文化背景的，直到1994年公布的《奈良真实性文件》中才明确指出“出于对所有文化的尊重，必须在相关文化背景之下来对遗产项目加以考虑和评判”[2]142。2007年通过的《北京文件》[2]381-385中基于东亚遗产保护的文化背景重新对真实性、完整性、重建等问题进行了反思。2000年公布的《中国文物古迹保护准则》于2015年再次修订，既是对于近年来争议较多的“文化遗产价值认识、保护原则、新型文化遗产保护、合理利用”[3]3等热点问题的集中回应，也是试图在国际共识基础上不断探索更符合中国国情的文物保护路径。事实上，**国际遗产保护理论体系之所以具有国际性和先进性，恰恰由于它是一个开放的动态系统，能够不断汲取来自各个文明的“本土理论”及“在地经验”来扩充和完善，而保护理论和实践方法的趋同反而会降低该体系的权威性及科学性。**

中国历史悠久而疆域亦广，留存的文化遗产无论数量还是质量均在世界上首屈一指，使得今日的遗产保护工作意义重大且任务艰巨。中国的文化遗产固然属于全人类，但归根结底还是中国古人所创造的，作为后代的我们有资格也有责任梳理既往的文化遗产保护经验及教训，并丰富和完善符合本国国情的文化遗产保护理论。**若试图在文化遗产保护领域获得更多的国际话语权，应该既熟悉国际规则，又能够贡献“中国理论”。**但也应认识到，如果未对中国传统的古迹保护进行细致梳理和深刻反思，不能对我们自身的文物保护优势及特色有着合理的坚持，仅仅是过

❶近年来关于“本土化”的研究在各个学科中都有所开展，但研究深度各不相同，许多问题仍有待商榷，可参见郭震旦《音调难定的“本土化”问题》[1]一文。

分强调“中国标签”而否定西方理论，则又势必陷入狭隘的民族主义中。

1．文化遗产保护的古代经验值得梳理和发掘

从历史的角度来看，各国遗产保护所留下的独特经验和深刻教训本身就是一种珍贵的“无形遗产”，值得去探寻和阐发。中国古人很早就有专门保护“古迹”的意识，并积累了大量经验和教训。尽管当时的保护理念与今日有所差异，但试图完全否认中国古人的古迹保护成就绝非明智之举，中国虽经历过无数战乱和劫掠，留存至今的世界文化遗产数量却仍然雄踞世界第一，这些文化遗产的存在就是无声的雄辩，若无明确的文物保护制度和众多刻意守护的人员，它们恐怕早已化为废墟。中国古人为保护它们耗费了千百年时光和无尽心血，但自西方建筑遗产保护理论传入后，这些保护之功却完全被归于后者，难免有失公允。产生这个悖论的原因，主要是因为我们对于古代中国有所轻视，认为当时并无相关保护理论或著作，因而不可能存在有意识的遗产保护行为。

事实上，中国自汉代以来就有保护前代帝王陵墓的传统[4]第二册391。唐宋以来，对于以往留存的陵墓、坛庙、城垣、寺观，古人都有修缮和保护的特定制度或惯例，并非任意为之。以清代为例，《大清律例》《大清会典》及清工部制定的各类则例之中都有与古迹保护相关的诸多规定，民国时期的不少制度法规实际是在此基础上修改扩充而来，某些条款甚至一直影响至今。自民国以来的文物调查工作不仅深受西方考古学田野调查方法的影响，也与中国古代为编写方志而开展的考察活动有着深厚渊源。古人数千年来的古迹保护活动为建筑遗产保护本土化理论的构建提供了丰富的实践材料，可供不断挖掘。

近年来，吴良镛[5]、王贵祥[6]、王其亨[7],[23]、王树声[8],[9]等知名学者已针对中国传统人居理念及营造方法进行了卓有成效的研究，妥善地阐释了古人的思想体系、聚居理念及营建活动，这为开展与传统古迹保护有关的后续研究奠定了可靠基础，前辈们梳理和阐发传统人居智慧的研究方法及视角亦可作为宝贵参考。目前关于文化遗产保护史实的梳理、基本问题的探讨以及“古代智慧”的发掘，仍具有值得深度研究的潜力。当然，传统古迹保护活动中也存在着颇多时代局限性和非科学性，在研究时亦应避免陷入全盘接受和无限拔高的误区。

2．文化遗产保护的“古代智慧”有待创造性转化

20世纪以来的百余年是人类社会变革最剧烈的一段时期，文化遗产保护面临更多新问题和各种挑战，但这并不意味着古人所留下的宝贵经验和深刻思考对于今日毫无意义。费孝通曾指出：“文化的改革并不能一切从头做起，也不能在空地上造好了新形式，然后搬进来应用。文化改革是推陈出新，新的得在旧的上边改出来。历史的绵续性确是急求改革的企图累赘。可是事实上却并不能避免这些拖住文化的旧东西、旧习惯。这些是客观的限制，只有认识限制才能得到自由。认识限制并不等于顺服限制，而是在知己知彼的

较量中去克服限制的必需步骤。”[10]125在中国高速发展的当代，习近平总书记依然特别强调“不忘历史才能开辟未来，善于继承才能善于创新”[11]，并引清人沈宗骞之名句而提倡应当“以古人之规矩，开自己之生面”[12]69,[13]。2018年印发的《关于加强文物保护利用改革的若干意见》中也提出要“坚持创造性转化、创新性发展”[14]。

进行创造性转化的前提，应首先对古人的遗产保护理念及水平做到清楚认识和客观评价，不抱偏见地审视古今。事实上，遗产保护领域中的许多重要问题，往往能从传统古迹保护中找到有启发性的案例，以供借鉴和转化。譬如，《威尼斯宪章》中对于文化遗产的“重建”行为持完全否定态度。而近年来，通过借鉴东亚地区古代司空见惯的修缮和重建案例，学界逐步认识到文化遗产的核心价值应在本国文化背景下进行探讨，因此在《奈良真实性文件》《北京文件》《中国文物古迹保护准则》中对“重建”行为重新进行了思考和评价。又如，中国古人很早就意识到要为木构古建筑设置全面的防火措施、在陵墓周边禁止放牧樵采以保持整体风貌、对建筑中易朽坏的构件定期进行加固或保养等，这与当前学界非常关注的文化遗产“预防性保护”有共通之处。这表明，不同时代和不同文明间的文化遗产保护方法有着一定共通性及转化可能性，并不是“非我即彼”那样难以调和。

可见，文化遗产保护的“古代智慧”在今日仍有深度挖掘和转化利用的价值。在尊重国际文化遗产保护体系的大前提下，不断向世界贡献具有中国特色的保护理念和方法，丰富相关理论的内涵，这不仅是中国“软实力”的体现，也是我们“文化自信”的突出反映。

因此，梳理和评价中国传统古迹保护的理论及实践，总结相关经验教训，阐发有益的“古代智慧”，并提出创造性转化思路，这是本书关注的核心问题。

3．研究对象及范围界定

清代作为中国历史上最后一个王朝，在古迹保护方面吸收了前代诸多宝贵经验，能较充分地体现中国传统古迹保护的水准和功过是非。清代中后期恰好是西方遗产保护学科迅猛崛起的关键时期，研究清代有助于将东西方进行对比以理解两者之差异。清代与民国在时序上前后衔接，也为探讨中国遗产保护的转型和国际化历程提供良好切入点。清代古迹保护的代表人物当属学者型官员——毕沅，他曾开展了20余年的古迹保护探索与实践，并留下多部相关著述，一定程度上影响了民国乃至其后的文物保护工作者。他不仅是具有独立思想的突出个体，也受到当时社会文化环境的影响，并严格遵奉清代古迹保护的基本制度，他的古迹保护事迹可反映观念、制度、方法、实践等诸多方面的问题，适合开展专门性研究。

因此，本书选取毕沅（1730—1797）在陕西等地开展的各类古迹保护活动作为主要研究对象，以清代（1644—1911）作为研究的基本时间范围，尤以乾隆朝（1736—1795）为关注重点；以陕西作为研究的基本空间范围，兼及河南、湖北、甘肃等地，在论述时还涉及古迹保护的观念、制度、方法、案例等方面。此外，本书亦将西方遗产保护和民国古物保护纳入讨论及比较的范围内，以期对清代地方古迹保护形成较全面而深入的认识。

❶不少学者以今日眼光去审视古代的"古迹"一词并试图赋予其恰当定义，如郭满认为"古迹是中国古代关于文化遗产的重要关键词。古迹是先人活动和行为的成果经过时间的洗礼，在后世人们的参与下，叠加、积淀而形成的文化遗存。它从字面意思上就将时间、空间以及人的行为整合在一起，相对完整、深刻地揭示了今天所谓'文化遗产'才具有的深刻内涵。"[48]105笔者也在本书第二章第一节中对"古迹"概念的演变进行了论述，并给出了自己对于"古迹"一词内涵的理解。

必须指出的是，古人对于"古迹"和"保护"均无明确定义，这就需要以今日之观念看待和理解古代❶。古时所谓的"古迹保护"尽管与今日的"文物古迹保护"存在一定差异，但两者无疑具有字面及语义之延续性，且在概念本质上并无分歧，因此仍可在现今"文物古迹保护"的框架内对古代问题进行研究和讨论。《中国文物古迹保护准则（2015年版）》将"**文物古迹**"定义为"人类在历史上创造或遗留的具有价值的不可移动的实物遗存，包括古文化遗址、古墓葬、古建筑、石窟寺、石刻、近现代史迹及代表性建筑、历史文化名城、名镇、名村和其中的附属文物；文化景观、文化线路、遗产运河等类型的遗产也属于文物古迹的范畴。"[3]5将"保护"定义为"为保存文物古迹及其环境和其他相关要素进行的全部活动"[3]6，凡包含在上述概念范围之内并与毕沅事迹相关的对象，均属于本书所关注和研究的范畴。此外，古人对古迹开展的某些所谓"保护"行为并不为今日遗产保护主流观念所认可，但为了更全面客观地反映当时古迹保护的方方面面，这些活动只要是出于保护之动机而开展的，亦在本书叙述及研究的范围内。

二、研究目的及意义

1．研究目的

本书旨在通过探讨毕沅于陕西等地开展的古迹保护活动，反映出当时古迹保护的观念、制度和方法，初步勾勒出清代古迹保护的基本面貌，并借助时空维度下的中西比较，客观评价中国古人在古迹保护方面的真实水平和历史地位，探寻有别于其他文明的独特点，为"古代智慧"的创造性转化提供思路，以期对当代中国遗产保护体系做出一定贡献。

2．研究意义

（1）实证意义。通过各类翔实可信的图文资料和保护案例，梳理以毕沅为代表人物的清代古迹保护之基本史实，不因主观情感而做过度拔高或贬低，尽可能真实地呈现历史面貌。研究之始不做既定假设，以期客观认识和评价我国的古迹保护历史。研究结论可为后续研究提供较可靠的基础。

（2）反思意义。通过与西方及民国的逐项对比，排除臆断和偏见，重新审视清代古迹保护的是非曲直，为其寻找合适的历史定位。同时，注重在清人的"视野"和"语境"

之下探讨古迹保护的问题[1]，于当前西方评判体系之外探索更符合当时情境的历史叙事方式，为进一步反思传统古迹保护提供帮助。

（3）借鉴意义。通过分析遗产保护的共性问题和恒久期望，发掘清代古迹保护的若干借鉴之处，探索实现“创造性转化”的方式，为当今的文化遗产保护在保护理念、法规制定、管理模式等方面提供必要参考。

[1]费孝通指出：“从它的历史背景里去分析它——这是研究文化的科学态度。再换一句话，我们得先了解每一个文化要素在当时社会中各种人生活上发生的作用；客观的叙述比依照另一时期另一社会背景去作感情上的贬褒更能帮助我们对它的了解。”[10]124-125

三、研究现状及反思

1. 针对传统古迹保护的争论与反思

目前学界普遍认为中国现代意义上的遗产保护始于清末民初[15]-[22],[23]14,[24]7。然而此前中国的传统古迹保护该如何看待，又该怎样去研究，学界尚存在较大分歧，主要分为基本否定和部分认可两类观点：

第一类观点认为真正意义上科学的文化遗产保护理论及操作方法源自西方，于近代传入中国后才算作开端。早在民国时期，梁思成先生便认为：“我国各代素无客观鉴赏前人建筑的习惯。在隋唐建设之际，没有对秦汉旧物加以重视或保护。北宋之对唐建，明清之对宋元遗构，亦并未知爱惜。重修古建，均以本时代手法，擅易其形式内容，不为古物原来面目着想。寺观均在名义上，保留其创始时代，其中殿宇实物，则多任意改观。”[25]377改革开放以后，中国逐渐与国际接轨，多数学者倾向于参考西方遗产保护的发展轨迹和评判依据，将中国的遗产保护看作受西方影响而成长起来的晚出体系，因而中国整个遗产保护史的时间上限定在清末民国。常青《关于建筑遗产保存与修复的反思》[26]、郭磊《基于西方建筑遗产保护理论视野下的我国建筑遗产保护与开发思考》[27]、张靓《从国际宪章视角论世界文化遗产保护的理论发展》[28]、陈曦《建筑遗产保护思想的演变》[29]均持此观点。史勇认为：“在漫长的中国古代，官方和民间自发开展的文物管理活动固然起到了一定成效，但是更多的文物古迹由于人为因素而遭无妄之灾。”[30]21江琳指出，“中国古代还没有形成专门的古物管理机构，古物保护的范围非常有限。”[31]34此外，许多外国学者在论述世界遗产保护历史时，往往忽略中国的历史影响。例如，尤嘎·尤基莱托的《建筑保护史》[32]全面论述了自古希腊时期以来以西方为中心的建筑保护历史，却只字未提及中国古代的遗产保护；约翰·H．斯塔布斯《永垂不朽：全球建筑保护概观》一书中在论述20世纪之前的遗产保护时也仅涉及欧洲各国[33]157–238；米歇尔·佩赛特的《古迹维护原则与务实》[34]中将欧洲的史实作为古代遗产保护史的全部精华来叙述；《建筑保护的全球视野》[35]《当代保护理论》[36]《建筑遗产的寓意》[37]等国际知名著作的表述方式也与此类似。

第二类观点对于清代及以前古迹保护的成就持部分认可态度，将清代视作现代意义上中国文物保护的孕育期，认为其对现代建筑遗产保护有所启发。陈蔚将古代建筑保护理论纳入遗产保护体系内，认为古代保护行为主要着眼于“维修和利废”[15]77。郑滨认为：“这些金石学者对中国传统文化的研究和著述，对古代文物的收集和整理，客观上起到了文物保护的作用，并对当时乃至之后的文物保护工作产生了积极而深远的影响。”[17]17但同时指出清代政府和民众仍然存在“文物保护意识的缺失”[17]17。林佳认为：“我国古代先贤对文物保护工作已有深入思考和成熟认识，对今天也有一定的参考意义。”[23]16有些学者的态度更为积极，将传统古迹保护视为可以深入反思和发掘有益价值的研究对象。如喻学才基于丰富的史料全面概括了中国古代古迹保护方面的成就并肯定其意义[240]，认为“三千年连续不断的遗产保护传统值得骄傲”[38]252“内涵丰富的遗产保护传统应该重视”[38]255“建筑遗产保护研究需要跳出建筑看建筑”[38]264，他指出传统遗产保护思想的3个来源[39]152–157和7种特征[40]159–166，还阐发了康有为[41]、梁启超[42]、张謇[43]等清末学者的遗产保护思想。朱光亚指出：“中国历史上关注自身文化遗产保护和传承的活动由来已久，且持续不断。……在建筑遗产之外的若干活动虽然不直接触及建筑遗产的修缮，但却直接影响了修缮和维护的观念形态。”[44]28并认为“清代的考据学的发展是建筑遗产相关基础学术研究的重要成就……这种学术基础和民初西学东渐后的西方的实证主义的考古学结合，揭开了中国建筑遗产研究的现代篇章。”[44]29曹永康认为“保护我国的文物古建筑，需要理清楚蕴含于建筑背后的价值观、保护观，以及在这种观念下所形成的建筑实体特征。”[45]73张黎明尖锐地指出：“西方权威遗产话语是遗产领域的‘霸权主义’”，并充斥着“西方权威话语的‘妥协’与‘伪善’”。[46]60他认为，“中西传统价值观不同导致对遗产的认知、管理与保护技术的不同”[46]60，并试图在西方评判标准之外探索属于中国遗产保护的道路。吴宗杰指出：“由于文化遗产实践长期以来受制于西方话语，虽然近年来国际上开始关注不同文化的遗产观，但体现本土传统的遗产实践方式尚未在中国被深度关注和开发。中国有‘崇古’文化，虽没有现代遗产概念，但对过去及先人遗迹的理解是极为深刻的。”[47]28并认为应当“挖掘本土话语，重建文化遗产的本土价值观和意义产生方式”。[47]28郭满通过方志材料研究了中国古代对于古迹的观念、态度和记录方法，阐发了传统古迹观念的独特意义并为相关保护行为给予自洽解释。他指出，“古人的古迹观念与今天的保护原则、真实性观念、保存观念等都存在一些差异，这些需要在小心研究、审慎批判的基础上择善而从，而不能直接照搬。”[48]105

笔者认为，应正确看待千百年来古迹保护思想及实践对于中国文化及社会的实在贡献，将其视为饱含历史意义的独立研究对象，努力排除争议。首先，对基本史实进行细致梳理，并置于当时的历史背景下进行评价；其次，客观理性地分析其对今日的借鉴意义，挖掘我们尚未了解的价值。这样不失为一种更积极的态度。

2．清代古迹保护的研究现状

目前对于清代古迹保护的系统性研究较为匮乏，但尚有若干学者结合清代的工程制度和实践案例，提及或论述了与古迹保护相关的内容。

在工程制度研究方面，吴美萍在《中国建筑遗产的预防性保护研究》一书中简述了古代与预防性保护有关的制度和措施[49]97–107；刘雨婷《中国历代建筑典章制度》一书梳理了古代与建筑工程有关的典章制度并摘录其精要者，其中涉及清代古迹保护的若干内容[50]256–278；朱顺分析了以《钦定工部则例》为代表的清代各类法规及例文，总结了当时工程营造活动的8个环节和营造法的5个特点，并评估其法律效果[51]；郭岩以《工部则例》为对象研究了清代的工程规制[52]；王华丽《清代土木营造保固制度探析》[53]、李志国和朱顺《清代"保固制度"对我国建筑质量保障制度的启示》[54]探讨了与古迹保护有重要关系的保固制度；刘志松《清"冒破物料"律与工程管理制度》[55]和程婧《物料价值则例》[56]两文对工程物料管理制度进行了研究；学界对于清代皇家建筑工程制度的研究关注度较高，代表成果有《清代宫廷建筑的管理制度及有关档案文献研究》[57]《论清代宫廷建筑工程建设程序及其档案内容》[58]《清代惠陵工程处的建制与职能》[59]《从清代晚期算房高家档案看皇家建筑工程销算流程》[60]《陵寝工程中的赔修制：以清东陵裕陵隆恩殿为例》[61]等。

在实践案例研究方面，代表性成果有《清代定东陵建筑工程全案研究》[62]《清代定陵建筑工程全案研究》[63]《清代灞桥建修工程考论》[64]《清乾隆四十六年至五十一年西安城墙维修工程考——基于奏折档案的探讨》[65]《乾隆五十六年潼关城工考论》[66]《清代川陕官道中栈道维修活动考述——以清宫档案为中心》[67]《乾隆时期云南之城垣修筑》[68]《论清代湖广官吏与武当山建筑维修》[69]《清景陵圣德神功碑亭修缮研究》[70]《从现存图样资料看清代晚期长春宫改造工程》[71]《清代文献记载的盘山古迹保护》[72]《明清关中地区府县城池建修研究》[73]等。

此外，还有针对清代工程档案的专门研究[74]–[78]，其中涉及少量的古迹保护内容。

上述研究成果大多关注清代皇家工程的修建和保护，对于地方古迹保护的考察和解析仍显匮乏。更注重在历史层面对工程活动进行阐发，而对于当代意义的探讨相对较少。借助历史档案和地方志作为研究资料的情况较为普遍，可作为同类研究的参考。

3．对于毕沅及其幕府的研究现状

毕沅及其幕府是清代乾嘉时期的重要学术力量，清代民国学者对于毕沅的记录和评述不少，最全面者当属毕沅幕宾史善长所撰《弇山毕公年谱》[79]，其中大量收录谕旨、奏折、文章及诗词等翔实的一手资料，与古迹保护相关的内容颇多；钱泳《履园丛话》[80]、袁枚《随园诗话》[81]和徐珂《清稗类钞》[82]等书内收录数十条关于毕沅日常事迹的记载，其中不少与收藏古物和保护古迹有关；钱大昕《太子太保兵部尚书湖广总督世袭二等轻车都尉毕公墓志铭》[83]665-670、王昶《兵部尚书都察院右都御史湖广总督赠太子太保毕公沅神道碑》[84]908-913、洪亮吉《书毕宫保遗事》[85]1036-1037以及《清高宗实录》[89]卷八百八十一至卷一千二百三十二中均涉及毕沅生平事迹，上述文献几乎皆属当时人记当时事，可信度很高。此外，毕沅事迹亦见于《清史稿》[94]10976-10978《清史列传》[95]2305-2309《碑传集》[96]卷七十三《满汉名臣传》[97]3607-3611《国朝先正事略》[98]583-587《国朝耆献类征》[99]卷百八十五《清儒学案》[100]卷八十一《兰泉学案》《清代朴学大师列传》[101]340-341《清代学者象传》[102]等书，但其中抄引转述前代文献者居多，有效信息较少。

1949年至今，学界关于毕沅的研究成果数量达70余项，以学位论文和期刊论文居多。近20年来研究热度日益增加，除关注毕沅的总体成就外，还重视他在史学、考据学、金石学、文学、艺术及古迹保护等具体方面的成就，也有对其生平的考证[103]和相关史料的汇集[104]618-629,824-860。

对于毕沅总体成就的研究，代表成果有《毕沅评传》[105]《生前幕府三千士，死后名山万卷书——毕沅幕府及其学术成就》[106]《毕沅对陕甘治绩述论》[107]《毕沅学术研究》[108]《学者督抚毕沅》[109]《毕沅及其幕僚对陕西的文化贡献》[110]《学人游幕与清代学术》一文中的"毕沅幕府"[111]94-109《乾嘉四大幕府研究》一书中的"毕沅幕府：经史之学的推进"[112]78-137《古代学者百人传》[113]299-302《清朝的状元》[114]297-303《明清状元别传》[115]60-69《毕秋帆述评》[116]以及《毕沅：学者督抚的双面人生》[117]。这些文献中涉及不少毕沅保护古迹的内容，如《毕沅评传》中论述了毕沅整修西安城垣、西岳庙、西安碑林等古迹以及编写《关中胜迹图志》《关中金石记》等书的事迹，还考证了毕沅为诸多古迹题字的情况。《毕沅对陕甘治绩述论》一文将毕沅保护古迹的功绩归纳为"踏勘名胜古迹，编纂《关中胜迹图志》；修整西安碑林，集著《关中金石记》；保护帝王陵寝，首立标志碑石；修复古建风貌，开阔观览境域。"[107]26-30《学者督抚毕沅》一书列举了毕沅对关中书院、西岳庙、周陵、西安碑林、西安城墙及荆州城墙、灞桥、太白山庙、五岳神庙、古琴台等古迹的重修或保护事迹[109]72-87；《清朝的状元》一书论述了毕沅对西安城墙、西岳庙、西安碑林的修缮或保护[114]298-300；《明清状元别传》一书列举了毕沅对周公墓、周代文武成康诸王墓、西岳庙、黄鹤楼等古迹的重修事迹[115]66-67；《毕秋帆述评》一文列举了毕沅对西安碑林、西岳庙、华清池、崇仁寺、慈恩寺的保护事迹。[116]49《毕沅：学者督抚的双面人生》一文列举了毕沅对周公墓、周代诸王墓、乾陵、茂陵、西安城墙、杨贵妃墓、西岳庙的保护事迹。[117]48上述成果中以《毕沅评传》和《学者督抚毕沅》两书关注面较广，所引资料也较为丰富，然而许多关键信息惜未能注明出处❶，部分数据也存在遗漏和讹误。其他文献中对于毕沅古迹保护的事迹普遍缺乏深入考证，往往存在人云亦云现象，论述篇幅也颇为有限。

对于毕沅史学成就方面的研究，以李金华《毕沅及其幕府的史学成就》[118]和雷传远《毕沅与乾嘉史学》[119]两文最

❶据笔者考察分析，推知马萌先生及徐耿华先生除参考《弇山毕公年谱》和各类地方志外，还使用了部分档案资料，并结合了口头采访和实地调研获得的相关信息。

为翔实，相关学者还有孙运君[120]、侯霭奇[121]、郭友亮[122]、林存阳[123],[124]、王彦霞[125]、乔治忠[126]、刁美林[127]、郭明明[128]、王雪玲[129]等，他们普遍关注毕沅在修纂地方志方面的贡献；对毕沅考据学成就的研究，黄忠怀分析了毕沅整理的史地类古籍并总结其整理文献的原则及方法[130],[131]，其他学者则对于毕沅整理的《山海经》[132]–[135]《墨子》[136]《释名》[137]–[139]《晋书》(地理部分)[140]–[142]等书的关注度较高；对毕沅金石学成就的研究，以《毕沅与金石学研究——以<关中金石记>为中心》[143]《毕沅的金石学成就考述》[144]《毕沅<关中金石记>考论》[145]等成果为代表；对毕沅文学成就的研究，代表成果有倪惠颖《毕沅幕府与文学》[146]和杨焄点校的《毕沅诗集》[147]两书，林啸[148],[149]、杨玲玲[150]、李金华[151]、朱则杰[152],[153]、侯冬[154],[155]、张亚庆[156]等学者也有相关论述，主要关注毕沅的诗歌创作过程和诗歌艺术特征等方面，也涉及重修灞桥和西岳庙等古迹的史实[148]153–163；对毕沅艺术成就的研究，《毕沅艺事研究》[158]一文全面论述了毕沅在艺术方面的事迹，其中涉及保护陵墓、整修西岳庙、重修崇圣寺、保护灵台、整修碑林等活动，《朱筠、毕沅、阮元三家幕府与乾嘉碑学》[157]一书主要着眼于毕沅在书法领域的贡献，其中涉及他为陵墓立碑和整修西安碑林的事迹，毕沅在书画鉴藏方面的突出成就也不乏研究成果。[220]–[222]

对于毕沅古迹保护方面的专门研究亦不少。《毕沅及其对陕西文物的保护》[159]一文论述了毕沅在陕期间在踏勘古迹、修整碑林、保护帝王陵墓、恢复古建风貌等方面的贡献，但并未深入探讨具体保护措施；《毕沅与陕西文物》[160]一文中概述了毕沅保护陕西文物的诸多贡献，其中涉及对碑林、华岳庙、东湖、灞桥和关中帝王陵墓等古迹的保护；《"关中文物的守护神"清代鉴藏家毕沅》[161]一文概述了毕沅生平及其对陕西文物保护的贡献，涉及书籍编纂、保护帝王陵墓、改造西安碑林、文物收藏等方面；《毕沅对陕西文化遗产保护的启示》[162]一文简述了毕沅对西安碑林和西安城墙的整修，并反思了可供当代文化遗产保护借鉴之处；殷麒鹏论述了毕沅在保护帝陵、修葺碑林、编纂志书、文物管理等方面所做的贡献[163]；林佳在论述传统文物保护时将毕沅作为代表人物进行考察[23]15–17，还认为"其保护修复原则'恢复旧观'的精神与今日已较为接近"[23]16；《陕西省志·文物志》中对毕沅的古迹保护成就评价较高，并认为"在民国以前历代陕西地方大吏中，毕沅对陕西历史文化遗产的保护贡献最大。"[173]1665–1668吴美萍简述了毕沅对陕西帝陵和西安碑林的保护及管理措施，认为他编撰《关中胜迹图志》实现了"对关中地上文物古迹的清查和立档"[49]108，并指出"这些措施都可以看作是一种预防性保护行为"[49]108。针对古迹保护个案，史红帅考证了毕沅对灞桥的修建过程[64]和对西安城墙的维修事迹[65]；南志秀论述了毕沅对富平文物古迹的保护[164]；路远[357]273–276、赵荣芳[165]论述了毕沅对西安碑林的整修过程及保护措施；刘红考察了毕沅对西汉帝陵名位的判定得失[166]；笔者也曾就毕沅为陕西陵墓立碑[167]和整修西岳庙[168]等问题进行过考证和探讨。

总体来看，尽管目前对于毕沅在古迹保护方面的研究成果数量不少，但深度尚显不足，笼统转述现象明显且信息重复度较高，研究材料主要是地方志和毕沅著作，往往遗漏档案、舆图等文献资料以及古建筑、古遗址等实物资料。此外，既有研究普遍缺乏对时代背景及相关制度的关注，更偏重罗列事件而缺少对各事件时序性和关联性的分析，探讨问题时欠缺基于统计数据的定量化分析，在时间及空间层面上开展的对比性研究也极为匮乏。上述问题导致学界难以清晰描述毕沅古迹保护的历程，也无法准确评价他在古迹保护领域的历史意义。

事实上，在论及民国以前的古迹保护时，毕沅是绝对无法回避的重要人物，而由于对毕沅及其保护成就存在明显的“认知盲区”，易造成对中国古代古迹保护的整体性“认知缺陷”或“评价偏见”。因此，对于毕沅的古迹保护事迹以及其背后的时代因素、风俗观念、制度法规等，需要有更系统深入的观察和探讨。

四、主要研究内容

本书的主要研究内容有三方面：

（1）系统梳理毕沅的古迹保护事迹、方法及措施，以毕沅在陕西等地开展的古迹保护事迹为主线，结合当时的古迹保护思想和相关制度，分析他对于不同类型古迹的保护方法和具体措施，并选取毕沅主持的保护实践案例进行详细论述，继而归纳出毕沅古迹保护的基本特征并评价其历史地位。这部分是本书的研究重点，在第三至第八章进行阐述。

（2）勾勒清代古迹保护的基本面貌，具体涉及思想观念、制度法规、机构及人员、相关学者、实践案例等多个方面，并将其与17—19世纪欧洲遗产保护进行横向对比，与民国时期的古物保护进行纵向对比，客观评价清代古迹保护的历史地位。这部分内容在第九章进行阐述。

（3）探讨毕沅事迹及清代古迹保护的现实意义，通过提供“创造性转化”思路，为今日遗产保护工作提供一定启示与借鉴。这部分内容在第十章进行阐述。

五、研究资料及研究方法

1. 研究所借助的资料

本书所借助的研究材料有6类：

（1）清代的官修典籍（以工部则例等工程类典籍为主）、宫廷档案（以上谕、奏折、题本为主）[1]、毕沅著述、地方志书、金石碑刻、文学作品、书札信件及绘画舆图[2]，用于勾勒清代古迹保护的整体面貌，梳理毕沅开展古迹保护的诸多事迹。

（2）近现代学者对于毕沅及其古迹保护的相关研究著作和论文，用于分析在文物保护方面学术界对于毕沅的认识和评价。

（3）清末民国时期的报刊、游记、摄影集和旅行指南，用于补充清代古迹保护在影像方面的缺失，并了解古迹的后续保存情况。

（4）考古发掘资料、测绘图纸及实地考察所拍摄的影像资料，用于掌握古迹的历史变化及当前现状。

（5）西方与遗产保护相关的文献及图纸，用于与清代古迹保护进行横向比较。

（6）自民国至今的法律法规、工程档案和古物保护工作记录，用于与清代古迹保护进行纵向比较。

❶遵照《中华人民共和国档案法》第五章第二十四条的规定，此类档案不可全文公布，因此本书所参考的数百件清代档案，均采用转述方式或仅引用其中部分关键信息。

❷其中，金石碑刻以大清防护唐昭陵碑和大清重修大崇圣寺碑为代表；文学作品以毕沅及其幕宾的诗文为代表；书札信件以《黄小松友朋书札》为代表；绘画舆图以《华岳庙全图》为代表。

2．主要研究方法

（1）文献研究法。利用翔实的文献资料（特别是历史档案）探讨相关问题，尽可能采用"当时人言当时事"的方法，保证论据的真实准确，通过众多事件和细节逐步勾勒出清代古迹保护的整体面貌。

（2）实地考察法。对毕沅所保护的古迹开展实地考察研究，对重要对象进行详细测绘，获取直观可靠的实物信息。

（3）定量分析法。在分析处理与古迹保护相关的信息时，尽可能利用统计的方式实现关键指标的定量化，让研究结论更具说服力，也为与西方及民国的比较研究提供数据支撑。

（4）定性分析法。在研究古迹保护思想、发展脉络、操作流程等问题时，把握研究对象的宏观属性和主要矛盾进行阐述，并结合定量分析的结果进行综合评判。

（5）归纳总结法。将历史文献（以档案、地方志、工程典籍、游记杂钞为主）、实物遗存、历史影像、古代舆图进行四位一体的综合探讨，在充分保证研究广度的基础上对成果进行有效聚合，归纳形成宏观认识。

（6）个案研究法。在研究每类古迹时，选取最具代表性的案例作为重点研究对象，理清其保护动因、保护始末、保护方法及具体措施，使得研究具有一定深度。此外，对于已消失或信息不完整的对象，结合考古资料、历史影像、文献记载进行复原研究，还原其空间布局或建筑面貌，在复原的过程中发掘和探讨更多有意义的问题。

（7）比较研究法。该方法用于横向比较清代中国与同时期欧洲的遗产保护，以及纵向比较中国清代与民国的遗产保护，通过对基本模式和关键指标的比照，能够更深刻、客观地认识和评价比较对象。

（8）交叉研究法。文化遗产保护与社会和文化息息相关，还与国家的历史状态、经济实力联系密切，有必要将其置于更广阔的背景下进行探讨，本书的研究中一定程度上涉及文化人类学、社会学、历史学、经济学等多个学科，采用交叉研究能显著降低从单一视角考虑问题而造成的主观偏袒性和不确定性。

六、研究框架

研究框架如图1-1所示。

图1-1 研究框架图（来源：自绘）

第二章

清代古迹保护的观念、时代氛围及相关典章

一、古迹观念的演变及内涵扩大化❶

“古迹”一词最早见于南朝谢灵运的《撰征赋》[48]10，但使用频次较少，到明清尤其是清代才逐渐成为常用词。宋以前的志书并无对古迹的特定分类，宋代《新定九域志》[177]中始将“古迹”独立成一门❷，明永乐十六年（1418）颁降的《纂修志书凡例》（附文30）中专门界定了“古迹”的概念并规定修志时的记录方式，此后明清方志中为“古迹”专设门目的现象日益增多而渐成定制（附表1）。值得一提的是，像《大元大一统志》《大明一统志》《大清一统志》等重要的官修地理总志中，都为“古迹”专设一门（附文31）。可见，古人对于“古迹”的认知和重视程度呈逐步增进趋势，古迹从无特定分类到列入其他门类下，再到独立成门，这反映了其概念的专门化及清晰化。

纵观“古迹”概念的发展趋势，始终离不开两个关键字——“古”和“人”。**古迹最初主要是指“人化自然”，即与古代知名人物或特殊事件相关的自然遗迹，而少数情况指古代人工物；其后指古代人工物的情况逐渐增多，指人化自然的情况相应减少。历来被纳入“古迹”的人工物必须已丧失使用功能甚至变为废墟，现世仍在使用者不可称为古迹，此含义范围在明清有所扩大，将有历史积淀而沿用至现世的人工物也称为古迹。**清代“古迹”所包含的类型也十分广泛，如雍正《陕西通志》中将宫殿、坛庙、府第、园林（含园池、薮泽）、郊坰（涉及高台、名人遗迹、石刻瓦当、古树、奇特景观、陂池、古城、古镇、古村）等类型均归为古迹。《关中胜迹图志》中将宫阙、苑囿（含第宅）、祠宇、郊邑（涉及高台、陵墓、陂池、关隘、桥梁、古城、古镇、古村）等类型归为古迹，这与今日“文化遗产”所包含的类型已有较多的类似处，但亦存在一定差异。

清代又十分推崇“胜迹”一词，有意淡化“古”的严格界限，凡古人改造之自然或创立之人工物，无论现世是否变为废墟，皆可称为胜迹。如果说古迹是更欣赏废墟的话，胜迹则更关注完整实体，所以清代画作中常将已成废墟的古迹描绘成初建时的面貌，当时古迹复建的现象也比比皆是。清人对于“胜迹”更看重体验感，更注重人与“胜迹”之间的关系。

无论是“古迹”还是“胜迹”，其形成皆来自于人事之累积，是人类各个时代的自身映射，其概念的发展反映了人们对历史时空所进行的不同思考和怀念。

需要指出的是，在清代工程领域中，“古迹”一词的界定范围较为模糊，尽管古老的陵墓、坛庙、城垣、寺观等在当时都被视作古迹，但它们实际是按各自的具体类型分别进行表述、管理和保护，并常与堤坝、桥梁等工程维修对象相提并

❶本小节内容引自笔者拙文《兴于人亦达于人——中国地方古迹的人文内涵》，局部文字有增减。

❷中国地方志中“古迹志”的发展演变轨迹，可参看黄燕生《略论方志古迹志的演进》[169]一文。

论。不过，这并不意味着官方对于“古迹”的重视不足，而是将古迹保护视作一种广泛存在且经常开展的工程活动，纳入官方工程制度的管辖和指导之下。

二、清代古迹保护的时代氛围及其高峰时期——乾隆朝

清朝自1644年入关定鼎北京，至1911年溥仪退位，历时267年。入关以来的百余年中，清朝基本始终处在消灭敌对势力和扩张领土的状态，顺治朝先后消灭大顺、大西、南明等政权；康熙朝先后平定三藩，收复台湾，击败准噶尔；雍正朝镇压青海罗卜藏丹津，又与准噶尔连年交战。这段时期清朝政府的首要任务是巩固政权，因此在军事方面最为重视。至乾隆朝，外部形势有所好转，特别是在乾隆中期平定新疆地区后几乎已无外患，数十年间人口出现历史性激增，国家财政实力也大幅提高。但自乾隆末年至光绪年间，百年时间内多次爆发起义战争，波及中国大半领土和上亿人口，使清朝国力不断转衰，其间又经历鸦片战争、中法战争、甲午战争、庚子事变等诸多外部打击，最终无力回天以至于灭亡。

清代的古迹保护活动与清朝内外部环境及自身国力密切相关，在政局相对稳定、国力相对强盛的时期，古迹保护的广泛度及实施力度往往也是颇为突出的。在清代各朝中，尤以乾隆朝（1735—1795）最为强盛富足，当时之国力雄踞亚洲第一，呈现出诸多繁荣现象：在疆域展拓方面，乾隆时期中国西部版图显著扩张，新疆、西藏等地纳入中央政府管理范围；在人口方面，六十年间天下人口翻倍，增至3亿之多[170]843–844，约为明万历时期[171]898的5倍；在财力方面，当时国库充盈，对外贸易额显著扩大，五次蠲免天下钱粮[1]；在文化方面，成功编修7亿余字的世界最大丛书——《四库全书》，形成了以考据著称的“乾嘉学派”并形成丰硕的学术成果。**乾隆朝在古迹保护方面也是最具影响力和代表性的，不仅取得了诸多成效，如颁布相关制度法令，多次修缮全国各地的陵墓、坛庙、城垣、寺观、书院等，而且还涌现出不少古迹保护代表人物，如毕沅（1730—1797）、阮元（1764—1849）、张汉（1680—1759）等。**

乾隆时期政府所面临的主要问题已由军事方面转为内政方面，因此更关注社会凝聚、文化建设和人口调配等问题。在这样的形势下，利用宽裕的经费调动闲置的劳动力并大力开展古迹保护活动，既能彰显国家形象、活跃社会文化氛围，又能解决过剩人口就业问题，还能将官员、学者、商绅、匠夫等各类人群团结起来，可谓一举多得之好事。乾隆朝便在这样的良性刺激下达到了清代古迹保护的高峰时期。以下分别从维修频次、经费支出、社会氛围、参与范围四方面对乾隆朝的古迹保护进行论述。

[1] 累计免银1.4亿两、免漕粮1200万石。

1．较高的古迹维修频次

在清代工程活动中，“修理”和“修葺”是当时最常被使用的两个关键词，它们代表一类行为，泛指针对古迹、衙署、营房、道路、河堤、船舶等开展的修缮、修复、整修、重修等各类维修工作，其中以古迹为对象开展的维修活动占较高比例。有清一代共267年，时长60年的乾隆朝占总时长的22.47%。从目前所存清代档案的数量来看，乾隆朝与古迹维修相关的档案占清代同类档案的36.79%（表2–1），古迹维修工程数量位居清代各朝之首，尤其是城垣维修类档案所占比例高达69.53%，坛庙维修类档案所占比例也约为1/3，这表明乾隆朝开展了大量的城垣维修活动，超过清代其他各时期的总和，坛庙维修活动也较为频繁。

此外，对各地古迹维修记录（主要为记载维修信息的诗文、碑记、梁记等）的抽样统计数据，也显示清代古迹维修活动以乾隆朝（1735—1795）最多，康熙朝（1662—1722）次之，嘉庆（1796—1820）、道光（1821—1850）、同治（1862—1875）各朝又次之。产生这种现象的原因，一方面是由于康熙和乾隆两朝的时间最长，开展古迹维修工程的数量会相应增加，更重要的是因为社会稳定且经济富裕，国家有更多的资金和人力投入到古迹保护活动之中。

清代与古迹维修相关的档案数量情况（来源：自制[1]） **表 2–1**

档案题名所涉及的关键字词	清代相关档案数量（件）	乾隆朝相关档案数量（件）	乾隆朝相关档案占清代同类档案比例（%）
陵/墓	3257	445	13.66
坛	2928	1127	38.49
庙	5525	1714	31.02
祠	2787	382	13.71
城垣/堡城	6842	4757	69.53
寺/观	2969	519	17.45
合计	24308	8944	36.79

2．巨额的古迹保护经费支出

乾隆朝是清代经济实力最为雄厚的时期，充盈的国库能够有效保障在全国范围内多次开展大规模古迹保护活动。乾隆朝的古迹保护经费的支出在清代各朝中位居首位（附表2）。以陕西省会西安城垣的修缮用银为例，顺治十三年（1656）仅0.2万两，乾隆四年（1739）约7.1万两，乾隆二十七年（1762）

[1] 表中纳入统计的档案包括中国第一历史档案馆及中国台湾“台北故宫博物院”已公开的内阁工科题本、朱批奏折、军机处录副奏折三大类。

❶乾隆时期的这项经费每年均超过百万两，甚至某些特大修缮工程（如修缮明代陵墓殿宇、西安城垣等工程）的单项用款已逾百万两。

❷关于中国的人均国民收入，刘光临先生估算1770年约为6.45两/年[196]附录B；刘逖先生估算1750年为3.8两/年[197]，而1800年为3.5两/年[197]；刘瑞中先生估算1750年为7.3两/年，1800年为6.7两/年[198]。结合乾隆朝的户部存银数据，笔者认为清代中国人均国民收入的高峰期当在乾隆三十五年（1770）至乾隆五十年（1785）之间，但最高不超过7.5两/年。

约1.1万两，乾隆四十八年（1783）竟高达159万余两，嘉庆十七年（1812）和道光七年（1827）皆在1万两左右。再如陕西华阴县西岳庙的修缮用银，乾隆四十二年（1777）约18万两，道光十二年（1832）约6万两，同治六年（1867）约2.9万两，其他各朝的修缮用银皆不过万两。更有甚者，乾隆三十年（1765）为修缮各省城垣曾拨银500万两[89]卷七百五十一，而咸丰十年（1860）时的户部银库全部存银尚不足118万两，其国力固不可同日而语。乾隆时期用于古迹保护的总经费尚无确切统计数据，据笔者保守估算❶，其经费约为300万—350万两/年，而乾隆时期人均实际国民收入不超过7.5两/年❷，足见当时修缮工程的规模之大和费用之巨。然而到了19世纪，由于白莲教起义、两次鸦片战争、太平天国起义、“陕甘回变”等一系列战争爆发，清政府面临军费激增和赋税实际收取区缩减的双重压力，这迫使当时的财政支出必须优先考虑直接关乎国家安危的事务，已无力在古迹保护方面投入更多经费和人力。

乾隆时期，不仅中央政府有充裕的资金进行古迹保护，各地方政府的藩库内存银也较多，可自行开展各类古迹保护工程。由于资金充裕，地方藩库的闲置存银可赏借给商绅收取利息，如乾隆朝陕西藩库内存银常年达数百万两（附表6），每年赏借后所收息银有数十万两，这些息银足以支付地方古迹的日常修缮费用，无须动用正项银两。而在咸丰朝，陕西藩库内正项银尚不足支付各类用度，难以赏借生息，各项花费皆自正项银内支出，又进一步造成藩库存银减少，如此恶性循环，使得咸丰朝财政时有捉襟见肘之困，古迹保护的相关工程也明显减少。

可见，没有强大的经济实力作为保障，古迹保护根本无法顺利开展。

3．浓重的访古考据氛围

清代前期由于“文字狱”大兴，学者多噤若寒蝉，不敢言及时事，转而从事古代典籍的整理和研究，反而取得较独特的成就。至乾隆及嘉庆时期形成了著名的“乾嘉学派”，该学派尊崇汉学，利用考据、训诂的方法校订经史，其特点是广集资料，注重客观取证和逻辑分析，与现代的科学研究方法有一定类似处，代表人物有惠栋（1697—1758）、戴震（1724—1777）、钱大昕（1728—1804）、段玉裁（1735—1815）、钱坫（1744—1806）、洪亮吉（1746—1809）、孙星衍（1753—1818）等。当时的封疆大吏如卢见曾（1690—1768）、朱筠（1729—1781）、毕沅（1730—1797）、阮元（1764—1849）等皆设有幕府，延请众多学者作为幕宾长期进行研究和编纂工作，幕府遂成为乾嘉学派的主要学术阵地。乾嘉学派重视考据，因此颇有尊古崇古之风，相关学者往往会主动寻访各地古迹和金石文物，也留下了许多诗文及考证类文章。这些研究成果大多不属于官修著作，具有较强的学术独立性，反映了清代学界关于访古考据的态度和水平。此外，乾嘉学派以外的人群也具有很强的古迹保护意识，如乾隆时期的知名旅行家张开东❶（1713—1781），他每遇到“帝寝王陵、古碑断碣、忠孝侠列之迹，则见其慷慨搜剔，唏嘘凭吊，或访其后裔，或修其祝祀，力有所限，且恳恳至于流涕。”[88]360其对于古迹保护的赤诚之心令人敬佩。

乾隆时期清政府开始重视文化建设，当时为修纂《四库全书》和《续通典》《续通志》等政书，政府主动在全国各地搜集相关资料，其中许多资料与地方古迹密切相关。乾隆三十八年（1773）二月，安徽学政朱筠建议“请兼收图谱一门。将各省所有钟铭碑刻。拓取汇选。”[89]卷九百二十六后被朝廷以容易扰民而驳回。但同年六月，陕西学政臣杨嗣曾再次建议“将陕甘通省所有历代名人石刻，令州县拓取呈送，开单附同书目一并会奏。仍严饬地方有司一例官办，如有扰累，即行参究。则历朝之名迹，不致终湮，而圣代之收罗，更为详备。”[211]乾隆皇帝批复会仔细思考此事。至乾隆三十九年（1774）十二月，浙江巡抚三宝接到军机处的要求：“三通馆赶纂《通志》全书，甚为紧要，内‘金石略’一门，各省碑版石刻及历代钟鼎尊彝俱有应行采辑之处，转饬所属摹拓汇送。”[212]可知，清政府后来同意将全国各地的重要金石碑刻制作成拓片并汇总保存，用于编写《续通志·金石略》，实际上也为这些金石碑刻建立了完整档案，此项举措可谓意义非凡。

值得一提的是，乾隆皇帝本人也特别热衷于寻访古迹，他在南巡时曾查看江南多处古迹，还专门拜谒绍兴大禹陵并行三跪九叩之礼[89]卷三百八十四。他在读书时看到陕西凤翔府“凤翔八观”的记载后颇为倾慕，特命陕西巡抚调查[213]这些遗迹“后人曾否修葺？至石碣、塑像、画壁，阅时既久，是否尚可追寻？”[330]644尤其是“凤翔八观”中的开元寺内王维所画双竹和普门寺内吴道子所绘壁画，他在40多年里多次派人寻访[210]339,[214]。传说陕西咸阳县广教寺内也存有吴道子所绘佛像，乾隆皇帝亦命人调查[215]。又如他在阅读毕沅所撰写的记录陕西山川古迹的书籍《关中胜迹图志》后，颇为赞赏，当即下谕将此书收入《四库全书》[258]3。

在这样浓重的访古考据氛围下，上至天子下至布衣学者，皆好古而尊古，喜访古与考古。从留意古迹到欣赏古迹，再到保护古迹便成为必然。尽管这其中还存有文人喜好风雅、追怀往昔的成分，但不可否认，保护古迹无疑是乾隆朝文化活动的一个重要亮点。而至清末民初，迫于内忧外患的压力，“革新”和“求变”逐渐成为主流思潮，出现了摆脱中国历史传统的呼声，甚至一度试图否定中国文化存在的意义。

4. 广泛的古迹保护参与范围

乾隆朝之前的几任政府，其主要精力放在军事和国家改革方面，因而对于古迹保护

❶张开东，湖北蒲圻（今湖北省赤壁市）人，字宾阳，号白莼，曾任蕲水（今湖北省浠水县）训导。他生性好游历，自号“海岳游人”或“五岳游人”，曾在十余年间乘坐单车观览湖北、湖南、江西、河北、山东、河南、山西、陕西等地的名山大川和人文古迹，结识了朱珪、毕沅、纪昀等许多官员。张开东文笔豪迈，平生作诗逾万首，存世著作有《白莼诗集》十六卷和《海岳集》十卷。

方面的关注尚显不足，地方官员及民众的参与性也相对较低。清代初年，仅出于政治方面的考虑而谕令守护明代皇家陵墓并保护某些古迹，以安抚汉族百姓之心。康熙中期以后由于政局相对稳定，之前订立的保护古迹的政策便日益荒弛，各地官员往往将其视为虚文，敷衍了事。例如对于古代帝王陵墓，国家虽有典章明确要求有专人守护并定期整修，顺治、康熙、雍正等多位皇帝也曾谕令各地官员悉心保护，但到乾隆初年时这些陵墓大多已残败不堪，甚至常有破坏陵墓的现象发生。

至乾隆朝，情况大有改观，乾隆皇帝各处寻访古迹，还曾8次前往山东曲阜祭拜孔子，他对于中国传统文化表现出极大的尊崇和热爱，并不遗余力地将这种观念传达给天下士民。在当时，保护地方古迹既属于官员政绩考察的一项重要指标，也是为本地留下佳政美名的好事。许多官员开始思考如何保护或修缮古迹，往往主动提出申请保护本地古迹，而非被动地接受上级部门下达的指令。当时全国各地的陵墓、坛庙、城垣、寺观都有开展保护的相关记载，也涌现出拥有不少典型事迹的官员。贡献最大者当属毕沅，他在陕西为官期间，曾整修西安碑林、为陕西百余座陵墓立碑、重修西岳庙、整修西安城垣等，这些保护工程的筹划和实施几乎都出于毕沅本心，并充分调动陕西各级官员积极参与其间。其他地区的官员也多有自发之举。兹举一例，乾隆十四年（1749），山西巡抚阿里衮得知乾隆皇帝将巡幸五台山，便上奏称："拟于射虎川、台怀镇、太原郡城三处各建行宫一所，自五台至泽州沿途庙宇、古迹应修者二十四处，五台顶各建堂宇数间，预备圣驾憩息，其五台之涌泉等寺一十八处亦量为修葺。"[216]乾隆皇帝批复："其泽州一带庙宇、古迹亦无须重修，或有经过稍近可以行幸之处，准略加黝垩、洒扫洁净，已足备观览。"[216]尽管阿里衮难免有讨好乾隆皇帝之嫌，但至少表明当时各地官员对于古迹保护的态度较为积极，而泽州地区宋金古迹云集，乾隆皇帝反对大修大改，建议尽量保持原状，这种保护理念无疑具有进步性。

可以说，乾隆朝官员在古迹保护方面的参与范围较清代其他时期都要广泛，各级官员在执行古迹保护事务时态度也更为积极主动。

三、清代与古迹保护相关的典章及操作流程

清代与古迹保护有关的典籍较多，以《大清律例》《大清会典》《清朝通典》及工部制定的各类则例最具代表性。律、典、则例三者各有侧重、互为依托，共同构建起清代的法律体系。这些典籍皆为清朝政府集中大量人力悉心编定，较全面地收录了当时的相关制度，其中涉及诸多古迹保护及修缮的要求。另外，《大清通礼》《钦定礼部则例》《钦定户部则例》也涉及少量古迹保护的内容，基本都在《大清

会典》中有所提及；清代各朝实录、圣训、上谕档、宫中档之中亦涉及若干相关内容，但较为分散。《清史稿》中也有后人利用上述文献梳理出的部分典章制度，然皆出自上述文献，故不赘述。现将代表性典籍分述如下：

1.“正刑定罪”的根本之法——《大清律例》

清朝入关后不久，于顺治三年（1646）借鉴《大明律》修成《大清律集解附例》30卷，收录律文459条及附例434条，次年颁行；康熙九年（1670）对前书进行了校正厘定，康熙二十八年（1689）另修订《现行则例》，收录例文290条；雍正五年（1727）再次修订《大清律集解附例》，收录律文436条❶及附例824条，次年颁行；乾隆五年（1740）修成《大清律例》47卷，将436条律文与1049条例文❷相配并合编为一书。此后直至清末，乾隆《大清律例》的律文始终未变，嘉、道、咸、同各朝仅对条例进行过局部修订。因此，乾隆五年本《大清律例》可谓是清代律法的突出代表，其中的礼律、刑律、工律涉及古迹保护的内容见表2-2。

❶雍正三年本《大清律集解附例》的目录将《户律・课程》部分的律文数由8条误计为18条，故实有律文436条，而非446条。

❷许多资料中误作“1409条”，而乾隆五年本《大清律例》后附记中写作“一千四十九条”，当为1049条。

❸“冒破物料”指在工程中虚报所需的物料数量，或侵吞、替换所需物料，以达到贪污钱款、物资之目的。可参看刘志松《清“冒破物料”律与工程管理制度》[55]一文。

《大清律例》中与古迹保护相关的内容一览表（来源：自制） **表2-2**

典章名称及编成时间	相关卷数及名称	相关内容
《大清律例》乾隆五年（1740）	卷十六《礼律・祭祀》	规定各州县需按期祭祀社稷、山川等神及历代圣帝、明王，还需守护当地的帝王陵墓，禁止樵采、耕种、放牧
	卷二十三《刑律・贼盗上》	规定盗陵园树木将受到惩罚，条例中规定入陵百步内须下马，在陵园内砍树、取土、取石、开窑、烧造、放火，皆当惩处
	卷二十五《刑律・贼盗下》	规定盗掘各类陵墓将受极刑，所盗财物应交还，地方官需将陵墓修葺
	卷三十四《刑律・杂犯》	规定房屋失火、纵火烧房都会追责
	卷三十八《工律・营造》	规定除抢修倒塌城垣等情况外不得擅自兴工，造作须合法度，不得冒破物料❸，在条例中规定各类修缮工程，物料价银五百两以下、工价银二百两以下者，以及物料价银五百两以上、工价银二百两以上者，应按不同的流程进行兴修、造册、核销；还规定紧急工程可预发钱粮派员修缮，物料工价二百两以内、五百两以内、一千两至两千两以内、三千两至五千两以内者，对应不同期限完工，完工后十日内呈递销算清册，十五日内该司覈算呈堂，如各阶段不遵守定期限或银两不及时交库完结者，会有相应处罚

2．“设范立制”的典章汇编——《大清会典》和《清朝通典》

《大清会典》作为清代国家的基本典章，有着极其重要的地位，康熙、雍正、乾隆、嘉庆、光绪五朝皆有编纂[1]。《大清会典》首次成书于康熙二十九年（1690），共162卷，借鉴了《明会典》的许多内容；雍正十年（1732）第二版续修完成，共250卷；乾隆二十九年（1764）第三版重修完成，共100卷，另附《大清会典则例》180卷作为更详细的补充说明，该书因收入《四库全书》而影响较大，其中涉及古迹保护的内容见表2–3；嘉庆二十三年（1818）第四版重修完成，共80卷，另附《大清会典事例》920卷；光绪二十五年（1899）第五版重修完成，共100卷，另附《大清会典事例》1220卷。清代五朝所编修的《大清会典》，其基本思想和撰写体例较为一致，只是扩充篇幅并完善事例。

《清朝通典》共100卷，乾隆五十二年（1787）修成，当时称《皇朝通典》，属于清代重要的官修典章。该书借鉴了《大清律例》和《大清会典》的内容，重在梳理各类制度的历史沿革，其中涉及古迹保护的内容见表2–3。

[1] 亦可合称为《大清五朝会典》。

乾隆《大清会典》和《清朝通典》中与古迹保护相关的内容一览表（来源：自制） **表 2–3**

典章名称及编成时间	相关卷数及名称	相关内容
《大清会典》乾隆二十九年（1764）	卷三十六《礼部·祠祭清吏司》“吉礼”条	记载各地帝王陵遣官致祭的相关规定
	卷四十五《礼部·祠祭清吏司》“中祀二”条	记载历代帝王庙及各地坛庙祭祀的相关规定
	卷七十一《工部·营缮清吏司》	记载各地坛庙应定期修缮并维护周边环境的规定
	卷七十三《工部·虞衡清吏司》	记载坛庙、陵寝在祭祀和修缮活动中准备相关器物的规定
	卷七十六《工部·屯田清吏司》	记载各地帝王陵墓日常维护和年底奏报的相关规定
	卷八十四《翰林院》	记载各地坛庙及帝王陵致祭祝文撰写的规定
附：《大清会典则例》乾隆二十九年（1764）	卷六十《礼部·仪制清吏司》	规定皇帝巡行时需致祭附近帝王陵
	卷七十五《礼部·祠祭清吏司》“祭统”条	记载纳入国家祭祀的帝王陵的名单
	卷八十二《礼部·祠祭清吏司》“中祀二”条	记载各地帝王陵需设置陵户、禁止樵牧、定期祭祀、日常清扫维护的规定
	卷一百三十七《工部·屯田清吏司》	记载各地方督抚动用存公银修理所在地帝王陵及庙并派人看护的规定

续表

典章名称及编成时间	相关卷数及名称	相关内容
附：《大清会典则例》乾隆二十九年（1764）	卷一百四十四《理藩院·理刑清吏司》和卷一百四十九《都察院五》	记载严惩盗墓的规定
	卷一百五十五《太常寺》及《太仆寺》	规定各地坛户、庙户的人数及工钱
《清朝通典》乾隆五十二年（1787）	卷十五《食货·市籴》	规定各类修建工程不必拘泥定价采办物料，承办者应按时价确估造报
	卷十六《蠲赈上·免役》	规定工程银1000两以上者在以工代赈之年兴修，1000两以下者由各州县分年修补，除土方外的费用皆由政府支出
	卷四十九《礼·吉九》、卷五十《礼·吉九》	开具各地帝王陵的名单，并规定如何致祭和守护各地帝王陵，还涉及重修历代帝王庙的记载
	卷五十六《礼·嘉六》	记载康熙皇帝南巡谒明太祖陵、乾隆皇帝南巡时申饬所到古迹如有倾圮应随宜补葺但不得妄修
	卷五十九《礼·军二》	规定皇帝亲征如遇帝王陵寝、先贤坟墓、名山大川皆需遣官致祭
	卷八十九《刑十·赦宥》	规定有罪之人可参与修造城楼以赎其罪

3．“轨物程式”的部门法规——工部各类则例

清代内务府掌管皇家工程，工部掌管皇家工程以外的各类工程，内务府及工部为各类工程事务编写了许多典章用以规范工程流程并保障质量。古迹保护在当时属于非皇家工程类事务，基本完全由工部负责，自然也需要遵守由工部制定的相应制度。

目前所存由工部或内务府编写的工程类则例80部、清册27部、做法47部、分法6部、物价及工价4部，共计164部[1]，涉及地方建筑工程、皇家建筑及园林工程、器物制作、河工水利、船舶制造等各方面，其中与古迹保护密切相关的典籍（表2-4）有1部工程做法、6部工程则例[2]以及部分附册、附则，均为工部编写。

清雍正十二年（1734）修纂而成的《工程做法》亦称《工部做法则例》，对建筑工程的样式设计、施工、用料、工限等方面做出了详细规定，属于非常具体的工程实施标准。该书影

❶根据《清代匠作则例联合目录》中内容所统计，该目录载于王世襄主编《清代匠作则例》书首。

❷乾隆十四年（1749）三和、史贻直纂50卷本《钦定工部则例》（附《乘舆仪仗做法》2卷）尚保存完好，其内容是制作各类器具、什物时用料和用工方面的要求。另外，乾隆二十四年（1759）所编的95卷本《钦定工部则例》，据载江苏师范大学藏有孤本，实际未见，书中大致内容是根据有案无例事件审核编定而成的有关器具、什物的制造要求，也涉及部分工程做法方面的要求。笔者认为乾隆二十四年本《钦定工部则例》很可能是对乾隆十四年本《钦定工部则例》的扩充本。这两书虽也属于工程则例，但与本书所关注的古迹保护内容基本无关，故不列入本书统计和研究的范围内。

响颇大，清代许多古迹修缮工程是遵照该书内制定的“清代标准”对古迹样式进行修缮和改造，这在皇帝谕令和官员奏折中常有提及。但《工程做法》中基本不收录规章条文，至乾隆朝才将以往的规章条文编修成书，形成专门记录工程制度的工程则例。

清工部所编与古迹保护及修缮相关的重要则例规程（来源：自制） **表 2-4**

修纂完成时间	则例规程名称	卷数	与古迹保护及修缮相关的内容
雍正十二年（1734）	《工程做法》（亦称《工部做法则例》）	74	主要记载各类型建筑的样式、做法、用料、工限，古迹修缮需遵照此做法，但未涉及古迹保护制度或工程流程
	《工部简明做法册》	1	附于雍正十二年《工程做法》书后，记载凡修缮各类房屋、城垣，需上报工程的缓急、原估及续估情况，并开列所修对象的具体尺寸和做法
	《城垣做法册式》	1	有单行本，也可能附于雍正十二年《工程做法》书后，记载修缮城墙时需采用的标准做法
乾隆八年（1743）	《城工事宜》	1	记载城垣各部分的建造方法和各构件的尺寸、材料、所需工匠人数
乾隆二十一年（1756）至乾隆二十九年（1764）间❶	《工部则例》	31	营缮司部分共10卷，涉及宫殿修葺、坛庙祭祀前糊饰及岁修、城垣整修及城垣管理相关禁令、修缮工程各流程注意事项等规定； 都水司部分共15卷，涉及桥梁修缮等规定
	《盛京工部则例》	1	附于乾隆《工部则例》之后，收录了盛京（今沈阳）的城垣、宫殿、坛庙、陵墓、寺院开展修缮的相关规定
嘉庆三年（1798）	《钦定工部则例》	98	营缮司部分18卷，其中城垣6卷，涉及城垣汇奏、按银数区别办理、照旧兴修、查勘、验收、保固、分赔等规定； 屯田司部分6卷，涉及陵寝坟茔的岁修、糊饰门窗、修理围墙、查勘明陵年限等规定； 书末通例部分涉及修缮工程各流程的详细规定，还涉及坛庙房屋及禁城围墙修缮工程的相关规定

❶该书中各类规定所涉及的颁布时间均不晚于乾隆二十一年（1756）。此外，该书与《大清会典则例》卷一百二十六至卷一百三十八的内容极为接近，但内容比后者略翔实，后者是将各部则例汇编后的成果，表明该书成书较乾隆二十九年（1764）编成的《大清会典则例》稍早。据此笔者认为该书应当成书于乾隆二十一年（1756）至乾隆二十九年（1764）之间。另外，嘉庆三年编成的98卷《钦定工部则例》书前所收录的奏折记载“先经臣部于雍正十二年及乾隆三十三等年将坛庙、城垣、衙署、仓廒、河工、海塘以及军装、器具各项做法、工料并各省物件价值纂辑成例。”[195]奏表明乾隆三十三年（1768）曾编成一部《工部则例》，它与32卷本《工部则例》是否为同一部书尚未可知。

修纂完成时间	则例规程名称	卷数	与古迹保护及修缮相关的内容
嘉庆二十年（1815）	《钦定工部则例》（亦称《钦定工部通例》）	142	营缮司部分22卷，其中坛庙1卷，涉及各地坛庙修缮工程等规定；城垣6卷，涉及城垣汇奏、按银数区别办理、照旧兴修、查勘、验收、保固、分赔等规定； 都水司部分66卷，涉及西安浐、灞二桥及陕西栈道岁修的规定； 屯田司部分12卷，涉及陵寝坟茔的岁修、糊饰门窗、修理围墙、查勘明陵年限等规定； 书末通例部分涉及修缮工程各流程的详细规定
嘉庆二十二年（1817）	《钦定工部续增则例》	136	营缮司部分18卷，涉及城垣砌筑、坛庙拔草、修理城工物料匠夫等规定； 料估所部分2卷，涉及城垣等修缮工程用料及用工的估算方法
	《钦定工部保固则例》	4	附于嘉庆二十二年《钦定工部续增则例》书后，规定了各坛庙殿宇、牌楼、城垣、坛庙及各类古迹内围墙、地面铺装等修缮对象的保固年限
嘉庆二十二年（1817）	《钦定工部续增则例》（亦称《工部续增做法则例》）	153	营缮司部分18卷，涉及城垣砌筑、坛庙拔草、修理城工物料匠夫等规定； 料估所部分2卷，涉及城垣等修缮工程用料及用工的估算方法； 屯田司部分9卷，涉及陵寝糊饰门窗的规定
同治九年（1870）	《城工事宜》	1	记载城垣各部分的建造方法和各构件的尺寸、材料、所需工匠人数
光绪九年（1883）	《钦定工部则例》	116	营缮司部分20卷，分为盛京三陵、宫殿、城垣、公廨、营房、仓廒、物料、工匠、保固各类； 屯田司部分10卷，涉及陵寝坟茔的糊饰门窗、岁修、修理围墙、改立禁地碣桩、陵园树木保护、防护古昔陵庙祠墓、查勘明陵年限等规定； 书末通例部分涉及修缮工程各流程的详细规定

自乾隆朝至光绪朝修成的6部工程则例，是政府将既有的事务经验筛选整理后形成较规范、可实施的成文制度。清人认为“则例”是“聚已成之事，删定编次之也”[178]序。则例之所以要不断增补和修订，是由于在工程实施中发现某些规定不完全适用，或少数工程项目并无先例可循，或物料价值和保固期限等发生变动。乾隆朝至光绪朝的6部则例的编写体例十分类似，有明显的继承借鉴关系，均是先述明工部下属的营缮司、虞衡司、都水司、屯田司及制造库、节慎库、料估所的职责和相关制度规定[1]，再列出工程通例（规定了工程流程和基本注意事项）。这6部则例中涉及的内容也大同小异，与古迹保护相关的内容主要体现在坛庙修葺、城垣修筑、陵寝保护、栈道修理等方面。工部下属的四司中，以营缮司涉及古迹保护事务最多，城

[1]中国国家图书馆藏乾隆《工部则例》中，各司次序为营缮司、屯田司、虞衡司、都水司，与其后诸书不同，且仅列出制造库和节慎库而未列料估所。另外，该书并未收录工程通例。

垣的汇奏、办理、兴修、查勘、验收、保固、分赔，以及坛庙的除草、守护等诸多事务皆归该司管理；栈道修葺等事务由都水司负责管理；陵寝坟茔的岁修、糊饰门窗、修理围墙、查勘明陵年限等事务由屯田司负责管理；重要古迹修缮工程所需工料费用的审核由料估所负责。

可以说，乾隆至光绪朝的6部工程则例为清代古迹保护工程在修缮范围、修缮原则、实施流程等方面提供了必要依据，而雍正《工程做法》则为古迹保护工程在修缮样式选择、施工方式、工程用料及工限等方面提供了可靠标准。工部所编修的这些典章制度，其核心精神是将古迹保护作为工程活动的一种，以规范的工程管理模式、近乎标准化的工程设计及施工方式对古迹进行维护和修缮。

4. 清代古迹修缮的基本流程

清代各类工程活动有着基本相似的执行流程，作为工程活动之一的古迹修缮亦遵循该流程。清代古迹修缮工程的常规流程（图2-1）可分为提案核查、勘察评估、工程准备、工程实施、后续管理五个阶段，以下分别阐述：

提案核查阶段时长通常约在一个月内，大多数情况是由古迹所在地的县级官员提出修缮申请并报送督抚批准，少数情况是由地方督抚提出修缮构想或由皇帝直接下达谕旨命修缮某些重要古迹。此前修缮古迹的档案副册（副册存地方，正册存工部）将被地方政府调出以供核查，如古迹在保固期限内损坏，则原修官员需要承担修缮费用并受到处罚[301]卷八十九。

勘察评估阶段时长一般约两三个月，也有愆延至三四年的情况。该阶段主要是根据工程重要性拣派不同级别的官员前往古迹所在地进行实地勘察❶，勘察内容主要包括：核查该处古迹是否列入本年修缮计划内；了解古迹的保存现状；提出合理的修缮方案；估算修缮工程所需费用。重要古迹的修缮由工部料估所直接派员进行费用估算，古迹修缮所需的费用超过1000两者则需由料估所审核费用明细。勘察结果、修缮方案（按规定需绘图并贴黄签标明样式、开间数、尺寸等）及估算银数需要一并整理成正、副两本估修册上报[301]卷九十二，银数在1000两以内者，需上报工部，由其下属的营缮司协同料估所共同审核评估；银数在1000两以上者，如有案可循需在年底汇奏使皇帝知悉，如无案可循需专折奏报皇帝，经批准后再转给工部，剩余流程与银数在1000两以下者相同❷。如修缮方案和估算银数需要调整，工部会将审核意见在估修册副本内批注并返还地方，地方修改后再次遣正、副两本估修册报工

❶嘉庆三年本《钦定工部则例》卷八十九记载："各省修建工程银数千两以上者，该管道府亲往勘估，千两以下者，委附近府厅、直隶州牧亲往勘估，造册结报，由布政使暨督抚核实，分别题咨兴修，工竣另委妥员查收，取结报销。如有勘估不实以及查收之员扶同徇隐者，照例参处，其工程紧要、需费浩大者，督抚等亲往覆勘办理。"[301]卷八十九

❷嘉庆三年本《钦定工部则例》卷八十九记载："各省修建一切工程动用正、杂钱粮数在一千两以上，如部中有例案可循，册档可核者，照年底汇奏事例随案咨部，于年终开单汇奏一次；其部中并无例案可循，册档可核者，各该督抚等先行专折奏准后，再将应需工料银两造册题估，工完核实造册题销。"[301]卷八十九

部审核，直至通过。勘察官员还需关注修建工程中即将拆卸的旧料是否尚可利用[301]卷九十二，原则上应尽可能使用旧料以节约成本❶。

工程准备阶段时长一般为数月至半年（大型工程可能更久），紧要工程也有边兴工边准备物料的情况。该阶段的任务是招募工匠、民夫和筹备工程物料。工匠主要负责施工，普通者就近招募，巧匠常为异地招募；民夫主要负责运送物料，基本均为就近招募。常见工程物料有木、石、砖、瓦、灰、土、杂料、颜料等若干类。工匠的工价、民夫的运价、工程物料价格在当时都有明确规定❷，在支付或采购时不得有过大偏差，费用使用时严禁官员克扣以杜绝贪污[301]卷九十二。

工程实施阶段是工程的核心环节。在开工前负责官员应根据修缮工程的规模和难易程度自行酌定工期上报工部，一旦审批通过，除遇不可抗拒情况外，需严格按照上报期限完成，否则负责的官员将受到议处。在工程实施期内，一般由负责的官员委托级别较低的官员常驻工地进行监督，负责的官员则需不时前往工地进行现场查验，以保证修缮工程的质量。

后续管理阶段中主要包括验收、核销和保固三项工作。古迹修缮工程竣工后必须经过验收，普通古迹大多由地方官员或其属官前往现场验收，重要古迹则由工部派遣之前进行勘估的官员与地方官员一同前往现场验收。验收时主要关注工程的质量、期限、费用、方案符合度等事项。核销工作规定工程验收后需及时造册上报工部及户部核销。工程册籍银数在1000两以内者，自奉文日起，内地限4个月造报，边疆地区限6个月造报；银数在10000两左右者，由总督、巡抚根据经费和造册难易程度制定限期，于期限内造报❸。保固工作根据古迹类型和修缮措施的不同有较大差异，持续时长从数年到数十年不等，其中以城垣类古迹的保固期最长（在乾隆中期后定为30年）。如在保固期限内古迹发生损毁或坍塌，原修官员会被追责和赔款，而地方官员也有义务对古迹进行日常维护。如在保固期限外，地方政府会评估古迹是否应进行下一轮修缮，即又返回此流程最初的提案核查阶段。

值得一提的是，在保护工程中涉及皇帝、工部、户部、总督、巡抚、各地官员、匠夫等各类机构及人员，工程的每个阶段都需要进行审核和判定，工程文本中凡遇到钱粮金额、物料数目以及存在“洗、补、增、注”情况的文字，则需钤盖堂印以防篡改舞弊❹。这些都反映了清代工程制度的严密和细致。

❶尽管古人也有保存旧材料的习惯，但主要是出于节约成本的目的，那些朽坏不堪使用的材料，便大多弃掷，并无专门的保护。这与今日建筑遗产保护的理念还是存在一定差异。

❷乾隆元年（1736）编成的《九卿议定物料价值》和乾隆三十三年（1768）编成的《物料价值则例》，是国家为管控物料和工资的价格而制定的基本规范，而各省甚至省内州县，也根据这些规范制定了针对本地的物料价值则例。在实际工程中，通常按照本地的物料价值则例进行物料采购和工资支付。

❸嘉庆三年本《钦定工部则例》卷九十二记载：“各项工程册籍银数在千两以内者，该州县于奉文之日起，内地限四个月造报，苗疆、海外限六个月造报。其银数在万两内外者，督抚按钱粮大小、造册难易酌定限期，严饬办理完结，统于报销时将起限、限满日期于题咨文内声明，如有逾违，即将应议职名查送吏部议处。如有实在不能依限完结之处，将缘由声明展限，若遗漏未经声明，将遗漏之员一并议处。”[301]卷九十二

❹乾隆《工部则例》记载：“雍正十三年覆准，各省工程报销册内有洗补增注，字，均用印钤盖，并于册尾将用印数目登注，其钱粮总数亦一概钤印。倘有遗漏，将造册官题参议处，誊缮书吏按律治罪。”[194]营缮清吏司·报销

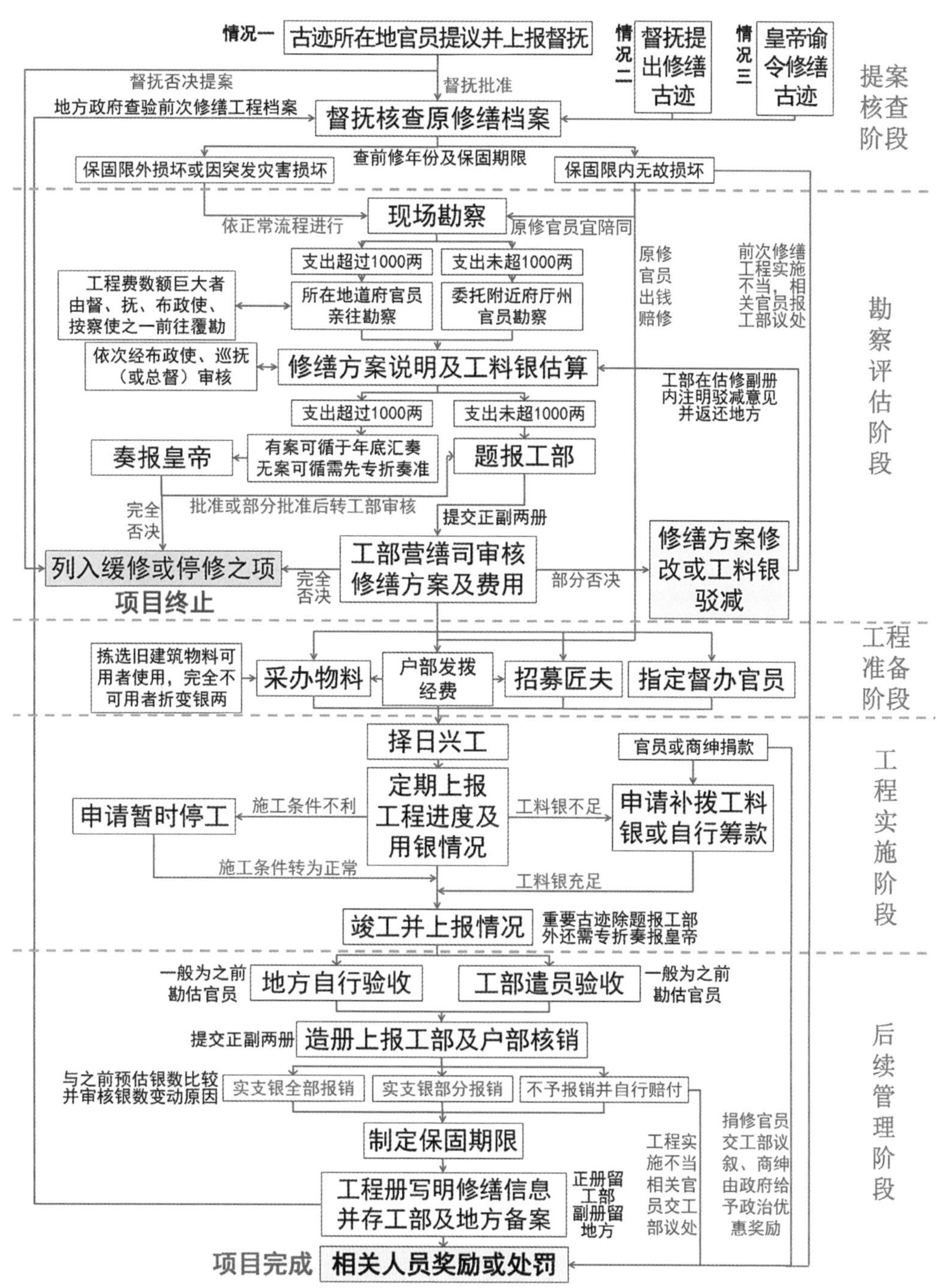

图 2-1　清代古迹修缮工程基本流程图（来源：自绘）

第三章

毕沅古迹保护事迹总述

一、毕沅及其幕府概述

1. 毕沅生平及为官经历概述

毕沅（图3-1），字纕蘅，号秋帆、弇山、灵岩山人，清代汉族官员[❶]、“乾嘉学派”代表学者之一。他一生政学兼顾，不仅治绩可观，为官期间为陕西、甘肃、河南、湖北、山东等地做出许多贡献，并且著述颇丰，与其幕府宾客共同推动了乾嘉时期的学术繁荣。

图3-1　毕沅立像（来源：叶衍兰、叶恭绰编《清代学者象传》第一集第三册）

毕沅于雍正八年（1730）八月生于江苏太仓州镇洋县（今江苏省太仓市浮桥镇），自幼父亲早逝，受其母才女张藻之教育，十二岁起先后跟从毛商岩（生卒年不详）、惠栋（1697—1758）、沈德潜（1673—1769）、张叙（1690—1776）等学者求学，乾隆十八年（1753）乡试中举，乾隆二十五年（1760）三月会试获第二名，同年五月殿试中被钦点为状元，乾隆三十二年（1767）十月补授甘肃巩秦阶道，次年九月兼署甘肃按察使；乾隆三十六年（1771）正月补授陕西按察使，五月署理陕西布政使事务；次年督理陕西军台事务，旋任陕西布政使，护理陕西巡抚印务；乾隆三十八年（1773）十一月授陕西巡抚；乾隆四十一年（1776）三月署理陕甘总督，六月回巡抚任，十一月兼署西安将军印；乾隆四十四年（1779）四月署理陕甘总督印务，十一月回巡抚任，十二月丁母忧离职；次年十月复署理陕西巡抚；乾隆四十六年（1781）十二月[❷]毕沅因甘肃冒赈案失察而被降为三品顶戴，仍办理陕西巡抚事务；乾隆四十八年（1783）二月授陕西巡抚，三月署理陕甘总督，四月回巡抚任；乾隆五十年（1785）二月因河防及赈灾之急需而调任河南巡抚；次年十月授湖广总督，仍任河南巡抚；乾隆五十三年（1788）八月任湖广总督，后多次兼署湖北巡抚；乾隆五十九年（1794）九月降补为山东巡抚；次年补授湖广总督；嘉庆二年（1797）七月病逝于任上，次年三月归葬吴县水木明瑟园[217]（今江苏省苏州市吴中区木渎镇内）。毕沅去世后不久，官府在西安城西建“毕尚书祠”以纪念他[346]410。然

❶《清稗类钞》记载：“康熙时，三藩既平，仅议定山西、陕西两抚不用汉人而已。当时汉大臣之为督抚者，本多於满人，故议用满人巡方以监察之。雍正一朝，督抚十七八皆汉军，朱批谕旨常有斥汉军卑鄙下贱之语，大书特书，殆不一见。至乾隆朝，则直省督抚满人为多，满人仕外官者，能洊至两司，则已为极品矣。及季年，各省省督抚凡二十有六缺，汉人仅毕沅、孙士毅、秦承恩三人耳。”[82]1339

❷清史善长《弇山毕公年谱》中将毕沅降为三品顶戴的时间定为十月，事实上，从乾隆四十六年（1781）十二月二十八日毕沅所上奏折中，始改称“三品顶戴办理陕西巡抚事务”并且还表示“恭谢降级留任”，因此毕沅实际降为三品顶戴的时间当在乾隆四十六年十二月下旬。

而，金无足赤、人无完人，嘉庆四年（1799）时已过世的毕沅因被发现与和珅案有牵连，加之在镇压白莲教时出现失察贻误、滥用军帑等情况，导致其家产被抄、子孙革职，《清史稿》中不无惋惜地评价道："沅以文学起，爱才下士，职事修举，然不长于治军，又易为属吏所蔽，功名遂不终。"[94]10978

2．毕沅在诸多领域取得的成就

毕沅是一位博学多才、涉猎百家的封疆大吏，他"性恬淡无他嗜好，独爱鉴别名人手迹，凡晋魏以来法书、名画、秘文、秘简暨金石之文，抉剔搜罗，吴下储藏家群推第一。勤学富著述，从少至老无一日废书，每镂布一种，远近争求，至为纸贵。"[79]598毕沅在史学（含历史地理学）、金石学、考据学、经学、文学、书法、绘画、古物收藏等诸多领域皆有很高造诣，对古迹保护领域的贡献也颇多。他虽因身居高位而公务繁杂，但一生治学求索而著述颇丰。以毕沅作为第一署名人的著作共29部（表3-1），其中撰书19部、编书2部、辑书2部、校书6部，部分成果直至他逝世尚未完全刊刻。这些著作主要是他的学术研究成果，也有少数为文学作品集或书画集。

在学术研究方面，毕沅涉猎广泛，除儒家经典外他对诸子之学及佛道两教经籍均有独到见解。这体现了毕沅具有以儒家思想为主、各种思想包容贯通的多元化思想体系，为他开展古迹保护提供了更广阔的视野和更丰富的价值评判依据。毕沅的研究成果大多是以他本人思想为核心并借助幕府宾客之力共同完成的，将文献考据的细致分析与实地调查的宝贵经验相融合，达到了乾嘉时期第一流的学术水准，代表性成果有《续资治通鉴》《关中胜迹图志》《关中金石记》《中州金石记》等。

在文学方面，毕沅十五岁即能赋诗，生涯传世诗作多达2831首❶。他与沈德潜（1673—1769）、袁枚（1716—1798）同为乾嘉诗坛之盟主，清代《乾嘉诗坛点将录》中将其比为"玉麒麟"❷[218]。毕沅一生游历天下，对于览胜访古情有独钟，许多诗作以古迹和古物为专门抒写对象。他还非常崇敬宋代文豪苏轼，自乾隆三十七年（1772）任陕西布政使以来，每逢苏轼生日他几乎都会在府内举办聚会与宾客吟诗唱和❸，可以说苏轼是毕沅在文学乃至人生方面的楷模。

在书法方面，毕沅善写隶书及行书，书风师法汉魏，他曾主导为陕西187座陵墓立碑并亲自题写隶书碑名，还编汇收录历代知名书法作品的《经训堂法书》，其书法鉴赏理论亦颇为精到，相当程度上影响了乾嘉以后百余年的书法审美倾向。

在绘画方面，毕沅自幼即学画，至老不辍，其山水及花鸟类作品虽多为临摹之作，但皆有可观❹，较高的绘画素养使得

❶笔者将杨焄整理的《毕沅诗集》内诗作情况进行统计后获得。

❷指梁山好汉中排行第二位绰号为"玉麒麟"的卢俊义。

❸史善长《弇山毕公年谱》记载："公以苏东坡先生曾任凤翔通判，故于十二月十九日生辰设祀，招宾客赋诗，始于是年。公先成七古一篇，和者十有四人，自此岁以为常。凡知名之士来幕中者，皆续咏焉。"[79]486现代学者朱则杰有相关研究[152]可供参考。

❹毕沅绘画方面的相关介绍，可参看于若溪《毕沅艺事研究》[158]56-58。

毕沅书籍中所选用的图画较同时代其他书籍更为精美。

毕沅还极为热爱古物鉴赏和收藏，他搜罗了数量众多且价值连城的青铜器、玉器、陶器❶、碑版石刻、书画作品、拓本等，知名者如周曶鼎❷、周刑叔钟❸、唐代墓志4方（高福、张昕、孙志廉、张希古四人之墓志）[219]《清明上河图》《潇湘图》《唐人月仪帖》《怀素小草千文卷》、定武《兰亭集序》宋拓本等[220],[221]，现大多藏于北京故宫博物院及中国台湾台北故宫博物院内。毕沅的这些爱好，使他在古物和古迹方面的认知水准远超过同时代的其他官员。

在古迹保护方面，毕沅一生致力于古迹的考察、研究及保护实践，成果颇丰。作为乾隆时期倡导和实施古迹保护的突出代表人物，毕沅兼有循吏、学者、文人三重身份，他对于社会、文化、政治、经济方面的领悟和见识远迈常人，更拥有非凡的毅力和耐心去实施自己的构想。他在为官期间开展了大量与古迹相关的研究和实践，不少举措至今仍对当地文物保护事业产生一定影响。

毕沅学术成果一览（来源：自制❹） **表 3–1**

成果创作方式	书名	卷数	成书或刊刻年代
撰	《关中胜迹图志》	30❺	乾隆四十一年（1776）
	《关中金石记》	8	乾隆四十六年（1781）
	《乐游联唱集》（合作）	2	乾隆四十七年（1782）
	《夏小正考注》	1	乾隆四十八年（1783）
	《老子道德经考异》	2	乾隆四十八年（1783）
	《经典文字辨证书》	5	乾隆四十八年（1783）

❶《履园丛话》载："至四十八、九年间，镇洋毕秋帆先生为陕西巡抚，尝著《关中金石记》，采瓦当文字十余种入记中。幕府诸客，如张舍人埙、宋孝廉葆醇、赵文学魏、钱别驾坫、俞太学肇修所获瓦当最多。"[80]26

❷《履园丛话》载："镇洋毕秋帆先生巡抚陕西时得此鼎，高汉尺二尺四寸，周四尺八寸，两耳，三足，中有铭文二十四行，共计四百又三字。……余尝请于先生，盍送曲阜孔庙，供奉殿庭，垂之千古乎。卒未果，惜哉！"[80]19可惜此鼎后毁于兵火，仅有拓本存世。

❸《履园丛话》载："秋帆先生家又有邢叔钟一具，高汉尺五尺二寸，前后面俱十二乳，满身青绿，间有朱砂斑，真宝物也。铭文四行，剥蚀过半，惟有'刑叔母曰：觯叔文祖皇考，对扬乃德，得屯乍鲁永终于吉。毋不敢弗帅用文祖皇考'三十二字尚可辨，因名之曰邢叔钟。此器曾开贡单奏进，以斤两太重，难于抬运，入乾清门，而侍卫内监又不敢据以进宫，遂发还。先生殁后，家产入官，不知此钟犹在人间否也。"[80]19

❹本表内未收录《山左金石志》一书，该书虽署毕沅之名，但实际毕沅并未参与撰写。孟凡港经考证认为"《山左金石志》虽题为毕沅、阮元同撰,实乃阮元及其幕友朱文藻、何元锡、武亿、段松苓和赵魏所修,毕沅仅参与了《山左金石志》编纂条例的商订以及提供自己所藏彝器、钱币、印章、拓片等金石资料而已,纂修工作由阮元组织完成。"[223]17另外，《弇山毕公年谱》中称毕沅尚有100卷的《湖广通志》（实为《湖北通志》）和100卷的《史籍考》两书[79]598，然而此二书实为毕沅延请章学诚所编写且不久后散佚，故本表内未收录。

❺灵岩山馆刻本为30卷，四库全书本为32卷。

成果创作方式	书名	卷数	成书或刊刻年代
撰	《说文解字旧音》	1	乾隆四十八年（1783）
	《音同义异辩》	1	乾隆四十九年（1784）
	《晋书地理志新补正》	5	乾隆四十九年（1784）
	《中州金石记》	5	乾隆五十二年（1787）
	《灵岩山人诗集》	40[1]	乾隆五十八年（1793）
	《五溪筹笔集》	1	乾隆六十年（1795）
	《采芑集》	1	嘉庆元年（1796）
	《五溪筹笔续集》	1	嘉庆二年（1797）
	《续资治通鉴》	220 （毕沅生前仅刻103卷）	嘉庆二年（1797）初刻未足， 嘉庆六年（1801）补刻
	《灵岩山人文集》	8	毕沅生前未刊刻[79]598
	《河间书画录》	4	
	《三楚金石记》	3	
	《陕甘资政录》	不详（已佚）	不详（已佚）
编	《吴会英才集》	24	乾隆五十年（1785）
	《经训堂法书》	12	乾隆五十四年（1789）
辑	《晋太康三年地记》	1卷	乾隆四十九年（1784）
	《晋书·地道记》	1卷	乾隆四十九年（1784）
校	《山海经新校正》	18	乾隆四十六年（1781）
	《墨子》（校注）	16 （附篇目考1卷）	乾隆四十八年（1783）
	《三辅黄图》	6 （附补遗1卷）	乾隆四十九年（1784）
	《长安志》	20 （附元代李好文 《长安志图》3卷）	乾隆五十二年（1787）
	《吕氏春秋新校正》	26	乾隆五十四年（1789）
	《释名疏证》	8 （附补遗1卷、 续释名1卷）	乾隆五十四年（1789）
清人集结	《灵岩山馆文钞》	不分卷	清抄本（后人集结）

❶该书以40卷刻本为常见版本，另有21卷刻本。

3．毕沅幕府对古迹保护的重要支持

按清代惯例，总督、巡抚等地方高级官员需要自出经费聘任幕宾（亦称幕僚），为其出谋划策和处理相关事务，以维持其行政机构的正常运转。这些幕宾的层次水准实际也反映了幕主在政治和学术等方面的个人倾向。

毕沅幕府是乾嘉时期最具盛名的学术幕府之一，与卢见曾、朱筠、阮元等幕府齐名。毕沅礼贤下士且独具慧眼，不惜重金聘请天下名士参与其学术研究。洪亮吉称“公爱士尤笃，闻有一艺长，必驰币聘请，惟恐其不来，来则厚资给之”[85]1037。据考证，受毕沅礼遇和资助的学者达85人之多[146]43-53。

毕沅幕府网罗了当时众多学者，其中不乏名士鸿儒，如章学诚（1738—1802）在史学、方志学领域享有盛名，代表作有《文史通义》《校雠通义》《史籍考》[1]等；孙星衍（1753—1818）在经学、金石学、目录学方面有突出贡献，代表作有《尚书古今文注疏》《寰宇访碑录》《金石萃编》等；洪亮吉（1746—1809）在历史地理学、经学、训诂学、文学方面颇有成就，曾参与编修《清高宗实录》，代表作《卷施阁诗文集》；武亿（1745—1799）、张埙（生卒年不详）、赵魏（1746—1825）在金石学领域成果丰硕，相关著作有《偃师金石记》《安阳县金石录》《张氏吉金贞石录》《竹崦庵金石目》等；钱坫（1744—1806）和邓石如（1743—1805）在书法篆刻领域颇有建树，他们共同将清代篆书艺术水准推向高峰；严长明（1731—1787）在金石学、史学方面颇有造诣，曾任《通鉴辑览》《一统志》《热河志》等书纂修官；段玉裁（1735—1815）在训诂学、经学方面为当时杰出代表人物，其著作《说文解字注》至今仍有很大影响力；江声（1721—1799）精于经学、文字学及历法，著有《尚书集注音疏》《六书说》《恒星说》等；庄炘（1735—1818）在训诂学、音韵学方面有独到见解；邵晋涵（1743—1796）为知名史学家及经学家，其所著《尔雅正义》是清人重新注疏儒家经典的开山之作；汪中（1745—1794）和史善长（1750—1804）在文学及史学等方面均有贡献，汪中为清代“扬州学派”代表人物之一，曾受聘检校《四库全书》，史善长则为毕沅编写《弇山毕公年谱》；程晋芳（1718—1784）、钱泳（1759—1844）、吴泰来（1722—1788）、王复（1747—1797）、杨芳灿（1754—1816）等学者在文学方面贡献较大，留下了《蕺园诗集》《履园丛话》《砚山堂集》《树萱堂》《真率斋稿》等著作。**上述学者因受毕沅的延揽资助而可专心治学遂终成当世名家，而他们也在古籍整理、著作撰写、方志编修、古迹保护实践等诸多方面襄助毕沅实现了其宏伟抱负。在这样彼此支持和紧密配合的良好氛围下，毕沅幕府取得了耀眼的学术成就。**

在古籍整理方面，毕沅的幕宾们于经学、小学、史地、诸子等多个领域各有专长，他们为毕沅开展相关研究提供了巨大支持。毕沅对现存最早的历书《夏小正》进行了考注，由于涉及历法和文字学等知识，幕宾江声对其帮助甚大；毕沅的《经典文字辨证书》

[1] 章学诚受毕沅委托而担任《史籍考》主编并开展了大量工作，但最终未能刊刻成书。

《说文解字旧音》《音同义异辩》《释名疏证》等书极大地推动了清代文字学、音韵学及训诂学的发展，其校勘工作实由江声负责；毕沅将当时几乎难觅其踪的《三辅黄图》和《长安志》重新校刻，请精于史地的洪亮吉和汪照协助辑校；毕沅借助其他古籍将原书已佚的《晋太康三年地记》《晋书·地道记》辑出，洪亮吉和孙星衍亦参与其事；毕沅将奇书《山海经》作为有价值的地理学著作来仔细校订，参与的幕宾有严长明、钱坫、孙星衍、方正澍等人；毕沅还重新发掘了久为世人所忽略的《墨子》《道德经》《吕氏春秋》等诸子类书籍的价值，请孙星衍、洪亮吉、梁玉绳等幕宾校勘。

在著作撰写方面，毕沅的各项主要著作几乎都离不开幕宾们的鼎力协助，他们在资料搜集和文本撰写方面发挥了不可忽视的作用。以下择要举例：如220卷的鸿篇巨制——《续资治通鉴》，集结严长明、程晋芳、邵晋涵、洪亮吉、孙星衍、钱坫、章学诚等多人之力、耗时数十年才最终编成，该书在史学领域评价颇高，梁启超谓“盖自此书出而诸家续《鉴》可废矣”[202]319；又如《关中胜迹图志》的主要思想和体例为毕沅所亲定，钱坫和孙星衍则负责资料收集和内容考订；为编写《关中金石记》，严长明、钱坫、孙星衍、洪亮吉、张埙等幕宾常年跟随毕沅四处考察古迹、寻访金石碑刻和制作搜罗拓本，当时“秦中故多前代金石，而同志嗜古之士若严侍读长明、钱明经坫并在幕府，于是拓工四出，毡椎无虚日。”[203]序为完善《中州金石记》的编写，毕沅曾请严长明、武亿、孙星衍、张埙等人协助，还专门嘱咐孙星衍为他催促河南各县拓取碑石以收集资料[87]95。这些幕宾们还经常与黄易、王昶、翁方纲、钱大昕等金石学家研讨交流或相互馈赠碑石拓本，继而将不少有价值的文物信息反馈给毕沅幕府。幕府所搜集的丰富一手资料为毕沅的著作提供了重要支撑，幕府成员们的集思广益和不断研讨，也使得这些书籍体例完善且内容精详。此外，毕沅还常偕幕宾们考察古迹并联句作诗，创作了不少具有史料价值的诗文❶，杨芳灿称其“考遗经于太学，尚有残碑；寻故物于昭陵，惟余石马。温泉荒址，骧宫旧墟；韦曲风花，灞桥烟水。莫不陈之华简，纬以雄辞。今风古辙，当歌对酒之余；远迹崇情，范水模山之外。”[147]983–984

在方志编写方面，章学诚、孙星衍、洪亮吉、吴泰来、严长明、钱坫等幕宾在毕沅的授意下为各地编修地方志达20部❷（陕西11部、河南6部、湖北3部），其中不乏良志楷模。由于毕沅幕府在金石学方面有独到之处，西安、醴泉❸、淳化、韩城、澄城、鄠县、兴平、扶风、偃师等地方志中的金石志是由毕沅幕府成员独立编纂而成。这些金石志因体例得当而在后来皆独立成书，不仅扩大了学术影响，也为后世学者开展访碑活动提供了关键指引。

在古迹保护实践方面，毕沅幕府成员也给予重要支持。在毕沅对关中陵墓开展保护的数年时间里，获得吴泰来、严长明、洪亮吉、孙星衍、钱坫等幕宾的协助，不少幕宾还参与了陵墓记事碑文的撰写或题刻，如《大清防护唐昭陵碑》由毕沅

❶大部分作品收录于《乐游联唱集》中。
❷这里不计入修成未刊的乾隆《延安府志》（今已亡佚）和乾隆《湖北通志》（仅余残稿）。
❸醴泉之县名于1964年改为“礼泉”。为符合历史情境，在本书中除单纯表述现今地理位置外，其他处一律尊重古人习惯而写作“醴泉”。

撰文、钱坫篆书、孙星衍题额并摹勒，《重修唐太宗庙碑记》由洪亮吉应邀撰写；在毕沅整修西岳庙时，幕宾严长明和钱坫积极参与，钱坫还将庙内保存的汉魏以来的百余方碑刻逐一制作拓本[86]；在毕沅整修西安城垣时，钱坫承担核对、测量、销算等诸多重要事务，深为毕沅所器重；在毕沅整修碑林时，严长明、张复纯、钱坫、洪亮吉、孙星衍、吴泰来曾跟随其视察，并对如何保护以《开成石经》为代表的诸多碑石提出若干建议，吴泰来还将毕沅保护碑林的事迹以序文形式记载；在毕沅第二次计划重修灞桥时，吴泰来、严长明、孙星衍跟随其进行实地考察。这些幕宾在毕沅的古迹保护实践中提供了不少有益建议或承担实际事务，有力地支持了毕沅顺利开展古迹保护工作。

二、毕沅所处时代的陕西

陕西是清朝极为关键的战略要地，扼西部山河咽喉，为南北往来锁钥，曾是周、秦、汉、唐等十余朝定都之地，其境内保存的古迹数量众多且价值颇高。可惜的是，清代在陕西陆续发生过王辅臣之乱、白莲教起义、李蓝起义、“陕甘回变”等多次战争，许多古迹遭受严重破坏，其中以“陕甘回变”最为惨烈，在战乱中西岳庙、唐昭陵（祭坛部分）、崇圣寺等著名古迹皆遭焚毁。经历数次劫难后，目前陕西所存不可移动文物点仍多达49058❶处[173]6，堪称文物大省。

陕西是毕沅为官执政的主要地区，他在此地开展的古迹保护活动不可避免地受到了地缘环境、行政方式、经济状况、古迹存量等诸多因素的影响，以下从这四方面进行论述：

1. 乾隆时期陕西疆域及行政区划

清人自顺治朝入主中原后，经康熙、雍正、乾隆多朝不断拓展疆土，至乾隆朝中期版图达到极盛，疆域面积约1316万平方千米。陕西在顺治朝的疆域兼辖今日甘肃之地，至康熙朝以后陕甘分治，陕西疆域便基本确定。

乾隆时期的陕西北抵蒙古边塞，南至川楚，西控甘肃，东接山西、河南，为西部战略要冲。当时陕西的疆域范围与今日非常接近，但仍略有差异❷。清代陕西疆域总面积约18.85万平方千米，比今日陕西疆域面积约少1.71万平方千米。这些变动地区内除靖边县的统万城外并无重要古迹，因此对本书的研究及立论影响甚微。

清代陕西省内的二级行政单位为府、直隶州、直隶厅，三级行政单位为县、散州、散厅。雍正、乾隆、嘉庆时期多次对

❶该数据中包括近现代建筑这类文物点的数量，若不包括该类别则陕西所存不可移动文物点为45590处。

❷清乾隆时期陕西北界为明长城一线，而今日陕西北界向北推移了数十千米；今日延安市的吴起、志丹二县南部辖地以及安康市的镇坪县南部辖地，在清乾隆时期未归入陕西版图。此外，汉中市的略阳、宁强二县西部辖地边界与清乾隆时期略有出入。

省内二级行政区划进行调整。乾隆元年（1736）至乾隆四十八年（1783），陕西始终保持六府六直隶州[1]的行政格局，其后改兴安州为兴安府，遂形成七府五直隶州的格局。此外，为更好地管理偏远地区或军事要地，陕西先后设立了7个直隶厅，依次为留坝厅（乾隆三十年设）、孝义厅（乾隆四十七年设）、五郎厅（乾隆四十七年设，后改为宁陕厅）、汉阴厅（乾隆五十五年设）、定远厅（嘉庆七年设）、砖坪厅（道光二年设）、佛坪厅（道光五年设）。

❶分别为西安府、延安府、凤翔府、汉中府、榆林府、同州府、兴安州、商州、乾州、邠州、鄜州、绥德州。

2．乾隆时期陕西主要官员及其职责

乾隆时期陕西的主要文职官员有：陕甘总督（曾多次更名和改变所辖区域）、陕西巡抚、陕西布政使、陕西按察使、陕西提督学政、各道员，以及各知府、知州、同知、通判、知县（附表3）。总督、巡抚之间并无隶属关系，总督更偏于军务管理，而巡抚则更偏于民政管理。陕西全省政务主要由巡抚、布政使总体负责，府、直隶州、直隶厅等二级行政单位的政务由对应的知府、知州、同知（或通判）负责，县、散州、散厅等三级行政单位的政务由对应的知县、知州、同知（或通判）负责。

在古迹保护方面，陕甘总督很少过问其事，通常由陕西巡抚和陕西布政使对保护事务进行总体筹划，对于重要古迹的保护有时会亲自前往现场督查。各地古迹保护的具体事务多由古迹所在地的知府、知州、知县、同知、通判等官员负责。

乾隆时期历任陕甘总督共44人次，在职时间最长者为黄廷桂。历任陕西巡抚共36人次，在职时间最长者为毕沅，较长者有陈宏谋、钟音、秦承恩、巴延三。常年担任巡抚的毕沅，其作为官员的守土之责为“宣布德意，抚安齐民，修明政刑，兴革利弊，考核群吏”[94]3336，而保护境内的古迹实际与这五项职责皆有一定关联——古迹的保护能传达国家意志并彰显政府形象，能提升民众凝聚力并为他们提供更多就业机会，能传承文化并提高社会文明程度，能将损毁的旧迹复兴并革除亵渎破坏文化的行为，还能通过大型古迹保护工程实践来考察和选拔贤能的循吏。因此，对古迹的保护不仅是毕沅发自本心的行为，也是他作为地方长官的职责所在。这两者相辅相成，使毕沅的古迹保护活动比纯粹文人更务实、更关注社会效益，比普通官员更具有学术性、更充满耐心和毅力。

3．乾隆时期陕西人口、粮储及财政收入

清代初期因连年战乱，人口较明代后期锐减，到康熙中后期才开始逐步恢复，至乾隆时期进入快速增长期。自“摊丁入亩”政策实施后，瞒报人口逐渐纳入统计数据，加之社会相对稳定，民众得以蕃息[2]。从附表4可见，乾隆六年（1741）全国人口约1.434亿，

❷事实上，由于当时的人口死亡率仍然很高，稳定的政局虽然对人口蕃息有帮助，但其影响并非十分显著，陕西人口在乾隆时期增长的另一重要原因是外来移民迁入陕南地区。《清代陕甘人口研究》一文也指出：“从1776到1820的四十余年间，扣除移民因素影响，实际的人口年均增长率仅有3.0‰，这说明人口增长还是延续了那种传统的‘两高一低’的模式，即高出生率，高死亡率，低增长率。”[172]243

陕西人口约633万，占全国人口的4.41%；乾隆三十年（1765）全国人口约2.069亿，陕西人口约733万，占全国人口的3.54%；至乾隆五十八年（1793）全国人口激增至3.105亿，陕西人口也增至约852万，但仅占全国人口的2.74%。由于自然资源和经济状况所限，西北地区的人口增速远不及东南地区，使得陕西人口数在全国的比重越来越低。

乾隆时期陕西粮食充盈，但存储量波动较大，从附表5可见，其最低值出现在乾隆二十五年（1760），约存有172.2万石，该年也是陕西人均储粮数最少的年份（0.24石/人）。陕西粮储最高值出现在乾隆四十二年（1777），达到390.5万石，该年亦是陕西人均储谷数最多的年份（0.48石/人）。乾隆朝陕西粮储量常年处在全国粮储总量的7%~9%，最低时只有4.96%，但仍高于陕西人口数在全国人口数所占的比例，这表明乾隆时期陕西实际的粮食富足程度高于全国平均水准。乾隆时期因人口激增导致资源分配不足，继而引起通货膨胀、物价上涨，这在南方各省尤为明显。陕西由于粮储多而人口少，始终能维持略低于周边其他省份的粮价和必需品物价，实属难得。对于在陕西开展的各类古迹保护工程而言，较低的物价、粮价既可以显著减少建筑材料的采购费用和匠夫的工食费用，以完成更长期、更复杂的工程活动，又可利用低生活成本的优势吸引更多邻省匠夫来陕参与工程。可以说，**乾隆时期粮储充足且物价低廉的陕西为大规模动用人力开展古迹保护活动提供了必要保障。**

清代中央政府和地方政府的财政既有联系又相对独立，中央各类财政收入（含地方解运中央的银两）均存入户部银库，而地方各省财政收入的一部分按规定需解运中央户部银库，其余存贮于本省藩库（亦称司库）及道库内。从附表6可见，清代各时期的户部银库存银数波动较大，以乾隆朝最多，常年保持在3000万两以上，最多时达到8182万余两，而自嘉庆朝起，因贪腐横行及镇压各处起义等原因使得国库迅速亏空，至咸丰朝时全国财政已濒临崩溃，咸丰十年（1860）时的户部存银竟不足118万两。清代陕西藩库存银数的变动情况与此类似，乾隆朝多数年份陕西藩库存银数在百万两以上，最多时达到约433万两，而后藩库存银量迅速萎缩，至咸丰七年（1857）时仅有约8万两。

清代地方政府的主要收入来源为田赋、耗羡、杂税、盐茶课税、平余。田赋又称地丁银，属于正赋。自雍正朝“摊丁入亩”政策实行后，田赋按田地亩数而非人丁数收取，每年基本均为定额[1]。田赋大部分起运国库，少部分（通常为15%~30%）在本省存贮；杂税包括商税、地税、当税、牙税、畜税等多项，一般全部留存本省使用；盐茶课税是指代售国家垄断专卖产品（盐、茶、酒、矿等）所需缴纳的税，陕西以盐课和茶课为主，通常由商人自运上缴，存贮于道库；平余属于地方政府向所属各道府州县摊派的额外税费。该收入最初规定全部起运户部，雍正八年（1730）规定一半起运一半留省，乾隆三年（1738）起全部留省使用[297]卷二十九《田赋四》。平余通常按照田赋的某个比例征收，清初规定每1两加征0.025两平余，乾隆四十年（1775）

[1] 为弥补将缴纳的碎银熔铸时产生的损耗，又加征耗羡（亦称火耗），清代规定每1两增加耗羡0.15两，但实际征收的更多。

毕沅为修缮崇圣寺改为每1两加征0.03两，乾隆四十六年（1781）为修缮西安城垣改为每1两加征0.11两[297]卷二十六《田赋一》。

可见，乾隆时期无论是中央还是地方都有充足的资金保障古迹保护工程活动的开展。这些工程中，绝大多数情况由政府支付全部费用❶，少数情况由官员或商绅捐款支付部分费用，极少数情况由官员或商绅捐款后支付全部费用。

4．陕西境内清代以前古迹数量

陕西目前留存有数量众多的古遗址、古墓葬、古建筑和石窟寺（表3-2），其中古建筑类的全国重点文物保护单位100处❷、省级文物保护单位254处。其中，境内分布的82座古代帝王陵墓在总数上位居全国第一，始建于明代的西安城墙是目前中国保存最完整的大型城墙，祭祀华山的西岳庙是古代国家祭祀体系❸中的重要祠庙，西安碑林所保存的碑刻数量居中国之首，西安钟楼及鼓楼在西部地区同类建筑中规模最大，87.2米高的泾阳崇文塔是全国最高的古塔[173]6-11，建于唐代的大雁塔和小雁塔是丝绸之路的重要象征，被列入《世界遗产名录》。这些古迹在清代几乎都进行过维护和修缮，它们能够保存至今一定程度上反映了古人在文物保护方面的成效。

陕西省境内各类文物保护单位数量表（来源：自制❹）单位：处 **表 3-2**

类型	全省各级文物保护单位	全省各级文物保护单位（清代以前）	全国重点文物保护单位	全国重点文物保护单位（清代以前）	陕西省文物保护单位（按去除国保单位计算）	陕西省文物保护单位（清代以前）
古遗址	23453	23194	85	85	260	251
古墓葬	14367	14042	42	42	87	78
古建筑	6702	5525	100	86	254	133
石窟寺及石刻	1068	185	15	15	77	71
合计	45590	42946	242	228	678	533

❶政府出资工程所需的银两通常从地方藩库内直接动支，数额特大者有时自京城或邻省解运。

❷其中时代较早的是10余座元代建筑，主要集中在渭南市韩城地区。

❸清代规定政府在特定年份以及遇重大事件时需对岳、镇、海、渎进行专门祭祀，属于中祀等级。

❹表内数据统计时间为2020年3月，由笔者根据《陕西省志·文物志》（2016年版）、《陕西省历史地图集》和汉唐网（陕西省文物局官方网站）的相关内容整理统计获得，因涉及时代对比，故表内未包括3468处近现代史迹及建筑。另外，由于全国重点文物保护单位均为之前获批的陕西省文物保护单位，为避免重复计算，在统计陕西省文物保护单位数量时将其去除。

三、毕沅古迹考察、研究及保护实践总览

毕沅的古迹游历考察活动几乎覆盖他成长的各个时期，他自23岁从家乡赴京沿途游历古迹，直到65岁高龄还在两月之内游历了山东的十余处古迹，对于古迹的热爱可见一斑。毕沅深入考察古迹主要是在陕西、河南、湖北等地为官期间，尤以对陕西古迹的考察最为全面。毕沅通常利用公务之便与幕宾们沿途考察古迹，看到了许多与文献记载不符的真实情况，还发现不少湮没无闻的金石文物。扎实的田野考察不仅为毕沅幕府提供了丰富的第一手资料，也反映出其求真务实的学术态度。

毕沅的古迹研究工作主要在他为官以后，他至迟从乾隆三十五年（1770）就开始着手编写《关中金石记》，次年抚陕后更是开启了大规模编著图书的计划。他在各地任职期间，始终竭尽所能地四处寻访并搜集相关资料，直至逝世前两年他仍与阮元谋划编纂《山左金石志》，而且一生留给后世的著作多达28部。对于公务繁忙的封疆大吏而言，拥有这样朝夕求索、孜孜不倦的治学精神是极其难得的，这也体现了毕沅作为学者官员的本质属性。此外，毕沅长期组织大量的幕府宾客开展学术研究活动，完成了许多有影响力的研究著作，并修成数十部地方志。毕沅还与当时不少学者在古迹保护或金石学领域开展过学术交流，这极大地拓展了其学术视野和研究思路。

毕沅的古迹保护实践始自乾隆三十六年（1771）整修西安关中书院，至他去世当年的嘉庆二年（1797）仍有开展，时间长达26年之久。他为保护和修缮古迹不辞劳苦地频繁往来于各地，在一年中往往要同时督办数项古迹保护工程，而大型工程又经常会持续数年之久，若无高超的管理水平和超乎寻常的耐心及毅力，实难妥善处理。这反映出毕沅的古迹保护实践不仅只局限于应对朝廷的相关制度及规定，而更多的是将其视为自己的施政理想和重要使命。

毕沅一生对于古迹开展的考察、研究及保护实践取得了颇为丰硕的成果。他能将考察的见闻融入自己的研究和创作之中，又善于根据学术研究的需求合理规划因公考察的线路和目标，并将研究及考察的诸多心得运用于保护实践之中，而且还有意识地借助保护实践的机会收集和发掘第一手资料以修订或补充学术研究成果。毕沅近乎完美地将考察、研究及实践三者相融合，可谓是“知行合一”。以下以毕沅生平简要经历作为基本框架，将毕沅古迹考察、研究及保护实践各方面的情况以大事年表（表3-3）形式进行梳理。

毕沅古迹考察、研究及保护实践大事年表（来源：自制[1]） 表 3-3

年份及岁数	古迹考察、研究及保护相关大事
雍正八年（1730）庚戌年	八月十八日，毕沅生于江苏太仓州镇洋县
乾隆十七年（1752）壬申年 时年23岁[2]	二月，由家乡镇洋赴京以扩增见闻，沿途游历江苏境内的东林书院、甘露寺、鹤林寺、招隐寺、金山寺、海岳庵旧址、周孝侯祠、台城、扬州董子祠、孔融墓、扬州文选楼、法海寺、禅智寺、天宁寺、二十四桥、露筋祠，山东境内的漂母祠、韩侯钓台、倾盖亭，以及直隶境内的扁鹊墓、卢沟桥、黄金台、文信国祠、万寿寺、李元妃妆台、匏瓜亭、憩真空寺、耶律楚才墓，并写下相关诗作
乾隆十九年（1754）甲戌年 时年25岁	春，在京师游历摩诃庵、法源寺、高渐离故居、天雄书院，并写下相关诗作。随后返程回家乡镇洋，在江苏游历灵岩寺、南广寺、双柳吟堂、落木庵、支硎山诸寺，并写下相关诗作
乾隆二十年（1755）乙亥年 时年26岁	春夏之季，在江苏游历拈花寺、石帆亭、圣恩寺、狮山道院、西溪书堂，并写下相关诗作。九月，再次赴京赶考，沿途在瓜步敌台写下诗作
乾隆二十一年（1756）丙子年 时年27岁	是年，在京师周边游历石磴庵、鹫峰寺、海月庵、东郭草亭遗址、西山诸古迹（包括碧云寺、香山寺、翠岩庵、昌化寺等13处），并写下相关诗作
乾隆二十二年（1757）丁丑年 时年28岁	是年，在京师周边游历清河桥、密云观音寺、古北口长城、广仁岭胜迹、广安寺、碧峰寺，并写下相关诗作
乾隆二十五年（1760）庚辰年 时年31岁	三月，会试获第二名。五月，殿试被钦定为状元。同月，在京师游历悯忠寺并写下诗作
乾隆二十九年（1764）甲申年 时年35岁	是年，在京师游历天元阁、法源寺、盘山及附属古迹（包括香林寺、醴泉院、金章宗避暑亭、瓦茶寺遗址、碧峰寺等20余处），并写下相关诗作
乾隆三十二年（1767）丁亥年 时年38岁	十月，补授甘肃巩秦阶道。十二月，出京，请假归家乡镇洋

❶本表为笔者根据毕沅相关奏折、著作、内阁工科题本及史善长《弇山毕公年谱》综合整理，《弇山毕公年谱》与毕沅奏折中所记的部分事件和月份存在细微差异，皆以毕沅奏折为准。

❷古人多以虚岁计年寿，史善长为毕沅所作《弇山毕公年谱》中亦按此方式计寿，为遵照古代习惯，本表采用虚岁计寿的方式。

年份及岁数	古迹考察、研究及保护相关大事
乾隆三十三年（1768）戊子年 时年39岁	二月，在江苏游历金山寺、明孝陵、浦口敌台、乌衣巷，随后渡江西行赴任，在安徽游历清流关、醉翁亭，在陕西游历潼关、寇准祠、灞桥，在甘肃游历王母宫，并写下相关诗作。四月，抵达甘肃兰州。 九月，兼署甘肃按察使
乾隆三十四年（1769）己丑年 时年40岁	是年，在甘肃游历权德舆墓、无名野庙、姜伯约墓、玉垒关，并写下相关诗作
乾隆三十五年（1772）庚寅年 时年41岁	八月，跟随陕甘总督明山由甘肃兰州出发至新疆吉木萨尔巡视屯田，沿途游历嘉峪关、玉门关并写下诗作。 九月，探访了新疆的汉裴岑纪功碑和唐代姜行本纪功碑，并为两碑制作拓本带回以补充《关中金石记》的内容。 自新疆返回后在甘肃游历观音阁、碧云关、黄花驿、麦积山，并写下相关诗作
乾隆三十六年（1771）辛卯年 时年42岁	五月，署理陕西布政使。十二月，护理陕西巡抚。 是年，整修西安关中书院。《西安府志·学校志》记载“今中丞毕公乾隆辛卯莅任伊始，即念移风易俗，教化为先，因重事修建，延致经师江宁戴进士祖启主席其间，复于通省生徒中选其有德造者，俾潜心敩学，共获观摩。”[253]346 是年，在陕西游历灞桥、韩城大禹庙、司马迁祠墓、随清娱墓、崇圣寺，并写下相关诗作
乾隆三十七年（1772）壬辰年 时年43岁	正月，督理陕西军台事务，旋回陕西布政使任，六月，护理陕西巡抚，九月，回陕西布政使任。 是年整修西安碑林，详见第七章第一节内容。 是年，在陕西游历咸阳汉唐陵墓、草堂寺，并写下相关诗作
乾隆三十八年（1773）癸巳年 时年44岁	仍任陕西布政使。 正月，护理陕西巡抚。 春，途经兴平参观马嵬坡杨贵妃墓并修缮[147]733。 二月，奏请添改连云栈道内驿递以节省马力[79]487并开始整修连云栈道。 四月，由连云栈道护送官兵入川，从宝鸡经留坝、沔县至宁羌，沿途巡行考察[79]487–488。 十一月，授陕西巡抚。 是年，在陕西游历玄都观旧址和连云栈道沿线古迹（大散关、草凉驿、画眉关、青桥、鸡头关、褒城驿、鬼门关、武侯祠墓等），并写下相关诗作，在调查栈道时发现鄐君开通褒斜道刻石
乾隆三十九年（1774）甲午年 时年45岁	仍任陕西巡抚。 是年，毕沅亲自前往西安城西南的平等寺勘察寺内周灵台遗址并加以修葺。[258]194 是年，利用古灞桥桥基重建四年前冲毁的灞桥，次年完工[258]277，详见第七章第三节内容。 是年，拓宽西安城濠并疏浚龙首、通济两渠，次年竣工，详见第六章第五节内容
乾隆四十年（1775）乙未年 时年46岁	仍任陕西巡抚。 三月，兼署西安将军，当月十六日夜宿凤翔东湖，见其“岁久就堙，旧有亭台及轼祠宇，亦多倾圮”[258]501，命凤翔知府张可修负责疏浚湖水并修葺湖上亭台及苏轼祠宇，“重加葺治，剪伐灌莽，疏展湖身，绕堤古柳数十株拔地参天，真数百年物。四围补植花竹，映带清流，庶几昔贤遗迹复还旧观。”[258]501 四月，卸将军任。同月，已考察陕西东部古迹达三月之久的旅行家张开东到达西安，毕沅向他询问保护古迹的真知灼见，并赠他《陕西通志》及西安碑林诸刻拓本，张随后继续西行考察古迹。

年份及岁数	古迹考察、研究及保护相关大事
乾隆四十年 （1775） 乙未年 时年46岁	五月，连云栈道整修工程结束[79]495。 六月，张开东向毕沅提交《呈中丞毕秋帆请亟护唐崇陵札》；八月，又提交《呈毕中丞请护醴泉唐陵启》[264]156-157和《呈中丞毕秋帆请表护诸陵八则》；九月，又提交《再呈中丞请亟表护诸陵墓务求实效并述咸阳、兴平所见札》；十一月，又提交《请修复横渠书院札》。 九月，考察华阴西岳庙并准备择时修缮。 是年，灞桥工程完工，然不久即被冲毁，详见第七章第三节内容。 是年，西安城濠疏浚工程竣工，共计拓宽加深城濠1道，周长约4500丈（约合14206米），疏浚城濠供水渠2条（龙首渠和通济渠），详见第六章第五节内容。 是年，陆续修葺陕西百余座陵墓及附属祠庙。接受友人张开东建议以咸阳姬姓子孙奉祀周公及文、武、成、康等王陵[255]247-248，又寻访扶风班氏后裔，并增加班固及马援等诸墓田亩[255]249-250。修缮唐汾阳忠武王祠和宋寇莱公祠，张开东有诗为记[88]577。 是年起，整修西安崇圣寺，并保护大秦景教流行中国碑等珍贵石刻，4年后主体工程才结束。为筹集修缮经费，加征陕西田赋定额3%的平余银，每年加征平余4.828万两。 是年，在陕西游历凤翔东湖、西岳庙、石甕寺、华清池遗址、长春宫遗址、华阴云台观，并写下相关诗作
乾隆四十一年 （1776） 丙申年 时年47岁	仍任陕西巡抚。 三月，署理陕甘总督，六月，回巡抚任，本月前往热河行宫觐见并呈献自撰的《关中胜迹图志》，乾隆皇帝谕令将此书收入《四库全书》。八月，返回西安。 十一月，兼署西安将军，本月向乾隆皇帝奏请编修陕西诸府县志，称“关中形胜之地，山川雄秀、都邑纵横，甲于他省。其名区胜迹，纪载务在精详。每取府州县志考核咨询，实多谬误。臣不揣愚昧，欲先将各府志次第纂辑。”[89]卷一千二十 是年秋至次年秋，为187座陕西境内的帝王陵及名贤墓立碑
乾隆四十二年 （1777） 丁酉年 时年48岁	仍任陕西巡抚。 是年起修缮唐太宗昭陵陵园，并为昭陵及24座陪葬墓立碑（属于为187座陵墓立碑之事的一部分）。 秋，自捐俸禄修缮西安城西太白山庙和郿县太白神祠，使其恢复旧观，次年春竣工。[92] 是年起，开始整修华阴西岳庙，至4年后整修工程才全部竣工。华山的金天宫和玉泉院也同时开始整修，金天宫整修工程于3年后竣工，玉泉院整修工程于2年后竣工。 是年，毕沅幕府修成《鄠县新志》
乾隆四十三年 （1778） 戊戌年 时年49岁	仍任陕西巡抚。 继续整修西岳庙，在拆卸五凤楼的楼座墙体时发现许多珍贵碑刻（包括汉武都太守题名残石），毕沅将这些碑石取出后集中管理和保护。 春，郿县太白神祠整修工程竣工，毕沅前往致祭，“殿宇轮奂，业已一律鼎新。”[92] 闰六月，奏请皇帝为咸阳奉祀的姬姓嫡派子孙添设翰林院五经博士一员（世袭），既可褒显国家恩德，又能保证周公及文、武、成、康四王陵墓祭祀活动的延续性[93]。 八月，毕沅幕府修成《郿县志》《兴平县志》，毕沅为其作序。 十月，为吴六鳌修《富平县志》作序。 十一月，提前为幕府所修尚未成书的《朝邑县志》作序，为汪以诚编修的《渭南县志》作序。 是年，毕沅在长安获得周㽙鼎，请幕宾钱坫辨识考释鼎文

续表

年份及岁数	古迹考察、研究及保护相关大事
乾隆四十四年 （1779） 己亥年 时年50岁	仍任陕西巡抚，华阴西岳庙整修工程仍在开展，并继续整理保护在五凤楼下发现的碑刻。 三月，毕沅请乾隆皇帝御制《重修西岳华山庙碑记》并为灏灵殿御书联额。 四月，署理陕甘总督。 五月，修缮西宁塔尔寺内建筑，以供六世班禅前往热河谒见途经时停宿过冬[224]。 七月，西安崇圣寺修缮主体工程竣工，不仅修缮了寺内原有建筑，还新建了五百罗汉堂和碑亭，并在寺前开凿放生池。自当年起至乾隆四十四年（1779）七月，主要工程方才竣工，时间长达四年之久，竣工后立大清重修大崇圣寺碑。同月，毕沅幕府修成《西安府志》，毕沅为其作序。 十月，毕沅幕府修成《岐山县志》，毕沅为其作序。 十一月，回巡抚任，华阴玉泉院修缮工程竣工。 十二月，丁母忧离职
乾隆四十五年 （1780） 庚子年 时年51岁	丁忧居家至十月，华阴西岳庙整修工程由华阴知县陆维垣继续开展。幕宾孙星衍及钱坫协助毕沅修订完善《关中胜迹图志》。 三月，毕沅幕府所修《朝邑县志》成书，毕沅已于前年十一月为该书作序。 十月，复署理陕西巡抚。 是年，华阴金天宫修缮工程竣工。唐太宗庙修缮完毕。张开东向毕沅建议修缮宝鸡郿县张载祠，后因故未开展
乾隆四十六年 （1781） 辛丑年 时年52岁	仍署理陕西巡抚。 二月，华阴西岳庙整修工程竣工，整修33类对象共60处，其中新建者7类15处（木牌楼、石栅栏、钟鼓楼、御书楼、御制碑亭、岳游坊、万寿阁后石牌楼），原样移建者1类2处（康熙御碑亭），扩建者5类6处（五凤楼、棂星门、金城门、灏灵殿、东西司房），拆卸改建者6类10处（灏灵门、寝宫、穿堂、寝宫两侧配殿、仙佛丛祠、角楼），原样修葺者14类27处（琉璃照壁、遥参亭、神祠、省牲所、涤器所、更衣所、古碑亭、东西道院、吕祖堂、万寿阁及陪楼、望华亭、楼馆、望仙桥、宫城前后界墙）。此外，庙内建筑整体性改造措施3项，包括建筑土墙改砖、重施彩画及油饰、夯土堡墙包砖并安设垛堞。并创作《华岳庙落成诗以纪事》。 十二月，开始勘估西安城垣并准备整修工作。因受甘肃冒赈案牵连降为三品顶戴，仍办理陕西巡抚事务。为筹集修缮经费，再次加征陕西田赋定额11%的平余银，每年加征平余17.702万两。 是年，在陕西游历兴庆宫遗址（月儿高、金花落两村）和纪将军庙，并写下相关诗作。所撰《关中金石记》成书。毕沅幕府修成《同州志》《扶风县志》《长武县志》《延安府志》（该书未刊）。幕宾洪亮吉受蒋骐昌之请撰写《重修唐太宗庙碑记》
乾隆四十七年 （1782） 壬寅年 时年53岁	二月，致祭孔庙并视察西安碑林，与幕宾共同创作《开成石经联句》。 春，视察昭陵修缮情况，并与幕宾共同创作《昭陵石马联句》。 三月，毕沅幕府修成《同州府志》，毕沅为其作序。 四月，毕沅幕府修成《蒲城县志》，其序中称“夫不考古不足以言今，不论人不足以言政”[265]114。 是年，于古灞桥旁另行选址重建灞桥。 是年，在陕西游历辋川别业旧址（包括文杏馆、临湖亭、竹里馆）、圆通禅院、杨贵妃墓、渭北汉唐陵墓群，并写下相关诗作

续表

年份及岁数	古迹考察、研究及保护相关大事
乾隆四十八年（1783）癸卯年 时年54岁	正月，还一品顶戴。 二月，授陕西巡抚，为郑居中等修《府谷县志》作序。 三月，署理陕甘总督。 春，视察灞桥开工情况，并与幕宾共同创作《重修灞桥纪事联句》。 四月，回巡抚任，接见了与新来赴任的陕西按察使、金石学家王昶。 六月，西安城垣整修工程正式开工，3年后整修工程才全部结束。 十月，为唐太宗昭陵周边147座墓主失考的陪葬墓（昭陵东107座、昭陵西40座）竖立总碑3座，在总碑上刻写所存各墓名位及尺寸。 是年，毕沅幕府修成《洵阳县志》，毕沅为其作序
乾隆四十九年（1784）甲辰年 时年55岁	仍任陕西巡抚。 四月，为昭陵竖立大清防护昭陵碑，碑文由毕沅撰写，详见第四章第四节内容。 五月，西安崇圣寺罗汉堂内的漆金五百罗汉全部塑造完毕，整修工程全部结束。 十二月，为吴忠诰修《绥德州直隶州志》作序。 是年，命潼关同知徐大文修缮大兴善寺转轮藏经殿及殿内转轮，冬季竣工，由陕西按察使王昶撰记[84]852–853。 是年，临潼知县蒋勋重修临潼横渠书院和张子祠，毕沅为其撰写碑文记录此事。 是年，在陕西游历凤翔东湖、楼观台、草堂寺、子午关、华山及附属古迹（包括西岳庙、玉泉院、金天宫等10余处），并写下相关诗作。校刻《三辅黄图》（附补遗1卷）完成。毕沅幕府修成《醴泉县志》《淳化县志》《韩城县志》《澄城县志》，毕沅为《醴泉县志》和《淳化县志》作序，并在《醴泉县志》序中认为保护昭陵等古迹是“为政之急务”[264]4
乾隆五十年（1785）乙巳年 时年56岁	正月，仍任陕西巡抚。入京觐见，献《华岳图志》（涉及西岳庙整修信息），并将开成石经拓本献上，被乾隆皇帝编入《天禄琳琅》。毕沅还计划举荐洪亮吉、孙星衍、江声共同书写三体石经，此前已在西安刻石准备进献，可惜为当朝者所阻而罢[85]2338。 二月，返程途中调任河南巡抚，遂至开封。 七月，与严长明、孙星衍、洪亮吉、王复等幕宾在开封抚署鉴赏黄易所藏《汉凉州刺史魏君碑》和《汉庐江太守范君碑》拓本，并为其题跋。 八月，派员查勘淮源并虔诚致祭淮渎庙事。 九月，奏请修缮淮渎庙[200]。 十一月，勘察淮渎庙和桐柏山禹庙[199]并提交修缮计划，拟将淮渎庙自正门至后殿拆卸改造，部分构件抽换添补。 年底，拜谒郏县三苏祠墓，作《祭苏文忠公文》，由康铎书丹后立碑于享堂内。 是年，在河南游历淮渎庙和桐柏山张良庙，并写下相关诗作。毕沅幕府修成《三水县志》，毕沅为其作序
乾隆五十一年（1786）丙午年 时年57岁	仍任河南巡抚。 正月，在开封市集上购得永康元年（167）铜镜并将镜铭收入《中州金石记》。 四月，淮渎庙修缮工程开工[201]。 六月，在开封抚署与多位幕宾陆续鉴赏黄易所藏《汉幽州刺史朱君碑》《汉成阳灵台碑》拓本，又鉴赏黄易所藏东汉《熹平石经》残石拓本并为其题跋。 七月，升授湖广总督，仍在河南巡抚任。 八月，黄易从毕沅处返回济宁时途经山东嘉祥县发现著名的武氏祠。九月，黄易亲自主持发掘汉武氏祠，并将所得《孔子见老子像》移至济宁州学，并在原址重新兴建

续表

年份及岁数	古迹考察、研究及保护相关大事
乾隆五十一年（1786）丙午年 时年57岁	九月，西安城垣整修工程（先后由毕沅、何裕城、永保、巴延三共4位巡抚负责）竣工，共计整修木构建筑143座（其中修缮21座、改造98座、新建24座），整修马道17处（分单双坡，共计23条）、城台12座，增设排水槽205处，包砌砖体面积52924.55平方丈（折合527480.41平方米）。 是年，在河南游历潞王墓、啸台、安乐窝、禹王庙、嵩山及附属古迹（含中岳庙、天中阁、卢岩寺等10余处），并写下相关诗作。毕沅幕府修成《偃师县志》和《重修固始县志》
乾隆五十二年（1787）丁未年 时年58岁	仍任河南巡抚。 六月，为黄易重建山东嘉祥县武氏祠捐资5万钱[204]。 九月，校刻宋敏求《长安志》完成，并附元代李好文《长安志图》。 是年，在河南游历睢坝古祠并写下相关诗作，自撰《中州金石记》成书。毕沅幕府修成《登封县志》和《唐县志》
乾隆五十三年（1788）戊申年 时年59岁	仍任河南巡抚。 六月，因荆州遭遇特大洪水，调任湖广总督兼署湖北巡抚，于八月到任。 九月，卸巡抚事。荆州因遭遇洪水导致城内建筑多被冲毁，毕沅于当月会同阿桂及德成请修荆州堤工及关帝庙[232]，关帝庙工程于2年后竣工。同月，开始整修荆州府城垣，于4年后竣工。 十月，探访荆州城南“息壤”遗迹，发现遗迹实为荒草断瓦间的一处土洼，便将其周边打扫整洁并修筑一道矮墙环绕，又修缮其旁的三开间禹庙小殿[227]。 是年，在直隶游历吕仙祠，在河南游历夷门、禹王台、迎春苑、金明池、樊楼、叶县王乔墓、比干墓、宝莲庵、叶县汉光武庙、卧龙冈武侯草庐，在湖北游历龙山落帽台、息壤古迹（旁设禹庙）、黄鹤楼，并写下相关诗作。 是年，毕沅幕府修成《卫辉县志》，毕沅作为总裁官的《杞县志》修成
乾隆五十四年（1789）己酉年 时年60岁	仍任湖广总督。 二月，荆州城垣修缮工程开工，命江陵县知县杨界承修，疏浚城内西北区域的“是佛第”明沟。 三月，请修因荆州洪水而受到破坏的荆州府文庙、江陵县文庙、城隍庙、龙神祠、考棚[232]。城隍庙、龙神祠、考棚整修工程于当年竣工。荆州府文庙和江陵县文庙的整修工程于7年后竣工。同月，将荆州万城堤上萧梦兰籍没入官的房屋改造为江神祠[233]。 八月，为张开东《白莼诗集》作序，此诗集中大量收录古迹保护内容。 十一月，兼署湖南巡抚，十二月，卸巡抚事。 是年，在湖北游历古琴台（伯牙台）、息妫庙（桃花夫人庙）、岘山亭、习家池、羊祜祠、襄阳孟亭、夫人城、仲宣楼、麦城遗址、当阳玉泉寺，在湖南游历衡山及附属古迹（含岳麓书院、清凉寺、胡文定公祠等20余处）、岳阳楼、万年庵，并写下相关诗作。 是年，命幕宾汪中以毕沅口吻代作《黄鹤楼铭（并序）》[230]453-454和《汉上琴台之铭（并序）》[230]454-455。毕沅幕府修成《怀庆府志》
乾隆五十五年（1790）庚戌年 时年61岁	仍任湖广总督。 七月，兼署湖北巡抚，本月荆州关帝庙修缮工程竣工，乾隆皇帝题写匾额。该工程修缮了主殿座、牌楼1座、大山门1座、二山门1座、戏台1座、玉皇阁1座、三义殿1座、崇圣祠1座、马王殿1座、配楼2座、配殿2座、廊房2座、住持房1座及钟鼓楼各1座；各殿内的神像共83尊也依照旧式修补装塑；庙内围墙、甬路、丹陛，均照旧补砌[228]。 九月，卸巡抚事，十月，复兼署湖北巡抚，十二月，卸巡抚事。 是年，在湖北游历晴川阁并写下相关诗作。对荆州城南门城上关帝大殿的屋面和塑像损坏处进行了修补[228]

续表

年份及岁数	古迹考察、研究及保护相关大事
乾隆五十六年 （1791） 辛亥年 时年62岁	仍任湖广总督。 二月，启程入京觐见。 是年，在湖北游历雪堂、快哉亭、竹楼、寒碧堂、月波楼、赤壁遗址、横江馆、西山寺、松风阁，并写下相关诗作
乾隆五十七年 （1792） 壬子年 时年63岁	仍任湖广总督。 九月，荆州府城修缮工程竣工，将城垣的东门、小北门、大北门、西门的城楼各1座以及东门、小北门、大北门、西门、公安门的月城门台各1座全部修缮补砌；修缮了城上的炮房、官厅、兵房、堆拨房以及满城界墙和门楼，各类建筑重施油饰，又新建西南角台1座；建造砖石泊岸9段、灰土泊岸7段；新建吊桥5座；改西门水洞为水津。 是年，整修武昌黄鹤楼；重修受灾被毁的武昌楚观楼，仿江宁（今南京市）南楼样式将柱包于墙内，并改其名为“南楼”。 是年，在湖南游历岳阳楼、柳毅祠、贾谊祠、黄陵庙，并写下相关诗作。毕沅幕府修成《公安县志》
乾隆五十八年 （1793） 癸丑年 时年64岁	仍任湖广总督。 六月，兼署湖北巡抚，八月，卸巡抚事，九月，复兼署湖北巡抚，十二月，卸巡抚事，同月孙星衍（原毕沅幕宾）与阮元、黄易、朱文藻约定修撰《山左金石志》。 是年，毕沅幕府修成《荆州府志》
乾隆五十九年 （1794） 甲寅年 时年65岁	仍任湖广总督。 二月启程，三月抵达天津觐见，四月回武昌。五月，兼署湖北巡抚。八月，卸巡抚事。九月，卸总督事而降补为山东巡抚。十一月，与山东学政阮元商议修纂《山左金石志》并搜罗资料。 是年，游历清凉寺、保定保阳书院，（十月后）自襄阳前往山东赴任途中游历邯郸吕祖祠，到任后在山东游历舜祠、大明寺、水香亭、望岳楼、秀林亭、永寿寺、鲁连台、弦歌台、阙里、孟子祠、伏生祠，并写下相关诗作。 是年，毕沅幕府修成《常德府志》《湖北通志》（该书未刊）
乾隆六十年 （1795） 乙卯年 时年66岁	正月，补授湖广总督，调任时嘱阮元继续编修《山左金石志》。 是年，武昌楚观楼修缮工程竣工
嘉庆元年 （1796） 丙辰年 时年67岁	仍任湖广总督。 七月，短暂卸任，八月，还任。根据当地传说重建古琴台[236]80。 是年，黄鹤楼重修工程竣工。荆州府文庙和江陵县文庙整修工程竣工。江陵县文庙重建大成殿、两庑、戟门、名宦乡贤祠，改建崇圣祠、尊经阁、棂星门、明伦堂、文明阁，增建节孝祠、更衣所、刑牲处、祭品乐库、碑亭[234]49
嘉庆二年 （1797） 丁巳年 时年68岁	仍任湖广总督。 二月，命人修筑湖南乾州、镇筸、永绥、保靖4处城垣[79]589。 四月，史善长受命编写《弇山毕公年谱》（次年四月完成），其中涉及毕沅生平古迹保护事迹。 七月三日，毕沅病逝于湖南辰州行馆

四、毕沅对古迹的游历考察

毕沅自少年起便酷爱寻访古迹，一生足迹踏遍江苏、山东、直隶、安徽、河南、陕西、湖北、湖南、甘肃、新疆等地，有诗作为记的古迹就多达291处（涉及诗作402首）[1]。毕沅虽不以旅行家自居，但其丰富的阅历实际超越同时代绝大多数的学者文人，他的古迹游历考察经历可分为三类：

[1] 该数据由笔者根据杨焄整理的《毕沅诗集》内相关诗作进行统计后获得。

1．带有开拓见闻性质的游历活动

毕沅自23岁起由家乡江苏镇洋赴京至39岁补授甘肃巩秦阶道的十余年间，共两次赴京并两次返乡，其间主动游历沿途的江苏、山东、直隶境内的诸多古迹，知名者如东林书院、甘露寺、金山寺、禅智寺、灵岩寺、二十四桥、瓜步敌台、韩侯钓台、扁鹊墓、卢沟桥、黄金台、耶律楚才墓、法源寺、古北口长城、广仁岭胜迹、广安寺、西山诸古迹（包括碧云寺、香山寺、翠岩庵等13处）、盘山诸古迹（包括香林寺、醴泉院、金章宗避暑亭等20余处）等，并逐一作诗记录。这些古迹极大开阔了毕沅的视野，增加了他研究和保护古迹的兴趣，而沿途遇见的不少残破古迹也促使毕沅进行更深刻的思考，这些都为毕沅在其后开展古迹保护研究及实践奠定了必要基础。

2．借公务之便进行的沿途考察

毕沅曾在陕西、甘肃、河南、湖北、山东等地为官，因公务原因需经常在任职的省内进行视察，他在调任别处时也需要进行远距离跋涉穿越，毕沅还曾数次赴京师或热河行宫谒见乾隆皇帝，这些公务往来给予毕沅沿途考察古迹的机会。因此，毕沅每至一地任职，都尽可能将每次公务往来与特定的古迹考察内容紧密结合，力求在较短时间内遍观此地之名山、大川、古城、陵墓、寺观等胜迹，洪亮吉称："巡抚毕公再莅陕西，前又两摄兰州之节，凡自潼关以西，玉门以东，其道路险易，川渠通塞，及郡县之兴废，祠庙之存否，莫不画然若萃诸掌。"[205]173-174毕沅在欣赏之余往往会仔细记录和深入考证，"每届辙迹经由，于邮亭候馆中，咨询抄撮"[258]3，而遇到破败之古迹时毕沅则尽其所能进行保护或修缮，如陕西的"故宫旧苑，废刹遗墟，率多湮没"[258]3，毕沅在感慨之余愈发坚定了他考述历史、彰显文化、保护胜迹的决心。毕沅为官的20余年中，每年在因公外出时考察古迹已成为常态化现象，也成为毕沅掌握地方古迹情况和发现相关问题的主要方式。例如他因公务途经西安城东南时发现有两村名为"月儿高"和"金花落"，经初步考察后他推测两者均属于唐兴庆宫遗址的一部分[147]721；又如毕沅在视察泾阳龙洞渠时取道醴泉顺便考察了唐太宗昭陵，在发现昭陵保存状态欠佳后立即着手对其开展保护；再如毕沅曾护送官兵由连云栈道入川[79]487-488，便借此对栈道沿线的大散关、鸡头关、武侯祠墓等诸多古迹进行考察，并在考察汉中石门时发现最早的东汉摩崖刻石——鄐君开通褒斜道刻石。

3. 为搜集资料或保护古迹有意识开展的专门考察

毕沅身为一方长官，政府的相关规定使他无法随意离开官署所在地，繁忙的公务也使他难以专心致志开展考察活动。但毕沅为编写《关中胜迹图志》《关中金石记》《中州金石记》等书，又迫切需要进行专门性考察。因此，毕沅采取的方式为——在官署所在地进行短距离深度考察，在官署所在地之外委托幕宾进行考察和资料收集。如毕沅抚陕时官署所在地为西安，他为寻访金石曾亲自考察西安慈恩寺，在寺内败垣中掊出唐代《大悲心陀罗尼经》石幢，随后移入于塔内保存[258]237；又如毕沅受陕西按察使王昶的启发，命钱坫、赵魏等人在咸宁、长安、淳化等县的汉代宫殿遗址处考察并向当地人多方搜罗，获“汉并天下”“长乐未央”“长生未央”等铭文的汉瓦30余种[84]798；再如毕沅曾派遣钱坫等人搜罗各地碑刻精拓本[86]，还曾嘱咐孙星衍为他催促河南各县拓取碑石以完善《中州金石记》的编写[87]95。

以上诸多事件充分体现了毕沅对于古迹有着浓厚的热情和远迈常人的毅力，他热爱河山胜景、考述人文历史、保护千秋古迹的一系列行为都是出自本心的自然流露。

五、毕沅与古迹相关的研究及创作

毕沅在古迹研究方面，推崇将田野调查与文献考证相结合进行系统性记录和针对性研究，他生平的学术成果共28部（撰书19部、编书1部、辑书2部、校书6部），其中与古迹保护相关的个人著作共有3部——对陕西地区的名山大川和古迹进行了全面记述的《关中胜迹图志》，以及对陕西和河南两地金石碑刻进行系统考证的《关中金石记》和《中州金石记》。毕沅对于《三辅黄图》和《长安志》❶等古籍的整理校刻也反映了他对于地方志及古迹研究的重视，希望实现李好文所谓“了然千百世全盛之迹，如身履而目接之”[207]383的情境。毕沅组织幕府编成地方志20部（陕西方志11部、河南方志6部、湖北方志3部），不仅数量居清代各家幕府修志之首，在体例上也重视为“古迹”专设门目。此外，毕沅还与王昶、阮元、黄易、钱大昕、张开东等学者在古迹保护或金石学领域开展过有益的学术交流，共同推动了相关的研究及保护工作。毕沅的古迹保护思想散见于其著述之中，他认为古迹保

❶当时《长安志》的刊本已颇为罕见，毕沅多方搜集始得其书，为认真校刻此书，他征引资料百余种，在书中条目下由毕沅本人所附的考证按语多达944条[207]22。

护是“为政之急务”[264]4，他既将古迹视为国家的公共资源，也当作士民想象和文化认同的产生地，主张利用古迹来复兴文化、恢复盛世旧观并为社会产生积极效应，关注古迹的风貌建设和预防性保护，不反对古迹的修缮、改建甚至新建。

毕沅的研究非常重视文献分析与实地考察相结合的方法，因而形成了许多独特而颇有价值的学术成果，在他撰写或倡导编修的各类书籍中，与陕西古迹保护相关的主要有《关中胜迹图志》《关中金石记》和25部陕西地方志（倡导编修），其中的许多内容至今仍被学界所关注和引用。《关中胜迹图志》对于陕西古迹的叙述最为全面系统，许多条目下所附案语记录毕沅本人修缮该处古迹的具体过程；《关中金石记》则重在以金石考史，在所收录的陕西各金石碑刻之条目下，也不乏祠庙修缮和碑刻迁移的记载；对于陕西诸地方志，则不仅提供某地古迹的变迁历史、修缮记录和直观图像，还往往记载毕沅如何倡导地方官员修缮和保护古迹。此外，毕沅还创作了不少以古迹为题材的文学作品，这些作品既饱含深情地赞颂各地古迹之壮美，更将毕沅探访和保护古迹的经历穿插其间，亦文亦史，可读可思。上述书籍和文学作品为研究毕沅的古迹保护事迹提供了重要依据，以下分别进行论述：

1. 陕西古迹之总览——《关中胜迹图志》

该书是毕沅在陕期间将考察各处山川古迹的心得整理后形成的著作（图3–2），他“每届辙迹经由，于邮亭候馆中，咨询钞撮”[258]3，并通过参详考证《大清一统志》《陕西通志》《元和郡县图志》《太平寰宇记》《三辅黄图》等众多史地类书籍，希望这些胜迹“荟萃已基于此日，兴修可待于他时”[258]3。乾隆四十一年（1776）六月，毕沅在谒见乾隆皇帝时将此书进呈御览，被后者批准将其收入《四库全书·史部·地

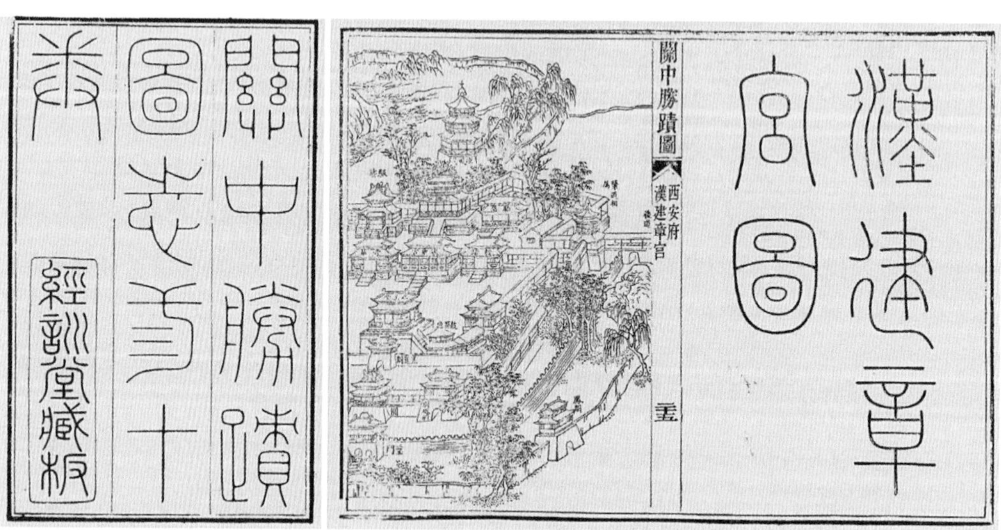

图 3–2 《关中胜迹图志》清乾隆经训堂刻本（来源：网址 https://www.doc88.com/p-54759402416075.html）

类》[1]。该书“以郡县为经，以地理、名山、大川、古迹四目为纬，而以诸图列于前。援据考证，各附本条，具有始末。”[258]1-2

《关中胜迹图志》全书记载陕西境内古迹共1122处（表3-4），包括156处宫阙、30处苑囿、134处宅第、317处祠宇、299处陵墓，5处长城、108处关堡砦，73处城镇，并有64幅绘制精美的附图。书中对各古迹的地理位置、历史典故、保存状态、历代修缮情况等信息多有记录，并大量征引历代史籍、方志、诗文、金石碑刻、舆图等资料，对于与重要古迹相关的碑文、诗词往往收录全文。

《关中胜迹图志》中记载陕西各类古迹的分布地区及数量情况（来源：自制[2]）　　表 3-4

类型＼地区	西安府	同州府	凤翔府	汉中府	延安府	榆林府	商州	乾州	邠州	兴安州	绥德州	鄜州	小计
宫阙	125	6	17	0	0	0	0	2	4	0	0	2	156
苑囿	26	1	1	0	0	0	0	0	2	0	0	0	30
第宅	84	3	11	12	5	2	5	1	5	4	0	2	134
祠宇	86	52	57	37	13	3	12	15	11	20	3	8	317
陵墓	172	32	20	11	5	5	2	27	9	2	8	6	299
长城	0	1	0	0	1	1	0	0	0	0	1	1	5
关、堡、砦	8	3	9	13	19	23	9	0	2	9	11	2	108
城、镇	9	4	7	10	8	8	5	1	7	3	3	8	73
小计	510	102	122	83	51	42	33	46	40	38	26	29	1122
合计	1122												

该书主要有以下三个突出特点：

特点之一是在“古迹”的概念基础上将研究范围扩大至“胜迹”。该书首次以“胜迹”为主题作专志，之前与陕西相关的志书并无古迹或胜迹方面的专志，该书的构想实为创举，书中所涉及的名山大川和人文古迹，恰好分别对应了今日的自然遗产和文化遗产。此外，在该书中单独将“古迹”列出进行表达，其概念范围包括宫阙、苑囿（附第宅）、祠宇、郊邑（涉及高台、陵墓、陂池、关隘、桥梁、古城、古镇、古村等），较以往方志中的“古迹”概念明显扩大，反映出毕沅认为凡古代文明所留下的遗迹皆可称为古迹，也都有研究和保护的价值。

特点之二是重视图文结合，图精而文详。清嘉庆之前的陕西重要方志有《三辅黄图》《长安志》《雍录》《类编长安志》《长

[1] 正式收入时间为乾隆四十七年（1782），期间毕沅又对本书进行了完善并在部分条目后加按语。

[2] 《关中胜迹图志》中的“宫阙”实际包括周秦汉隋唐各朝之故城共7处，以及历代著名的宫、殿、门阙、坊、观、阁、室、明堂、辟雍等类，种类繁杂；“第宅”实际包括宅、府、公廨衙署、亭台楼阁等类；“祠宇”实际包括陵墓附属祠庙、城市坛庙、寺观等类型。以上各类皆遵照原书的分类在表内列出，不作细分。特别需要指出的是，由于该书“郊邑”部分包括陵墓、长城、关、堡、砦、城、镇等类型，但“郊邑”一词又并非指某类古迹，因此本表将陵墓列为一类，长城列为一类，关、堡、砦列为一类，城、镇列为一类。

安志图》以及嘉靖、万历、康熙、雍正四朝编修的4部《陕西通志》，另外还有毕沅的《关中胜迹图志》和在他影响下编修的乾隆《西安府志》。从这些书籍所附古迹图的数量来看（表3–5），《关中胜迹图志》与《雍录》最多，皆为22幅，但《关中胜迹图志》一书的绘图水平却远胜《雍录》。在毕沅所选择绘图的这22处古迹（表3–6）之中，除2处已毁无存外，16处属于全国重点文物保护单位（其中4处亦属世界文化遗产，占陕西省内世界文化遗产总数的44.4%），4处属于陕西省文物保护单位（1处拟申报世界文化遗产），几乎都是陕西古迹的精华，它体现了毕沅眼光之高明与独到。另外，《关中胜迹图志》虽不及雍正《陕西通志》（100卷）和乾隆《西安府志》（80卷）那样卷帙浩繁，但它用于叙述和考证知名古迹的篇幅却普遍多于这些志书，这也表明毕沅对陕西知名古迹有着特别关注，将它们视为承载陕西历史文化的重要载体。

清嘉庆朝以前的陕西重要方志中的附图情况（来源：自制） **表 3–5**

时代	书名	卷数	附图总数	古迹图数量	古迹图占附图总数的比例（%）
东汉至三国[1]	《三辅黄图》	6	0[2]	0	/
宋	《长安志》	20	0	0	/
宋	《雍录》	10	32	22	68.75
元	《类编长安志》	10	0	0	/
元	《长安志图》	3	20	18[3]	90.00
明	嘉靖《陕西通志》	40	184	7	3.80
明	万历《陕西通志》	35	18	2	11.11
清	康熙《陕西通志》	32	61	6	9.83
清	雍正《陕西通志》	100	215	15	6.98
清	乾隆《西安府志》	80	1	0	0
清	《关中胜迹图志》	32[4]	64[5]	22	34.38

❶目前普遍认为该书的原书著成于东汉末至三国时期，而今本为唐人所作，本表内按原书时代进行排序。
❷从《三辅黄图》之书名来看，原书很可能既有文亦有图，可惜图已亡佚。
❸其中，唐骊山宫图分上、中、下共3图，唐昭陵图分上、下共2图，因此不同类别的古迹图实际共14幅。
❹关中丛书本《关中胜迹图志》（底本为灵岩山馆刻本）共30卷，文渊阁四库全书本《关中胜迹图志》将图附于书后另成2卷，共32卷。本表内该书的卷数及附图总数，皆以附图较多的文渊阁四库全书本为准。
❺关中丛书本《关中胜迹图志》附图为61幅，文渊阁四库全书本《关中胜迹图志》附图为64幅，较前者增加陕西省疆域总图、龙首永济二渠图、西镇吴山图共3幅，两版本中古迹图均为22幅，并无差异。

《关中胜迹图志》附图中的古迹在今日的保护级别（来源：自制） 表 3-6

《关中胜迹图志》中名称	现今名称	对应文物保护级别
楼观	楼观台	全国重点文物保护单位
汉长乐未央宫	汉长安城长乐宫及未央宫	世界文化遗产、全国重点文物保护单位
汉建章宫	汉长安城建章宫	全国重点文物保护单位
唐西内	太极宫遗址（已为城市建设所破坏）	无
唐南内	兴庆宫遗址	全国重点文物保护单位
唐华清宫	华清宫遗址	全国重点文物保护单位
灵台	灵台遗址	灵台遗址属于丰镐遗址（全国重点文物保护单位）的一部分，其自身为长安县文物保护单位
慈恩寺	慈恩寺	慈恩寺属全国重点文物保护单位，寺内属大雁塔属世界文化遗产
荐福寺	荐福寺	荐福寺属全国重点文物保护单位，寺内属小雁塔属世界文化遗产
草堂寺	草堂寺	草堂寺属陕西省文物保护单位，寺内鸠摩罗什舍利塔属全国重点文物保护单位
周文王陵	周文王陵（实为战国时秦人墓）	陕西省文物保护单位
灞桥	灞桥（隋唐所建石桥）	全国重点文物保护单位
汉长陵	长陵	全国重点文物保护单位
唐昭陵	昭陵	全国重点文物保护单位
金锁关	金锁关关址	陕西省文物保护单位
华岳庙	西岳庙	全国重点文物保护单位
云台观	华山中学（原建筑已毁于兵火）	无
玉泉院	玉泉院	陕西省文物保护单位
潼关	潼关故城	全国重点文物保护单位
周公庙	周公庙	全国重点文物保护单位
秦栈	褒斜栈道遗址	褒斜栈道遗址属陕西省文物保护单位，秦蜀古道（蜀道）入选世界文化遗产预备名单
大佛寺	彬县大佛寺石窟	世界文化遗产、全国重点文物保护单位

特点之三也是毕沅最突出和重要的贡献，是将田野调查、考证研究、古迹保护、古遗址想象复原四类内容集于一书。该书中常将文献记载的历史信息与古迹现状进行比

照，互相印证，所立之论往往经过了田野调查和实物考证，颇有“二重证据法”❶的意味。该书中在许多古迹条下附注释和案语，不仅提及此古迹在历史上的修缮情况，也多会叙述毕沅亲自对该古迹进行保护的情况，有的甚至还阐述了毕沅保护的意图，显然其关注范围已超越了以往那种单纯考据古迹位置或名称的研究，毕沅更关注古迹在历史上的修缮保护情况和当下应采用保护措施。另外，该书中涉及的不少古迹在当时早已成废墟，而为其绘制的古迹图实际属于复原想象图，在22幅古迹图中复原想象图便有9幅。这充分表明毕沅更看重古迹在文化上的价值，认为重现这些古迹的风采比单纯记录古迹的现状要有意义。这些复原图中较特别的当属《灞桥图》，实际毕沅抚陕时古灞桥已毁，他经多次勘察，于乾隆三十六年（1771）至三十七年（1772）利用旧桥基重建灞桥，虽然不久后被冲毁，但毕沅绘制的《灞桥图》很可能根据旧桥基的情况分析了古灞桥的形象，并不完全是想象。当然，该书也存在一定不足，主要是分类庞杂、名实有违，如“宫阙”类下除宫、殿、门阙之外，还涉及都城、街、坊、祭祀建筑等。

❶王国维于1925年提出：“吾辈生于今日，幸于纸上之材料外，更得地下之新材料。由此种材料，我辈固得据以补正纸上之材料，亦得证明古书之某部分全为实录，即百家不雅训之言亦不无表示一面之事实。此二重证据法惟在今日始得为之。”[176]2

2．陕西碑刻之辑考——《关中金石记》

《关中金石记》不仅是毕沅的金石学代表作，也是清代金石学领域的知名著作。金石碑刻对于清代学者的价值主要在于真实地保存古人的思想和信息。钱大昕认为，“盖以竹帛之文，久而易坏，手钞板刻，展转失真。独金石铭勒，出于千百载以前，犹见古人真面目，其文其事，信而有征，故可宝也。”[205]叙《关中金石记》（图3–3）中收录了以陕西地区为主的金石碑刻809种共828件（表3–7），涉及范围颇广，包括摩崖、石碑（又细分为记事碑、功德碑、墓碑、神道碑）、造像、题记、墓志、题诗或题名、瓦当、塔铭、钟铭等。其中不乏前代古迹修缮的记事碑，如《裴颖修岳庙中门纪石》《秦王重修法门寺塔庙记》《移文宣王庙记》《修周武王庙碑》《修周康王庙碑》《修唐太宗庙碑》《修龙兴寺塔记》《兴元府修文宣王庙记》《重修太史公墓碣》《修宣圣庙记》等[143]51。对于书中收录的金石碑刻，毕沅都进行了仔细考证，并请精通书法的幕宾钱坫校字，后者在《关中金石记》跋中称：“巡抚公监兹放失，欲永其传，讲政之暇，日采集焉。又用真知，条证肆考，傅合别否，务得故实，取其片羽，可用为仪。盖蓟然于洪、薛、

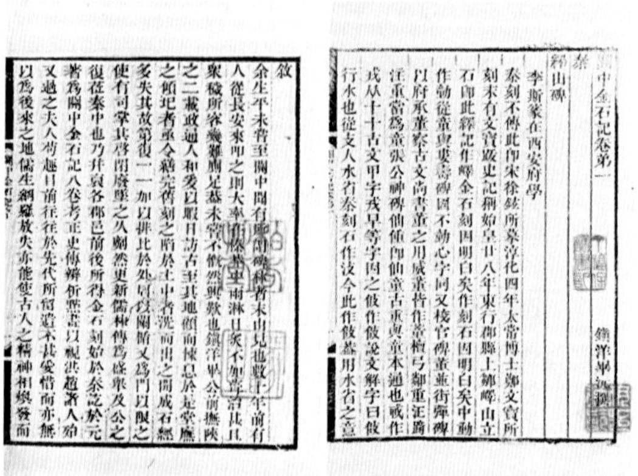

图 3–3 《关中金石记》清乾隆经训堂刻本（来源：2018 年秋季艺术品拍卖会拍品）

欧、赵之上矣。令坫校字，得审观焉。点次卷目，谨识其尾。”[205]174该书记载的每件金石的信息通常包括：名称、刻写时间、撰文者、所用书体、主要内容、保存地点等，有的还记录与此相关的重要事件。当然此书亦非尽善尽美，如对《内侍李辅光墓志》《郃阳令曹全纪功碑》《芮定公碑》《诸葛忠武侯新庙碑》等碑石的叙述或考释仍存在若干疏漏之处[145]35–37。

《关中金石记》中记载的金石碑刻数量一览（来源：自制） **表 3–7**

类型 / 时代	金属器（种）	石刻（种）	陶器（种）
秦	0	1	1（瓦当2件）
汉	0	12	1（瓦当15件）
魏	0	2	0
晋	0	1	0
前秦	0	1	0
北魏	0	4	0
北周	0	3	0
隋	0	11	1（瓦当1件）
唐	2	277（278件）	0
后梁	0	2	0
后唐	0	2	0
后晋	0	2	0
后周	0	1	0
宋	4	317（318件）	0
金	4	51	0
伪齐	0	5	0
元	3	100（102件）	0
明	0	1❶	0
小计	13	793（797件）	3（18件）
合计		809种（828件）❷	

❶《关中金石记》所收金石时代下限为元代，但托为元代赵孟頫的《天冠山诗》碑被毕沅判定为明刻，但亦附于元代诸碑刻之后。

❷《关中金石记》中将每个朝代的瓦当归为1种，但实际包含不同文字的瓦当若干件，因此瓦当的件数多于种数。另外，该书目次中称各类金石碑刻共797种，但实际所录金石数量共809种。

明清以前虽有不少金石著述，但总体来说，各地官员对于金石碑刻等文物的价值认知尚显欠缺，破坏事件屡屡发生，如唐武宗灭佛后李都彦请将铜像、钟铎等器物熔铸后重新使用[79]513，宋代姜遵为太后修建佛塔时取用汉唐碑碣[79]513，韩缜在修建灞桥时将唐碑用作桥基[371]349，官员尚且如此，民众的保护意识就更加淡薄。另外，韩缜虽是修复古迹灞桥，但却破坏了同样具有历史文化价值的碑石，足见他对于保护对象范围和价值的认知并不全面。毕沅极为反对此类行为，他将金石碑刻视为记载历史和传承文化的载体，颇为重视。他在编写《关中胜迹图志》时对陕西境内古迹进行了全面调查和研究，而在编写《关中金石记》和《中州金石记》时又对陕西及河南地区的金石碑刻进行了系统性调查及研究（见附文3~附文8），使得他对于古迹和碑刻的分布情况以及两者的史料关联性有了较深刻的认识，也懂得碑刻对于记录古迹变迁历史的重要价值。毕沅发现陕西古代陵墓旁很少有碑刻竖立，为辨识陵墓带来极大困难，因此专门为陕西的帝王陵及名贤墓立碑，立碑陵墓数量多达187处，为中国历代之最。尽管少数陵墓的辨识有误，但这些碑刻仍然是今日陵墓所在地的重要标识，成为见证古迹历史的印记。毕沅不仅推崇“立碑存史”的理念，还在书法领域较早提出“临帖不如临碑”[206]35之主张，对乾嘉碑学的影响较大[157]116-117。此外，毕沅与当时不少著名的金石学家交游甚密，他们在学术上相互促进并共同推动了乾嘉时期金石学的蓬勃发展，如曾发掘和保护山东武氏祠石刻的黄易（1744—1802），每获珍贵拓本后都请毕沅赏鉴并在拓片上题跋[206]7❶（图3-4）；又如曾与毕沅在陕共事并时常相互研讨的王昶（1725—1806），他后来编成被誉为清代金石学著作之集大成者的《金石萃编》，该书在一定程度上受到了毕沅《关中金石记》和《中州金石记》的启发和影响。

❶毕沅在黄易藏《熹平石经》残石拓本后题跋写道：“今世石经之存，惟熹平此本及开成、嘉祐、宋高宗御书、意蜀石经亦有存者，而未之见。往官关中，访开成石经于西安儒学后舍，失去十余石，余遍加搜剔，于颓垣败土中得之，复为排比甲乙，覆以廊庑，遂复旧观。以墨本恭呈乙览，敕入《天禄琳琅》。今移抚中州，见嘉祐真、篆二体残字，又得假小松此本以入《中州金石录》，所至之处，皆与先圣遗经相值。幸得题名碑末，心窃乐之。小松家藏金石甚富，每获宋拓本，必索余跋尾，并以属幕中好古之士，翰墨之缘，亦一时之盛也。乾隆五十一年六月廿七日，灵岩山人毕沅记。”

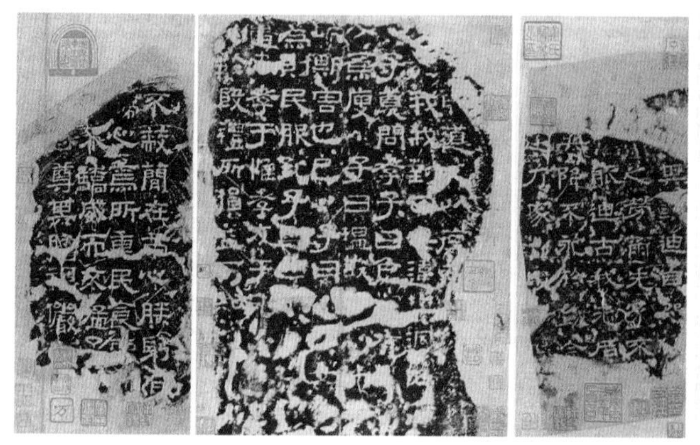

图3-4　黄易所藏熹平石经宋拓本及毕沅题跋（述及西安碑林保护相关内容）
（来源：秦明编著《蓬莱宿约：故宫藏黄易汉魏碑刻特集》第59-61页）

❶此碑全名为《唐故银青光禄大夫检校太子宾客兼监察御史柱国河南尔朱府君墓碣》，尔朱氏后人将此碑迁移后砌筑在郃阳县朱家河滨的尔朱逵庙墙内，当地人皆误以为是庙碑，毕沅指出此碑实为迁移而来的墓碑[205]80。王昶《金石萃编》卷一百十八收录该碑碣全文并引用毕沅《关中金石记》之论述。另外，此碑一角已残损，使得尔朱逵卒年未详。

❷今立于慈恩寺大雄宝殿前。

❸星汉（本名王浩之）论述毕沅在新疆地区寻访裴岑纪功碑和姜行本纪功碑的事迹时评价道："从文物角度作诗，历代西域诗人中只毕沅一人"[208]191。

毕沅通过金石调查（即所谓"访碑"）发现和抢救了很多濒临损毁的碑刻，他在陕西境内新发现子午谷造像、唐尔朱逵墓碑❶、唐长庆元年（821）朱孝诚碑、后梁开平五年（911）折嗣祚碑、贞观三年（629）宝室寺钟铭、东汉永平六年（63）鄐君开通褒斜道刻石以及曹魏景元四年（263）李苞题名，清理保护了华阴西岳庙唐宋题名、唐开元十二年（724）玄宗书《华山铭》巨碑、西安碑林唐开成二年（837）开成石经等，在慈恩寺墙垣废墟内发现元代僧贵戒师《大悲心陀罗尼经》石幢并移入大雁塔内❷保存[258]237。此外，毕沅还探访了远在新疆的汉永和二年（137年）裴岑纪功碑[147]581和唐贞观十四年（640）姜行本纪功碑❸（亦称"侯君集纪功碑"[147]577）。孙星衍在《关中金石记》跋中称赞："今陕西巡抚毕公，江左之望，蔚矣儒风，汉庭之才，褒然举首。逮乎为政，其学益敦。开府乎咸林，摄节乎凉肃。外传有云：'夕而序业，周公之美，读书百篇，公其体之，斯为大矣！'时则郑白之沃，互有泛塞；公厮渠所及，则有随便。子谷造象得于长安，唐尔朱逵墓碣得于郃阳，朱孝诚碑得于三原。临洮之垣，亘以河朔。公案部所次，则有唐姜行本勒石得于塞外，梁折刺史嗣祚碑得于府谷，宝室寺钟铭得于鄜州，汉鄐君开道石刻、魏李苞题名得于褒城。公又奏修岳祀，而华阴庙题名及唐华山铭始出焉。公释奠学校，而开成石经及儒学碑林复立焉。自余创见，多后哲之未窥，前贤之未录。公受之以藏，是云敦素；获之有道，乃惟贤劳。其知者曰：'可以观政矣！'"[205]174毕沅相当重视拓本的制作与收集，严长明、钱坫、孙星衍等幕宾都曾协助毕沅收集过数量众多的碑石拓本。《关中金石记》中收录的大部分碑刻最初往往先以拓本形式汇集于毕沅幕府处，然后再作为文献供研读考释，其中知名者如汉裴岑纪功碑[147]581、唐姜行本纪功碑[147]577–578、华阴西岳庙所藏汉唐诸碑石[293]471（以汉武都太守题名残石为代表）、西安碑林所藏唐宋诸碑刻（以唐开成石经[206]7为代表）等。受黄易等金石学家的影响，毕沅对于特别重要的金石文物还会专门制作精拓本，以尽可能保持更多的碑刻细节信息，同时也能增加拓本在流传时受藏家的珍爱程度，进而达到更持久传播的效果。毕沅的这些事迹与近代金石类文物的调查和保护相比，在方法上已颇为相似。

《关中金石记》所收录的不少碑石在后世不幸残损或遗失，该书成为记录这些碑石的关键资料。清人王志沂在《关中汉唐存碑跋》序中称："至《关中金石记》所载，如《汉仓颉庙碑》《前秦广武将军碑》《北周豆卢恩碑》《唐崔敦礼碑》《杜君绰碑》《姜遐碑》《王君碑》《冯仁碑》《褒封四子敕河间公碑》《武安君庙碑》《济安侯庙碑》，或石已不存，或漫漶无字。此书著于乾隆辛丑，迄今仅四十余年，残毁已十余种之多，后此更不知何如，是在守土者善为爱护，庶古人遗迹长存于世，亦艺林之盛事也。"[209]序

3．毕沅组织编修的陕西地方志

毕沅在为官期间大力组织和倡导编修地方志，并亲自参与了多部方志的修纂工作，不少方志的撰写体例是遵照毕沅本人的理念，充分反映了他在治史修志方面的学术观点。他在陕西、河南、两湖地区任职的短短十余年间，组织其幕府宾客共编纂修成地方志20部（表3–8），其中陕西方志11部（表3–9）、河南方志6部（《偃师县志》《重修固始县志》《登封县志》《唐县志》《卫辉县志》《怀庆府志》）、湖北方志3部（《公安县志》《荆州府志》《常德府志》），数量居清代各家幕府修志之首。毕沅幕府拥有一大批治学严谨的史学名家，如孙星衍、洪亮吉、吴泰来、严长明、钱坫等，而最为出类拔萃的当属章学诚，其方志编修理论堪称一代巅峰。正因有如此高水平的学术组织，毕沅才能与其幕宾合力编纂完成数量众多且水准甚高的方志。

乾隆朝部分地区所修方志数量及毕沅幕府所修方志数量表（来源：自制[1]） **表 3–8**

地区	乾隆朝该地区修成方志总数	毕沅在该地区为官期间该地区修成方志数量	毕沅幕府在该时期为该地区所修方志数量	毕沅幕府所修方志数占乾隆时期该地区方志数之比例（%）	毕沅幕府所修方志数占同时期该地区方志数之比例（%）
陕西	68	28	11（不含修成未刊之《延安府志》）	16.18	39.29
河南	101	9	6	5.94	66.67
两湖地区	97	20	3（不含修成未刊之《湖北通志》）	3.09	15.00
合计	266	57	20	/	/

毕沅在陕为官期间，其幕府共修成并刊刻的陕西方志多达11部，占同时期陕西方志数的39.29%，占乾隆朝所修陕西方志数的16.18%（表3–8），另有修成未刊今已亡佚的《延安府志》[85]2335 1部；毕沅还倡导督促地方政府编成方志13部，并为多数方志作序。在乾隆朝修成的68部陕西方志中，有28部是在毕沅为官期间所修成（其中与毕沅密切相关者25部），足见毕沅及其幕府对陕西地方志编修的贡献之巨。

毕沅修纂陕西方志有着现实原因和明确目标，绝非乘兴而为。他在就任陕西巡抚后，深感陕西的自然环境和人文古迹在各省之中独具特点，需要有翔实的方志进行记载，然而他在查阅往昔方志时发现错误颇多，因此决定集中幕府宾客和地方文

[1] 表内部分数据根据李金华《毕沅及其幕府的史学成就》一文第110–122页内容整理统计而得，但该文中将刊刻于乾隆二十七年（1762）的《续耀州志》的刊刻时间写错，误归入毕沅为官期间所修成的方志之列，本表已更正。另外，毕沅幕宾洪亮吉曾撰《延安府志》、另一幕宾章学诚曾撰《湖北通志》，当时均未能刊刻。但后来修成的嘉庆《延安府志》和嘉庆《湖北通志》充分借鉴了之前两书，虽未署洪亮吉和章学诚之名，但毕沅幕府的贡献实不可忽视，因此仍在表内相应数据后加括号注明。

人的学术力量将陕西各府各县的方志次第修纂。他在乾隆四十一年（1776）修志初期曾向乾隆皇帝奏称："关中形胜之地，山川雄秀、都邑纵横，甲于他省。其名区胜迹，纪载务在精详。每取府州县志考核咨询，实多谬误。臣不揣愚昧，欲先将各府志次第纂辑。查有就职州判庄炘，学问优长，人亦勤慎。在陕修志二年，于往迹旧闻，颇能搜采。今遵例加捐分发，应赴部掣签，可否将庄炘分发陕西候补令其修纂志乘，实于地方文物有裨。"[89]卷一千二十由此足见毕沅对修志的重视以及对人才的爱惜。乾隆四十三年（1778）毕沅在《富平县志》序中进一步阐明了他修志的意图："余荷恩命，简任封圻，巡抚关内，今六稔于兹矣。其间政事治忽之原、民生休戚之本，因革损益，率已得其纲要。然往往征诸志乘，习故沿讹，未免有遗憾焉。因思国家稽古右文，而关中为丰镐遗区，声教更易于渐被。前岁丙申入觐，持为奏请，先将府志重加修纂，荷蒙俞允，秉节西旋，即谕各郡甄录事实，延请媕雅之材，为事编订，而各州县乃亦相率以请。复惟郡志所载，皆州县事也，州县修明，郡志将益征美备焉。"[91]1–2

由于毕沅对于地方古迹颇为留意，参与修志的其他学者也多受其濡染熏陶，在编纂地方志时往往将古迹作为重要门目特别列出。在毕沅幕府所修成的11部陕西方志（不含已佚的《延安府志》）中，有7部为"古迹"或"胜迹"专设门目（表3–9），而在由毕沅倡导编修、各地知县具体负责的13部方志中，有12部为"古迹"或"旧迹"专设门目（表3–10），这种情况在之前的方志中并不多见。

毕沅组织幕府成员编修的陕西地方志及志内古迹类内容一览表（来源：自制）　　表 3–9

书名	成书年代	卷数	主修及主纂（毕沅幕宾字体加粗）	书中一级分类	书中二级分类（仅列古迹类门目之下）
《西安府志》	乾隆四十四年（1779）	80卷首1卷	舒其绅修 **严长明纂**	天章、地理、名山、大川、建置、食货、学校、职官、人物、选举、大事、古迹、艺文、金石、拾遗共15门	古迹门下设宫阙、苑囿、第宅、林坰、祠宇、陵墓6类
《朝邑县志》	乾隆四十五年（1780）	11卷首1卷	金嘉琰、朱廷模修**钱坫纂**	地形录、胜迹录、县尹丞尉簿史录、历代著闻人录、本朝著闻人录、孝行忠义并节烈妇录、城池公署学校坛庙修建录、赋税录、科举录、缀录、修志源流录共11门	胜迹门下设城池、宫室、关隘、冢墓、庙祠、寺观6类
《延安府志》	乾隆四十六年（1781）	稿本未刊（80卷本嘉庆《延安府志》在此基础上编写）	**洪亮吉纂**	已佚未详	已佚未详

续表

书名	成书年代	卷数	主修及主纂（毕沅幕宾字体加粗）	书中一级分类	书中二级分类（仅列古迹类门目之下）
《同州府志》	乾隆四十七年（1782）	60卷首1卷	闵鉴修 **吴泰来纂**	天章、图考、地理、名山、大川、建置、食货、古迹、职官、名宦、选举、人物、艺文、大事、经籍、金石、补遗共17门	古迹门下设故城、废县、宫阙、府第、苑囿、郊坰、祠宇、陵墓8类
《蒲城县志》	乾隆四十七年（1782）	15卷	张心镜修 **吴泰来纂**	图考、地理、建置、经制、职官、选举、人物、艺文共8门	地理门下设形势、封域、沿革、山川、陵墓、寺观、古迹、八景8类。古迹目下不细分，涉及古城遗址、陂池、寨堡等
《长武县志》	乾隆四十八年（1783）	12卷	樊士锋修 **洪亮吉**、李泰交纂	县境沿革表、总境山川表、县境古城今城表、县境桥亭镇堡寺庙、县境衙署坊市驿递表、县境道里表、县境地丁银粮表、秩官表、进士表、九品表、彝行表、节妇表共12门	无相关二级分类
《直隶邠州志》	乾隆四十九年（1784）	25卷	王朝爵、王灼修 **孙星衍纂**	州县、州县故治今治、山属、水属（水利附）、乡属、国、署属、儒学、庙属、墓、古迹、恩泽、五行、大事、官属、地丁钱粮、经费、兵、驿、名人、节妇、科第表、风俗土产、石刻、著述、题咏、序录（图附）共27门	儒学门下不细分，涉及孔庙建筑。庙属门下不细分，涉及坛庙、寺观、祠宇等。冢墓门下不细分，涉及墓冢。古迹门下不细分，涉及亭台、堡城、佛像、楼阁、古塔等
《醴泉县志》	乾隆四十九年（1784）	14卷图1卷	蒋骐昌修 **孙星衍纂**	县属、乡属、山属、水属、水利、陵墓、庙属、官属、户口赋税、学校、兵、闻人、列女、科贡等表、金石、旧闻、艺文、序录共18门	无相关二级分类
《淳化县志》	乾隆四十九年（1784）	30卷图1卷	万廷树修 **洪亮吉纂**	土地记、山川记、大事记、道里记、户口记、风土记、祠庙记、冢墓记、宫殿簿、会计簿、学校志、衙署志、职官志、登科志、士女志、金石略、词赋略、序略共18门	宫殿簿实际记载多种古迹，涉及宫、馆、观、坛、畤、祠、池、驰道等

续表

书名	成书年代	卷数	主修及主纂（毕沅幕宾字体加粗）	书中一级分类	书中二级分类（仅列古迹类门目之下）
《韩城县志》	乾隆四十九年（1784）	16卷首1卷	傅应奎修 **钱坫纂**	全书按卷归为16大类，类下分设建置、古城、镇戍、乡里、户丁、市集、山、水、桥渡、形势、城池、廨署、兵防、驿传、学校、公所、祠祀、古迹、物产、风俗、冢墓、田赋、仓、文官表、循吏、科举表、贤良、廉能、文学、武略、孝友、义行、流寓、方技、仙释、寿民、贞女、烈妇、节妇、贤孝、奏疏、序、引、记、信息、考、辨、议、论、墓志、杂文、书后、碑记、诗、诗余、赋、著述、旧闻、旧序、古鼎考、碑版考共61子目	古迹目下不细分，涉及名人遗迹、寨堡、石刻、宅第、古塔等
《澄城县志》	乾隆四十九年（1784）	20卷	戴治修 **洪亮吉、孙星衍纂**	县属、城属、乡属、山属、水属、学校、庙属、陵墓、道里、风俗、地丁银两、户口、赋税、职官、封建、科贡、闻人、列女、金石、艺文、序录共21门	无相关二级分类
《三水县志》	乾隆五十年（1785）	11卷	朱廷模、葛德新修 **孙星衍纂**	县谱、故城、乡镇、亭、堡、砦、山属、水属、城属、关桥、坊、古址、坛庙、寺观、墓、职官、地丁钱粮、兵防、名人、列女、科贡、图序共22门	城属、关桥、坊、古址门下仅记载看花宫遗址1处

毕沅倡导编修的陕西地方志及志内古迹类内容一览表（来源：自制） **表3-10**

书名	成书年代	卷数	书中一级分类	书中二级分类（仅列古迹类门目之下）
《临潼县志》	乾隆四十一年（1776）	9卷，图1卷	地理、建置、纪事、古迹、祠祀、陵墓、赋役、职官、选举、人物、艺文、志余共12门	古迹门下分城邑、宫殿、铭刻3类
《鄠县新志》	乾隆四十二年（1777）	6卷	地理、建置、田赋、官师、风俗、人物、选举、杂记共8门	建置门下涉及部分古迹的变迁和重修的信息
《郿县志》	乾隆四十三年（1778）	18卷图1卷	地录、太白山灵感录、政录、古迹征信录、金石遗文录、白起井丹三法鲁芝传录、三鲁二马二邱三王传录、张氏传录、张氏道统录、郭伯玉以下诸人传录、列女传录、侨隐传录、谐异传录、旧志胜录共14门	古迹征信录下不细分，涉及宫殿、陵冢、古城镇、亭坞、祠庙、楼阁等

书名	成书年代	卷数	书中一级分类	书中二级分类（仅列古迹类门目之下）
《渭南县志》	乾隆四十三年（1778）	13卷图1卷	地形考、旧迹考、坛庙祠宇院观考、冢墓考、建置考、赋役考、历代著闻人考、朝著闻人考、节烈妇人考、选举考、守令丞尉簿史考、修志源流考、杂考、绘图考共14门	旧迹考门下不细分，涉及故城、堡城、宫阙、园囿
《兴平县志》	乾隆四十三年（1778）	24卷图1卷	地理、赋役、建设、职官、选举、旧迹、陵墓、金石、世系、宝氏传、马氏传、班氏传、列传、循吏文学货殖逸人方外传、拟传、侨人传、后妃列女传、列女拟传、谄佞奄（阉）人传共19门	旧迹门下不细分，涉及故城、宫殿遗址、驿亭、前代楼阁、古树、名人遗迹等
《富平县志》	乾隆四十三年（1778）	8卷	地理、建置、贡赋、水利、职官、选举、人物、艺文8门	建置门下分城池、公署、仓局、学校、坛壝、祠庙、陵墓、古迹、桥梁、乡甲10类。古迹子目下不细分，涉及城、堡、台、洞、塔、碑等
《岐山县志》	乾隆四十四年（1779）	8卷	地理、建置、祠祀、田赋、官师、选举、人物、杂记共8门	地理门下设沿革、山川、古迹、陵墓4类，古迹目下不细分，涉及宫殿、寺庙、故城、亭阁等 祠祀门下不细分，涉及坛庙、祠宇等
《扶风县志》	乾隆四十六年（1781）	18卷图1卷	图记、地记、户口城市乡邨记、仓贮田赋记、古迹记、坛庙记、寺观记、陵冢记、金石记、官记、科名记、旧志传记、传记、列女传、纂志人记共15门	古迹记门下不细分，涉及古城镇乡村、宫殿、亭台等。坛庙、寺观、陵冢门下皆不细分
《府谷县志》	乾隆四十八年（1783）	4卷	圣泽、职官、公署、学校、祠祀、寺观、城池、建置、疆域、里甲、街衢、古迹、市集、户口、山川、井泉、道路、津梁、田赋、仓廒、名宦、兵防、驿传、人物、忠节、孝子、义行、节孝、乡饮、祥异、风俗、物产共32门	古迹门下不细分，涉及金石碑刻等
《洵阳县志》	乾隆四十八年（1783）	14卷	分野、沿革（表、考）、疆域（山川、津梁、堰渠附）、建置（学校、营制附）、赋役、祠庙（寺观附）、秩官、选举、宦绩、人物、风俗（物产附）、祥异、录史、古迹共14门	古迹门下不细分，涉及塞、故城、旧县、奇特景观等

续表

书名	成书年代	卷数	书中一级分类	书中二级分类（仅列古迹类门目之下）
《绥德州直隶州志》	乾隆四十九年（1784）	8卷	岁纪门、舆地门、人事门、物产门共4门	人事门下细分为沿革、城堡、关隘、墩阜、津梁、故城、古寨、官廨、秩官、兵制、户口、田赋、仓廒、邮传、学校、风俗、坛庙、纪事、建议、古迹、陵墓、流寓、宦迹、选举、武功、武科、例选、封赠、恩荫、乡哲传、列女志、艺文32类
《宝鸡县志》❶	乾隆五十年（1785）	16卷	沿革（疆域附）、山川、建置（学校、营制附）、渠堰（关梁附）、赋役、祠祀（寺观附）、秩官、选举、宦绩、人物、风俗（物产附）、录史、古迹（冢墓附）、金石、祥异（志余附）	古迹门下不细分，涉及故城、宫殿遗址、古代亭台、奇特景观、名人遗迹、陵墓等
《华阴县志》	乾隆五十三年（1788）	22卷，图1卷	封域、建置、职官、人物、列传、经籍、金石、艺文、爵秩、纪事、志余共11门	建置门下细分为城池、官署、崇祀、学校、田赋、税课、仓、驿、亭馆、关、镇、桥、渡、庙、祠、宫、观、庵、院、寺、庄墅、陵墓、古迹23类

毕沅幕府所修成的11部陕西方志，其编修流程基本均为：毕沅向地方官员提出修志要求和目标→毕沅与幕宾及地方官探讨编修理念→毕沅幕府及地方官合力搜集资料→毕沅某位幕宾主笔编写→地方学者配合编写→地方官审核调整→毕沅审核调整→最终完成。毕沅对编修工作颇为关注，修成后还亲自为其中6部方志作序❷。这些方志中不少成为后世公认的良志典范，如《西安府志》《澄城县志》《醴泉县志》《三水县志》，其特点是条理清晰、重视史实、考据精详。最有代表性的当属《西安府志》，书中不仅为“古迹”专设一门目，对各类古迹的搜罗和考证也极为丰富，当时毕沅“因属通人蒐荟群籍，凡与秦中文献关涉者，计得千五百种，发凡举例，类聚区分，文成数万，为门一十有五，分类五十有一，合成一百卷，亲加裁削，为《西安府志》八十卷。”[79]504-505该书是在毕沅治史思想指导下完成并经过他亲自裁削改定，为著书搜罗的文献约1500种，实际引用的文献多达936种❸。毕沅《关中胜迹图志》

❶虽然在《宝鸡县志》和《华阴县志》刊刻时毕沅已离开陕西，但这两部方志均是奉毕沅之命而编修，在方志的序及正文中皆有所提及。该时期未受毕沅直接影响而编修的方志有5部，即《甘泉县志》《泾阳县志》《白水县志续稿》《三原县志》《盩厔县志》。

❷分别为《西安府志》《朝邑县志》《同州府志》《醴泉县志》《淳化县志》《三水县志》。

❸该数据由笔者根据乾隆《西安府志》书前所附“恭引书目”和“引用书目”统计得到。

中收录陕西各类古迹或胜迹1122处，而《西安府志》中仅西安府地区就收录了古迹1644处，资料更为详备，不过该书美玉微瑕之处是仅附疆域图1幅（图3–5），直观性不足。又如毕沅在《醴泉县志》序中称："若昭陵在县境，予向请帑修葺，又饬常加筑护，具有石碣，建立碑亭，近又东、西竖碑，纪列所存名位及志冢墓丈尺，将使后人守而勿坏，予与蒋令皆有劳焉，尤为政之急务，恶可以不志与？"[264]4毕沅将古迹保护视作地方"为政之急务"并在方志中重点叙述和宣扬，体现了他对于古迹保护的高度重视。

在毕沅倡导编修的13部陕西方志中，8部由毕沅亲自作序[1]；其余《临潼县志》《鄠县新志》《岐山县志》《华阴县志》在序中提及奉毕沅之命编修方志；《鄠县新志》还提到其中"梓人传"部分为毕沅所提供。这些体现出毕沅对于地方志修纂工作的关注和重视。

总体来看，由毕沅组织编修的25部陕西方志（含已佚的《延安府志》），无论从修志的数量还是质量来看在明清时期的地方官员中均属翘楚。在编修过程中，通过较为系统的资料搜集和调查，毕沅对于陕西各地的古迹分布位置、历代修缮信息、保存现状有了更深刻的认识，并将许多重要的修缮事件写入方志之中，为后世了解清人的古迹保护事迹提供了翔实可靠的依据。

4．毕沅以陕西古迹为题材的文学作品

在毕沅数量众多的文学作品中，处处体现其古迹保护之精神与理想，令人神往。毕沅的创作灵感主要来源于他游历天下、考察古今的丰富体验，因此具有一般文人难以企及的广度和深度。毕沅的作品以诗作（图3–6）为主，其传世诗作有1615篇共2831首[2]，咏

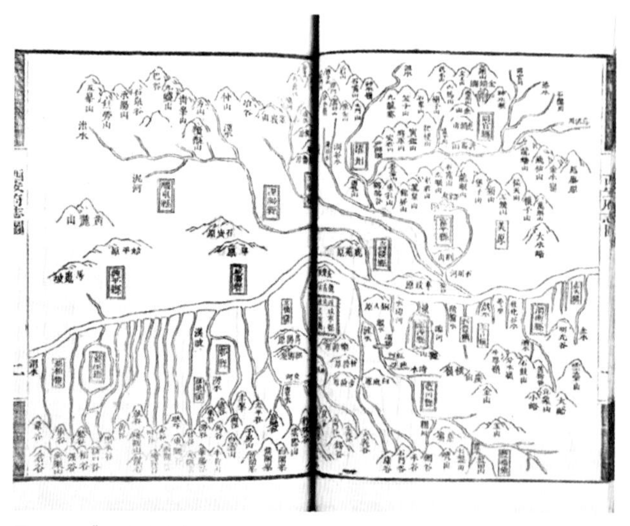

图 3–5　《西安府志》清乾隆时期刻本（来源：2007 年嘉德四季第十一期拍卖会拍品）

靈巖山人詩集卷一

鎮洋畢沅秋帆一字緗蘅

硯山怡雲集

閼逢困敦

琴操三章

月明霜林小山碧陰無有萬籟曠然遠尋抱琴獨往閒音沖穆非求絃聲思是德惜君子有行以徵其金有感有觸以和其心

以和其心以籍其性以誠著生各正性命匹夫優爲堯舜猗病匪事易能厥理可證空山無人杳非塵境八荒橫陳萬古豎

釋夢梅

自題慈闈授詩圖四首有序

图 3–6　毕沅《灵岩山人诗集》清嘉庆四年经训堂刻本（来源：2002 年秋季艺术品拍卖会拍品）

[1] 分别为《郿县志》《渭南县志》《兴平县志》《富平县志》《岐山县志》《府谷县志》《洵阳县志》《绥德州直隶州志》。

[2] 笔者根据杨焄整理的《毕沅诗集》内诗作情况进行统计后获得。

怀古迹及古物的诗作多达348篇共402首（古迹诗394首、古物诗8首），其中与陕西有关的诗作64篇共93首（古迹诗90首、古物诗3首），涉及46处古迹和3种古物（表3–11）。

在毕沅笔下，古迹作为独立的审美对象获得了专门关注和细致审视。他所考察的古迹，既有古遗址、古墓葬、古建筑等类型，也有与古迹相伴的雕塑、碑刻、壁画等，范围颇广。在他记述的对象中，不乏汉唐帝陵、西岳庙、灞桥等知名古迹以及开成石经、昭陵六骏等珍贵文物。

毕沅的不少诗作是因保护或修缮古迹而专门创作的，如《华岳庙落成诗以纪事》[147]713《开成石经联句》[147]997《重修灞桥纪事联句》[147]1002《奉敕重修华岳庙成诗以落之》[147]1036等。部分诗作则以注文的形式记录了毕沅修缮古迹的经过或心得，如《马嵬十首》自注"（杨）贵妃墓陂上只一荒冢而已，予为捐葺新宫数间，缭以长垣，种植松柏。"[147]733《经行渭北瞻眺汉唐诸陵寝》自注："关中历朝陵寝，四旁多有余地，樵苏明禁甚严。二十年前，某中丞议请招募陵户，又因惜费，即令耕种陵旁地，以当工值。小民贪利，垦辟不已，陵冢大半损塌。余屡申禁约，捐俸补修，然恐终非经久计。即此可为当官见小者戒。"[147]739

毕沅以陕西古迹和古物为题材的诗作一览（来源：自制[1]） **表3–11**

古迹类（合计古迹46处，诗作61篇90首）		
古迹名称	古迹位置	毕沅诗作名称
潼关	渭南市潼关县北	《潼关》
华山及附属建筑（包括西岳庙等18处古迹）	渭南市华阴县岳镇东	《宿云台观纪梦》《云台观》《焦仙祠》《玉泉院》《山荪亭》《太素宫》《五里关》《混元庵》《倚云亭》《都龙庙》《北极阁》《五圣阁》《单人桥》《通天门》《四仙庵》《金天宫观雨作》《金天宫西楼夜起观日出》《南天门》《镇岳宫》《夜题东峰道院壁》《谒华岳庙》《宿岳祠太和宫与冬友步月登万寿阁展眺》《华岳庙落成诗以纪事》《奉敕重修华岳庙成诗以落之》
寇准墓及祠	渭南市临渭区官底镇左家村南	《宋寇莱公祠四首》
灞桥	西安市灞桥区灞桥镇西南区域	《灞桥》《灞桥示送行友人》《重修灞桥纪事联句》
司马迁墓及祠	渭南韩城市芝川镇东南	《汉太史司马迁墓》
随清娱（司马迁侍妾）墓	渭南市华阴县长乐亭西	《随清娱墓》
韩城大禹庙	渭南韩城市苏东乡周原村北	《禹庙》

[1]本表内所选诗作是直接以古迹为题材者，其他在写景抒情时顺带提及某处古迹的情况，不计入本表。

古迹类（合计古迹46处，诗作61篇90首）		
古迹名称	古迹位置	毕沅诗作名称
崇圣寺（金胜寺）	西安市莲湖区丰镐东路北侧	《冬日出游崇圣寺》
唐兴庆宫（南内）遗址	西安市东门外兴庆路北区域	《长安城东南隅有村名月儿高金花落似唐时南内旧址因公过此各系以诗》（包括《月儿高》《金花落》二首）
汉唐诸帝王陵	咸阳市渭北台塬区	《毕原》《茂陵》《经行渭北瞻眺汉唐诸陵寝》《咸阳怀古二首》
草堂寺	西安市鄠邑区圭峰山北麓	《游草堂寺六首》《草堂寺》
隋玄都观遗址	西安市雁塔区朱雀大街南段西侧	《寻玄都观旧址三首》
连云栈道（包括大散关等7处古迹）	自宝鸡市南郊经凤县、留坝县至汉中市北郊	《大散关》《草凉驿》《画眉关》《青桥》《鸡头关》《褒城驿》《鬼门关》
武侯祠	汉中市勉县城西	《定军山拜谒诸葛武侯祠墓》
凤翔东湖	宝鸡市凤翔县东南	《夜憩东湖与严冬友侍读宛在亭玩月五首》《重过东湖与叠乙未春与冬友坐宛在亭玩月原韵五首》
石甕寺	西安市临潼区城南骊山东绣岭	《石甕寺》
华清宫遗址	西安市临潼区城南骊山北麓	《华清宫故址联句》
长春宫遗址	渭南市大荔县朝邑镇北寨子村	《长春宫遗址》
辋川别业遗迹	西安市蓝田县西南10余公里处	《文杏馆》《临湖亭》《竹里馆》
圆通寺	西安市鄠邑区东南	《圆通禅院》
马嵬坡及杨贵妃墓	咸阳兴平市马嵬镇西	《马嵬十首》
楼观台	西安市周至县终南山北麓中部区域	《楼观》《授经台》
子午关	西安市长安区西南子午峪内	《子午关》

古物类（合计古物3种，诗作3首）		
古物名称	古物所在地名称及位置	毕沅诗作名称
开成石经	西安碑林（西安市碑林区文昌门内西侧三学街）	《开成石经联句》
昭陵六骏	原在唐太宗昭陵（咸阳市礼泉县东北九嵕山主峰），今四骏藏西安碑林（西安市碑林区文昌门内西侧三学街），其余二骏藏美国宾夕法尼亚大学博物馆	《昭陵石马联句》
汉宫陶瓦	出土于汉未央宫遗址（西安市未央区汉长安城遗址西南区域），今下落不详	《汉未央宫瓦》

此外，毕沅还有部分其他形式的文学作品，其中不少与古迹保护相关，如他曾为《西安府志》《同州府志》《醴泉县志》等14部陕西方志作序（附文16~附文29），序中往往涉及他对于地方治理与古迹保护方面的思考；又如临潼县令蒋勋修缮张载祠并建横渠书院，毕沅为其撰写碑记（附文15）并阐述蒋勋保护古迹、振兴文化的贡献[229]246；再如毕沅撰写的《大清防护唐昭陵碑》（附文9）和《大清重修大崇圣寺碑》（附文13），碑文均采用骈体形式撰写，文质皆美，对他保护昭陵和重修崇圣寺的过程及相关理念进行了阐述。毕沅还常命幕宾模仿自己的口吻代写作品来表达思想，如汪中代笔的《黄鹤楼铭》[230]453–454和《汉上琴台之铭》[230]454–455以及章学诚代笔的《为毕制府撰光山县重修明少保陈公祠堂碑》[231]143便属其中佳作。

六、毕沅对古迹开展的保护实践

1．古迹保护实践一览

毕沅自乾隆三十六年（1771）至嘉庆二年（1797）在陕西、甘肃、河南、湖北、山东等地任职的26年间，陆续保护和修缮了大量古迹，特别是在陕西的十余年间对当地古迹保护的贡献及影响颇大。毕沅为官期间保护和修缮的古迹多达215处（表3–12），其中陕西古迹201处、河南古迹2处、湖北古迹11处、青海古迹❶1处，具体包括关中书院、西安碑林、秦蜀古道连云栈段、周灵台遗址（附图9）、灞桥、西安城垣、崇圣寺、凤翔东湖亭台及苏轼祠宇（附图10）、187座陕西境内的帝王陵及名贤墓（含附属的陵庙和墓祠）、西安太白山神庙、郿县太白神祠、西岳庙、金天宫、玉泉院（附图11）、塔尔寺（附图12）、大兴善寺、淮渎庙（附图13）、桐柏山禹庙、荆州城垣（附图14）、荆州禹庙、荆州关帝庙、荆州府文庙、荆州江陵县文庙、荆州府城隍庙、龙神祠、荆州考棚、黄鹤楼、楚观楼、古琴台（附图15）。此外，另有修缮事迹存疑待考的古迹2处（华清池和慈恩寺）以及推测开展过修缮的古迹若干❷。

---

❶塔尔寺在今青海西宁市，清代属甘肃省。

❷毕沅所保护的187座陕西陵墓中大多设有附属的陵庙或墓祠，这些陵庙和墓祠只有极少数明确记载曾为毕沅所修，由于今日所存资料绝非清代文献之全部，因此笔者推测毕沅实际修缮过的陵庙及墓祠应当更多。

毕沅为官期间修缮及保护的古迹名录（来源：自制） **表 3-12**

对象	开展时间	目前保护级别	所在地点	修缮或保护情况概述	支出经费（两）
关中书院	乾隆三十六年（1771）	陕西省文物保护单位	陕西省西安市碑林区	毕沅欲通过提升文化教育水平来移风易俗，因此将书院内建筑重新整修，并请戴祖启主持讲学事务[253]346	不详
西安碑林	乾隆三十七年（1772）	全国重点文物保护单位	陕西省西安市碑林区	毕沅命人发掘清理碑林内的碑刻，收集周边不易保存的碑刻并移入碑林；修缮原有建筑物，增建敬一亭、西碑廊、东碑廊、四角攒尖顶小亭、御碑堂、明清碑廊等房屋；对碑石分类、分级后分区安置，将开成石经正确排序；由陕西巡抚衙门直接管理碑林，为碑石建立木质栅栏和木门进行保护，指定专人按时启闭；规定碑石不得随意捶拓；将明清碑刻择优留存并用于制作拓片以换取拓工伙食费	不详
秦蜀古道连云栈段	乾隆三十八年–四十年（1773—1775）	世界文化遗产预备名单	陕西省中部至南部区域	奏请添改连云栈道内驿递以节省马力[79]487，并对连云栈道进行了修缮[79]495	不详
灵台（周灵台）	乾隆三十九年（1774）	属于丰镐遗址（全国重点文物保护单位）的一部分	陕西省西安市长安区	当时灵台遗址尚存于沣河西岸秦渡镇北的平等寺内，仅存土基，毕沅亲往勘察并加以修葺[258]194，将台基包砌砖体进行保护	不详
灞桥	乾隆三十九年–四十年（1774—1775）	陕西省文物保护单位	陕西省西安市灞桥区	乾隆三十五年（1770）闰五月灞桥被水冲毁，毕沅于乾隆三十九年（1774）利用原有灞桥（杨应琚所建）的石墩桥基重新铺设木板建造，于次年竣工[258]277	不详
西安城墙（西安城垣）	乾隆三十九年–四十年（1774—1775）	全国重点文物保护单位	陕西省西安市	拓宽并加深城濠，疏浚龙首渠和通济渠注入城濠。城濠原深3丈（约合9.47米）、底宽8尺（约合2.53米）[345]136，经改造后深3.4丈（约合10.73米）、顶宽6丈（约合18.94米）、底宽3丈（约合9.47米）[253]158	8000余

续表

对象	开展时间	目前保护级别	所在地点	修缮或保护情况概述	支出经费（两）
西安城墙（西安城垣）	乾隆四十六年–五十一年（1781—1786）	全国重点文物保护单位	陕西省西安市	改造城垣内外墙体，将城垣土体采用“缩蹬法”筑造，将城垣外墙（含98处敌台和4处角台）的砖体拆卸并增添新砖后重新包砌，在城垣内侧增设排水槽205处，对17处马道使用旧砖包砌；在城顶铺砌总长4302丈、宽4.7丈（面积20219.4平方丈）的海墁，城顶外侧重建垛堞1道，内侧新建宇墙1道；对四门月城和瓮城的12座城台进行修筑，将城台外墙和券洞处的城砖拆卸替换后全部重新包砌，将城台券洞内损坏的海墁石和甬路进行了修理；将4座城楼、4座箭楼和1座魁星楼整体拆卸后更换新料重新搭建，将4座闸楼、4座角楼和4座官厅中的残损构件拆卸后换为新料，将98座卡房统一改为单檐硬山顶样式，增建马道门楼24座，修缮的建筑均按原有风格重绘彩画	实支1595576.038，实销1585158.203
崇圣寺（又名崇仁寺、金胜寺）	乾隆四十年–四十四年（1775—1779）以及乾隆四十九年（1784）	已毁	陕西省西安市莲湖区	毕沅将寺庙的山门、药师殿、观音殿等原有建筑整修并重施油彩；在寺内北部区域新建田字形罗汉堂1座，并请巧匠为堂内塑造五百罗汉漆金像，在寺外新建牌楼1座，在寺内添置汉白玉莲花缸4尊；保护寺内唐代以来的碑刻和雕像，为景教碑等重要碑刻修建碑亭；在寺院南门外开凿放生池并引永济渠水注入其中	数万两，具体不详
东湖亭台及苏轼祠宇	乾隆四十年（1775）	陕西省文物保护单位	陕西省宝鸡市凤翔县城关镇	当时东湖已出现淤塞，湖边亭台及轼祠宇也因年多倾圮。毕沅命凤翔知府张可修疏浚湖水，剪伐杂草树木，在湖边补种花木，并修缮了喜雨亭、宛在亭、苏文忠公祠等古建筑，使“凤翔八观”之一的东湖恢复了风貌	不详

续表

对象	开展时间	目前保护级别	所在地点	修缮或保护情况概述	支出经费（两）
187座陕西境内的帝王陵及名贤墓（含陵庙及墓祠等附属建筑）	乾隆四十年–四十九年（1775—1784）	包括全国重点文物保护单位77处、陕西省文物保护单位43处、市县级文物保护单位67处	陕西全境	命陕西各县长官为56座帝王陵和131座名贤墓立碑并对其中大多数陵墓进行整修。具体包括：在陵墓旁醒目位置竖立具有统一形式的石碑；通过构筑物和标记确立陵墓保护范围；为陵墓设置守陵人并制定日常保护办法；修缮陵园内各类建筑物；整治陵墓周边环境以恢复庄严肃穆的风貌；恢复或进一步强化陵墓祭祀活动	不详
太白山神庙	乾隆四十二年（1777）	已毁	陕西省西安市莲湖区	乾隆三十九年（1774）春，毕沅率僚属在庙内祈雨成功，特请为皇帝敕封‘昭灵普润’四字并御书匾额及楹联[344]585。毕沅因见此庙“规制庳隘”[258]536，遂捐出俸禄，于乾隆四十二年（1777）对庙宇进行整修，使其庙貌鼎新，并每岁定期命人祭祀[258]536	不详
太白神祠（太白山神庙）	乾隆四十二年–四十三年（1777—1778）	已毁	陕西省宝鸡市郿县	毕沅因得知祠庙因年久而倾颓，遂与司道官员捐出俸禄，对庙宇进行整修使其恢复旧观[92]，并每岁定期命人祭祀[258]536	不详
西岳庙	乾隆四十二年–四十六年（1777—1781）	全国重点文物保护单位	陕西省渭南市华阴县	毕沅共计整修了33类对象60处建筑，其中新建者7类15处（木牌楼、石栅栏、钟鼓楼、御书楼、御制碑亭、岳游坊、万寿阁后石牌楼），原样移建者1类2处（康熙御碑亭），扩建者5类6处（五凤楼、棂星门、金城门、灏灵殿、东西司房），拆卸改建者6类10处（灏灵门、寝宫、穿堂、寝宫两侧配殿、仙佛丛祠、角楼），原样修葺者14类27处（琉璃照壁、遥参亭、神祠、省牲所、涤器所、更衣所、古碑亭、东西道院、吕祖堂、万寿阁及陪楼、望华亭、楼馆、望仙桥、宫城前后界墙）。此外，还对庙内各建筑进行整体性改造，包括建筑土墙改砖、重施彩画及油饰、为夯土堡墙包砖并安设垛堞	约180000
金天宫	乾隆四十三年–四十五年（1778—1780）	无（原建筑尽毁于大火，重建后无文保级别）	陕西省渭南市华阴县	具体修缮过程及措施均不详。工程之余还在华山南天门新建文昌阁1座[292]167	18932.376

续表

对象	开展时间	目前保护级别	所在地点	修缮或保护情况概述	支出经费（两）
玉泉院	乾隆四十二年–四十四年（1777—1779）	陕西省文物保护单位	陕西省渭南市华阴县	毕沅命潼关厅同知陆维垣修筑围墙环绕整个玉泉院，并在院内新建亭榭[292]117；还将希夷祠[292]119移至院内东南侧，并改为坐南向北；在二臣塔南侧新建望河亭[292]121	18179.2
塔尔寺	乾隆四十四年（1779）	全国重点文物保护单位	青海省西宁市湟中县城鲁沙尔镇	为迎接六世班禅前往热河觐见途经停宿而整修，共整修楼房及堂屋14处共84间。由于原有建筑墙垣多已坍损，木构也已朽坏，因此拆除破楼1座，改建山门1座、照壁1座，添建牌楼1座，将经堂1座、配楼2座、厢楼2座、照楼1座、穿堂楼1座拆卸后进行修葺或改造，在经堂上部添建楼罩1间及暖房3间用于礼佛；将经楼南院落内旧屋全部拆除，改建寝室1座；修补寺内各处僧舍的破损之处[224]	约30000
灞桥（未建成）	乾隆四十七年（1782）	陕西省文物保护单位	陕西省西安市灞桥区	于灞桥遗址旁另行选址计划重建灞桥，拟在灞河北段修建长61丈的券洞大石桥一座，中段在河心老滩区域铺设长82丈的墁石道一段，南段修建长66丈的涵洞平桥一座，券洞大石桥、墁石道、涵洞平桥宽度均为3丈，总长达209丈（约合659.81米）[378]	561819.501（此为估算费用，灞桥最终未能施工）
大兴善寺	乾隆四十九年（1784）	陕西省文物保护单位	陕西省西安市雁塔区	命潼关同知徐大文修缮寺内转轮藏经殿及殿内转轮，并将殿内明万历及清雍正年间的御赐经书妥善安置[84]852–853	不详
淮渎庙（东渎大淮神祠）	乾隆五十一年（1786）	“文革”期间被毁	河南省南阳市桐柏县城东关	当时庙内仍存元代摹刻汉碑1方及古柏5株，但建筑自康熙二十九年（1690）修缮之后已失修近百年，木构及砖瓦多已严重朽坏[200]，毕沅先命人将庙宇绘制图样进行总体规划，将正门至后殿的一系列建筑拆卸，对损坏构件进行抽换添补，尤其对于正殿整修较多，将其全部拆卸后夯实地基并重新立柱上梁，又将损坏的砖、瓦等构件全部替换，并按照《工程做法》要求如式修造[201]	13000余

续表

对象	开展时间	目前保护级别	所在地点	修缮或保护情况概述	支出经费（两）
桐柏山禹庙	乾隆五十一年（1786）	已毁	河南省南阳市桐柏县	该庙当时已年久失修，毕沅在勘察后推测其为宋代以前古迹，将其与淮渎庙一起制定修缮方案，并在淮渎庙工程结束后使用原班工匠进行修缮（具体修缮措施不详），此外还对庙东数百米外的淮源进行了疏浚[201]	约2000
荆州城垣（荆州城墙）	乾隆五十三年–乾隆五十七年（1788—1792）	全国重点文物保护单位	湖北省荆州市荆州区	荆州城垣因被洪水冲坍受损严重，共补砌城垣墙体47段，其中除少数因地基沉陷而向内收进砌筑外，多数按照原基修砌；为防止城基再次被冲毁，又在城身外侧选择薄弱处建造砖石泊岸9段、灰土泊岸7段，并新建吊桥5座；原计划将被冲开豁口的西门水洞1座顺势改为水津，后改为疏通城内是佛第水沟用于导水[226]；城垣的东门、小北门、大北门、西门的城楼各1座，以及东门、小北门、大北门、西门、公安门的月城门台各1座，全部修缮补砌使其完整。对城垣暴露的夯土进行了填筑和补强，对垛堞、宇墙、海墁的坍陷损坏处进行了修补，对城垣上的炮房、官厅、兵房、堆拨房以及满城界墙和门楼均进行修葺，各类建筑重施油饰，又新建西南角台1座。从西安等处调来巧匠按照《工程做法》要求修筑，所需城砖建窑自行烧造[225]	207859
荆州禹庙	乾隆五十三年（1788）	已毁	湖北省荆州市荆州区城南	“息壤”旁有三开间的禹庙小殿，因年久而朽坏倾圮，于是毕沅按照旧式修复，并竖立碑刻进行标表[227]。还将实际为一处土洼的“息壤”遗迹周边打扫整洁并修筑矮墙环绕以进行保护	不详

续表

对象	开展时间	目前保护级别	所在地点	修缮或保护情况概述	支出经费（两）
荆州关帝庙	乾隆五十三年–乾隆五十五年（1788—1790）	后毁于战火，于1987年复建，不属于文保单位	湖北省荆州市荆州区	乾隆五十三年（1788）荆州遭遇特大洪水后城内建筑多被冲毁，毕沅随即请修关帝庙[232]，将关帝庙主殿大梁改为七架梁并去掉殿内立柱8根，原有2层抱厦改为1层以增加室内采光；将庙内牌楼1座、大山门1座、二山门1座、戏台1座、玉皇阁1座、三义殿1座、崇圣祠1座、马王殿1座，及钟鼓楼各1座、配楼2座、配殿2座、廊房2座、住持房1座（共75间）全部拆顶揭瓦，进行修葺和粘补，并对各建筑重施油饰彩画；各殿内的神像（共计83尊）也依照旧式修补装塑；庙内围墙、甬路、丹陛，均照旧补砌[228]。另外，荆州城南门本无城楼而设关帝大殿1座，因年久失修而屋檐渗漏，塑像也发生朽坏，将该建筑的屋面和塑像损坏处也进行粘补及修理[228]	16026.702
荆州府文庙	乾隆五十四年–嘉庆元年（1789—1796）	已毁	湖北省荆州市	荆州洪水后，毕沅于次年请修荆州府文庙、江陵县文庙、城隍庙、龙神祠、考棚[232]。其中，对江陵县文庙重建大成殿、两庑、戟门、名宦乡贤祠，改建崇圣祠、尊经阁、棂星门、明伦堂、文明阁，增建节孝祠、更衣所、刑牲处、祭品乐库、碑亭[234]49	3530
荆州江陵县文庙	乾隆五十四年–嘉庆元年（1789—1796）	湖北省重点文物保护单位	湖北省荆州市荆州实验中学内		1988
荆州府城隍庙	乾隆五十四年（1789）	已毁	湖北省荆州市荆州区		2750
龙神祠	乾隆五十四年（1789）	已毁	湖北省荆州市荆州区		1707
荆州考棚	乾隆五十四年（1789）	已毁	湖北省荆州市荆州区		3914
黄鹤楼	乾隆五十七年（1792）—嘉庆元年（1796）	原建筑已毁，今为原址重建，不属于文保单位	湖北省武汉市武昌区蛇山	修葺已年久失修的黄鹤楼，具体措施不详	不详

续表

对象	开展时间	目前保护级别	所在地点	修缮或保护情况概述	支出经费（两）
楚观楼（南楼）	乾隆五十七年（1792）–乾隆六十年（1795）	同上	湖北省武汉市武昌区蛇山	乾隆五十七年（1792）受灾被毁，毕沅随后仿江宁南楼样式将柱包于墙内以增强防火能力，并改名“南楼”[235]318	不详
古琴台（伯牙台）	嘉庆元年（1796）	湖北省重点文物保护单位	湖北省武汉市汉阳区龟山西	根据当地传说重建了古琴台[236]80	不详
华清池（存疑）	乾隆40年以后，具体不详	全国重点文物保护单位	陕西省西安市临潼区	存疑待考。毕沅曾上奏称“关中系临边重镇，西接新疆，为外藩朝觐往还必经之所，沿途古迹甚多，除华岳以外，如灞桥、温泉、终南山、慈恩寺等处俱系汉唐名胜之区，近年以来所有关中陵墓、祠墓虽经臣次第补修，但胜迹尚多，工费亦巨，既未便频请动项，亦不宜任其荒颓。因思此项银两与其间贮司库，不如准其赏借，既可以俯顺民情，复可以随时修复古迹，则事不劳而工易集，实足以节縻费而壮观瞻。”[256]按文意无法确信毕沅曾修缮过这处古迹，除此之外更无其他文献能够提供有力证明，故存疑	不详
慈恩寺（存疑）	乾隆四十三年以后，具体不详	全国重点文物保护单位	陕西省西安市雁塔区	存疑待考。理由同上	不详
合计	保护工程共30项，涉及古迹215处（不含存疑对象），其中包括世界文化遗产（预备名单）1处、全国重点文物保护单位83处、省级文物保护单位50处、市县级文物保护单位67处			有据可考的支出总额超过210余万两白银，总支出可能多达240万两。按同等购买力估算约合10.5亿~12亿元人民币	

2．古迹保护相关数据及实施条件分析

毕沅开展过保护的古迹，其类型包括古遗址（含陵墓、建筑遗址、桥梁遗址等）、古建筑（含坛庙、城垣、寺观、文教建筑等）、古代园林等。绝大多数古迹在今日被公布为全国重点文物保护单位和省级文物保护单位，具有突出的历史文化价值，体现出毕沅敏锐独到的眼光，也充分表明其保护工作具有重要意义。在毕沅开展的各类古迹保护工程中，经费支出超过10000两者[1]有崇圣寺、西岳庙、金天宫、玉泉院、塔

[1] 毕沅第二次重建灞桥的预算高达56.18万两，但该工程最终未能顺利实施，故不计入。

尔寺、西安城垣、淮渎庙、荆州城垣、荆州关帝庙共9处，其中工程规模最大者为西安城垣，用银达159万余两，动用工匠民夫数以万计，充分体现了清代古迹保护的强大实施能力和毕沅非凡的魄力；各类古迹保护工程的实施周期也有所差异，多数为1年以内，最久的昭陵保护工程则长达9年，反映了毕沅对于古迹保护的持久关注和良好耐心。

毕沅作为学者型高官，不仅在文化保护和精神传承方面的认识远超一般官僚，还拥有普通儒生文人所不具备的人力组织和资源调配能力，更因自身对古迹的深情厚爱和久抚陕、豫、鄂的为官经历而能始终投身于这项事业之中，这才得以在较长时段内相继完成众多有影响力的大型古迹保护工程，其背后所依赖的实施条件不容忽视。因此卢文弨（1717—1795）称赞毕沅道："夫人苟趣目前，往往于先代所留遗不甚爱惜，而亦无以为后来之地。儒生网罗放失，亦能使古人之精神相焕发，而或限于其力之所不能，必赖上之人宝护而表章之，以相推相衍于无穷，其视治效之仅及于一时者，相什伯也。公之于政也，绵有余力，故能百废俱兴。"[205]叙

七、小结

毕沅作为乾嘉时期的学者型高官，他不仅为陕西、甘肃、河南、湖北、山东等地做出许多贡献，也与幕府宾客共同推动了当时的学术繁荣。乾隆时期各地官员广泛参与并积极投身到古迹保护活动之中，形成清代古迹保护的高潮。毕沅正是这个时期的突出代表人物，他对于古迹的保护既是发自本心又是其为官守土之职责。毕沅在古迹的游历考察、学术研究、保护实践等方面有着积极贡献。他年轻时游历华东、华北地区，为官后常借公务之暇考察古迹，以诗作形式记录的古迹多达291处。他编著个人学术成果28部，以《关中胜迹图志》《关中金石记》《中州金石记》为代表，组织幕府编成地方志20部，数量居清代各家幕府修志之首，在为官的25年时间里，毕沅保护和修缮的古迹共215处。

毕沅既拥有封疆大吏的实干才能，又秉持学者名家的治学态度，亦饱含文人墨客的浪漫情怀。他不仅利用公务之便四处走访调查所热爱的古迹，以政府高官之影响力将自己保护古迹的设想充分付诸实践，还通过政学合一的幕府稳定吸纳大批有学术造诣和独到见解的人才，从而在古迹保护和文化传承方面形成巨大合力。毕沅在陕西长达十余年的独特为官经历，使他能有效投身于古迹保护事务之中，顺利施展自己的抱负，令他主持的古迹保护工程几乎均能善始善终。这正是毕沅能成为清代古迹保护突出代表人物的关键原因。

第四章

毕沅对陕西陵墓的保护及整修

毕沅对陕西陵墓开展过近10年的保护及整修工作，涉及陵墓达187座之多。这些活动并不单纯是其个人行为，而深受当时观念及成文制度的影响和支持。以下基于时代背景深度探讨毕沅保护陕西百余座陵墓的过程、措施及意义，并选取毕沅保护唐太宗昭陵的典型案例进行详细论述。

一、清朝对历代陵墓的态度和差异性保护[1]

古代墓葬因墓主身份等级的不同而存在较大差别，其中影响最大的无疑是帝王陵墓。中国历代王朝皆将营建“山陵”视为国家大事，对于前代陵墓亦怀有尊崇礼敬之心。《史记》中便有汉朝保护前代帝王陵墓的记载[4]第二册391，其后的各朝通史、会典、会要、律令、宫廷档案中也多有体现，只因缺乏梳理而少为学界所知。近年来，部分学者已开始关注古代陵墓保护的观念[239]及具体案例[159],[240]–[243]，对于相关制度法规的研究[244][245]也略有涉及。

清朝自入关伊始便关注帝王陵墓的保护，顺治初年即诏令不得破坏明代陵墓，并派专员守护和祭祀，康熙皇帝曾亲谒北京明十三陵及南京明孝陵，由于这些行为背后有着深刻的政治意图，因此对于明代帝王陵的关注程度远高于其他陵墓。随着全国局势日益稳定，清代各地的陵墓保护工作逐渐懈怠，雍正皇帝发现后非常不满，于雍正七年（1729）谕令全国，要求“嗣后着于每年年底令该地方官将防护无误之处结报督抚，该督抚造册转报工部，汇齐奏闻。倘所报不实，一经发觉，定将该督抚及地方官分别议处。”[237]自此便规范了全国性陵墓奏报及保护的制度，尤以乾隆时期保护力度最大。直至清亡，政府对于陵墓保护的态度始终较为重视。

需要指出的是，清朝对于不同政治影响力的帝王陵墓的保护存在明显差异，这些陵墓可分为四类：第一类为上古圣王之陵墓，如黄帝陵、炎帝陵等，清朝为表明自身政权是华夏正统一脉相承而来，对其极为尊崇，即使明知某些墓葬为后世所附会也会大力修缮；第二类为普通帝王之陵墓，由于政治影响不大，常疏于保护；第三类为少数民族政权帝王之陵墓，清朝视为与自身类似性质的政权，对其在政策上有所额外关照，如辽太祖陵。清人本为金人之后，对金太祖陵特怀崇敬之心，因此加意保护，单以守陵陵户的数量而言，虽不及明陵，但远多于其他陵墓；第四类为明朝帝王之陵墓，清朝政府给予特别关

[1] 本节及下节内容引自拙作《清朝对历代帝王陵墓的保护》[463]一文，部分文字有修正和调整。

注，多次下旨令人守护和定期维修，清朝多位皇帝曾专程拜奠过明陵，而皇帝巡行时若途经明陵，也需遣官致祭。上述区别对待的现象从侧面反映了清人对于陵墓价值的评判标准。

清朝对历代帝王陵墓的祭祀也有差异。多数陵墓仅保护而不致祭，政府关注度相对较弱，不派官员专程前往陵墓所在地进行祭祀；少数陵墓需保护并定期致祭。明洪武时期曾令寻访先代陵寝共79处，并由礼部选定其中36处定期遣官致祭；清朝将致祭对象增至40处帝王陵墓[179]卷七十五《礼部·祠祭清吏司》"祭统",[180]257。列入致祭范围的陵墓，相应的监管和保护力度会更高，用于修缮的经费也更易划拨。

清朝对于各地名贤祠墓的祭祀和保护也有所关注，相关的法律中也规定盗掘名贤墓葬将被处以极刑[183]410–411。但由于祠墓数量众多，且基本均未列入祀典，因此大多由地方县级官员开展保护，或安排名贤后裔进行守护。乾隆时期，对名贤祠墓的重视有所增加，地方封疆大吏参与保护的情况逐渐增多，如毕沅任陕西巡抚期间曾为187处名贤墓葬立碑并修葺其中残破者，阮元任浙江巡抚期间对境内720余处古代帝王及先贤陵寝祠墓进行登记造册并命人修缮守护[184]。但总的来看，清朝对名贤祠庙的重视程度及保护力度不及帝王陵寝。

清朝政府对陵墓的差异化保护进一步塑造和强化了人伦等级秩序。他们通过不断告诫民众须敬畏先代帝王及名贤并保护其陵墓，使民众在心中始终铭记历史传统，也会不自觉地敬畏当今的帝王和有社会影响力的官员，这实有维系文化、凝聚人心、巩固政权的深刻意图。

二、清代陵墓保护的相关制度及措施

1. 岁奏制度

清代陵墓岁奏制度从雍正七年（1729）发布谕令后正式实行[191]卷二"雍正七年己酉三月甲寅"条，至乾隆、嘉庆等朝便已基本形成每岁以统一格式的题本上报陵墓保护情况的良好惯例，直至光绪二十四年（1898）以后才不再上报这类文件❶，其间共持续约170年。而从1909年宣统朝公布的新法令来看，仍然要求各地定期以其他方式奏报古昔

❶乾隆元年（1736）命督抚核查奉天、直隶等省的古昔陵寝的修缮工程，此后每年奏报，遂成惯例。据笔者统计，除乾隆4、8、10、15、19、26、42、49、51、52、53、54、55、56年，嘉庆2、4、6、7、9、11、14、16、18年，道光3、7、11、14、15、21、26、27、28、29年，咸丰1、2、4、6、7、8、9年，同治7、8、9、12、13年，光绪3、4、7、15、16、19、20、23、25–34年、宣统1–3年等年份的档案缺失外，均有内阁题本上报古昔陵寝保存及修缮工程情况。

帝王陵墓的保护情况（该法令可能实际并未执行），反映出清朝对该制度的重视。

清朝的岁奏制度要求各省地方官员需在年底将境内的帝王陵寝（含陵庙）和先贤茔墓（含墓祠）的相关情况上报督抚，由督抚汇总后提交工部，工部尚书将全国各省陵墓情况以题本形式上报皇帝，各省之中以“陕西为自昔建都之地，帝王陵寝较之他省为多，而诸王、妃嫔亦多茔墓”[186]，而云南、贵州二省并无古昔陵寝及重要祠墓因而无须上报。每年各省上报工部的内容有固定要求，主要为各省帝王陵寝和先贤祠墓的数量、保存情况和当前工程状态（分为已修葺完固、正修葺尚未竣工、拟修葺目前正在评估三种情况），这为陵墓管理和后续保护提供了宏观数据和准确依据。

2．祭祀制度

清朝祭祀先代帝王及其陵墓的活动由礼部的祠祭清吏司负责，可分为两类，一是在北京历代帝王庙（附图2）举行的祭祀，二是在陵墓所在地进行的祭祀。

在历代帝王庙举行祭祀始于明洪武六年（1373）[181]1292–1294，清朝继续沿袭此制，顺治时期仅奉祀25位帝王，后不断扩充，至乾隆时期达188人[182]卷四十五《礼部·祠祭清吏司》“中祀二”，上自三皇、五帝，下至明代诸帝，实现了“凡曾在位，除无道、被弑、亡国之主外，应尽入庙崇祀”[90]卷二九二的构想。清朝祭礼分大祀、中祀和群祀三等，祭祀历代帝王庙按规定属于中祀[179]卷七十五《礼部·祠祭清吏司》“祭统”，中央政府每年需在“春秋仲月诹日遣官致祭”[182]卷四十五《礼部·祠祭清吏司》“中祀二”，而事实上，清朝多位皇帝曾数次亲祭历代帝王庙❶，且历代帝王庙正殿内的祭祀礼仪采用大祀，乾隆时期又将该正殿的建筑等级提升至与乾清宫同级。这些现象表明清朝对于先代帝王的祭祀礼仪实际介于大祀和中祀之间，比一般的中祀礼节更为郑重。

在陵墓所在地举行的祭祀，按形式可分为中央遣官致祭和地方官员祭祀两种。前者由中央政府派礼部官员（一般为侍郎以下、四品堂官以上的官员）前往帝王陵墓所在地进行祭祀；后者则由陵墓所在地的官员（各府、州、县长官）率领属下进行祭祀。按祭祀原因又可分为常祀和事祀两种。常祀属定期祭祀，清朝中央政府对于历代帝王陵墓按规定是每三年或五年致祭一次，但事实上执行得并不严格，常有数年不祭祀的情况❷；地方官员则需在每月的初一、十五及各祭日率领属下对管辖境内的历代帝王陵墓进行祭祀[183]275–276；事祀是逢国家有重大事件，如皇帝登基、亲政、册封、亲征、大军凯旋等，须遣官致祭各地的历代帝王陵墓，皇帝巡幸时方圆三十里内如有历代帝王陵墓亦须遣官致祭[179]卷七十五《礼部·祠祭清吏司》“祭统”。清朝中央政府将各地帝王陵寝分为7个祭祀区，每个地区遣官

❶对于历代帝王庙，雍正皇帝曾5次亲祭，乾隆皇帝曾6次亲祭，足见其重视程度。

❷由于许多御祭碑现已损毁或亡佚，文献记载又大多含糊，因此尚不清楚到底是当时并未致祭，还是致祭了但并未留下相关记载。但不少材料可间接表明，相较于常祀而言，清朝政府更重视事祀，当事祀的时间与常祀相隔很近时，有时很可能会合并祭祀，长此以往，常祀的规律性就被逐渐打乱。笔者认为，清代中央政府对于历代帝王陵墓的常祀，很可能并未严格按照三年一祀或五年一祀的规定执行。

1名前往致祭[179]卷八十二《礼部·祠祭清吏司》"中祀二"，陕西是其中的一处祭祀区。陕西境内被中央政府列入定期致祭名单的帝王陵共13座[179]卷一百三十七《工部·屯田清吏司》"坟茔"，陵主分别是：黄帝、周文王、周武王、周成王、周康王、汉高祖、汉文帝、汉宣帝、后魏文帝、唐高祖、唐太宗、唐宪宗、唐宣宗。

3．守护制度

清代坛庙的日常守护工作由指定的坛户或庙户完成。如北京历代帝王庙配庙户，顺治初年为20名，乾隆六年（1741）裁为12名，人数仍为各庙之最，与地坛、先农坛的坛户人数相同。坛户、庙户由太常寺拣选北京附近的农民服役一年，每年更换，每月支付工食银五钱三分[179]卷一百五十二《太常寺》，主要负责"洁扫祠宇，拂拭神案"[185]卷十二。

清朝政府对列入祀典的帝王陵墓专设陵户守护，未列入者大多不设陵户，仅定期修缮维护。陵户一般在当地农民中拣选，其职责需早晚巡视，防止外人盗掘帝王陵墓或破坏相关设施，并在春秋季节择期进行祭祀。各地的帝王陵所配守陵人员数量、香火地及口粮地亩数有所差异，不同时期内同一陵墓的守陵人数及地亩的配置也有变化，总的来看，自乾隆后期开始整体趋减。

4．维修制度

对于历代帝王陵墓，清朝政府进行维护及修缮的对象通常包括陵体本身、陵园围墙、陵园树木、陵前享殿、配祀的先贤祠庙等。清朝初期对于地方的帝王陵墓主要以维持现状为主，保护状态并不好。雍正时期对于陵墓的修葺开始有所重视❶。至乾隆时期，始拨款对原本不设围墙的陵墓加设围墙，后来又在多数陵前竖立碑碣，并规定每年制作专门的"防护册"，记录帝王陵墓保护的相关事务及经费收支情况，由巡抚上报工部核查[186]。

❶雍正七年（1729）三月初十日谕旨"着各省督抚转饬各属，将境内所有古昔陵寝祠墓勤加巡视，防护稽查，务令严肃洁身，以展诚恪，若有应行修葺之处，着动用本省存公银两委员料理。"[191]卷二"雍正七年己酉三月甲寅"条

清朝对历代帝王陵墓的维修主要有三种方式。第一种是政府专门拨款由中央官员或地方督抚负责维修事宜，通常维修规模较大、费用较多；第二种是地方官员利用本省公项银两进行修缮，一般由巡抚负责，各地县级长官具体执行，修缮前须报工部审核；第三种是地方官员利用本省生息银两或陵户结余租息自行修缮，多为修葺陵墙等日常维护活动[186]，费用较少且属自行筹措，通常仅须上报工部备案即可。

5．惩罚制度

《大清律例》中对于各类破坏帝王陵墓行为的惩罚措施，实际与《唐律疏议》《宋刑统》《天盛改旧新定律令》《大明律》中相关条例有明显的承袭关系，不少内容甚至照搬《大明律》。

（1）过陵须下马

《大清律例》规定："车马过陵者及守陵官民，入陵者百步外下马，违者以大不敬论，

杖一百。”[183]372

这条规定主要是为了使陵园内氛围肃穆，当然亦可防止马匹践踏陵园内草木或冲撞相关设施。

（2）祭祀须如期

《大清律例》规定：“凡（各府州县）社稷、山川、风云、雷雨等神及（境内先代）圣帝、明王、忠臣、烈士，载在祀典应合致祭神祇，所在有司置立牌面，开写神号、祭祀日期，于洁净处常川悬挂，依时致祭，至期失误祭祀者（所司官吏），杖一百，其不当奉祀之神（非祀典所载）而致祭者，杖八十。”[183]275-276

可见，按期祭祀是地方官员需要履行的一项重要职责，这能够使民众长期习惯于尊崇先贤往圣，并将其生活质量归结于对待祭祀是否虔诚，而不会深究政治体制是否合理，这些措施对于构建社会信仰体系、维系政权稳定有着显著作用。

（3）禁陵上樵采放牧

《大清律例》规定：“凡历代帝王陵寝及先圣、先贤、忠臣、烈士坟墓（所在有司当加护守），不许于上樵采、耕种及牧放牛羊等畜，违者杖八十。”[183]276

这条规定旨在增加民众对历代帝王陵墓的敬畏感，维护陵园内的环境形象。但事实上，由于难以时时监控，各处帝王陵墓在此方面的管理较为宽松。

（4）禁破坏陵园树木

《大清律例》规定：“若于山陵兆域内失火者（虽不延烧），杖八十、徒二年。（仍）延烧（山陵兆域内）林木者杖一百，流二千里。”[183]537又规定：“凡盗园陵内树木者，皆（不分首从）杖一百、徒三年，若盗他人坟茔内树木者，（首）杖八十（从减一等）。若计（入己）赃重于（徒杖）本罪者，各加盗罪一等。（各加监守常人窃盗罪一等，若未驮载仍以毁论）”[183]372

这些规定主要为增强陵园内火灾监控，并防止陵园内树木被盗，但由于律法上并未对树木的养护做出明确要求，导致很多陵园内的树木虽无人盗伐，却常有凋零或旱死。

（5）禁盗掘陵墓

《大清律例》规定：“凡发掘贝勒、贝子、公、夫人等坟冢，开棺椁见尸者，为首，斩立决；为从，皆绞立决。见棺者，为首，绞立决；为从，皆绞监候。未至棺者，为首，绞监候；为从，发边远充军。如有发掘历代帝王陵寝、先王名臣及前代藩王坟墓者，俱照此例治罪。所掘金银交与该抚，饬令地方官修葺坟冢，其玉带、珠宝等物仍置冢内。”[183]410-411

可见，清朝对于盗掘历代帝王陵及名贤墓葬的惩罚措施十分苛峻，地方官员和陵户也将盗墓视为决不可容忍的底线，因为这会导致其受到上级的严厉责罚。遭盗掘的墓葬按规定须由地方官员修葺，并将盗出的陪葬物品放归墓中。

三、毕沅对陕西百余座陵墓的保护

中国历史上曾有14个政权在陕西定都，陕西境内的帝王陵数量居全国首位，多达82处[249]8，名贤墓葬也颇多。引人瞩目的是，这些陵墓之旁几乎均有毕沅所题写的碑刻。对此现象学者们曾开展过一定研究[109],[110],[159],[164],[173]1666–1668,[249]–[252]，但并未进行整体性考察和深入分析，以下详细阐发❶。

1. 毕沅保护陕西陵墓的背景及缘起

清代对帝王陵及名贤墓始终较为重视，规定“凡古昔帝王、圣贤、忠烈陵墓，令直省督抚饬所在州县官防护修葺，岁终册报，由部覆核以闻。”[182]卷七十六《工部·屯田清吏司》“山陵”乾隆时期国力强盛且财力富足，对陵墓已不限于维持现状，而采取主动保护的态度，乾隆皇帝曾多次下令全国各省督抚对当地陵墓进行修缮和保护，掀起了一股陵墓保护的热潮。乾隆元年（1736）要求“各省历代帝王陵庙，均宜严肃整齐，以昭敬礼”[188]35，乾隆十一年（1746）慧中奏请保护陕西帝王陵墓，随后乾隆谕令“历代帝王陵寝及圣贤、忠烈坟墓，向来俱令修葺防护。陕西为自古建都之地，陵墓最多，有不在会典之内者，既无围墙，又无陵户，着交与该督抚查明，酌筑围墙，以禁作践，以资保护。”[254]乾隆十三年（1748）陕西巡抚陈弘谋奉旨为陕西各陵墓修筑围墙[247]，《大清会典则例》❷中也收录了为帝王陵修筑围墙、设陵户守护、修缮陵庙、造册上报等相关规定[179]卷一百三十七《工部·屯田清吏司》“坟茔”。

---

❶本节内容参考拙作《清人毕沅为陕西陵墓立碑考》[167]一文，部分观点及数据已进行补充和修正。

❷《大清会典则例》卷一百三十七《工部·屯田清吏司》“坟茔”条记载“（乾隆）十三年覆准：陕西一省古昔帝王陵寝，《会典》开载祭者十有三陵，如黄帝之桥陵，周文王、武王、成王、康王、汉高帝、文帝、宣帝、魏文帝、唐高祖、太宗、宪宗、宣宗陵，此外周、秦、汉、唐之陵尚有数十余处，向来令地方官防护，每年造册报部，而其中多有未筑围墙者，又无守陵之户，所云防护有名无实，但陕省帝王陵寝较他省为多，而诸王妃嫔亦多茔墓。此次酌筑围墙，设立陵户，未可漫无分别。凡古昔帝王、皇后陵寝并圣贤忠烈，或立德、立功、立言、炳著史册者，所有茔墓应令该抚逐细察明，将酌筑围墙丈尺作法先行造册报部，次第办理；其诸王妃嫔及先贤忠烈，内虽有善足录而考其生平事业未甚表著者，无庸一概筑墙防护；再见在陵寝有陵前无隙地者，有止敷圈筑围墙者，亦有陵外隙地自数十亩至数十顷不等者，倘不乘此清厘，日久难免侵占，而看守陵墓之户必须每岁给有工食，方有责成，应将清出陵外隙地数目无多者给附近居民耕种，免其升科，充为陵户，其地亩多者令地方官酌收租息以为拨给并无隙地陵户工食之用，毋庸动支公项，仍造具收获租息并给各陵户工食清册，报部察核。再黄帝、文武成康之陵、周公、太公之墓均有飨祠，年久不免倾圮，应令该抚将应行修葺之处，照例先行造具估册咨部，委官修葺，工竣取具册结报销，其将来所收租息，除筑墙工资、陵户工食外，每年积余即可为修葺各飨殿及先贤祠宇之用，统于岁终将收支数目造册报核。至昔日诸王、妃嫔及诸臣之墓，虽不在筑墙看守之例，应仍令地方官留意防护，不致湮没，凡前贤有后裔者，听其自为防护，其子孙衰微不能自筑围墙者，亦为筑墙防护，统于每岁防护册内逐款造册报部，照例汇入年终具题。”[179]卷一百三十七《工部·屯田清吏司》“坟茔”

这样良好的时代背景和陵墓保护氛围，使毕沅开展陵墓保护工作成为可能。乾隆三十六年（1771），具有渊博学识的毕沅被派往古迹众多的陕西担任按察使，来陕后他便着手编写《关中胜迹图志》，并开展大量实地考察以搜集可靠资料，其中尤以针对陵墓的考察最为广泛，他还创作了不少专咏陵墓的诗，如《汉太史司马迁墓》[147]614《随清娱墓》[147]614《定军山拜诸葛武侯祠墓》[147]651《茂陵》[147]732《经行渭北瞻眺汉唐诸陵寝》[147]739等，显示出他对于陵墓的深切关注。毕沅“每因公经过各府州邑，凡有陵墓所在，必为下车瞻拜咨访。顾隧埏大半榛芜，而封树亦多残毁。揆厥所由，并因陵户侵渔，广开田亩所致。”[253]1354大量陵墓保存状况欠佳的境况，激发了毕沅研究和保护它们的决心，并直接促使他在升任陕西巡抚后不久便针对陕西陵墓开展了为期数年的保护工作。

2. 毕沅保护陕西陵墓始末

乾隆四十年（1775）年初，时任陕西巡抚的毕沅命人为陕西境内的众多陵墓修建围墙和培筑封土[253]1393，部分陵墓附属的祠庙也进行了修缮，这次大范围的陵墓保护工作于当年夏季前基本完成[255]241。目前有明确记载为毕沅所修缮的墓葬达129座❶，笔者推测凡后来立碑之陵墓（共计187座）皆在本次修缮之列（表4–1）。

乾隆四十年（1775）秋，行旅文人张开东在考察陕西诸陵墓后认为保护措施尚不全面，因此向毕沅提出八项建议——重建祭殿、遍祀诸陵、参定碑式、广筑围垣、亲丈山田、植树表封、象卫存留、封内有禁[255]241–244，毕沅几乎完全采纳了张开东的建议并迅速采取措施。乾隆四十一年（1776），毕沅亲自为陕西187座陵墓题写统一的隶书碑名，并命令地方官员据此制作碑石竖立于陵墓前，绝大部分碑石于当年七月被竖立，少数碑石于次年七月或稍晚被竖立。当年七月初，毕沅在热河行宫（即承德避暑山庄）谒见乾隆皇帝并进献《关中胜迹图志》一书，乾隆览书大悦，命将其收入《四库全书》[79]497–498。笔者认为，毕沅此次谒见乾隆进行了充分准备，不仅向其进献《关中胜迹图志》，还汇报了自己修缮陕西陵墓的情况并请求为各陵墓立碑❷。另外，毕沅自乾隆四十一年（1776）起，选取部分有影响力的陵墓（以唐代帝王陵为主）再次进行重点修缮和环境整治，扩大其保护范围并加强保护力度，保护工作时长普遍持续约数年❸，对唐昭陵的保护更是达九年之久。期间，毕沅曾多次署理陕甘总督并前往兰州，也曾因母亲去世而离职近一年，但始终心系陕西陵墓的保护。直至乾隆四十九年（1784），毕沅的陵墓保护工作才全部结束，次年初他便调任河南巡抚。

❶乾隆《西安府志·古迹志下·陵墓》中记载西安府境内由毕沅修缮过的墓葬共104座（含白居易兄弟3人、符令奇父子2人、李楷洛父子2人、柳公权兄弟2人、王昶家族4人之墓），嘉庆《咸宁县志》中又增加1座墓葬的修缮记载，此外昭陵24座陪葬墓毕沅也曾修缮过。毕沅实际修缮过的墓葬数量应多于此数。

❷为陕西诸陵墓立碑与毕沅热河觐见两者的时间同为乾隆四十一年（1776）七月，颇为巧合。须知臣子为帝王立碑的政治影响较大，稍有不慎可能有“越俎代庖”之嫌而引来祸患，毕沅作为高级官员不会不清楚。笔者推测，他应在出发前就已把所有陵墓碑名题写好预留在陕西，并安排各地官员先为立碑事务作相关准备，待他赴热河向乾隆汇报并获准后，便随即令各知县将预留的书法摹刻后直接立碑。

❸据乾隆《蒲城县志·地理一·陵墓》记载，唐代之桥陵、惠陵、泰陵、景陵、光陵均于乾隆四十四年（1779）由毕沅安排蒲城县知县冯方郷进行了修缮。另外，对唐昭陵的修缮直至乾隆四十五年（1780）才完成，而立碑等保护工作则持续至乾隆四十九年（1784）。

3．毕沅为陕西陵墓开展的五项保护措施

毕沅对陵墓开展的一系列保护活动，始于乾隆四十年（1775）止于乾隆四十九年（1784），可归纳为五项保护措施：

其一，在陵墓旁醒目位置竖立具有统一形式的石碑；

其二，通过构筑物和标记确立陵墓保护范围；

其三，明确陵墓守护人员数量并规范相关守护及祭祀制度；

其四，修缮陵园内祭祀建筑；

其五，整治陵墓周边环境以恢复庄严肃穆的风貌。

上述措施中，立碑是针对187座陵墓全面开展的，基本为统一实施且周期较短，与立碑配合的其他4项保护措施是针对部分有重要影响力的陵墓开展的，属于分散实施且周期有长有短。以下分别进行论述。

4．毕沅为陕西陵墓立碑情况

（1）立碑墓葬的数量、分布及相关特征

从墓碑题字信息来看，毕沅将陕西境内的墓葬明确划分为“陵”和“墓”两大类，立碑对象共187座，包括56座帝王陵和131座名贤墓，详见表4–1。

毕沅为陕西陵墓立碑的时代及人物情况一览（来源：自制[1]） **表4–1**

时代	立碑之陵数量	陵主	立碑之墓数量	墓主	小计
上古	2	黄帝、帝喾	2	仓颉、姜嫄	4
商	0	无	1	公刘	1
周	8	周太王、周王季、文王、武王、成王、康王、恭王、幽王	12	齐太公（姜尚）、周公（姬旦）、鲁公（伯禽）、郑桓公、贾大夫、老聃、赵武、程婴、公孙杵臼、秦穆公、秦庄襄王、三良（奄息、仲行、鍼虎）、蔺相如	21
秦	2	秦始皇、秦二世皇帝	2	扶苏、子婴	4

[1]本表根据《中国文物地图集·陕西分册》《陕西省志·文物志》《陕西帝陵档案》《关中胜迹图志》《西安府志》《中国文明记》（宇野哲人著）等书及笔者实地踏勘获得的资料综合整理后制作，部分讹传为毕沅所立而经核实属后世所立的碑刻不列入此表内。另据乾隆《醴泉县志·陵墓》记载，毕沅曾为昭陵24座墓主可考的陪葬墓立碑，但目前仅魏征墓有毕沅所立之碑，其余23座的墓碑皆亡佚，甚是可疑，而《关中胜迹图志》中毕沅列举可考之墓却只有21处，本表内将此21位墓主列出，以备有识者详考。

续表

时代	立碑之陵数量	陵主	立碑之墓数量	墓主	小计
汉	16	太上皇（刘邦父）、高祖、惠帝、文帝、景帝、武帝、昭帝、宣帝、元帝、成帝、哀帝、平帝、吕后、薄太后、窦皇后、李夫人（武帝妃）	27	萧何、韩信、樊哙、曹参、陈平、周勃、娄敬、陆贾、丙吉、董仲舒、张安世、苏武、司马迁、卫青、霍去病、霍光、金日磾、张骞、丁兰、马援、李固、蔡伦、班固、第五伦、杨震、蔡顺、董永	43
三国	0	无	2	马超、邓艾	2
十六国	0	无	3	苻坚（前秦）、窦滔（前秦）、王猛（前秦）	3
南北朝	2	北周文帝宇文泰、西魏文帝元宝炬（碑文误作“北魏孝武帝永陵”）	0	无	2
隋	2	隋文帝、隋炀帝	0	无	2
唐	24	太祖李虎、高祖、太宗、高宗及武则天、中宗、睿宗、玄宗、肃宗、让皇帝李宪、代宗、德宗、顺宗、宪宗、穆宗、敬宗、文宗、武宗、宣宗、懿宗、僖宗、武宗母韦太后、懿宗母晁太后、昭宗母王太后、僖宗母王太后	49	昭陵陪葬24人（温彦博、高士廉、孔颖达、褚亮、房玄龄、豆卢宽、薛收、崔敦礼、张胤、李靖、尉迟敬德、兰陵长公主、许洛仁、陆先妃、马周、阿史那忠、李勣、裴艺、唐俭、魏征、段志玄、姜遐、杜君绰、张阿难）、乙速孤昭祐、乙速孤行俨、柳公绰、柳公权、苏瓌、李思训、杨珣（《关中胜迹图志》作杨恂）、狄仁杰、安金藏、杨贵妃、李光弼、浑瑊、杜牧、李確、李茂贞、李晟、郭敬之、臧怀恪、符令奇、符璘、李楷洛、白居易、白行简、白敏中、吕通	73
宋	0	无	4	杨砺、寇准、赵瞻、杨从仪（《关中胜迹图志》作杨从义）	4
元	0	无	5	胡昱、王宝宝、萧㪺、郝忠定、张世昌	5
明	0	无	23	冯从吾、雍泰、吕柟、王恕、王惟贞、王仲智、王承裕、马理、温纯、雒昂、雒遵、党还醇、裴绍宗、刘凤池、孙玮、南居益、南居业、史记事、刘芳、丘民仰、张紞、杨爵、邹应龙	23
合计	56（座）	57（人）	131（座）	133（人）	187（座）190（人）

毕沅立碑之墓葬的时代自上古至明代，在立碑的187座墓中，汉墓43座，唐墓73座，周墓21座，与在陕西建都时间较长的几个王朝基本对应。查阅自汉代至清代的相关史料，在全国范围内尚无其他官员或学者为陵墓立碑超过50座者，毕沅立碑的数量当为历代之最。

毕沅所立石碑遍布陕西各地（表4–2），立碑数量前五位的地区分别为西安府（140座）、同州府（18座）、凤翔府（10座）、乾州府（9座）和汉中府（5座），这与陕西重要陵墓的地区分布数量排名非常吻合，表明立碑时并无地域上的区别对待。

毕沅为陕西陵墓立碑的地域分布情况一览（来源：自制[1]） **表 4–2**

清代所属地区	立碑之陵数量	陵主	立碑之墓数量	墓主	小计
西安府	44	周：周王季、文王、武王、成王、康王、恭王、幽王；秦：始皇帝、二世皇帝；汉：太上皇、高祖、吕后、惠帝、文帝、景帝、武帝、昭帝、元帝、成帝、哀帝、平帝、宣帝、薄太后、窦皇后、李夫人；南北朝：北周文帝、北周孝武帝；唐：太祖李虎、高祖、太宗、中宗、肃宗、代宗、德宗、顺宗、敬宗、文宗、武宗、宣宗、懿宗、武宗母韦太后、懿宗母晁太后、昭宗母王太后、僖宗母王太后	96	周：周公、太公、老聃、秦庄襄王、伯禽、蔺相如；秦：子婴；汉：萧何、韩信、樊哙、曹参、陈平、周勃、娄敬、丙吉、董仲舒、张安世、卫青、霍去病、霍光、金日磾、丁兰、第五伦、蔡顺、董永；唐：昭陵陪葬24人（温彦博、高士廉、孔颖达、褚亮、房玄龄、豆卢宽、薛收、崔敦礼、张胤、李靖、尉迟敬德、兰陵长公主、许洛仁、陆先妃、马周、阿史那忠、李勣、裴艺、唐俭、魏征、段志玄、姜遐、杜君绰、张阿难）、乙速孤昭祐、乙速孤行俨、柳公绰、柳公权、杨贵妃、李光弼、杜牧、李晟、郭敬之、臧怀恪、符令奇、符璘、李楷洛、白居易、白行简、白敏中、吕通；宋：杨砺、寇准、赵瞻；元：王宝宝、萧𣂏、郝忠定、张世昌；明：冯从吾、雍泰、吕柟、王恕、王惟贞、王仲智、王承裕、马理、温纯、雒昂、雒遵、党还醇、裴绍宗、刘凤池、孙玮、南居益、南居业、史记事、刘芳、丘民仰、张紞、杨爵、邹应龙	140
延安府	0	无	1	浑瑊	1
凤翔府	2	周：周太王；隋：隋文帝	8	周：秦穆公、三良（奄息、仲行、鍼虎）；汉：马援、班固；十六国：窦滔；唐：杨恂、李茂贞；元：胡昱	10

[1]清代对陕西省内二级行政区划进行过多次调整，本表内的"六府六州"为乾隆四十一年（1776）立碑时所对应的陕西省行政区划。

续表

清代所属地区	立碑之陵数量	陵主	立碑之墓数量	墓主	小计
汉中府	0	无	5	汉：张骞、李固、蔡伦；三国：马超；宋：杨从仪	5
同州府	6	上古：帝喾；唐：睿宗、玄宗、宪宗、穆宗、让皇帝李宪	12	上古：仓颉；周：郑桓公、贾大夫、赵武、公孙杵臼、程婴；汉：司马迁、杨震；三国：邓艾；唐：李思训、李確；十六国：王猛（前秦）	18
榆林府	0	无	0	无	0
兴安州	0	无	0	无	0
绥德州	0	无	1	秦：扶苏	1
邠州	0	无	2	商：公刘；十六国：苻坚（前秦）	2
乾州	3	隋：隋炀帝；唐：高宗及武则天、僖宗	6	上古：姜嫄；汉：陆贾、苏武；唐：苏瓌、狄仁杰、安金藏	9
商州	0	无	0	无	0
鄜州	1	上古：黄帝	0	无	1
合计	56（座）	57（人）	131（座）	133（人）	187（座）190（人）

毕沅立碑的对象有帝王、后妃和名贤三类人群。帝王中既有如汉高祖、唐太宗等贤君明主，也有周幽王、隋炀帝等昏君或亡国之主。后妃立碑者极少，主要是薄太后、窦皇后、李夫人、杨贵妃等史上知名人物。名贤立碑者多为开国之臣和功勋之士，如周公、萧何、韩信、樊哙、周勃、卫青、霍去病、马援等；也有不少忠义仁厚之士，如为秦穆公殉葬的三良、保全“赵氏孤儿”的义士程婴和公孙杵臼、深陷匈奴而持节不屈的苏武、奉公尽节而不畏权贵的第五伦、以孝行闻名的丁兰、为太子李旦剖腹洗冤的安金藏等；还有一些对文化有特殊贡献的名人，如文字之祖仓颉、改良造纸术的蔡伦、诗人杜牧和白居易、创立关中书院的冯从吾、编修嘉靖《陕西通志》的马理等。总体来看，这些立碑对象是经过选择的，颇有彰表正义仁德、宣扬文武才能之意。另外，只为极少数昏君或亡国之主立碑，而并未为任何奸臣立碑，显然意在昭戒警示。

对于墓前已立碑的墓葬毕沅一般不再重复立碑，如勉县[1]诸葛亮墓知名度甚大，但因雍正时果亲王已在此竖碑，故毕沅并未立碑。这表明毕沅立碑的根本意图是为了使后人识别这些墓葬，而绝非附庸风雅或立碑扬名，这种思想与今日为陵墓立文物保护碑已经相当接近。

[1] 勉县古称沔县，1964年改为今名。为符合历史情境，在本书中除单纯表述现今地理位置外，其他处一律尊重清人习惯而写作“沔县”。

对于葬地有多种说法的墓葬，毕沅经文献考证和实地调查后，只选定其中一处立碑，如旧志记载陕西境内有三处黄帝陵，毕沅考证后以桥山黄帝陵为正宗，并为其立碑，其余两处仅在《关中胜迹图志》中以文字形式记录以备核稽。这种做法实有鉴定真伪、厘清史实之作用。近年来多次举行的黄帝陵祭祖大典便选在桥山，毕沅的立碑无疑为后人追溯和确认历史提供了重要依据。

（2）错误立碑及碑碣遗失损毁情况

由于清代人们尚未掌握科学的考古钻探方法和层位学知识，毕沅对于陵墓的认识主要通过田野调查和文献考证，因此难免出现张冠李戴的现象。据笔者统计，毕沅错误立碑者达23处[❶]，其中有将其他墓葬误判为立碑之墓的情况（如周代文、武、成、康、恭王诸陵）；有将建筑夯土台基误认为是墓葬的情况（如秦穆公墓）；有将两陵碑石立反的情况（如汉高祖陵和吕后陵）；还有将墓葬错误定位的情况（如董仲舒墓、娄敬墓、郭敬之墓等）。

毕沅为这些陵墓所立的碑碣有不少已遗失或损毁，其中碑碣亡佚但有文献记载的墓葬共83处[❷]；碑碣尚存但残损严重的墓葬共8处[❸]；黄帝陵碑[❹]则是被后人磨平后刻上了新字。上述碑碣多数为“文化大革命”中所破坏。此外，由于年代久远，碑碣已毁且无文献记载的墓葬应该也有一定数量，推测毕沅实际立碑的总数应略多于表4–1中所统计的数量。

（3）墓碑与封土的位置关系

毕沅所立碑刻与陵墓封土的相对方位并无定制，绝大多数碑刻位于墓葬南侧，少数位于墓葬北侧，如唐太宗昭陵和秦二世皇帝陵（图4–1）。推测这种现象与周边地形环境

❶错误立碑情况如下：周文王和武王陵应皆为秦国王公墓；周成王和康王陵应为汉代皇后墓葬；周恭王陵应为汉成帝班婕妤墓；齐太公墓、周公姬旦墓、周伯禽墓实为汉墓；秦穆公墓实为秦国雍城内的高台建筑遗址；吕后陵在汉高祖陵东南，而两陵前所立碑刻相反；汉文帝霸陵不在西安东郊白鹿原东北角之凤凰嘴，实为位于凤凰嘴南侧约2000米处的“江村大墓”；汉景帝王皇后陵误认作汉惠帝安陵；汉平帝康陵误认作汉元帝渭陵；汉平帝上官皇后陵误认作汉平帝康陵；汉董仲舒墓误定在今西安市城墙和平门内下马陵，实际应在咸阳市兴平县茂陵东北；汉娄敬墓误定在西安市鄠邑区甘亭镇光明中学东北，实际应在咸阳市永寿县店头镇娄敬山；西魏文帝永陵误写作“北魏孝武帝永陵”；唐李重茂墓误认作隋炀帝陵；唐柳公权、柳公绰墓误定在铜川市耀州区，此两墓实为柳氏后裔附会；唐郭敬之墓诸书皆记载在西安城南，而毕沅则定在西安城东之邵平店，然似无实据；元胡昱为河北遵化人，却将其墓定在宝鸡市扶风县；元王宝宝之碑题为“武德将军”，但该人及其事迹均未见于史籍，尚待详考。

❷墓主分别为：姜嫄、郑桓公、贾大夫、老子、秦穆公、秦庄襄王、赵武、秦始皇、汉高祖、吕后、窦皇后、周勃、张安世、金日磾、丁兰、第五伦、蔡顺、班固、邓艾、王猛、隋炀帝、唐文宗、唐武宗母韦太后、唐昭宗母王太后、唐僖宗母王太后、杨贵妃、乙速孤行俨、李晟、郭敬之、臧怀恪、符令奇、李楷洛、白居易、吕通、赵瞻、萧㪺、郝忠定、张世昌、冯从吾、雍泰、吕柟、王恕、王惟贞、王仲智、王承裕、马理、温纯、雒昂、雒遵、党还醇、裴绍宗、刘凤池、孙玮、南居益、南居业、史记事、刘芳、丘民仰、张紞、杨爵、邹应龙、以及昭陵陪葬功臣22人（除魏征、阿史那忠外）。

❸墓主分别为：周太王、周成王、三良（奄息、仲行、鍼虎）、汉平帝、陆贾、唐懿宗母晁太后、魏征。

❹《梅荫华二十世纪初中国影像》一书NO.81为黄帝陵照片（图4–3），其中可清晰看到毕沅所立之碑，上书“古轩辕黄帝桥陵”，落款为“大清乾隆岁次丙申孟秋知中部县事董延楷立石”。

图4-1　秦二世皇帝陵及毕沅所立之碑❶（来源：笔者摄）

有关，目的是让碑刻处在面向主要交通道路的醒目位置，使行人在前来瞻仰陵墓时易于识别。当然，也有部分碑刻曾被后人搬移过，原位置难以确定。

毕沅所立碑刻与陵墓封土的距离亦无定制，但陵前碑刻普遍比墓前碑刻距封土更远，如汉宣帝杜陵和汉武帝茂陵的碑刻在封土南约20米处，而司马迁墓、苏武墓的墓碑则在封土南约1米处。另外，秦二世实际以平民规格下葬，其陵前立碑在封土北侧约1米处。

（4）墓碑形式及内容

毕沅所立石碑对于绝大多数陵墓而言是其唯一的标志物。20世纪初外国学者来中国考察时，用以辨识广袤的关中平原上一座座荒冢的关键证据几乎都是毕沅所立的石碑（图4-2），有些甚至完全以墓碑作为照片的构图中心。这些具有相似外观形式的墓碑如标签般显眼，即使今日也依然能被游人轻易记住。

据记载很多墓碑在当时建有专门的碑亭[257]25-26，但后世多已毁坏殆尽，从清末尚存的黄帝陵碑及碑亭（图4-3），可大致了解清代所建碑亭的形式。

毕沅所题碑刻的内容及款式均较为接近，皆在碑正面最右侧楷书题写毕沅的衔名，正中隶书大字题写某时代某职衔某某之墓，最左侧上部楷书题写立碑时间，左侧下部楷书题写某县知县立石。如霍去病墓碑最右侧题为“赐进士及第兵部侍郎陕西巡抚兼都察院右副都御史毕沅书”，正中题“汉骠骑将军

❶从日本学者桑原骘藏在1907年10月8日拍摄的照片（见《考史游记》图78）来看，当时的秦二世皇帝陵碑并无砖砌碑楼。

图 4-2　1907 年[1]时的霍去病墓及毕沅立碑（来源：桑原骘藏《考史游记》图版 61）

图 4-3　清末所拍摄的黄帝陵碑及碑亭（来源：梅荫华（Michel De Maynard）《梅荫华的二十世纪初中国影像》NO-81）

大司马冠军侯霍公去病墓”，最左侧上部题“大清乾隆岁次丙申孟秋”，下部题“知兴平县事顾声雷立石”。就目前所见，绝大多数碑刻的背面本无文字，少数碑刻如赵武墓碑、司马迁墓碑等记载墓墙内封地尺寸及墓户工食银数[2]；另有少数碑刻在后世被刻上了其他内容的文字，如秦二世陵碑[3]和汉宣帝杜陵碑[4]；还有少数碑刻正面被后来拜谒者刻上名字，如周武王陵。另外，赵瞻墓前所立为“赵懿简公神道碑”，与其他碑刻取名方式有较大不同，疑非毕沅所立，可惜碑已亡佚而无从详考。

值得注意的是，目前所存的陵墓碑刻中，绝大部分碑刻落款署“大清乾隆岁次丙申孟秋”，仅有乾陵所立碑刻署“大清乾隆岁次丁酉孟秋”[5]（附图1）。丙申和丁酉分别对应乾隆四十一年（1776）及四十二年（1777）。可见，各地知县立碑基本是在乾隆四十一

❶由日本学者桑原骘藏拍摄于1907年9月30日。

❷现存赵武墓碑碑阴所刻内容为：“晋卿赵文子、程义士婴、公孙义士杵臼墓围墙内外地亩丈尺墓户姓名碑记：内封地一亩二分四厘。墓南四丈四尺，墓碑二丈九尺四寸，墓东一十一丈五尺六寸，墓西一丈九尺四寸。留为护冢瞻拜之地，不准耕种。旧有墓户僧人一，名方静，因封外余地一亩，分给墓户耕种，并不再给工食。”司马迁墓碑碑阴所刻内容为：“汉太史司马公墓围墙内地亩丈尺墓户姓名碑记：内封地二亩四分六厘五毫。墓东二十一丈七尺七寸，墓西四丈四寸，墓南二丈六尺七寸，墓北三丈六寸。留为护冢瞻拜之地，不得耕种。旧有墓户僧人一，名方月，因封内封外无地可耕种，每年赴司领工食银六两。”

❸秦二世皇帝陵碑碑阴所刻为周新命所书《夜役说》，刻于嘉庆十年（1805）。

❹汉宣帝杜陵碑碑阴所刻为周新命所书《承差说》，刻于嘉庆十一年（1806）。

❺需要指出，乾隆《西安府志·古迹志下·陵墓》记载周幽王陵、秦始皇陵、秦二世陵的碑刻为乾隆四十年（1775）所立[253]1358-1361，而实际上，秦二世陵碑上落款为“岁次丙申”即乾隆四十一年（1776），其余两碑落款字样虽难考证，但仅从秦二世陵之事便可反映出该记载有误，此三碑落款时间可能均为乾隆四十一年（1776）。另外，乾隆《醴泉县志·陵墓》记载，醴泉县知县蒋骐昌为昭陵及24处陪葬墓立碑之事在乾隆四十二年（1777），而事实上“唐太宗昭陵”碑上的落款却作乾隆四十一年（1776），这种现象表明《醴泉县志》可能记载有误，当然亦不排除制碑早而立碑晚故表述不同。

年（1776）孟秋七月集中完成的❶。

5．与立碑相配合的其他保护措施

（1）通过构筑物和标记确立陵墓保护范围

毕沅为陵墓所立的石碑并不是孤立的，它与修筑的陵墙和新立的界石共同发挥作用，对外宣示着陵墓区的保护界域。毕沅“令各守土者即其丘陇茔兆，料量四至，先定封域，安立界石，并筑券墙。墙外各拓余地，守陵人照户给单，资其口食。春秋享祀，互相稽核”[258]267。

毕沅修筑的陵墙通常涂刷朱漆，墙高8尺（约合2.53米）或更高，其周长主要取决于墓葬规模，如汉武帝茂陵（图4–4）的围墙周长288丈（约合909.22米），李夫人陵围墙周长136丈（约合429.35米）。

毕沅所立的界石在当时尚属新鲜事物。清代前期，皇家陵寝在划界时普遍使用的是涂色木桩，至乾隆初年才开始使用不易腐朽的界石❷，毕沅深知界石能更好地为陵墓提供长期而可靠的标识，因此在对陕西各陵墓划界时全部采用了界石，是一种较进步的尝试。可惜的是，陕西各陵墓周边尚未发现保存完好的清代界石。

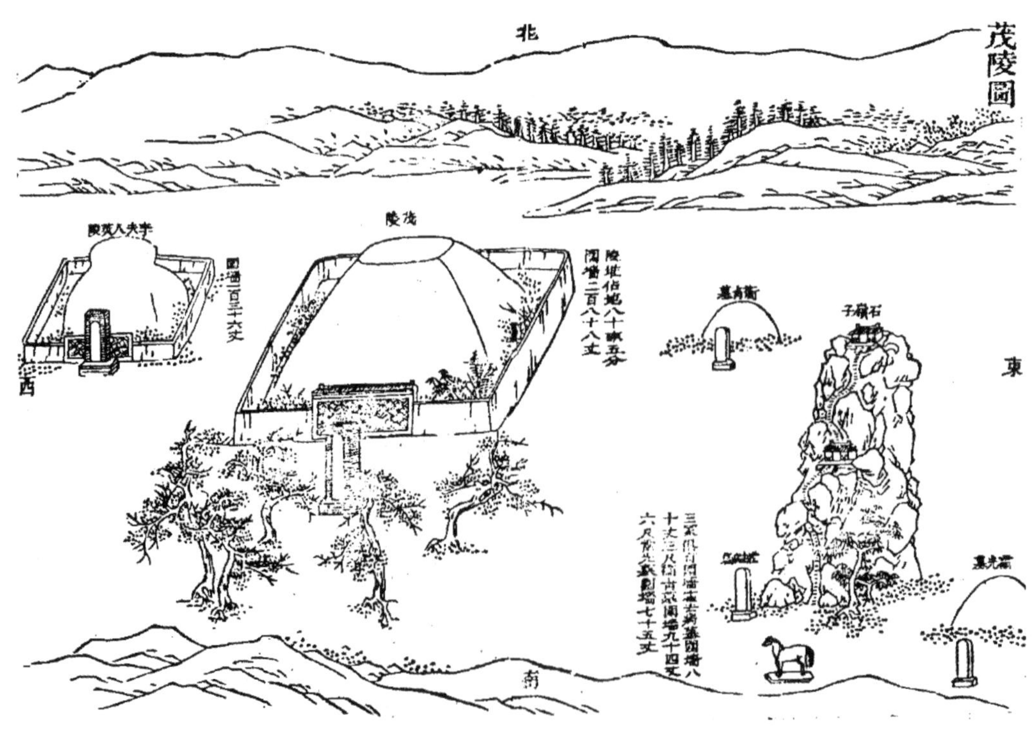

图 4–4　汉武帝茂陵及陪葬墓的围墙和立碑（来源：乾隆《兴平县志》卷二十五第 5–6 页）

❶个别碑刻的竖立时间因地方官员调动而有所延迟，如马超墓碑上书“大清乾隆岁次丙申孟秋知沔县事葛德新立石”，其后又书“戊戌孟冬知沔县事董书建竖”，可知碑石刻于乾隆四十一年（1776），而竖碑则在乾隆四十三年（1778）。

❷刘富兴通过研究发现清东陵中存在四种界桩，“一是红桩，二是白桩，三是青桩，四是石碣。红桩、白桩初均为木质，青桩也多为木质。安竖界石（石碣）发端于乾隆七年（1742年），由马兰镇总兵布兰泰首倡，起初数量极少，竖于红桩线内，起基准桩标作用。”[260]红、白、青桩皆为木质，不易保存，界石（石碣）为石质，保存时间较长。

需要指出的是，当时许多陵墓的破坏是因为乡民认知不足造成的，如大量取土导致封土消失、在园区范围内耕种导致陵园风貌破坏、随意樵牧导致陵园内植被改观等。这些乡民大多文化素养有限甚至根本不识字，采用文字形式的告诫收效甚微，而毕沅所竖立的石碑及划定的保护范围则给予他们以清晰明确的警示，使其易于明白，凡见到此种样式的石碑和围墙则意味着此地有重要陵墓而不得随意破坏。

（2）明确陵墓守护人员数量并规范相关守护及祭祀制度

按清朝制度，重要陵墓一般都设置守陵人员（陵设陵户，墓设墓户）进行保护。但毕沅在实地考察时发现，部分陵墓（如唐昭陵）已无守陵人，陵墓保存状况堪忧。他还发现，即使尚有守陵人的陵墓也存在严重问题，由于缺乏监督机制，这些原本负责保护陵墓的专职人员不但经常玩忽职守，而且大多侵吞陵园周边土地和破坏陵园风貌。他认为“夫陵户原以守陵，以防外间樵牧，今反自行开垦，使元宫秘殿半没黍离。矧当日原给地粮，资其口食，今陵户多者至拥数十百亩，而所守之陵，转无尺寸之封，倒行道施，莫此为甚。”[253]1354

为解决上述问题，毕沅沿陵墙四周划出2亩左右的土地作为缓冲地带[253]1354，将剩余土地进行重新分配。毕沅进一步明确了各处陵墓守护人员的数量（原缺者增设）和每户应分配到的田亩面积（附表7），并将这些信息同时刊刻于石碑之上和记录于清册之内，两者互为依据，以供不定期查核[253]1354，如司马迁墓碑的碑阴刻有“汉太史司马公墓围墙内地亩丈尺墓户姓名碑记：内封地二亩四分六厘五毫。墓东二十一丈七尺七寸，墓西四丈四寸，墓南二丈六尺七寸，墓北三丈六寸。晋为护冢瞻拜之地，不得耕种。旧有墓户僧人一，名方月，因封内封外无地可耕种，每年赴司领工食银六两。”❶

此外，陕西各地陵墓之前由于缺乏守护人员，日常祭祀活动已颇为懈怠且多流于形式。毕沅为陵墓配置相应的守护者后，将陵墓守护及祠庙日常祭祀的相关工作落实和强化，这些守护者平时需对祠庙洒扫除尘，春秋两季则需按期祭祀。这样既增强了守护人员的责任意识，又提升了陵园的庄严性，将陵墓可能出现的人为破坏和自然灾害隐患进一步降低，无形中实现了陵墓的预防性保护。

（3）修缮陵园内祭祀建筑

古代陵园或墓园内通常设有祭祀建筑，帝王陵内祭祀建筑为陵庙（亦可称陵祠），名贤墓则为墓祠。陵庙规模较大，一般设有祭殿、厢房、山门等建筑物，墓祠则规模相对较小，往往仅设祭殿。这些建筑基本均为木结构，每隔数十年就需要进行整修，日常维护也必不可少。在毕沅抚陕时，陕西各地陵庙和墓祠普遍已年久失修，毕沅命各地官员陆续对它们进行修缮，典型者如周文王陵庙、唐昭陵陵庙（清人亦称唐太宗祠）、唐建陵陵庙、司马迁墓祠、杨贵妃墓祠、郭子仪墓祠、寇准墓祠等，修缮经费通常为数十两至数百两不等。经过修缮后的祭祀建筑，不仅为相关祭祀活动提供良好场所，也使得不少珍贵的木构古建筑得以留存至今，如韩城司马迁祠的祠门及寝殿（图4-5），目前仍保留宋代建筑风格，寝殿

❶据司马迁墓碑之碑阴文字整理，此碑保存完好，今仍立于墓前。

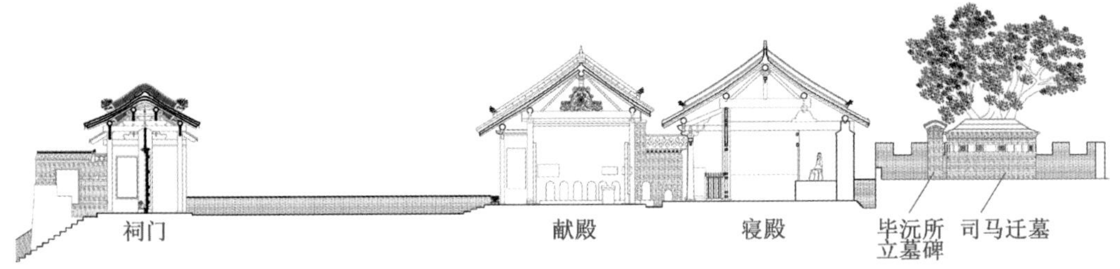

图 4–5　韩城司马迁祠横剖面图（来源：王海江、刘文文、谢巍晗等测绘，陈斯亮指导）

内司马迁塑像也有数百年历史，这些都与长期以来的日常守护和定期修缮密不可分。

（4）整治陵墓周边环境以恢复庄严肃穆的风貌

毕沅颇为重视陵墓风貌的营造及维护，采用多种方法对陵墓周边环境进行整治和提升：

其一，毕沅命每位守陵人必须种树10株，若有捐资种树者则政府给予优待嘉奖。“至于护陵封树，则按照地土所宜，陵户一名，责令栽种十株。守令等有能捐奉补种者，并予优奖。其贤圣、名臣冢墓，并视此修治。如此，不待十年，自见佳城葱郁。”[253]1354毕沅相信不久后陵墓周边自然会形成郁郁葱葱的林区，无形中也能防止马牛践踏和人为破坏。

其二，毕沅命人将倾倒的石像生全部归位，恢复神道原有格局，“至象卫、华表、翁仲、羊虎等，并为扶持，俾无陂侧。”[253]1354

其三，毕沅对散布在陵墓周边的前代碑石也进行了专门保护，作为金石学家的他深知前代碑石对于考证古迹历史的重要性，因此命令“其有宋、元以前碑石，文字完整者，建亭覆护；残缺者，舁置学宫，或于名蓝顿置。”[253]1354毕沅为价值较高且保存完整的碑石修建碑亭等保护性设施，将残损严重的碑石迁移至附近文庙或知名寺院内保存。

在陵墓环境整治过程中，毕沅还有一些意外收获，如发掘出唐代名臣李光弼之父李楷洛的神道碑❶，为考证李楷洛墓位置提供了关键帮助。

6．毕沅保护陕西陵墓的历史意义

毕沅为陕西187座陵墓所开展的全面性保护，不仅保护对象数量为历代之最，而且保护规模宏大，历时亦达数年之久，堪称中国古代陵墓保护史上一件极具代表性的事件。其非凡的历史意义可归纳为以下7点：

（1）在中国历史上首次集中为100座以上的陵墓开展保护工作，为当时及后世提供了良好的方法参考和经验借鉴。

（2）通过调查研究充分掌握了陕西陵墓的基本情况，将陵墓保护与学术成果有效结合，为众多陵墓留存了较为完整且系统的资料记录。

（3）通过竖立样式统一的石碑显著提升了各陵墓的标识度，为后人寻访考察提供了极大便利。

❶碑文杨炎所撰写，名为《唐赠范阳大都督忠烈公李公神道碑铭并序》。

（4）通过筑墙设禁和安设界石的方式为各陵墓明确了保护范围，进一步强化了陵墓保护力度。

（5）通过设置陵墓守护者强化和落实了陵墓的管理及日常维护，通过将保护信息记录于石碑和清册上相互参核，进一步明确了守护者的权责。

（6）通过对立碑墓主的精心选取打造道德及行为模范，实现对民众潜移默化的礼教宣传，进而达到巩固政权、凝聚人心的目的。

（7）通过让各级官员开展实地调查并立碑，实现了更广大范围内的文化普及，并提升了官员和民众对于本地历史及文化的自信。

四、毕沅对唐太宗昭陵的保护及修缮

唐太宗昭陵因山为陵，选址于陕西省咸阳市礼泉县东北约22.5千米的九嵕山主峰上（图4-6），峰顶海拔约1200米。陵墓玄宫位于九嵕山主峰南侧的绝壁上（地理坐标108.486°E，34.629°N），修建陵墓时架木栈道由峰北环绕至峰南运送陪葬物品，修成后不久便主动烧毁栈道以防盗掘。文德皇后早于太宗逝世，亦葬于峰南。九嵕山主峰峰顶设游殿，山峰下部周围的较平坦区域设有陵园建筑，包括：主峰正南约900米的南司马门、东北约500米的北司马门、西南约900米的寝宫（下宫），今皆仅存遗址。山北因地势较开阔，历来祭祀多在山北，因此该区域亦称为“祭坛”（地理坐标108.488°E，34.630°N）。清代时祭坛区域为“唐太宗祠”所在，鼎盛时有祭殿、廊房、卷棚、山门等建筑物，可惜在“陕甘回变”中尽遭焚毁[1]。祭坛的廊房区域自唐代以来长期保存着昭陵六骏石刻和十四国蕃君长石像，昭陵六骏中有2匹在1914年被打碎倒卖至美国，其余4匹现藏西安碑林博物馆；14座蕃君长石像至乾隆时期仅见6具残像，后复湮没地下，1965年至2003年期间，经陆续发掘后共出土10座残像和13座石像座。

昭陵是中国历史上陪葬墓最多的帝王陵墓，陪葬者主要是皇室成员、文武功臣、少数民族首领等。陪葬墓群以太宗玄宫为中心，向南呈辐射状扇形分布在约200平方千米的广大区域内。当时陪葬墓数量逾200座，目前可辨识的陪葬墓达188座。1961年昭陵被列入第一批全国重点文物保护单位。

明清时期中央政府曾多次遣官致祭昭陵，目前保存御祭碑21座，其中较完好者7座，可考的御祭碑文达29篇[262]235。尽管昭陵曾多次受到致祭，但明清时期有关昭陵及其陵庙的保护事迹却记载较少，目前所知规模最大、持续时间最长的一次，当

[1] 民国宋伯鲁在《跋夏君昭陵六骏拓本》一文中记载“自同治初元，花门变作，昭陵殿庑尽毁，东、西两壁六马皆断泐，露立风雨中。”（详见《礼泉文史资料》第七辑第177–178页）

图 4-6 九嵕山远眺（来源：笔者自摄并加标注）

属乾隆四十年（1775）起由毕沅主导的昭陵保护工作。

1. 毕沅保护唐昭陵缘起

乾隆四十年（1775）春三月，毕沅在顺利护送入川配合金川战役的官兵后，于返程途中巡视方经疏浚的龙洞渠❶，当途经醴泉县时，毕沅对昭陵及魏征、李勣、李靖等21人的陪葬墓进行拜谒和考察[258]300，当时陪同人员有时任醴泉县知县的金兆琦❷和毕沅之幕宾严长明❸等人。经考察发现，昭陵陵园已无围墙，亦无显著标识物，21座陪葬墓保存状态各不相同，“有屹若崇山，如英、卫二公者；有巉削如悬崖绝壁者；有顶平如盘石者；有下方上锐、渐削如浮图者”[258]300，还发现许多陪葬墓“或仅剩券墙，或仅存石兽，或已蚀为田陇，牛羊践踏其间”[253]1400，受到了较严重的破坏。此外，昭陵附近尚有陪葬墓百余座，唐时皆设有神道碑，但考察时仅发现碑石26通[253]1644，许多碑刻已损毁或遗失因而导致墓主身份无法考辨[258]304。这次考察的结果使毕沅感到痛心而遗憾，认为醴泉县“为政之急务”[264]4就是要保护好这些前代古迹，因此直接决定要对昭陵及周边陪葬墓开展相关保护工作。

同年八月初，著名行旅文人张开东在游历昭陵和建陵

❶龙洞渠开凿于清雍正五年（1727），渠首位于今陕西省咸阳市泾阳县王桥镇张家山村西北，引龙洞、筛珠、琼珠、鸣玉等众多山泉为水源，乾隆二年（1737）、乾隆十八年（1753）、乾隆三十年（1765）、乾隆三十二年（1767）多次开凿疏浚，可灌溉泾阳、醴泉、三原、高陵四县。乾隆三十九年（1774）至乾隆四十二年（1777）间，毕沅令各地方官员疏浚河渠，“通计西安等府所属四十七州县，共渠一千一百七十一道，原灌田六千四百五十余顷。内泾阳县之龙洞渠，自乾隆四十年大加修浚之后，积淤尽净，泉水畅流，现已灌田一千余顷，民间甚资利赖。其余各属，俱经各道厅于去冬水涸之时，督令各该地方官将凡有渠身淤浅、阻塞、汕刷、残缺之处逐一查验，俱于今春督拨民夫，一律疏浚，坚固宽深，并无淤塞。一应堤防埂堰，亦皆补筑完固，水源充畅，足收浇灌之功。”[259]

❷金兆琦（直隶宛平人）于次年调任，由张心镜（山东莱阳人）接任。

❸严长明在乾隆《西安府志·金石志》[253]1644中提及此事。

❶据张开东《白莼诗集》以及毕沅为该书所作之序可知，张开东与毕沅是在乾隆三十七年（1772）相识于华山。至乾隆四十年（1775）初，张开东再次由山西入陕西，自韩城一路西行游历，途经西安并谒见了毕沅，随后西行至醴泉，考察了昭陵等唐代陵墓。张开东第二次在陕停留近一年时间，留下了大量诗文作品。

后❶，向毕沅提交了一篇陈请——《呈毕中丞请护醴泉唐陵启》[264]156–157（附文10），其中指出，九嵕山北麓的昭陵祭殿尚在，昭陵六骏皆存，但14具蕃酋石像却仅存6具[264]156，山上的陪葬宫人石穴尚存，但山下诸臣陪葬墓（以魏征、许洛仁、薛收为代表）的碑刻已多有倾倒或磨损，临近的肃宗建陵、郭子仪墓、李光弼墓也保存欠佳。太宗昭陵既无陵户也无陵田，而肃宗建陵、德宗崇陵和诸陪葬墓的守户人数多寡不一，政府发放给这些人的口食银也无定数[264]157，显得十分混乱。因此他向毕沅提出五方面建议：为昭陵、建陵、崇陵修筑陵园围墙；为昭陵树立1座标志碑，并在其旁另立1座碑记载陪葬的百余位功臣；昭陵六骏北侧地下可能有陪葬墓的区域应划出界线进行保护；为昭陵的每座陪葬墓专门修筑围墙并立碑；为昭陵设置陵户20名，在山下设置陵地700~800亩，作为陵户的经济收入来源。

毕沅几乎采纳了张开东的所有建议，这是非常有眼光和魄力的。之后的一段时间里，毕沅筹划了修缮方案，并着手申请保护经费，从他自述的“请帑修葺”[264]序和其幕宾洪亮吉叙述的“请于上官，发兹中帑”[85]311来看，他随后申请了国库拨款并获批。毕沅于乾隆四十一年（1776）七月初前往热河行宫（即承德避暑山庄）谒见乾隆皇帝[79]497–498，他很可能向乾隆当面汇报了以昭陵为代表的关中陵墓的保护情况，并申请为这些陵墓立碑。得到乾隆的批准和赞许后，毕沅更加坚定地推动昭陵等关中陵墓的保护工作，通过九年多的努力逐步将昭陵的保护落实到位。

需要指出，张开东的建议固然相当宝贵，但毕沅作为整个关中陵墓保护工作的倡导者，他在此前也有过类似的构想，并已对其他陵墓开展了一些实践。此外，正是通过毕沅努力协调上至中央政府下至醴泉县的各级部门，才保证了昭陵保护工作的顺利开展。可以说，真正决定昭陵是否需要保护、如何开展保护的核心人物无疑是毕沅，而在整个昭陵保护事件中，实际只有毕沅是从始至终全程参与，其重要功绩不可磨灭。

2. 毕沅保护唐昭陵的九年历程

毕沅自考察昭陵之后，深感保护之责重大，自乾隆四十一年（1776）至乾隆四十九年（1784）的九年时间里，他安排相关人员对昭陵开展了诸多保护工作，无论是从保护持续的时间，保护所涉及的范围，还是保护的力度来看，在清代以前都绝无仅有。在这段时间内，毕沅本人经历了多次官职变动，数次短暂离开陕西，而负责具体保护事务的醴泉县知县也发生了人事变动，这也是导致昭陵的保护工作长达九年的原因之一。但从另一角度来看，忙碌的日常政务和频繁的人事变动却没有动摇毕沅保护昭陵的坚定决心，这恰恰又说明了他所主导的保护工作绝非心血来潮的偶然事件，而是长期关注、持续努力的结果。

毕沅保护昭陵的整个历程较为漫长，牵涉事件颇多（附表8）。乾隆四十年（1775）

三月，毕沅第一次考察昭陵，次年三月毕沅署理陕甘总督并离开西安前往兰州，期间他并未对昭陵开展实质性保护工作，应处于筹划阶段。当年六月毕沅返回西安任巡抚，随即前往热河行宫（即承德避暑山庄）觐见乾隆皇帝，并向乾隆申请为昭陵等陕西陵墓立碑。当年秋季毕沅令醴泉县知县张心镜负责修葺昭陵陵园围墙，并树立“唐太宗昭陵”碑及“唐文德皇后昭陵”碑，这标志着昭陵的实质性保护工作的开始。乾隆四十二年（1777）秋季毕沅命张心镜为昭陵周围的24座墓主可考的陪葬墓立碑，并为当时仍立于各陪葬墓前的27座唐碑建立碑亭。乾隆四十四年（1779）九月，原醴泉县知县张心镜调任蒲城县知县，新任知县蒋骐昌接手了昭陵保护的具体事务。毕沅于乾隆四十四年（1779）四月至十一月短暂署理陕甘总督印务，离开西安停驻兰州，又于当年十二月因母亲张藻去世而离职，直到乾隆四十五年（1780）十月署理陕西巡抚，于次月抵西安。这期间毕沅很可能是通过寄信的方式，安排蒋骐昌对昭陵开展保护，修缮了位于九嵕山下的唐太宗庙，修缮了位于九嵕山北麓的昭陵祭殿，并新建了廊房（用于保护“昭陵六骏”石刻）、山门和卷棚等建筑物。这些保护工作于乾隆四十五年（1780）年底结束，毕沅的幕宾洪亮吉受蒋骐昌之请于次年撰写了《重修唐太宗庙碑记》（附文11），记载并赞颂此事。乾隆四十六年（1781）十二月毕沅因卷入甘肃冒赈案而被降为三品顶戴，仍办理陕西巡抚事务；乾隆四十七年（1782）春季❶，毕沅第二次考察昭陵，视察了近年来的保护工作之后，他与吴泰来、严长明、洪亮吉、孙星衍四位幕府宾客及嘉兴籍秀才朱爔，以“昭陵六骏”石刻为主题，共同创作《昭陵石马联句》[147]985一诗，载于毕沅所编《乐游联唱集》中。乾隆四十八年（1783）二月毕沅授陕西巡抚，三月署理陕甘总督移驻兰州，四月回巡抚任，当年十月命蒋骐昌为昭陵周围147座墓主失考的陪葬墓树立3座总碑，其中在昭陵东侧陪葬区立2座碑，西侧陪葬区立1座碑，总碑上刻写所存各墓名位及尺寸[264]34。乾隆四十九年（1784）四月，毕沅命于昭陵的燕妃墓旁树立“大清防护唐昭陵碑”一座，此碑由毕沅撰文、钱坫篆书、孙星衍题额并摹勒、蒋骐昌立石，碑文中记录并赞颂了持续九年的昭陵保护事迹，标志着昭陵保护工作的正式落幕。这一年，由毕沅倡导蒋骐昌、孙星衍修纂的《醴泉县志》也告修成，毕沅亲自为其作序并在短短五百余字的序文中特别强调了保护昭陵过程及重要意义❷。由于蒋骐昌和孙星衍本身就是昭陵保护工作的主要参与者，他们对于本次保护有着亲身经历和体会，因此在编修《醴泉县志》时将昭陵作为县内重要古迹进行大篇幅介绍，并记载与这次保护工作相关的许多情况。

---

❶《昭陵石马联句》诗中未署作诗年月。据《洪北江先生年谱》[85]2335记载，洪亮吉以乾隆四十六年（1781）五月至西安，随即入毕沅幕府，可知此诗创作不早于该时，而收录此诗的《乐游联唱集》初刊于乾隆四十七年（1782），加之诗中有“有客登九嵕，经春礼重帘”之句，可知此诗当作于乾隆四十七年春季。

❷毕沅在乾隆《醴泉县志》序中称：“……又昭陵陪葬凡百，其人《文献通考》及《昭陵图》《长安志》等传写名字尚有乌焉，何况俗志？古时金石凡有百通，存者不下数十，好古之士不由亲历，考订亦难，于是县之士民惧旧典之佚坠，喜新政之可记，请修志乘，以示将来，蒋令骐昌申上其事，予嘉而许之。古之大夫诵《诗》授政，是以登高能赋，遇物能名，观今志所采，有唐《会要》、新旧《唐书》、《十七史》地志、李吉甫、杜佑、乐史等志，前之作者皆未之及也。若昭陵在县境，予向请帑修葺，又饬常加筑护，具有石碣，建立碑亭，近又东、西竖碑，纪列所存名位及志冢墓丈尺，将使后人守而勿坏，予与蒋令皆有劳焉，尤为政之急务，恶可以不志与？”[264]4

3．毕沅保护唐昭陵的六项举措

毕沅自乾隆四十年起（1775）对陕西百余座陵墓实施了宏大的系列性保护工程（见上节内容），昭陵保护作为该工程的一部分，与其他陵墓所开展的保护工作有类似之处，而保护力度更强且周期更长。毕沅保护昭陵的6项具体举措如下：

（1）恢复昭陵陵园的基本风貌（图4-7、图4-8），包括清理唐代以来的建筑遗迹，为陵园修筑周长三十余丈（合一百余米）的朱红色围墙，在园内栽种松柏，该项工作开展于乾隆四十一年（1776）夏季。

笔者经现场勘查和资料分析后认为，陵墙平面呈长方形，其范围北至山门（图4-9）位置，南至享殿后，东、西至“昭陵六骏”两廊房外，在山门之外还设有影壁[268]141，与山门南北距离约十余米❶。应特别注意的是，毕沅在修筑陵墙时，并未对残存的唐代双阙进行拆除，也未进行完形复原，而是原址保护。同时，他在修筑围墙时利用了唐代的方砖，据目前考古成果显示，“清代祭祀建筑遗迹中发现多处利用原废弃的唐代建筑材料的现象，如砖砌围墙的中间以唐代砖作为填充，山门石台阶杂以唐代六骏石基座残块，偏殿、大殿基础以唐代砖垫底等。这也许是误导以前调查者错将清代建筑遗迹认作唐代建筑遗迹的重要原因。”[270]226

❶从1935年历史影像可隐约看到山门外的影壁遗址，据此可大致估算两者间距。

（2）为昭陵及诸陪葬墓立碑，该项工作自乾隆四十一年

图4-7　唐昭陵图（来源：毕沅《关中胜迹图志》（经训堂刻本）卷首《唐昭陵图》）

（1776）秋至乾隆四十八年（1783）十月期间经三次实施完成。

图4–8　1906年时的昭陵北麓祭坛全貌❶（来源：常盘大定、关野贞《支那文化史迹》IX–93，图片边缘有裁剪，标注为笔者所加）

图4–9　1907年时已残损严重的昭陵山门❷（来源：沙畹（Edouard Chavannes）《北中国考古图录》（*Mission arch-éologique dans la Chine septentrionale*）NO.438，标注为笔者所加）

乾隆四十一年（1776）在昭陵陵园恢复的同时，毕沅命醴泉县知县张心镜于陵园外树立“唐太宗昭陵”碑❸（图4–10、图4–11），清末宇野哲人记载该碑与山门外的影壁相距有“二町许”[268]141，约合今200余米❹。毕沅又命张心镜在山门内台阶上的空地西侧立“唐文德皇后昭陵”碑❺，作为拜谒时的引导和标志；乾隆四十二年（1777）八月，毕沅又命张心镜为昭陵周围24座墓主可考的陪葬墓树立墓碑，原因是担心这些目前尚可考证辨识的陪葬墓在后世又无从识别。清末时房玄龄、温彦博、李靖、褚亮、孔颖达、阿史那忠、李勣等人墓前毕沅所立之碑（图4–12）尚在[268]142,[269]75-78，今多已毁坏。从现存历史影像来看，这些墓碑高约3.5米，上部造型多为螭首设圭额，也有圆首无圭额，下部通常设龟趺，外部建砖砌碑楼，总高4.5~5米。

乾隆四十八年（1783）十月，毕沅考虑到九嵕山周围的陪葬墓数量既多且分布散乱，恐后世封土消减而致湮没，因此又命新任知县蒋骐昌为昭陵周围147座墓主失考的陪葬墓

❶由日本学者关野贞拍摄于日本明治三十九年（1906）冬。

❷由法国学者沙畹（Edouard Chavannes）拍摄于1907年9月10日。

❸从1935年时拍摄的影像可知，“唐太宗昭陵”碑的碑楼顶部在当时已残损严重，据临近的唐肃宗建陵所存碑楼来看，当时的碑楼应为硬山顶，而目前昭陵碑楼的顶部经修复后改为歇山顶。另外，此碑楼原位于昭陵祭坛区域东北侧不远，现搬迁至北司马门中轴线北端正中（昭陵景区入口附近），自原位置北移了约240米。

❹日本的町既可作面积单位，亦可作长度单位，宇野哲人书中的“二町许”当指长度而言。与宇野哲人同时期的足立喜六在《长安史迹の研究》中[267]52记载当时日本的5町折合545.454米，则1町折合109.09米，2町折合219.18米，二町许为估算之概数，则大致约合今200余米。

❺唐太宗在文德皇后去世后曾亲自撰文并为其立碑，宋《昭陵图碑》中所绘昭陵北阙东侧立有“葬文德皇后刻石”碑1座，后世亦称“文德皇后碑”，此即唐太宗所立之碑。该碑在明代被磨改为祭陵碑，通过近年来的考古调查已被证实，残碑现置于昭陵北司马门东侧室外地上。日本学者足立喜六在1908年1月3日来昭陵调查时，见到一座题有“文德皇后の昭陵碑”的石碑位于清代山门内台阶上[267]252，即为此碑。从毕沅立碑的取名惯例来看，此碑之名当为“唐文德皇后昭陵”，可惜此碑今佚。又据《中国文明记》一书中的描述[268]141，当时此碑与多座明清祭陵碑相并列。

图4–10　1935年时的昭陵山门遗址、影壁遗址和被南移的“唐太宗昭陵”碑[1]（来源：谢林主编《民国陕西老照片》第74页）

图4–11　九嵕山北麓司马门外矗立的毕沅所书“唐太宗昭陵”碑（来源：笔者摄）

图4–12　唐代所立李勣墓碑（左）及毕沅所立墓碑（右）[2]（来源：桑原骘藏《考史游记》图版75）

（表4-3）竖立3座总碑，其中在昭陵东侧陪葬区立2座碑，西侧陪葬区立1座碑，对当时所见的墓葬封土位置及各自尺寸逐一考察并进行记录，将这些信息刻写在总碑上。乾隆《醴泉县志》记载：“骐昌案查：昭陵东共有陪葬墓一百二十六冢，内旧有碑可考者十九冢；西共有陪葬墓四十五冢，内旧有碑可考者五冢。其可考者已于乾隆四十二年八月奉巡抚毕公檄饬新立墓碑，大书刻石，以垂久远。其无考者，恐日久湮没，因于四十八年十月总立碑三通，在东者二，在西者一。其碑内编列次第，载明各墓附近村在并周围丈尺，庶将来有所稽考，居民不致侵削无存焉。”[264]34

毕沅为昭陵诸陪葬墓立碑情况一览（来源：自制） **表4–3**

陪葬墓方位	陪葬墓数量	可考陪葬墓墓主[3]	可考陪葬墓立碑数量	不可考陪葬墓数量	不可考陪葬墓立总碑数量
昭陵东侧陪葬墓	126	温彦博、高士廉、孔颖达、褚亮、房玄龄、豆卢宽、薛收、崔敦礼、张胤、李靖、尉迟敬德、兰陵长公主、许洛仁、陆先妃、马周、阿史那忠、李勣、裴艺、唐俭（共19人）	19	107	2
昭陵西侧陪葬墓	45	魏征、段志玄、姜遐、杜君绰、张阿难（共5人）	5	40	1
合计	171	24	24	147	3

❶从该照片上看，“唐太宗昭陵”碑与清代山门和影壁遗址相距不足30米，然而前文已述，宇野哲人记载1907年时该碑与山门外的影壁相距有“二町许”，约合今200余米，两者差距甚大。笔者推测民国时期曾将此碑向山顶方向南移，使其更靠近祭坛区域。另外，《陕西帝陵档案》的20世纪90年代旧照显示[271]157，此碑其后又被移至与山门遗址水平距离约80米的位置。而目前，已修复过的“唐太宗昭陵”碑则被移动至距清代山门水平距离约260米的位置。这反映出“唐太宗昭陵”碑的位置并不固定，在百年间数次被移动。

❷日本学者桑原骘藏拍摄于1907年10月3日。

❸乾隆《醴泉县志》中记载可考之陪葬墓共24处（昭陵陵区东侧19处、西侧5处），而毕沅发现的唐碑尚存之墓共27处（附表9）。尽管毕沅曾为乙速孤神庆（即乙速孤昭祐）和乙速孤行俨之墓立碑，但笔者认为，由于此两墓位于九嵕山北十余公里，并不在昭陵陵区内，不应视为昭陵陪葬墓，另外《王君碑》墓主未可确定，不应视为可考之墓，毕沅可能并未立碑；这样毕沅为昭陵陪葬墓立碑的数量恰好为24处，便可与乾隆《醴泉县志》的记载相吻合。

（3）为当时仍立于各陪葬墓前的27座唐碑建立碑亭，开展于乾隆四十二年（1777）八月。

毕沅认为唐代时“各冢皆有穹碑，夹以苍松翠柏，长杨巨槐，下宫寝殿与表里山河，互相映带”[258]305，而等到他考察时“不但冢墓无存，即金石文字，亦皆剥蚀”[258]305，因此“因饬属重加修饰，并为清厘封域，树以宰木，诸刻亦建立碑亭，庶令樵牧牛羊，知所禁避，而先烈前徽得以贻诸永久云。”[258]305唐代陪葬诸臣的神道碑至清代已历千余年，不仅具有极高的历史和文化价值，同时也是昭陵陵区风貌的重要组成要素。毕沅深知保护这些唐碑的重要意义，因此专门命张心镜为当时仍保存的27座❶唐碑（附表9）修建了碑亭[264]53。由于这些唐碑体量皆特别巨大，相应的碑亭也自然很高大，如李勣碑高5.7米，碑亭高度达6米以上。可惜这些碑亭在清末时已基本尽毁❷，但若无它们长达百余年的庇护，这些唐碑遭受的风化和破坏情况必更加严重。

（4）修缮九嵕山下的唐太宗庙，用银995两，该工程开展并完成于乾隆四十五年（1780）。

唐太宗庙始建于北宋建隆年间（960–962），最初建在宋代醴泉县城（今陕西省咸阳市礼泉县骏马乡旧县村）东门外一里处，该庙于宋开宝六年（973）❸、金天眷元年（1138）❹曾重修，元至元年间（1264—1294）因遭兵火而尽毁。明初醴泉县城迁至宋代醴泉县城西约三十里处❺，至明万历二十二年（1594）❻知县姚烛在醴泉县城的南门外依照旧庙格局新建唐太宗庙，明崇祯五年（1632）南户部主事范文光以学正身份署理县事，又对该庙进行了重修，并增献屋三间[261]卷五艺文上。

从明崇祯时《唐太宗庙制旧图》（图4–13）来看，当时唐太宗庙的格局为：庙坐北向南，大门设在东南角，进大门后分为西、中、东三路建筑群，中路自南向北沿轴线依次设大门、仪门、享殿，大门外两侧设右角门、左角门，可通往西路和东路建筑群，享殿院落两侧设西庑、东庑，享殿内立有“唐太宗之碑”1座，在仪门外两侧自北向南依次立有“唐太宗庙碑”2座、宋代游师雄所题《唐太宗昭陵图》碑1座和《昭陵六骏》碑1座，以及石狮2尊；西路自右角门进入，穿过隔墙至宰牲房，其两侧设西房、东房；东路建筑群轴线正对大门，向北穿过公馆，进入斋宿所院落，两侧分别有右厢、左厢。唐太宗庙的东、西墙为设立垛堞的城垣形式，三路建筑群之间的分隔墙以及中路建筑群的北墙和南墙，也均为设立垛堞的城垣形式。范文光增建的献屋在该图中并未绘出，推测位于仪门北侧。

毕沅命蒋骐昌修缮唐太宗庙时，距范文光重修已历148年，当时该庙格局是否发生变化尚未可知。关于本次修缮，乾隆《醴泉县志》记载：“唐太宗庙在县城南门外……国朝

❶宋敏求《长安志》卷十六“醴泉”篇毕沅案语称“立碑亭十余所”，可能是泛称，实际毕沅在相关著作中提及的唐碑有27座。

❷清末各学者所拍摄的影像中均未见唐碑之碑亭，疑在当时已尽遭破坏。

❸见昭陵博物馆藏《大宋新修唐太宗庙碑》石刻，其碑阴为宋代游师雄所题《唐太宗昭陵图》。

❹见《大金重修唐太宗庙碑》，其碑已佚，碑文载于乾隆《醴泉县志·金石》[264]112–113。

❺今礼泉县城即在此城基础上发展而来。

❻崇祯《醴泉县志·祠祀》[266]670记载为“万历甲午”，即万历二十二年（1594），而乾隆《醴泉县志·庙属》[264]35则记载为“万历甲子”，事实上万历在位期间并无甲子年，因此以崇祯《醴泉县志》的记载为准。

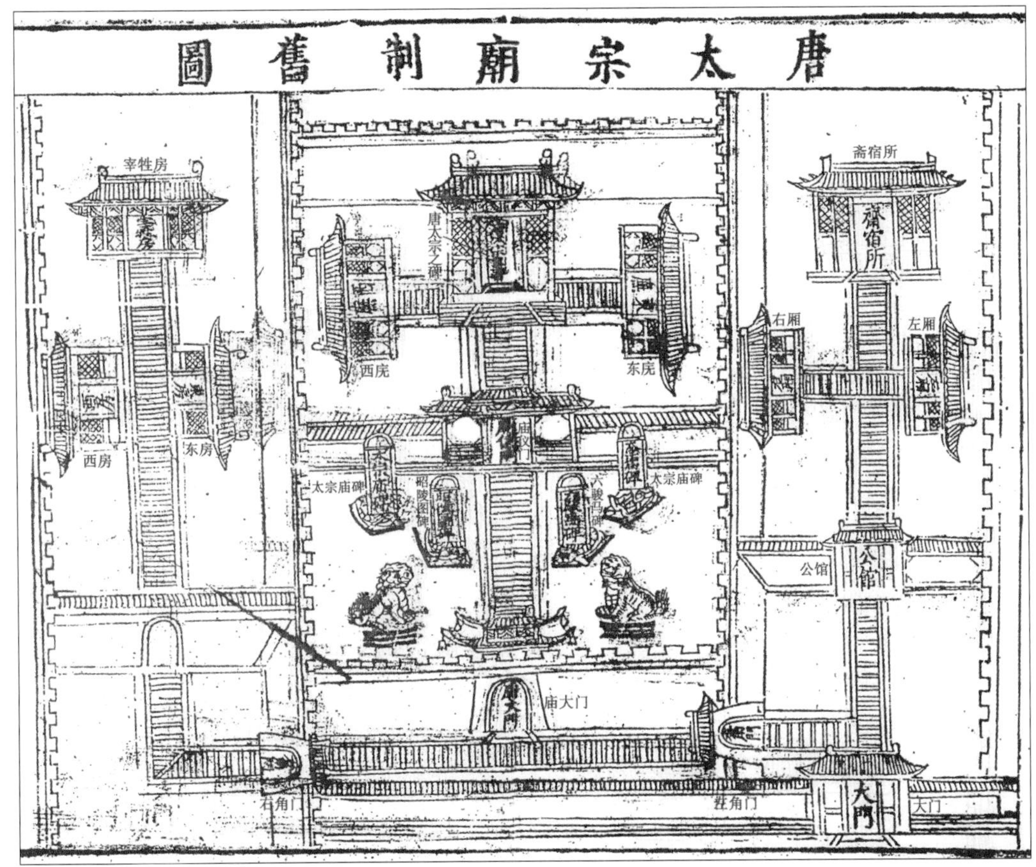

图 4–13　明崇祯以前的唐太宗庙建筑布局（来源：崇祯《醴泉县志》卷首《唐太宗庙制旧图》❶）

乾隆四十五年，知县蒋骐昌领帑银九百九十五两重修，有碑。"[264]35而毕沅的幕宾洪亮吉在《重修唐太宗庙碑记》中记载"醴泉县唐太宗庙者，自宋建隆之岁，创自东郊；逮明万历之年，移兹南郭。嗣后百有余岁，旷而勿修，守土者惧焉。请于上官，发兹中帑，银凡九千有奇，工甫数月而毕。乾隆四十五年，岁在庚子也。……"[85]311两者经费相差近十倍。由于清代工程银数超过1000两需要上报皇帝，而查阅档案并未发现有关这次修缮工作的奏折，且《醴泉县志》所载为实数而洪亮吉所载为约数，因此笔者推测995两的记载更可信，该经费既属"中帑"，应为工部审核后由户部发拨。由于受到经费限制，这次修缮很可能是对老旧建筑物进行翻新，而并未改变庙内基本格局。至民国时期唐太宗庙尚存（图4–14），但当时似已处农田之中，今日则已荡然无存。

（5）动用陵租❷整修了九嵕山北麓的唐太宗祠（今祭坛区域），其中对祭殿进行修缮，为昭陵六骏石刻新建廊房进行保护。这些工程开展于乾隆四十五年（1780）。

关于这次整修的具体过程尚不清楚，但整修后的建筑布局

❶图中标记文字为笔者所加。由于该图中未绘出范文光增建的献屋，因此该图很可能反映的是崇祯五年（1632）范文光修缮前的唐太宗庙格局。

❷《大清防护唐昭陵碑》中称："沅再之官，又逾五稔，兼营祠宇，特用陵租，知县蒋君能平其政，实任斯劳。"[262]236

却可从数十年后的记载中窥见一斑，道光二十六年（1846）署理陕西巡抚、布政使裕康奏称“唐太宗祠宇自乾隆四十五年兴修后，迄今六十五年至久，现在大殿、卷棚、两庑、大门、冲路等处房屋倒坏，木料朽烂，周围墙壁坍塌，砖瓦剥落，自应重修，以肃观瞻而崇敬事。”[273]道光三十年（1850）分管工部事务的大学士穆彰阿在题本中称：“前任知县请修唐太宗祠宇大殿一座五间，卷棚五间，东、西庑房二座六间，大门一座三间，甬路三道，实系坍塌过甚，急应拆卸重修。”[274]据此可知，乾隆四十五年（1780）经毕沅整修后唐太宗祠，包括五开间享殿（大殿）1座、五开间卷棚1座❶、三开间廊房（庑房）东西各1座、三开间山门（大门）1座、甬路3道。

图 4–14　1932 年时的醴泉唐太宗庙（来源：罗宏才《西部美术考古史》图 3–1–26）

图 4–15　1907 年时陈列什伐赤、青骓、特勤骠三匹骏马石刻的东廊房❷（来源：沙畹（Edouard Chavannes）《北中国考古图录》（*Mission archéologique dans la Chine septentrionale*）NO.439）

毕沅新建的廊房为东西对称的两座三开间硬山顶建筑（图4–15），考古遗址显示廊房“南北9.3米，东西宽6.35米，现存有房内铺地砖。”[275]6这两座廊房专门用于保护举世闻名的昭陵六骏石刻，此六骏是唐太宗征战天下所乘的六匹坐骑，分别名为飒露紫、拳毛䯄、白蹄乌、特勤骠❸、青骓、什伐赤。石刻采用高浮雕手法，每块石刻高1.67~1.72米、宽2.01~2.09米不等，六马或立或跃，有身中数箭犹腾跃不屈者，亦有猛将丘行恭为其拔箭者。石刻造型壮美，技艺娴熟，是初唐时期雕刻艺术的突出代表。廊房内每间分置一件石刻，西廊房内自南向北依次为飒露紫、拳毛䯄、白蹄乌，东廊房内自南向北依次为特勤骠、青骓、什伐赤（图4–16），六骏皆头南尾北，仿佛朝着太宗所在的九嵕山方向奔驰。

需要指出的是，唐代祭殿旁原本设有规模更大的东、西廊房❹，用于陈设六骏及十四

❶考古遗址显示，明清山门和祭殿之间有三座呈倒“品”字形分布的庑殿[275]4–5，但这与道光三十年（1850）穆彰阿的描述有较大差异，笔者推测，在这个区域最初布设的是五开间卷棚1座、道光后将其拆除，改为“品”字形庑殿。

❷由沙畹（Edouard Chavannes）拍摄于1907年9月10日。

❸此马在多数文献中记载为“特勒骠”，张维慎经考证后认为实乃“特勤骠”之讹误[276]，笔者亦赞同此说。

❹唐代廊房遗址位于明清廊房遗址之下，两者规模和室内布局都有较大差异，前者情况如下：“原放置‘六骏’和‘十四国蕃君长像’石雕像的西侧长廊基址位于建筑群的西南角，总体呈阶梯状，由北向南渐次升高，进深一间（后扩出檐，成两间）、面阔七间，南北通长29米、东西10.2米，残存有10个柱础石和4个置于原位的石人像座，北端一间保存有六骏之一的基座。据保留于原位的石人像座和六骏浮雕基座分析，北部3间原放置‘六骏’中的3件，南部4间放置‘十四国蕃君长像’雕像中的7件。东侧亦应有一座相对应的长廊建筑，早年已被破坏殆尽。”[270]226

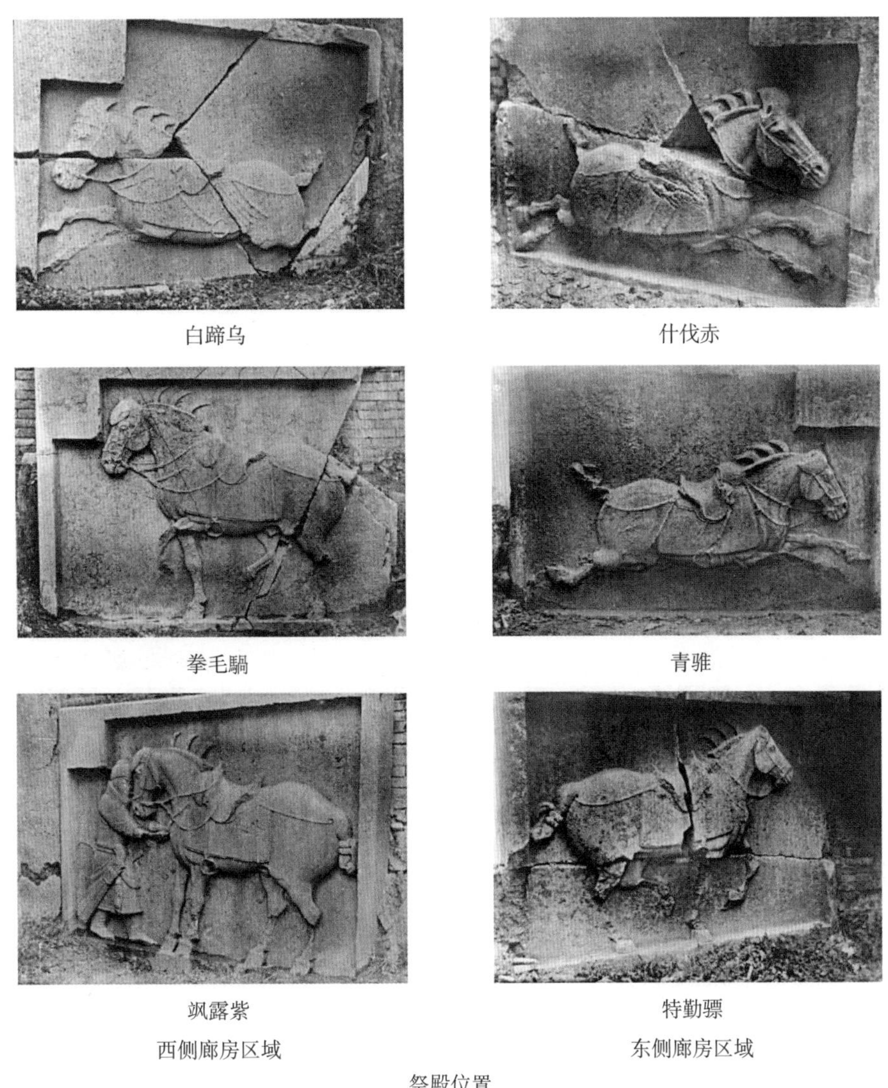

图4-16　依据沙畹所摄影像及足立喜六记载还原的昭陵六骏位置示意图❶（来源：六骏影像引自沙畹（Edouard Chavannes）《北中国考古图录》（*Mission archéologique dans la Chine septentrionale*）NO.440–NO.445，照片组合排版及标注工作为笔者完成）

国蕃君长石像，但到清乾隆时，廊房遗址已没入土中，蕃君长像仅存6具残件，但六骏尚皆完好。毕沅新建的东西廊房主要用来保护六骏石刻不受风雨摧残，而位于廊房南侧的蕃君长像可能仅扶正归位，并未建屋保护。

经毕沅和蒋骐昌改建后的昭陵唐太宗祠，其面貌被洪亮吉描述为“护青苍之冢树，缭以红墙，法太紫之星垣，建兹黄屋。”[85]312据此笔者推测当时昭陵的地面建筑与清代皇家陵寝地面建筑的风格较为接近，皆为红墙黄瓦。结合考古遗迹情况和历史影像（图4-8～图4-10、图4-15），笔者对毕沅这次整

❶沙畹（Edouard Chavannes）虽然拍摄了珍贵的历史影像，但他误将六骏的位置相互混淆，认为什伐赤、青骓、飒露紫置于西侧，白蹄乌、特勤骠、拳毛騧置于东侧。近年来，相关部门在昭陵的东西廊房遗址位置陈列了六骏的复制品供游客参观，位置与笔者所绘此图位置完全相同。

修后的唐太宗祠（今九嵕山祭坛区域）进行了复原（图4-17、图4-18）。

（6）在九嵕山主峰东南约2公里的燕妃墓（位于今礼泉县烟霞乡东坪村附近）旁竖立记录本次昭陵保护事迹的大清防护唐昭陵碑[1]（图4-19），立碑时间为乾隆四十九年（1784）四月望日[2]。

[1] 此碑后移入昭陵博物馆内保存。此碑石拓片的影像，可参见张沛《昭陵碑石》[262]一书第101页。

[2] 即农历四月十五日。

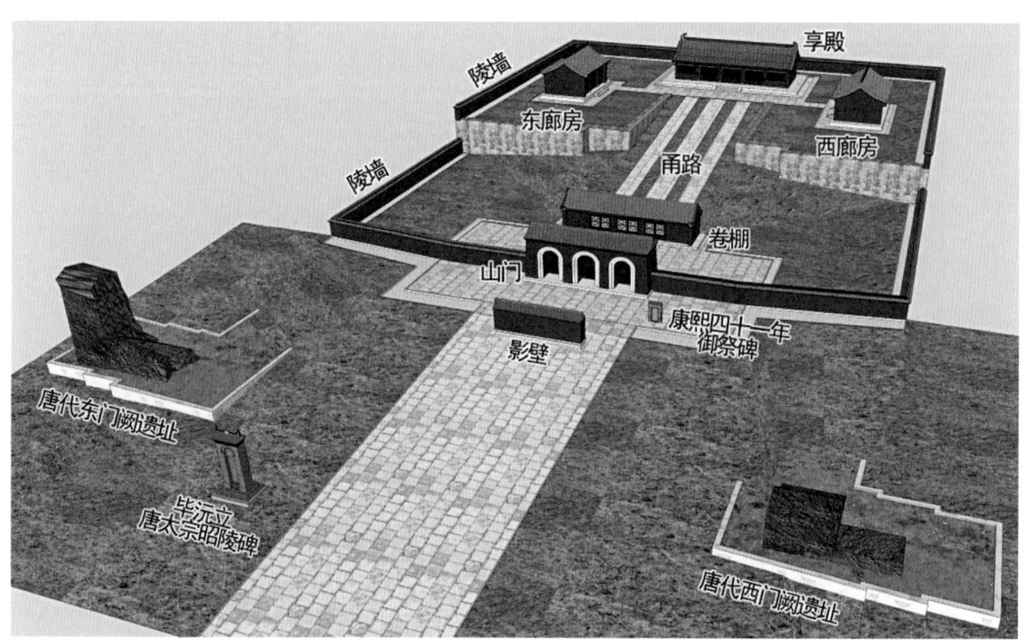

图4-17　毕沅整修后的唐太宗祠复原鸟瞰图（来源：笔者复原）

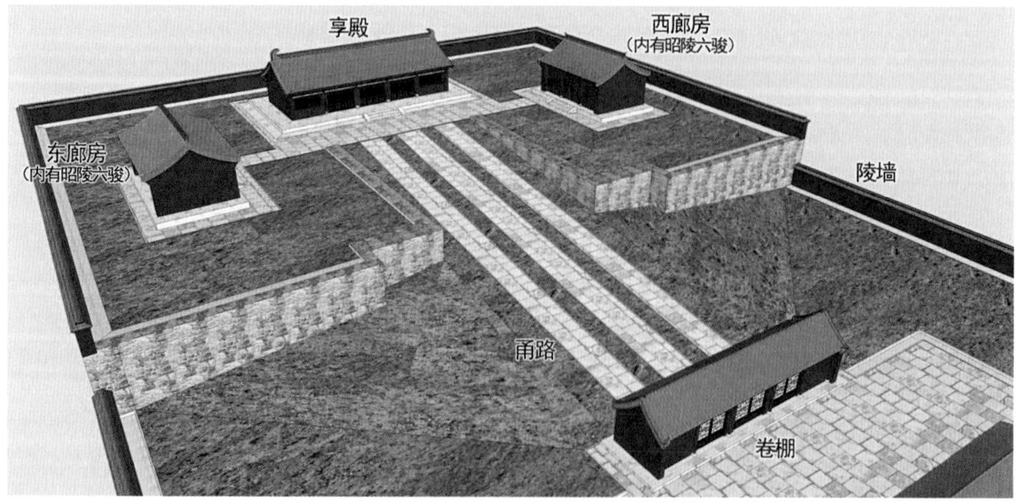

图4-18　毕沅整修后的唐太宗祠祭殿区域复原图（来源：笔者复原）

图 4-19 大清防护唐昭陵碑（顶部碑额缺失）及碑文拓片（来源：左图为笔者摄于昭陵博物馆内，右图引自张沛《昭陵碑石》第 101 页）

此碑之碑文由毕沅以自述口吻撰写，共1540字，书法由毕沅幕宾、篆书名家钱坫以铁线篆书写成，碑额题写及上石摹勒为毕沅幕宾、篆书名家孙星衍完成，立石者为时任醴泉县知县的蒋骐昌，后世宋伯鲁赞称此碑为“丰碑一片资防护，铁画银钩字字雄”[272]64。在碑文中，毕沅写道：“……沅守官关陇，按部池阳，瞻拜神宫，周游墓道。其山也，背据寒门之阪，面带甘泉之流，西睨温宿之崖，东眺焦获之薮。岩峦巀嶭，三嵕角其雄名；磴道盘纡，九嵕争其远势。非烟非雾，立而望之，郁郁葱葱，佳哉气也。而风高壤裂，石室摧基；地阻荆生，阴室绝栈。樵苏上下，曾无百步之防；芟锸侵陵，或至诸臣之冢。穹碑半剥，翁仲全倾，因以乾隆四十一年[1]檄筑园墙三十余丈。六书瓦盾，邕分恳隶之奇；列植松楸，茇舍甘棠之敬。旋因入觐，上适畴咨。始知聪明之德，早契于圣怀；平成之欢，待假乎神漠。沅再之官，又逾五稔，兼营祠宇，特用陵租，知县蒋君能平其政，实任斯劳。恐古墓之为田，考陪陵于往牍，纪其名位，复立贞珉，仰体皇谟，光照来者。……”[262]235-236这篇碑文不仅记载了毕沅保护昭陵的事件始末，也充分反映当时人们对陵墓保护重要性的认识。

4．毕沅保护唐昭陵的历史意义及影响

毕沅对唐太宗昭陵开展的长达九年之保护，堪称是古代陵墓保护的代表性事件。其历史意义及重要影响可归纳为以下5点：

（1）将保护昭陵定性为地方官员“为政之急务”[264]4，通过组织官员们贯彻实施保护行动，配合立碑（大清防护唐昭陵碑）和修志（乾隆《醴泉县志》）等宣传方式，充分引导了地方保护古迹的风气。

（2）通过修筑陵园围墙划定昭陵地上建筑的保护范围，为后世开展保护提供了明确依据，通过遍植松柏以及将石像生归

[1]《大清防护唐昭陵碑》原文作“四十二年”，但从此句后又写道“旋因入觐”，由于毕沅上京觐见是在乾隆四十一年（1776），四十二年（1777）并未觐见。檄筑园墙既然是在觐见前不久，时间无疑是在乾隆四十一年，且毕沅所题“唐太宗昭陵”碑的落款时间也为丙申年（即乾隆四十一年），因此很可能是此碑在刻写时出现讹误。

位等措施，进一步恢复了昭陵的整体风貌。

（3）通过修缮九嵕山上的唐太宗祠和山下的唐太宗庙，显著强化了昭陵祭祀活动的庄严性，也因此提升了昭陵祭祀建筑的社会关注度和日常维护力度。

（4）通过在昭陵及陪葬墓附近竖立醒目的碑石，标明各墓的位置及尺寸，为后人探访和考察提供了极大帮助，也有利于当地村民了解和保护这些墓葬。

（5）通过原址保护的方式为“昭陵六骏”修筑廊房并为27座唐碑建立碑亭，使昭陵附属的重要碑石文物得以长久保存。

第五章

毕沅对陕西坛庙祠宇的保护及整修

毕沅对于陕西坛庙祠宇开展的保护及整修工作，数量不多但颇具影响，涉及的对象既有独立的祭祀场所，如西岳庙、太白神祠、苏轼祠等，也有附属于陵墓的陵庙或墓祠，如唐太宗祠、司马迁祠、郭子仪祠、寇准祠等。这些坛庙祠宇的日常维护和修缮，不仅与清代的祭祀观念息息相关，也受到当时坛庙保护制度的指导和约束。毕沅的保护行为既属于个人意愿，又充分反映了当时观念及制度。以下对毕沅所处时代的祭祀观念和坛庙保护制度开展分析，并选取毕沅保护西岳庙的典型案例进行论述。

一、清代的祭祀观念与祭祀场所

古人将祭祀作为调节社会伦理秩序和承载精神寄托的礼仪活动。祭祀的内容尽管与鬼神有关，但其本意却并非去崇奉鬼神，而是表达人们对万物的敬畏之心。祭祀时人们必须仪态庄严而精神投入，孔子就强调“祭如在，祭神如神在”[277]45。然而，祭祀这种文化行为往往被百姓迷信化，被荀子形容为“君子以为文，而百姓以为神。”[278]196但无论如何，在古代，上至帝王下至平民，都对祭祀活动极为重视。

清代的官方祭祀活动，可分为由中央政府开展实施的国家祭祀和由地方政府开展实施的地方祭祀两个体系。这些祭祀活动的空间载体是坛庙祠宇类建筑，又可简称为祠庙。清代“是中国祠庙发展集大成的时代。从礼制上说，沿袭了唐宋以来的国家祭祀体系，祭祀对象以‘天’为核心，包括神、鬼、祖先、圣人、功臣等形成一个完整体系。从祭祀场所来看，也形成了完备的祠庙体系，这一方面体现于祠庙类型的多样，祭祀对象的丰富和相对固定；另一方面体现于建筑等级与规制的逐渐稳定。”[279]22清代祭祀所用的祠庙，既有前朝遗留下来的古迹（如天坛、历代帝王庙、西岳庙等），也有新造的建筑（如北京的昭忠祠、双忠祠、旌勇祠），本书重点关注的是清人对属于古迹的坛庙祠宇的保护。以下分别论述：

1. 清代国家祭祀的空间载体

清代属于国家祭祀体系的坛庙祠宇数量不多，位于北京城内或近郊的高等级坛庙有：圜丘（天坛）、祈谷坛、方泽（地坛）、社稷坛、朝日坛、夕月坛、先农坛、先蚕坛、太岁、堂子、太庙、奉先殿、先代帝王庙（今称历代帝王庙）、先师庙（文庙）、传心殿[303]373–376；分布于全国不同地区的则有：五岳、四镇、四海、四渎、前代帝王陵庙（列入国家祀典者）、先师阙里。这些坛庙祠宇中，多数祭祀规格为中祀，少数为上祀（表5–1），除此之外京城地区还有若干祭祀规格属于群祀（表5–1）的祠庙，其数量在清代各朝并不固定，常因时事而有增减，以乾隆朝为例，京城的官方祠庙有：先医庙、关帝庙、北极佑圣真君庙、火神庙、炮神庙、都城隍庙、东岳庙、黑龙潭龙神祠、玉泉山龙神祠、后土祠、司工之神祠、窑神祠、门神祠、仓神祠、贤良祠、京师功臣专祠、盛京贤王祠、昭忠祠、双忠祠❶、旌勇祠❷。

清代国家祭祀的对象及规格（来源：自制❸） **表5-1**

祭祀规格	祭祀对象
上祀	圜丘、方泽、祈谷、雩祀、太庙、社稷
中祀	日、月、前代帝王、先师孔子、先农、先蚕、天神、地祇、太岁
群祀	先医、关帝、火神、北极佑圣真君、东岳、都城隍、黑龙潭玉泉山等庙、炮神、司土、司工、窑神、仓神、门神、贤良祠、昭忠祠、双忠祠、旌勇祠

上述坛庙每年祭祀的日期，由礼部于前两年的十月札行钦天监预选后移交太常寺议定。“乾隆十四年奏准：每岁各祭祀，嗣后由礼部札行钦天监恭选吉期，具题奉旨，之后交太常寺按期豫行题请，以符周礼大宗伯卜日、肆师以岁时序祭祀之义。”[179]卷七十五《礼部·祠祭清吏司》“祭统”

2．清代地方祭祀的空间载体

乾隆《钦定礼部则例》中规定，各地府、州、县均需设立坛庙祠宇，配置的种类基本一致，主要有：社稷坛、神祇坛❹、先农坛、风云雷雨诸神庙、名山大川诸神祠、先师庙、关帝庙、贤良祠、忠孝节义祠、名宦乡贤祠[303]88–94。以西安府为例，乾隆《西安府志·古迹志下·祠宇》中列出府城内及周边的14处坛庙祠宇，分别为：社稷坛、风云雷雨山川坛、先农坛、关帝庙、城隍庙、八蜡庙、名宦祠、乡贤祠、忠义孝弟❺祠、节孝祠、文昌祠、旗纛庙、贤良祠[253]1345–1346。除文昌祠、旗纛庙、贤良祠为西安府所独有外，其余11种类型的坛庙祠宇按规制亦在各州县设置❻。可以看出，乾隆《西安府志》中所载坛庙祠宇与乾隆《钦定礼部则例》基本相同但略有差异。

此外，前代帝王陵所在地的陵庙亦需专门祭祀，“凡前代帝王陵庙所在，有司勤为防护，严禁樵采，遇有损坏，即加修葺，每岁守吏以春秋仲月致祭。”[303]91。陕西境内载入祀典的

❶奉祀傅清和拉布敦，二人皆在驻藏期间为国殉难。
❷奉祀孔有德、额宜都、遏必隆、图海、佟图赖、佟国纲、佟国维、哈什屯、米思翰、李荣保等武将。
❸笔者据乾隆《大清会典则例》卷七十五《礼部·祠祭清吏司》“祭统”条整理。
❹坛内供奉诸神牌位，云、雨、风、雷神位居中，境内山川神位居左，城隍神位居右。
❺通“悌”。
❻《西安府志》中称为“州县如制”[253]1345。

前代帝王陵庙共13座，由陵寝所在之县在每年二月和八月吉日进行祭祀，“陕西中部县祭黄帝轩辕氏，……陕西咸阳县祭周文王、武王、成王、康王，泾阳县祭汉高祖，咸宁县祭文帝，长安县祭宣帝，……陕西富平县祭后魏孝文帝，三原县祭唐高祖，醴泉县祭太宗，蒲城县祭宪宗，泾阳县祭宣宗。……”[303]91

当时的地方志书中通常对境内的坛庙祠宇有较为详尽的记载，如《关中胜迹图志》中的“祠宇”部分（表5–2）收录了坛、庙、祠等类型的古迹，还将寺观等宗教建筑一并纳入其中，并对其分布地区、时代、修缮历史进行了记述。

毕沅《关中胜迹图志》中记载陕西祠宇的分布地区及时代情况（来源：自制）　　表 5–2

时代	西安府	同州府	凤翔府	汉中府	延安府	榆林府	商州	乾州	邠州	兴安州	绥德州	鄜州	小计
上古	0	0	3	2	0	0	2	0	0	4	0	0	11
商	0	0	0	0	0	0	0	0	0	0	0	0	0
周	0	0	13	1	0	0	0	0	3	0	0	0	17
秦	0	0	0	0	0	0	0	0	1	0	1	0	2
汉	0	1	5	11	0	1	2	1	1	4	0	0	26
三国	0	0	1	0	0	0	0	0	0	0	0	0	1
晋	0	0	0	1	0	0	0	0	0	0	0	0	1
十六国	0	0	0	0	0	0	0	0	0	0	0	0	0
南北朝	0	3	0	0	0	0	1	1	0	0	0	1	6
隋	8	4	2	0	0	0	0	0	0	1	0	0	15
唐	30	14	21	9	3	0	6	6	3	5	0	5	102
五代	0	0	0	0	0	0	0	0	0	0	0	0	0
宋	5	8	4	7	8	0	0	2	2	1	1	0	38
金	0	1	4	0	2	0	0	0	1	0	0	1	9
元	4	2	2	0	0	0	0	0	0	0	0	0	8
明	15	7	2	6	0	2	1	5	0	4	1	1	44
清	24	5	0	0	0	0	0	0	0	1	0	0	30
时代不详	0	7	0	0	0	0	0	0	0	0	0	0	7
小计	86	52	57	37	13	3	12	15	11	20	3	8	11
合计	317												

清人对于地方坛庙祠宇颇为重视，若有损坏往往立即着手修缮，尤其是列入祀典的重要坛庙更是如此，如乾隆五十三年（1788）湖北荆州城内的众多庙宇因遭特大洪水冲

击而普遍坍塌损毁，毕沅奏称“所有城中古庙甚多，凡可稍缓者，自应概从缓办，惟载入祀典必不可迟者，不得不择紧兴修。”[232]

二、清代坛庙保护的相关制度

1. 祭祀制度

祭祀是与坛庙有关的最主要事务，尽管其直接目的并非为了保护古迹，但规范而稳定的祭祀活动需要保证坛庙的日常洒扫和维护，客观上发挥了保护坛庙的作用。

对于京城附近的重要坛庙，《大清律例》规定：“凡天地社稷大祀及庙享，所司（太常寺将祭，则先致斋；将斋，则先誓戒；将戒，则先告示。）不将祭祀日期豫先告示诸衙门（知会）者，笞五十。因（不告示）而失误行事者，杖一百。其已承告示而失误者，罪坐失误之人（亦杖一百）。”[183]273

对于各地方的坛庙，《大清律例》规定：“凡（各府州县）社稷、山川、风云、雷雨等神及（境内先代）圣帝、明王、忠臣、烈士，载在祀典应合致祭神祇，所在有司置立牌面，开写神号、祭祀日期，于洁净处常川悬挂，依时致祭，至期失误祭祀者（所司官吏），杖一百，其不当奉祀之神（非祀典所载）而致祭者，杖八十。”[183]275-276

皇帝外出巡行时需致祭附近的坛庙祠宇，礼部“豫将銮辂所至及经过地方岳镇海渎奏请秩祀，其余名山大川暨古帝王陵庙、名臣先儒祠墓，去御道三十里以内者，奏交该督抚查明，并核计去御道若干里，造册送部定议，奏请致祭。”[303]95

坛庙祭祀所需的煤炭和柴薪由值年司办理。“每年各陵寝、坛庙祭祀应用炭饼由部预给银两，交值年司员届期备办，供应一年，期满汇总报销，其城内外各寺宇岁需炭饼尽数裁减。……每年坛庙各祭祀应用柴炭照依太常寺咨取数目，随时派员备办，皇上升殿应用炭斤值年司员承办。”[301]卷七十八

2. 巡查守护制度

乾隆《钦定礼部则例》中规定：“古圣、先贤、名臣、忠烈，凡有祠庙墓地，并令有司官巡视防护，岁终以防护无误造册报工部，如有损坏即行修理。”[303]94

京城的各类坛庙分别设置数额不等的坛户和庙户进行日常守护，由顺天府饬各州、县拣选农民交太常寺任用，每年更换。“顺治初年，定各坛庙坛户、庙户、库夫、所夫，均由太常寺咨府饬各州县佥送农民充役，一年更代，每名月给工食银五钱三分，各于该州县支给，惟先农坛坛户工食由太常寺支给。”[179]卷一百五十五《顺天府》

3. 保养维护制度

坛庙的日常保养受到高度重视，清朝规定坛庙房屋室内需定期打扫灰尘❶，屋面则需定期拔草、拘抿❷、添补瓦片等。嘉庆三年本《钦定工部则例》中规定："坛庙房屋及禁城、围墙等处拔草、拘抿、添补瓦片各工，令各该处先期查明应补处所，分晰造报，由部派员估修。倘插补拘抿后瓦片仍有破坏，着落承办之员赔修。"[301]卷八十七坛庙如有损坏必须及时上报，以防微杜渐。乾隆《大清会典》规定："至各坛庙遇有应修，所司不即具报以致损失木、石等物者，题参议处。"[182]卷七十一《工部·营缮清吏司》"坛庙"条

此外，乾隆《大清会典》规定："凡禁令：各坛庙十有五步之内禁止开渠、栽种，如有附近瘗埋，令该城御史察勘督迁，其无力者报部，酌给以银。"[182]卷七十一《工部·营缮清吏司》"坛庙"条禁止在坛庙附近开渠、栽树、葬埋，这些预防性保护措施尽管是出于保证坛庙的庄严性，但无疑为坛庙的保护提供了良好的环境氛围。

❶嘉庆三年本《钦定工部则例》规定"擦抹掸尘止须支搭高凳，酌给壮夫，其高凳由部成做，交各坛、庙加谨收贮，三年后有应须修理之处，方准报明修补。其需用鸡翎、掸帚、白布等项，太庙各及帝王庙、文庙每年俱准其开销一次，都城隍庙、显祐宫、火神庙、关帝庙、先医庙、昭忠祠、贤良祠、双忠祠、旌勇祠俱二年准其开销一次。其应行糊饰各工前期由部委员详勘，本系完好，即毋庸修补，如有破碎，即时估计工料，粘补完好，每次核实开销，不必限以成数。"[301]卷八十七

❷此处的"拘抿"指用桐油、石灰等制作成的黏合剂涂抹于瓦片间隙内，加强屋面防渗漏能力。

4. 修缮制度

清代对于京师坛庙的修缮，由工部会同太常寺估修，重大工程上报后由皇帝指派大臣主持，经费一般由户部银库支出。乾隆《大清会典》规定："凡修葺坛庙工程，由部会太常寺估修，循例奏销，至每届祭期，先时整饰及岁修祭器各工均由太常寺官经理，计一岁所需，豫请由户部支给，年终奏销。如有工巨费繁者，绘图上请选官任事，钦命大臣督率，动支户部库帑，工竣奏销，在工官议叙有差。"[182]卷七十一《工部·营缮清吏司》"坛庙"条

对于各地坛庙祠宇，由各省总督、巡抚饬令境内各州、县长官调查清楚应修对象，上报工部批准后动用公项经费兴修，荐绅及生监等人自愿修缮文庙、学宫也被允许且会受到奖励。乾隆《大清会典》规定："凡直省坛庙，各督、抚饬守土官，察其境内之应修者，计费申报，咨部动项葺治，工竣请销。其祭器未备以及岁久残阙者，亦饬有司按数修造，以供祀事。文庙、学宫均动帑修葺，如有荐绅、生监等愿修者听，仍列名以闻，交部议叙。"[182]卷七十一《工部·营缮清吏司》"坛庙"条又规定："岳、镇、海、渎神庙及先圣、先贤、名臣、忠烈祠宇，有倾圮应修者，地方有司动本省公项葺治，报部核销。"[182]卷七十一《工部·营缮清吏司》"坛庙"条

至嘉庆年间，又鼓励各地动用闲款来修缮坛庙祠宇。"嘉庆五年钦奉上谕：向来各省地方建立祠庙载在祀典者，俱随时修葺，上年已令各直省地方官于岳镇、海渎庙宇倾颓者奏明修整。各府州县自当实力奉行，况各省俱有存贮闲款，与其为无益之费，莫若

用以修葺神祠用昭妥侑，如先农坛、文庙、关帝庙、城隍庙及此外列入祀典各坛庙可以为民祈福者，或有日久倾圮之处，即着于闲款内奏明，动用修葺，以副朕敬神庇民至意。钦此。”[302]43–44

坛庙维修拆卸下的物料，如完好则留为日后之用，如糟朽则变价折银。嘉庆三年本《钦定工部则例》中规定：“各坛庙零星工程所有换下旧料，责令查估之员据实抵用，其存剩料件即行开单，交料估所呈堂覆勘，照例估变。如果糟朽，不堪应用，派员查勘后即秤明斤重，作为烧柴变价，按四季将银两交节慎库，入于新收项下，各司等处有似此应交木植，俱照此办理。”[301]卷八十七

5．惩罚制度

《大清律例》规定：“凡大祀邱坛而毁损者（不论故误），杖一百，流二千里。壝门减二等（杖九十，徒二年半）。若弃毁大祀神御（兼太庙）之物者，杖一百，徒三年（虽轻必坐）。遗失及误毁者，各减三等（杖七十，徒一年半，如价值重者以毁弃官物科）。”[183]275这无形中强化了人们对于重要坛庙的尊崇敬畏之心，间接地提升了坛庙的保护力度。

三、毕沅对华阴西岳庙的整修❶

西岳庙亦称华岳庙，是专祀西岳华山的庙宇，位于陕西省渭南市华阴县岳镇东（地理坐标110.108°E，34.578°N），它北枕渭河，东望潼关及黄河，西依华阴县城，与南侧之华山五峰及山下玉泉院遥相呼应（图5–1），气势磅礴。作为五岳祭祀体系中的重要庙宇，西岳庙自西汉创建以来始终备受礼敬，中央政府时常遣官致祭，目前有据可考者多达94次❷，尤以明清两代的祭祀记录保存较多。此外，历代对西岳庙时有维护及修缮之举，以明清两代较为频繁，明代曾于成化十五年（1479）、嘉靖十九年（1540）、嘉靖三十六年（1557）、嘉靖四十一年（1562）、万历二十九年（1601）五次修缮西岳庙，清代曾于康熙四十二年（1703）、乾隆七年（1742）、乾隆四十二年（1777）、道光九年（1829）、同治六年（1867）、光绪四年（1878）六次修缮西岳庙。遗憾的是，西岳庙在“陕甘回变”中五凤楼、灏灵殿、万寿阁等主要建筑皆惨遭焚毁[281]634，后虽经修复，但在民国时期又陆续遭到各种破坏，1949年后仍存留的古建

❶本节内容参考拙作《清乾隆四十二年至四十六年西岳庙修缮工程研究》[168]，部分内容有修正。

❷该数据根据《西岳庙碑石》[280]一书所载西岳庙历代祭祀碑文数量统计后获得，其中汉代1次、北魏1次、隋代1次、唐代5次、宋代4次、金代1次、元代2次、明代48次、清代31次。

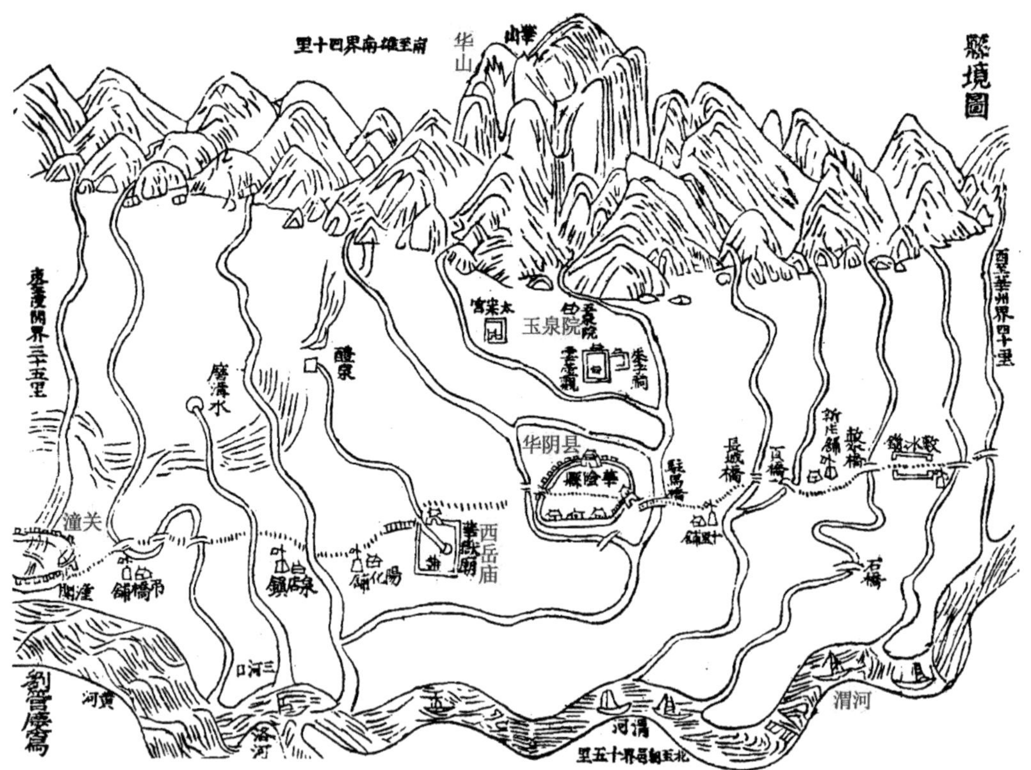

图 5–1　西岳庙、华阴县城、玉泉院和华山之间的位置关系示意图（图中方位为上南下北）（来源：乾隆《华阴县志》卷首《县境图》，标注为笔者所加）

筑仅有琉璃影壁、棂星门、金城门、灏灵殿、岳游坊、冥王殿、西马厩、乾隆御碑亭、康熙御碑亭和“天威咫尺”“少皞之都”“蓐收之府”三座石牌楼[282]4，然多破败不堪。1988年西岳庙被列入第三批全国重点文物保护单位，1998—2002年陕西省政府拨款2100万元，参考清代的空间格局和建筑面貌，对西岳庙内各损毁建筑进行了恢复重建[282]6（图5–2、图5–3❶）

在明清时期的11次西岳庙修缮工程中，规模最大者为乾隆四十二年（1777）至四十六年（1781）由陕西巡抚毕沅主持的翻修增建工程，它奠定了西岳庙今日的建筑格局，可谓影响深远，所费银两也属历次修缮之最。关于本次工程的研究，目前学界仅《西岳庙》[282]一书及《明清西岳庙修缮记略》[283]一文中有所涉及，这些文献主要运用翔实的考古资料进行考证，但因清代、民国曾多次修缮改建，考古遗存多有叠压，使得不少论述出现混淆，很多细节也未能完全理清。以下借助清代的各类档案材料进行重新阐述，以揭示该修缮工程的动因、始末、理念、措施、经费等诸多问题。

❶本章内所有鸟瞰视角的照片均为笔者借助无人机航拍获得，以下不逐一注明。

图 5-2　西岳庙现状总平面图（来源：笔者制作）

1. 修缮工程背景

本次西岳庙修缮受到诸多因素的影响，其中关联性较高的两个重要事件是华山祈雨成功和金川战役胜利。

乾隆四十年（1775）九月，陕西渭南地区大旱，陕西巡抚毕沅在华山金天宫祷雨，大雨连降三日[284]，乾隆皇帝闻之大喜，御书“岳莲灵澍”四字，并亲作喜雨诗。此次祈雨成功，被乾隆皇帝认定是天赐祥瑞，于是给予十分隆重的回应。这增加了华山在乾隆心目中的灵验程度，也为不久后修缮西岳庙埋下伏笔。

乾隆四十一年（1776）春，历经数年之久的大小金川战役最终以清军获胜而结束。当年五月，乾隆与皇太后移驾热河行宫（即承德避暑山庄），毕沅于七月上旬在热河行宫觐见乾隆，当面陈述修缮西岳庙的想法并顺利获批[256]。金川战役的结束使每年沉重的军费负担瞬间缓解，清政府有了充裕财力去修建庙宇；另外，清朝凡遇大军凯旋，除祭祀天地和宗庙外，还需祭告岳、镇、海、渎，感谢它们保佑军队获胜。大小金川位于清朝版图的西部，修缮祭祀西岳华山的庙宇，颇有得志后“还

图 5–3　自东北向西南俯瞰西岳庙（来源：笔者摄）

愿”敬谢河山护佑的意味。毕沅也认为“华岳作镇金方，自西域及金川平定以来，风雨调匀，屡昭灵应。兹荷怀柔盛典，庙貌聿新，从此地方臣庶均得仰赖神庥，藉获降康之报。”[286]208

当时的西岳庙“年久失修，前后殿宇墙垣多有朽渗倾圮之处”[256]。乾隆对修缮西岳庙极为重视，曾当面交代毕沅要亲自督办，还专门嘱咐他此事要秘密办理❶，这种皇帝密谕修庙的情况在清代并不多见。但从此后的事件发展来看，该工程在动工后不久又逐步转为公开化。

毕沅自热河行宫返回西安后，立即着手办理西岳庙修缮事宜，由于乾隆皇帝要求秘密办理，故未经工部勘估而直接由毕沅勘估后自行委任地方官员开展工作。毕沅“招雇匠役，购办物料”[256]，经过一个冬季的准备，于乾隆四十二年（1777年）二月正式动工，具体修缮事务由时任潼关厅同知、候补华阴令的陆维垣负责，作为总负责人的毕沅则定期前往现场查看工程情况。本次工程除修缮位于华山北侧的西岳庙外，还一并修缮了位于华山山口的玉泉院和华山南峰的金天宫。

2. 修缮工程始末

乾隆四十一年（1776）七月上旬，毕沅谒见乾隆皇帝时奏请修缮西岳庙并获批准。修缮工程于乾隆四十二年（1777）

❶乾隆皇帝谕令毕沅：“不必报部，只将如何办理情形，缮折随时密奏。”[256]

二月动工，毕沅于当年五月初六前往华阴视察西岳庙工程，将具体修缮措施及估算银两数造册上报乾隆皇帝。同年九月二十三日，毕沅向乾隆皇帝上奏关于西岳庙修缮的具体实施方案，并估算费用为12.7万余两，乾隆于次月令内务府发银12万两，由毕沅于陕省司库内借出后先行办理。西岳庙修缮工程的实施可分为两个阶段，第一阶段是修缮中轴线上的重要建筑及附属房屋，包括灏灵门、五凤楼、棂星门、金城门、灏灵正殿及司房、寝宫及配殿、琉璃照壁、石栅栏、牌楼、钟鼓楼、界墙、廊房等[285]，该工程于乾隆四十四年（1779）正月完工，期间在乾隆四十三年（1778）底发现原估经费不足，陕甘两省官员又陆续捐资6万两以供后续工程使用[285],[287]；第二阶段是将中轴线最北端的万寿阁拆卸重修，将万寿阁南侧的亭池楼馆及仙佛丛祠一并修缮，将西岳庙四周的夯土堡城包砌砖墙，又将庙内望仙桥、筒子河、甬路修整，将各建筑的油饰重刷、彩画新绘，该工程于乾隆四十六年（1781）三月完工[287]。此外，华山玉泉院工程于乾隆四十二年（1777）兴工，毕沅命陆维垣修筑围墙环绕整个玉泉院，并在院内新建亭榭[292]117；还将希夷祠[292]119移至东南侧，改为坐南向北；在二臣塔南侧新建望河亭[292]121；上述工程于乾隆四十四年（1779）十一月竣工。金天宫工程则于乾隆四十三年（1778）兴工，除修缮金天宫外还在华山南天门新建文昌阁[292]167，该工程于乾隆四十五年（1780）全部竣工。乾隆四十四年（1779）三月，毕沅向乾隆皇帝申请为西岳庙颁发御制碑文和灏灵殿联额，旋即获颁御制《重修西岳华山庙碑记》和御书“作庙自西京升歆在昔，侑神比东岳鼎构维新”[258]431楹联。乾隆四十六年（1781）二月，陆维垣造册具报陕西巡抚西岳庙竣工之事，次月毕沅与陕甘总督勒尔谨前往勘查验收并上报[287]，至此工程顺利结束。毕沅作《华岳庙落成诗以纪事》[147]713和《奉敕重修华岳庙成诗以落之》[147]1036两诗以记述，并于当年七月向乾隆皇帝进献墨色《华岳庙全图》[290]，但未使乾隆满意，复于次年三月进献了彩色《华岳庙全图》[291]。乾隆五十年（1785）二月，毕沅向乾隆皇帝奏呈32卷的《华岳图志》[295]，该书内含13门部，应该对本次修缮工程有更详细的记录，可惜书已亡佚。西岳庙修缮工程自乾隆四十二年（1777）二月动工至乾隆四十六年（1781）三月竣工，历时达四年之久。

3．修缮理念及具体举措

毕沅于乾隆四十六年（1781）三月上奏称西岳庙工程“本拟就旧有规模添补修葺，及至施工拆卸，因年岁久远，木植尽皆朽腐，墙垣俱系土坯，其山门、正殿、廊房诸处，旧时尺度未符，体制不称，只得全行改作，加广增高，所需木、石、砖、瓦，均系更易新料加工制备，各项匠役并从京城及江浙地方雇觅好手，令其遵照内廷工程作法，间有不如款式之处，臣必尽心指示，务期妥善而后已。”[287]通过对该奏折及毕沅其他奏折的综合分析可知：本次修缮的基本理念是按照宫廷工程做法全面改造修缮，以求雄伟壮观且坚固耐久。修缮将庙内建筑屋顶仿泰山东岳庙之制全部改为黄色琉璃瓦[288]，部分建筑的面阔和高度进行了增加，因原有建筑“一经拆卸，旧时物料俱已黪烂破坏，全无适用，所有木植砖瓦等项，俱系重新购备”[289]590，故修缮所用木、石、砖、瓦等皆为新料。修缮目标是使西岳庙“巍焕崇宏，实足壮观瞻而垂久远。”[287]

本次西岳庙修缮工程共涉及33类对象60处建筑（图5–4），其中新建者7类15处（木牌楼、石栅栏、钟鼓楼、御书楼、御制碑亭、岳游坊、万寿阁后石牌楼），原样移建者1类2处（康熙御碑亭），扩建者5类6处（五凤楼、棂星门、金城门、灏灵殿、东西司房），拆卸改建者6类10处（灏灵门、寝宫、穿堂、寝宫两侧配殿、仙佛丛祠、角楼），原样修葺者14类27处（琉璃照壁、遥参亭、神祠、省牲所、涤器所、更衣所、古碑亭、东西道院、吕祖堂、万寿阁及陪楼、望华亭、楼馆、望仙桥、宫城前后界墙）。此外，庙内建筑整体

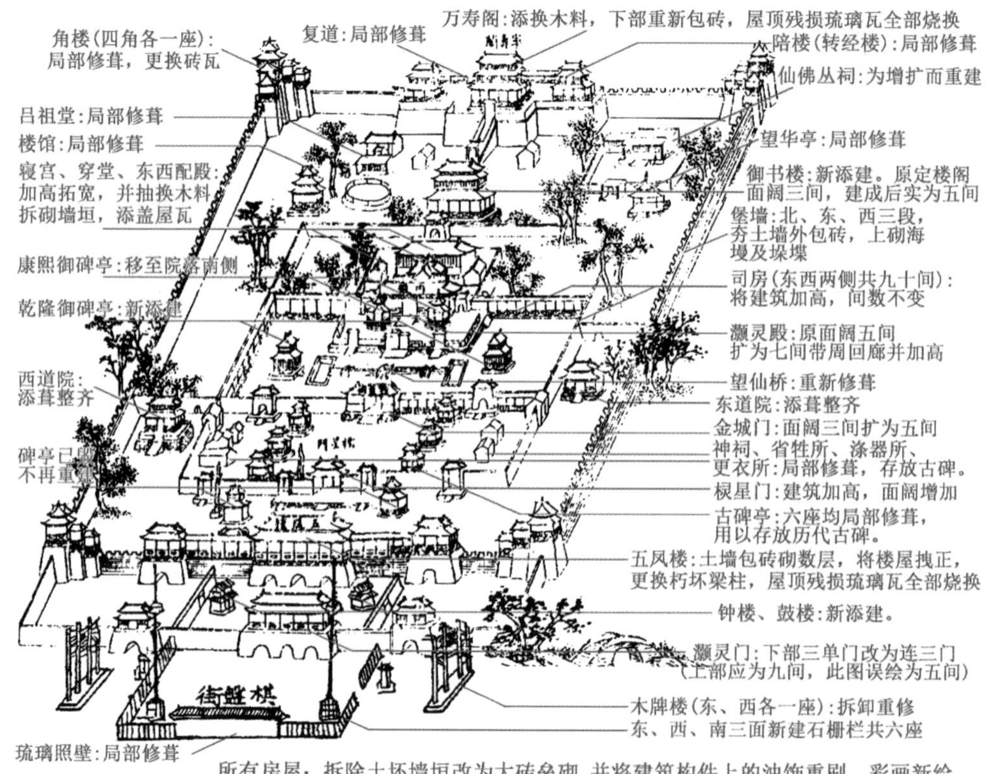

图5–4 西岳庙修缮工程中各建筑所采取的修缮措施（来源：底图五凤楼以上的图像引自《关中胜迹图志》❶，五凤楼以下局部图像引自乾隆《华阴县志》，图中标注文字为笔者所加）

❶《关中胜迹图志》中收录的西岳庙图，显示在棂星门南侧院落东西各有一座重檐歇山顶碑亭，而在乾隆四十六年（1781）《同州府志》和乾隆五十三年（1788）《华阴县志》中收录的西岳庙图中均无此两座碑亭，之后的岳庙图中也无此两座碑亭。笔者认为，这两座碑亭很可能在毕沅修缮西岳庙前已损坏严重或完全坍塌，毕沅在修缮西岳庙时并未对其进行重建，而《关中胜迹图志》中由于引用部分前人所绘图纸信息，因此出现这两座本来没有的碑亭。

性改造措施3项，包括建筑土墙改砖、重施彩画及油饰、夯土堡墙包砖并安设垛堞。以下分别论述：

新建建筑15处。灏灵门外东、西两侧新建木牌楼（图5–5）共2座，亦称下马牌[293]98，今仅余石础；新建6座石栅栏将照壁与灏灵门围合成院落（图5–16）；在五凤楼南侧院落东西两侧新建钟楼（图5–5牌楼右侧屋檐下方）、鼓楼各1座，均为方形平面，四角各设一柱，屋顶为单檐歇山式，今两楼皆已毁；在万寿阁南侧新建御书楼（图5–6）1座，为面阔3间、进深2间、带周回廊的3层重檐歇山顶楼阁建筑，楼内安放“岳莲灵澍”卧碑[296]77–79（图5–7），御书楼后遭焚毁，近年来重建；在灏灵殿前院落内新建碑亭2座，为面阔及进深各3间的2层重檐歇山顶建筑，其西侧碑亭安置乾隆上谕碑[296]80–81（图5–8），东侧碑亭安置乾隆御制《重修西岳华山庙碑记》碑，碑今已毁；在万寿阁北平台上新建岳游坊❶1座，为面阔3间、进深3间的单檐歇山顶建筑，将原置于万寿阁内的明太祖朱元璋撰《梦游西岳文》移入其中[293]99，今该建筑为同治六年（1867）时所重建；在岳游坊与万寿阁

图 5–5　灏灵门外东侧木牌楼❷（来源：谢阁兰（Victor Segalen）《谢阁兰的中国考古摄影集》AP23/ESTNUM–M714）

图 5–6　1908 年时的御书楼（来源：鲍希曼（Ernst Boerschmann）《中国的建筑和景观》（*Baukunst und Landschaft in China*）第 94 页）

图 5–7　御书楼一层正中的“岳莲灵澍”卧碑（来源：笔者摄）

❶乾隆《华阴县志》记载：“乾隆四十四年，知县陆维垣于阁后平台增建岳游坊三楹，移明帝《梦游西岳文》于其中。”[293]99光绪六年（1880）黄家鼎在《西征日记》中也称其为“岳游坊”[294]76。但稍晚的不少文献将其名颠倒而误作“游岳坊”，遂以讹传讹。另外，部分文献中常把“万寿阁”“望河楼”“岳游坊”等名称相混淆，误将万寿阁北石牌楼称为“岳游坊”，而将其北的三开间建筑称为“望河楼”。事实上，石牌楼北侧的单层建筑不应被称为“楼”，而在三层的万寿阁上却能北望渭河、东望黄河，因此望河楼实为万寿阁之别称。

❷由法国学者谢阁兰拍摄于1914年2月13日至14日之间，拍摄位置大致在月城外东南角，照片右侧为堡墙和钟楼屋顶，照片中部偏下为庙前的石栅栏。由于西岳庙在同治时期遭回民乱军破坏，照片中的这座木牌楼很可能是同治六年（1867）修缮工程中仿照乾隆四十二年（1777）修缮工程中所修木牌楼的形式原样复建的，但也有可能是乾隆四十二年修缮工程中所建的原物。

之间新建石牌楼1座[1]（图5-9），今仅存遗址。

原样移建建筑2处。原在灏灵殿南面月台上东西两侧的2座攒尖顶康熙御碑亭被移至月台下乾隆御碑亭南侧。

扩建建筑6处。五凤楼（图5-10）台基宽度进行扩大，重新包砖，楼面阔由5间扩为7间，楼体纠偏，更换楼内朽坏的木梁、柱；棂星门（图5-11）加高拓宽；金城门（图5-12、图5-13）由面阔3间扩为5间；灏灵殿（图5-14、图5-15）由面阔5间扩为面阔7间带周回

[1]《西岳庙》一书认为"'天威咫尺''蓐收之府''少皞之都'牌楼造型风格、石质和须弥座及石柱上的纹饰内容、雕刻手法看，与游岳坊相同，如出一匠之手。基上述分析以为，这三座石牌楼当是乾隆四十二年的修庙工程中增建的。"[282]417段晓明从这三座石牌楼的雕刻装饰及图像分析，却认为它们"极有可能为明末所建"[298]41。笔者认为，这三座石牌楼有很大可能为乾隆四十二年（1777）的修庙工程中所建，但不排除其年代早至清初，万寿阁后石牌楼是模仿其而建造的。为谨慎起见，本书中不将这三座石牌楼纳入本次新建建筑之列。

图5-8　1914年时的乾隆上谕碑碑亭（来源：菲德克·克拉普（Frederick G. Clapp）拍摄，胶片藏于美国威斯康星大学密尔沃基分校图书馆）

图5-9　1914年时的万寿阁、岳游坊和顶部已坍塌的石牌楼（来源：菲德克·克拉普（Frederick G. Clapp）拍摄，胶片藏于美国威斯康星大学密尔沃基分校图书馆）

图5-10　五凤楼现状（来源：笔者摄）

廊，并增加了建筑高度；灏灵殿南侧的东、西司房各45间，间数不变，建筑高度增加。

拆卸改建建筑10处。灏灵门完全拆卸后重建，下部门洞样式由三座单门改为连三门，上部门楼的面阔扩建为9间（图5-16）；寝宫（图5-17）、穿堂及寝宫两侧配殿，为配合灏灵殿的扩建而整体北移重建，并均进行了加高拓宽；仙佛丛祠为扩大规模而完全重建；堡墙四角的单座重檐歇山式角楼共4座全部拆卸，改建为类似北京故宫角楼的三出三级式5座楼高低组合的形式（图5-18），主楼形式改为单檐十字歇山顶。

原样修葺建筑27处。对琉璃照壁进行了修葺，更换了部分脱落的砖块[282]396；对庙门外的遥参亭进行了修葺，并将台基重新包砖[282]386；对棂星门北侧院落内的神祠、省

图 5-11 棂星门现状（来源：笔者摄）

图 5-12 1914 年❶时的"天威咫尺"石牌楼和碑亭❷（来源：谢阁兰（Victor Segalen）《谢阁兰的中国考古摄影集》AP22/ESTNUM-M711）

图 5-13 金城门现状（来源：笔者摄）

❶由法国学者谢阁兰（Victor Segalen）拍摄于1914年2月。

❷该照片中部"天威咫尺"石牌楼之后为金城门。另外，照片左右区域隐约可见4座重檐歇山顶碑亭，样式与乾隆上谕碑碑亭样式非常接近（图5-8），实际这4座碑亭南侧还有2座碑亭未被拍入照片中。目前这6座碑亭皆已毁，但部分碑亭内的碑刻尚立于原处。

图 5-14　1907 年[1]时的灏灵殿（来源：沙畹（Edouard Chavannes）《北中国考古图录》（*Mission archéologique dans la Chine septentrionale*）NO.1004）

图 5-15　灏灵殿前檐东侧斗科[2]（来源：常盘大定、关野贞《支那文化史迹》IX-2（2））

图 5-16　灏灵门、琉璃照壁及石栅栏现状（来源：笔者摄）

图 5-17　灏灵殿北侧寝宫现状[3]（来源：笔者摄）

图 5-18　1914 年时的西岳庙西北角楼及堡墙（来源：菲德克·克拉普（Frederick G. Clapp）拍摄，胶片藏于美国威斯康星大学密尔沃基分校图书馆）

---

❶由法国学者沙畹（Edouard Chavannes）拍摄于1907年8月27日。

❷由日本学者关野贞拍摄于日本大正七年（1918）10月。

❸原殿已毁，1998—2002年修缮时将华阴县文庙大成殿迁建至此，该照片反映的是迁建后的寝宫面貌。

牲所、涤器所、更衣所进行了局部修葺；修缮了棂星门北侧院落内的6座碑亭，不久后用以安置毕沅收集来的各类古代碑石，故亦称“古碑亭”；修葺朽坏坍塌的西道院和东道院两处建筑群；修葺吕祖堂；将万寿阁（图5-19、图5-20）屋顶全部拆卸，更换木料铺砌新瓦，阁下部重新包砖；修葺万寿阁两侧的复道，以及与复道连接的陪楼（亦称配殿、转经楼）；修葺万寿阁南侧望华亭[1]1座、楼馆1座；修砌灏灵殿前的望仙桥（今称金水桥）3座；修砌宫城前后界墙共2道。

此外，本次修缮中还有进行整体性改造的三项措施：第一，庙内所有建筑的夯土墙体拆毁，全部改为大砖垒砌；第二，各建筑构件上的油饰进行重刷，彩画进行新绘，目前金城门和乾隆上谕碑碑亭内所保存的彩画（图5-21、图5-22）很可能就是这次维修时所留下的原物[2]；第三，庙外围的夯土堡墙总长435丈，全部进行包砖，在顶面铺海墁，墙

图5-19　1901年时的万寿阁[3]（来源：弗朗西斯·亨利·尼科尔斯（Francis Henry Nichols）《穿越神秘的陕西》（*Through Hidden Shensi*）第九章附图）

图5-20　1932年时的万寿阁和东北角楼（来源：亚细亚写真大观社编《亚细亚大观》九辑四回）

图5-21　金城门西南角内檐彩画（来源：笔者摄）

图5-22　乾隆上谕碑碑亭内部彩画局部（来源：笔者摄）

❶从庙内所存《敕建西岳庙图》来看，该亭位于“少皞之都”石牌楼东侧数百米靠近堡墙的位置，今已毁。

❷这些彩画具体绘制时间不详。由于上谕碑亭为本次修缮工程中所新建，因此彩画的上限不早于乾隆四十二年（1777），从彩画的构图样式与设色风格来看，又与清代晚期彩画存在差异，因此笔者认为西岳庙内的这些彩画

❸均为乾隆时期修缮后所重新绘制。

由弗朗西斯·亨利·尼科尔斯（Francis Henry Nichols）于1901年11月从当地摄影师手中购买。

图 5-23　包砌青砖的西岳庙堡城墙体和登城马道（来源：笔者摄）

外侧砌筑女儿墙和垛口，内侧砌筑宇墙（图5-23）。值得一提的是，改造后的西岳庙城墙样式与不久后仍由毕沅主持修建的西安城墙的样式极为相似。

除了对建筑物的修缮和改造外，毕沅还特别留意西岳庙内金石碑刻的保护。西岳庙内历代祭祀碑、记事碑、诗刻碑、题名碑、石经幢数量甚多，但在乾隆朝之前多散布于西岳庙内及周边，并无专门保护；另外，明嘉靖关中大地震后，曾在其后修庙时将许多汉唐碑石作为建筑材料砌筑在了庙内建筑的墙内，造成金石文物的破坏。在毕沅主持的这次修缮中，于乾隆四十三年（1778）至次年拆卸五凤楼的楼座墙体时发现许多珍贵碑刻[205]81,[297]卷一百三十九，知名者如汉武都太守题名残石。毕沅将这些碑石取出收集起来，又在庙内及周边多方搜罗，共得各类碑刻200余种，他派人对其逐一摹拓，并将这些碑刻部分移置于金城门南侧院落内的六座碑亭和东西廊房内（图5-24），部分移置于金城门北侧新建的两座御碑亭中及院落内[293]98，部分砌筑于建筑墙壁内❶，进行集中管理和

❶乾隆《华阴县志》记载："岳祠碑碣碎于明地震之变，当事者斫为砌石，其厄甚矣。嗜古之士往往摩挲斧余，录记数字，载之简编。乾隆四十四年，毕中丞公修理庙宇，拆取摹拓，一石一字，收入《关中金石记》，复檄将残石聚嵌庑壁，以垂永久。"[293]471道光《华岳志》记载："古碑亭二，在金城门东西，乾隆间巡抚毕沅建，置汉唐以来碑衔残碣断石于壁，大小二百余枚。"[292]206又记载"碑亭七，门内五，门外二"[292]207桑原骘藏《考史游记》[269]23-24记载棂星门北侧院落内有北周"西岳华山神庙之碑"、唐"述圣碑"、清康熙御笔碑等，金城门北侧院落中也有大量古碑。值得注意的是，《华岳志》所记用于存放古碑的亭仅有2座，皆在金城门北，但以桑原骘藏亲眼所见，金城门北侧院落和南侧院落内都存有古碑。笔者认为，金城门北2座碑亭的内部空间无法全部存放200余块碑刻，这些碑刻应当分散保存于金城门南北院落中以及8座碑亭内。另外，据当时人李汝榛的记载[281]544-545可知，应该还有不少小型碑刻被砌筑在附近廊庑的墙壁内，这种做法也与古人保存碑刻的习惯相符。

保护[1]。正因为毕沅的这一举措，使这些碑刻逃过了清末民国时期文物流失损毁的种种劫难，也使西岳庙在后世获得“小碑林”之美誉[2]。此外，乾隆时的西岳庙内千年以上树龄的古柏尚有百余株之多（图5-6），其中不乏秦汉时期甚至更早的柏树，知名者如“青牛树”和“柏抱槐”，它们不仅反映了西岳庙悠久的历史，也是构建西岳庙完整景观面貌的重要因素。毕沅专门命陆维垣为这些古柏修建了围护设施使其免受人为破坏，乾隆《华阴县志》中记载“置石栏围之”[293]98，可见采用的应是石质围栏，而清末旧照显示，其后又改为砖砌镂空矮墙（图5-25）。

图5-24 金城门东南侧廊房内存放的北周《西岳华山神庙之碑》[3]（来源：常盘大定、关野贞《支那文化史迹》IX-3）

图5-25 西岳庙内青牛柏及明天启四年（1624）所立“青牛老树”石碑[4]（来源：桑原骘藏《考史游记》图版33）

[1] 乾隆《华阴县志》卷十六记载：“而监工者委之无知胥匠，辄将数石锤凿纷乱，莫得首尾，而文字销毁者已多，且委弃不知其几，如汉时分书碑阴及唐宋题名数残碣，皆捡于废苑荒坑之中，余可知也。然则寥寥残块，于此又一厄矣，犹幸其姓氏见录于中丞《记》中，不泯也。”[293]471可知，毕沅虽有护碑之心，但监工者将任务交给无知工匠，使碑刻又遭到再次破坏。不过，《华阴县志》中所云略有夸大之词，实际上目前西岳庙内所存碑刻仍达200余种，毕沅护碑之功实不可没。

[2]《西岳庙碑石》一书中收录西岳庙内重要碑石136通、题名197则、北魏墓志11方[280]前言，其中保存完好的碑石中时代最早者为北周《西岳华山神庙之碑》。

[3] 由日本学者关野贞拍摄于日本大正七年（1918）10月。照片上部隐约可见梁架结构，可知该建筑为廊房而非碑亭。从谢阁兰（Victor Segalen）照片上所见的碑亭（图5-12）尺寸亦与该照片不符，更印证这些碑刻保存于金城门南侧院落内的东西廊房之中，而这些廊房之前作为神祠、省牲所、涤器所和更衣所，其原有功能可能仍然保留。

[4] 由日本学者桑原骘藏拍摄于1907年9月16日。

4. 工程经费及来源

西岳庙修缮工程费用估需12万余两，于乾隆四十二年（1777）十一月由内务府划拨12万两，后因费用不敷，于乾隆四十四年（1779）由陕西、甘肃两省官员共摊捐6万两，由这些官员每年额定发放的养廉银[1]内支出（详见附表10），合计18万两，实际支出费用略少于此数。除摊捐的6万两不进行核销外，内务府划拨的12万两于乾隆四十七年（1782）三月经乾隆皇帝降旨特准全部核销。另外，西岳庙神旛、供器等购置费用估需2000两，实支2000两；华山玉泉院修缮工程估需18000两，实支18179.2两；金天宫修缮工程估需20000余两，实支18932.376两。这三项经费皆使用陕西省赏借营息银两，不进行核销。西岳庙、玉泉院、金天宫修缮工程及相关器物购置费实际总支出为21万余两（见附表11）。

[1] 乾隆时期地方官员的养廉银数额远高于其正常俸禄，实际是其最主要的收入来源。

5.《华岳庙全图》的绘制与进献

乾隆四十六年（1781）三月二十四日，毕沅奏报乾隆皇帝西岳庙修缮工程已竣工，乾隆命补绘一图，毕沅“当即遴选画手，前赴华阴，将所有工程处所详悉瞻视。自照壁起至灏灵门、五凤楼、棂星门、金天门、灏灵大殿、寝宫及御书楼、万寿阁并两旁配殿、司房、桥道、碑亭、丛祠、道院暨四面砖城，一并详细依式绘具全图。”[290]可知画工是前往西岳庙现场写生后绘图，又因该图要上报皇帝，毕沅亲自“校阅无误，谨开具间架数目，于图内粘贴黄签”[290]，至当年七月才绘制好墨色的《华岳庙全图》。结果乾隆览图后并不满意，于次年三月二十五日下谕：“《华岳庙全图》著交该抚，另觅好手，绘画着色，大幅装裱成挂屏。其庙内所有秦汉古树，俱著贴签标明进呈，钦此。”[291]344于是毕沅重新挑选专业画工绘制了彩色的《华岳庙全图》，将庙内的古树逐一绘出并贴黄签标明，装裱后进呈。

这幅彩绘《华岳庙全图》（图5-26）现藏中国第一历史档案馆，它的绘制技法与清代界画有较多相似处，构图较为严谨，设色亦颇鲜艳，采用类似平行投影法绘制，绘制者应属当时陕西的知名画工。值得注意的是，该画将西岳庙整体沿顺时针方向旋转约20°，观察视角为鸟瞰，画面场景与乾隆六年（1741）成书的《同州府志》、乾隆十二年（1747）成书的《华岳志》、乾隆四十一年（1776）成书的《关中胜迹图志》中的西岳庙图类似，画工很可能参考了这些旧图，亦不排除这些图画的取景皆是从华山附近的山峰上北望西岳庙所见。另外，该画中有意将建筑物形象放大以突出细节，并将庙内柏树贴黄签标出“秦柏”“汉柏”等字样，画左上部还以楷书题写乾隆皇帝所撰《御制重修西岳华山庙碑记》。

今日西岳庙的现状与该图所反映的空间布局及建筑面貌基本相似，但仍存在差异，如该图中御书楼东西两侧的建筑群目前并未恢复，灏灵殿与寝宫之间原有短廊相连而形成“工”字形布局，寝宫东西两侧还有配殿，万寿阁两侧陪楼及堡墙角楼的屋顶原为绿色琉

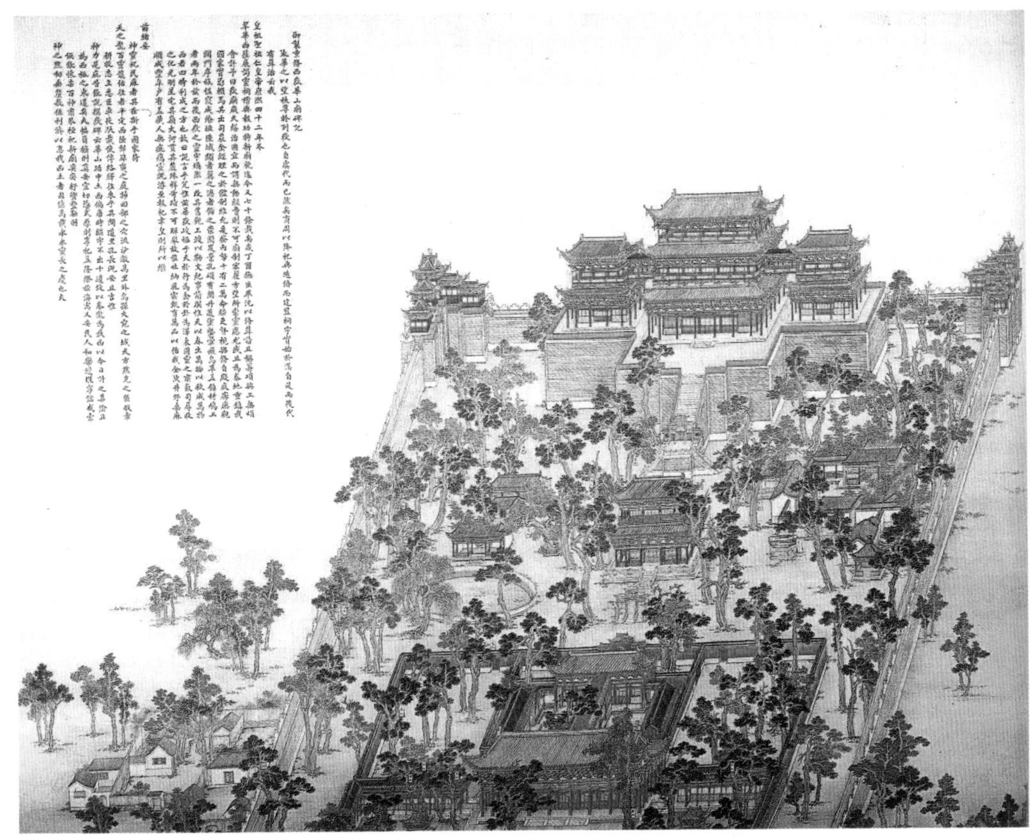

图 5-26　中国第一历史档案馆所藏《华岳庙全图》（来源：曹婉如、郑锡煌等编《中国古代地图集（清代）》图版 59）

璃瓦，许多庙内的重要柏树已消失无存。因此，这幅图的研究价值和历史意义不可忽视。

6. 毕沅整修西岳庙的历史意义及影响

毕沅所主持的西岳庙修缮工程覆盖西岳庙、玉泉院、金天宫三处建筑群，总耗资高达21万余两，全程为乾隆皇帝所关注和支持。其中西岳庙依照宫廷工程做法实施修缮，形制规格参照北京故宫和泰山东岳庙，是清代岳庙修缮工程的经典案例。毕沅整修西岳庙的历史意义和影响，可归纳为以下5点：

（1）将西岳庙进一步打造为西北地区最具皇家背景、面貌恢弘壮丽且庇佑一方百姓的灵验庙宇，充分彰显了清王朝的正统性，维护了国家祭祀体系的庄严性，起到宣扬国威、凝聚人心、安抚边疆的有利作用。

（2）本次修缮工程全过程均有专人悉心负责且保存了较详细的记录（文献记载为主，辅以碑刻及图画），各类经费的支出有严格规定，是清代工程管理制度、资料存档制度及财务报销制度的突出体现，对晚清及民国产生一定影响，并仍可为今日所借鉴。

（3）通过对庙宇围墙包砖、建筑土墙改砖墙、部分建筑原样修葺、梁柱重施彩画及油饰等措施，延长了庙内各建筑的使用寿命，提升了祭祀空间的历史延续性。

（4）有意收集西岳庙周边散落的200余种金石碑刻并进行集中保护和管理，还对庙内拥有千余年树龄的不少古树名木进行记录和保护，使得许多重要的历史文化信息得以保全并延续。

（5）依托大型古迹修缮工程，历练和考察了不少地方官员（如候补华阴令的陆维垣等），使其更加熟悉地方历史文化和相关事务，为后续修纂方志和开展其他保护工程奠定基础。

此外，西岳庙整修工程在今人看来也产生了部分负面影响。毕沅为追求巍焕崇宏的效果，在修缮中不惜大规模扩建、改建，使建筑原貌发生不可逆转的改变；又将拆卸的旧料尽数舍弃而全部改用新料，导致依附于旧有建筑的历史信息损失殆尽。然若以历史的眼光来看，这种修缮活动仍有一定积极意义，它至少保证古迹不至于衰朽而最终沦为废墟。事实上，西岳庙自民国以来便不断遭到破坏以致损毁殆尽，这正是因为缺乏毕沅那样的强盛时代以及相应的修缮行为，而时代的强盛，又何尝不是因为国家有千百座西岳庙这样的恢弘建筑来凝聚人心、威服四方呢？目前庙内各建筑几乎均为1998年起陆续仿清式新建，这种看似不合理的复建行为，却对当地文化和经济产生良性影响，华山、华阴县城、西岳庙三者相互依托呼应的关系也得到充分体现。假使公众只能看到一片废墟，那么对于西岳庙的伟大和恢弘无从了解，更难以体会在西岳庙内遥望华山的崇敬感。正因历代的修缮维护都不可避免地加入了人的情感和文化记忆，才将鲜活的文明史融入程式化的工程做法中，始终带有传承文化、激励后人的深意，而不是仅仅僵化地去保存朽木碎瓦，尽管后者是更真实的“原物”，但绝不是建筑遗产的唯一代表或全部反映。中国古人的古迹保护理念不单是聚焦于历史的延续，更强调服务于当下及未来，这依然值得今日反思。

第六章

毕沅对陕西城垣的保护及整修

毕沅在陕为官的十余年期间，陕西共有25处城垣及土堡开展过整修活动。作为尺度巨大且与民众安危密切相关的特殊古迹，清代对城垣持有复杂而矛盾的态度，并为其制定了全面而细致的管理、维护及定期整修的制度。无论是毕沅亲自主持还是其下属地方官员自行开展的整修工程，实际都受到当时观念及制度的直接影响。以下阐述清人对待城垣的态度和当时的城垣保护制度，结合乾隆时期全国性城垣修缮风潮分析陕西城垣的修缮情况，并选取毕沅整修西安城垣的典型案例进行论述。

一、清朝对待城垣的态度

城垣作为古代城市的坚固屏障，对于地方乃至整个国家的军事、政治意义颇为重大。城垣与陵寝、坛庙相比，实用功能最强且使用频率最高，其城门需每日按时启闭，城墙上常年有军队巡逻，行政机构也均设在城内，地方的安危兴衰皆与城垣密切相关。

尽管清代的不少城垣实际修筑于明代甚至更早，但清代主流思想中并未完全将其视为古迹，而是当作保障地方军事安全的防卫工事。这在清代官方层面的表述中并不少见，如乾隆皇帝于乾隆十年（1745）三月下谕称："况城垣为地方保障，正所以卫民而使之安堵，即如人所居者庐舍耳，而必环以墙垣为藩篱之计，其事甚明，其理易晓。"[300]31–32次年二月称："盖城垣为国家保障，其责专在地方官员。"[300]81又于乾隆二十八年（1763）七月称："城垣为地方保障之资，自应一律完固，以资捍卫。"[304]173乾隆四年（1739）八月咸宁、长安二县知县上报称："西安城垣为省会要区，四城门楼、敌楼等实冲衢孔道，今既坍塌过多，必须急为修理，以壮观瞻，以资捍卫。"[305]乾隆十年（1745）官员彭肇洙称："城垣为国家要务，所以捍仓库、卫民生而资防御，有仓库然后有民，有城垣然后有仓库，用民之力，还以自保其身家，谅无不踊跃从事者。"[306]可见，乾隆皇帝认为城垣当发挥藩篱之作用，地方官员有保持城垣完固以提供防卫功能的专门职责，官员们普遍认为修缮城垣可增壮观瞻，受城垣庇护的民众们也非常乐意为城垣修缮工作贡献力量。清代上至皇帝下至民众都或多或少地参与了城垣事务，并有着较积极的态度。清人对待城垣时以使用为主而以保护修缮为辅，且后者服务于前者，因此当时经常会对城垣进行必要改造（如土城包砖、增挖城濠、加高城墙等）以加强防御能力或提升观瞻效果。

当然，清代也有对于城垣的第二种态度，即把城垣归入"古迹"之列，如雍正《蓝田

❶该数据为笔者据关中丛书本《关中胜迹图志》统计获得。

❷该书编成于雍正十二年（1734），刊刻于乾隆元年（1736）。

县志》“古迹”门下便收录古城和古镇等，道光《陕西志辑要》“古迹”门下也涉及许多古城，最具代表性的是毕沅《关中胜迹图志》，将陕西各类古城镇及关隘等皆归入六府六州“古迹”门下的“郊邑”部分，共涉及长城5段，关、砦、堡108处，古城、古镇73处[1]，这些修筑于古代的城镇及关隘在当时大多已废弃，但少数依然在使用，如榆林和延安境内的归德堡、建安堡、常乐堡等沿边诸堡。部分地方志还单独为“故城”或“古城”设立门目，将仍存留遗迹或仅余文献记载的古代城镇一并收录。可见，对于清代学者们而言，修筑年代较久的城垣便可被认定为“古迹”，而与其目前是否“仍在使用”无因果关系，这与将城垣视为“防卫工事”的态度相比，更偏向于今人的看法。

上述两种对于城垣的认知态度在清代同时存在，且并非水火不容，持第二种态度的人在真正开展城垣修缮工作时，又往往转变为第一种态度。事实上，由于城垣涉及国家安危，相关事务必须由政府负责或主导，官方主流的认知态度自然成为城垣保护和修缮工作的最高指导意见。客观地来看，清朝的城垣保护更看重城垣防御能力的提升，所选对象主要为仍具有军事使用功能的城垣，对于已经丧失实用功能的城垣遗址，虽在方志中多有记录但基本从未开展过实质性保护。

二、清代城垣保护制度

清代与城垣保护及维修相关的规章制度较多，主要收录于乾隆至光绪朝多次编写的《钦定工部则例》之内，各时期的制度虽略有差异但核心精神基本一致，即由政府对城垣进行统一管理和保护，并严格按照指定的工程做法标准对城垣进行维修和施工验收。所谓的工程做法标准，主要见于雍正十二年（1734）编成[2]的《城垣做法册式》（图6-1）和乾隆八年（1743）制定的《城工事宜》中。以《城垣做法册式》为例，其中列举了城墙、炮台、门楼墩台、水关、马道等城垣各部分的建造方法，还收录各构件的尺寸、材料、所需工匠种类及人数等内容，

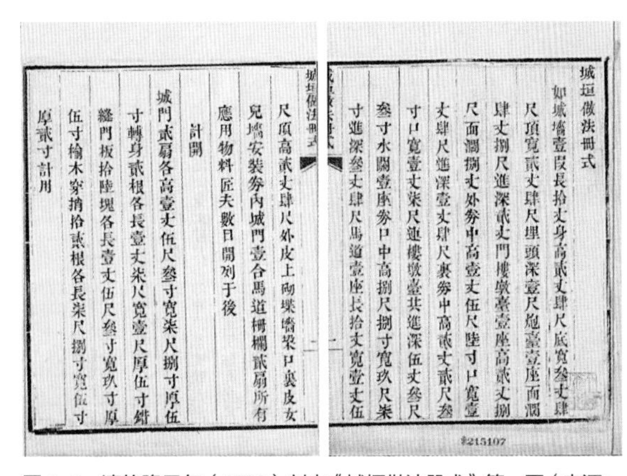
城垣做法册式
如城墻壹段長拾丈身高貳丈肆尺底寬叁丈肆
尺頂寬貳丈肆尺埋頭深壹尺炮臺壹座面濶
肆丈捌尺進深貳丈門樓墩臺壹座高貳丈捌
尺面濶捌丈外券中高壹丈伍尺陸寸口寬壹
丈肆尺進深壹丈肆尺裏券中高貳丈貳尺叁
寸口寬壹丈柒尺連樓墩臺共進深伍丈叁尺
叁寸水關壹座券口中高捌尺捌寸寬玖尺柒
寸進深叁丈肆尺馬道壹座長拾丈寬壹丈伍

城垣做法册式　一

尺頂高貳丈肆尺外皮上砌垛墻梁口裏皮女
兒墻安裝券內城門壹合馬道柵欄貳扇所有
應用物料匠夫數目開列于後
計開
城門貳扇各高壹丈伍尺叁寸寬柒尺捌寸厚伍
寸輔身貳根各長壹丈柒尺寬壹尺厚伍寸錯
縫門板拾陸塊各長壹丈伍尺叁寸寬玖寸厚
伍寸榆木穿捎拾貳根各長柒尺捌寸寬伍寸
厚貳寸計用

图6-1　清乾隆元年（1736）刻本《城垣做法册式》第一页（来源：美国加利福尼亚大学伯克利分校藏）

可谓细致入微。这使得清代的城垣保护从宏观制度层面到具体工程实施层面，都有相应的经验可循。

清代与城垣相关的规章制度覆盖了城垣的奏报、勘察、维修、验收、保固、预防性保护等方方面面，为城垣的管理、保护及修缮提供了重要依据，以下分别论述：

❶奏报时通常细分为若干类，如：随修竣、正修未竣、即将兴修、停修或续修、接续兴修、已修竣等。

❷亦有更细划分者，但不常见。

1. 岁奏制度

清代各直省主官每年需向皇帝专折奏报其管辖范围内城垣的相关信息，该项制度被正式确定始于乾隆二十八年（1763）七月，上谕："城垣为地方保障之资，自应一律完固，以资捍卫。第地方官吏往往视为具文，或任其坍塌不问，日久因循；或修葺有名无实，徒糜帑项，皆所不免。着各省督抚嗣后饬令该管道府，将所属城垣细加查勘，如稍有坍卸，即随时修补，按例保固。仍于每年岁底，将通省城垣是否完固之处，照奏报民谷数目之例，缮折汇奏一次。"[304]173 乾隆皇帝命各省督抚于年底将管辖范围内城垣的完固情况汇奏，此后各地官员每年都会对境内的城垣进行调查和奏报。

城垣岁奏的内容通常涉及城垣的数量及完固情况，有的还会涉及各处城垣在该年度的维修情况❶和报工部备案情况。乾隆三十四年（1769）五月十五日上谕："……着传谕各督抚等，将该省原估城工几处，已修、未修若干，有无改估及原拨库项动用若干、曾否报部及留存未用者若干、现贮何处并作何稽查察核，及经理督办各情形逐一查明，详晰开具清单，即行覆奏。其有不由拨帑动用该省公项者，亦着一体奏闻，钦此。"[330]783

待修城垣应通过勘察区分工程缓急程度，通常分为急工、缓工两等或急工、次工、缓工三等❷。如城垣列入急工而次年并未修理，相关官员将受到议处；如城垣本列入缓工而急于动工以致影响其他城垣的修筑，则官员亦将受到议处。嘉庆三年本《钦定工部则例》规定："城垣有应行修理者，于年终汇奏折内将急修、缓修各情节分晰声叙。如系急应修理之工，该督抚即行确估，具奏兴修，仍于次年汇奏折内将已经奏办缘由据实声明。工部于每年各省汇奏到齐之日按款核对，恭折具奏，倘有上年已入急修之工，至次年汇奏仍未估办者，即将办理迟延之督抚交部议处。"[195]卷二

此外，对于城垣的详细尺寸与保存情况也需要造册登记，作为工部和地方核查的必要依据。乾隆《大清会典》中则规定："凡直省城垣，各督抚察其所属境内之崇广深厚及倾圮与否，详核丈尺，登诸册，以时稽其修废，工省则有司于农隙缮治，工费浩繁者，州县申督抚报部疏请兴举，其有玩视、不修不报者，劾之守土官更代，必按籍稽核，有不符者，分别先后赔修。"[182]卷七十二《工部·营缮清吏司·城垣》

然而，岁奏制度自乾隆二十八年（1763）实行近40年后，到嘉庆朝初期逐步松懈，各地往往仅对需要修缮的某座城垣进行专折奏报，而很少对全省城垣情况进行汇奏，尽

管直到光绪朝[1]时清政府仍规定各地需要对境内城垣造册上报，但此制度已基本荒废。从宣统朝到民国初年，政府因受西方影响开始采用古物登记造册的制度，城垣亦在登记之列，但登记的内容实际与乾隆朝的城垣汇奏内容相差无几，两者存在明显的承袭关系。因此，清代的城垣岁奏制度可被看作是现代文物登录制度的雏形。

2．勘察及审核制度

凡待修城垣在制定修缮方案前，必须通过实地勘察了解城垣损坏情况并区别工程缓急程度。勘察后将所需工程物料，包括木、石、砖、瓦、灰、土、杂料、颜料、匠夫、运脚等项，按照国家或本地政府制定的《物料价值则例》估算各分项费用，进而估算出总费用。所有勘查情况及估算结果需造正、副两本清册上报工部营缮司审核，其中应包括：城垣的长、高、宽尺寸；城垣上相关建筑物的面阔、进深、檩高、脊高等信息；估计用匠夫人数；估计用砖、石、灰、土、木等物料费用；拆卸下的物料变估情况；不少清册内还附图并粘贴黄签以使表述更明晰。若清册内信息缺失或总费用不合常理，工部会将副册驳回或派专员重新覆勘。

工程开始后，承修官员（通常为知县）需每日上报工程进度和用过工料情况，督办官员（通常为道员或知府）定期到现场检查城垣各部分是否与原方案相符并上报总督或巡抚[2]，如有不符之处，承修官员需将增减各项做法及尺寸奏报，督办官员再次检查后上报总督或巡抚，大改动需奏报皇帝，小改动则先行报工部，在之后报销时一并声明[3]。工程实支费用若有浮冒则承修官员、督办官员同罪并平分赔款[4]。

3．维修制度

清代城垣在制定维修方案时应遵照当时所编写的《城垣做法册式》或《城工事宜》中规定的工程标准，施工时也应依循此制。特别对于外砖内土式的城垣，规定“城顶须砌海墁城砖，使雨水不能下渗，城身里面添设宇墙，安砌水沟，束水由沟顺流而下，以免漫

---

❶光绪《大清会典事例》卷八六七《工部六·城垣一·直省城垣修葺移建一》记载：“再，年岁丰歉难定，而工程之应修理者，必先有成局，然后可以随时兴举。一省之中，工程之大者，莫如城郭，而地方以何处为最要，要地又以何处为当先，应令各省督抚一一确查，分别缓急，豫为估计，造册送部。将来如有水旱，欲以工代赈者，即可按籍速为办理，于民生殊有裨益。”[246]70

❷嘉庆三年本《钦定工部则例》卷四：“承修职员将逐日做过工段、用过工料随时呈报督办之道府备案。该道府赴工稽察时，即将土牛是否坚实、砖石之高厚层数是否核与原估相符按款查对，详报督抚，以凭查办，工竣后仍令承修之员造册呈送。督办道府将先后目击情形按节次所报逐款较对，倘有开报未实，随即驳正，如果相符，加具亲勘印结，详送督抚验收题销。”[195]卷四

❸嘉庆三年本《钦定工部则例》卷四：“所修工程内有与原估不符，应须添改之处，令承修之员将丈尺应需增减各项做法查明实在情形呈报，督办道府覆加查勘，会详督抚。大则具奏，小则预行报部，统俟报销之日一并声明具题。”[195]卷四

❹嘉庆三年本《钦定工部则例》卷四：“如有浮冒，除治罪外，将浮冒银两与承修之员各半分赔。”[195]卷四

流冲刷。”[195]卷四清代在不少城垣的修筑工程中❶出现了新铺海墁、增设宇墙的现象，即与此规定有关。修筑工程按所需经费不同处理方式有别，300两以下者由地方官员限4个月内自行设法修补❷；300两至1000两左右者，经地方官员奏报上级后动用公费修筑❸。城垣维修的绝大部分事务由文职官员负责，武职官员则需在工程期间“督兵保护”[195]卷三，他们由于经常在城上巡逻而对城垣情况更熟悉，因此“如遇坍塌，一面移县，一面通报各上司，分别修理。倘徇隐不详，照承查迟延例议处。如既报之后文员不依限修竣，照修造迟延例议处。”[195]卷三

清代规定城垣必须由政府修建而不允许民间自行承修或罚修抵罪，主要是由于城垣系一方保障，修筑需严格按照既定标准，民修工程的质量往往无法保障，当然也害怕官员借机摊派扰民。不过，政府仍鼓励民间为修城捐款，“士民捐资修城十两以上者，赏给花红；三十两以上者，奖以匾额；五十两以上者，申报上司递加奖励；三四百两者，奏请给以八品顶带。统俟工部核实之日，再行遵照办理。”[195]卷六

此外，清代长期实行“以工代赈”制度，将紧要工程的营建修缮与救荒赈济相结合，收效颇为显著。由于洪灾在各类灾害中最为常见，往往会冲毁城垣和堤坝，因此在清代各类“以工代赈”事件中以城垣修筑和河工事务的出现频率最高。乾隆《大清会典》规定：“凡直省城垣……岁旱、潦，督抚酌量缓急，次第修筑，寓振济于工程。”[182]卷七十二《工部·营缮清吏司·城垣》

4．工程验收及报销制度

城垣修筑工程完成后皆需进行验收，普通工程通常由布政使或道府官员验收，重要工程则由总督或巡抚会同工部专员（通常为工部侍郎）验收。验收时“先验砖块是否坚实，灰浆是否胶粘，砌砖层数是否相符，所用灰斤是否透足，处处查验之后，再将堆贮物料核计值银若干，现存在库银两若干合计，与所领银数是否相符核实禀报。总之，非物料在工，即银两在库，二者必居其一。”[331]

验收工作需在工程竣工后一个月内完成并上报，如工程有部分不符合规范之处，应报知督抚后适当延期以进行改修。清代为提高报销效率，规定工程造册工作必须在竣工后立即开展[195]卷五，但经费需在验收及审核合格后方准报销，其流程遵循清代常见的工程报销流程（详见图2-1）。文武官员如遇升迁离任则需结清原任内负责的城垣工程事务❹。

❶如乾隆四十六年（1781）由毕沅主持的西安城垣修筑工程。

❷嘉庆三年本《钦定工部则例》卷二“各省应修城垣如些小坍损，费在三百两以内者，地方官设法粘修，不得擅行请帑，限四个月修竣。如修理迟延，以致续有坍塌，除照例参处外，并将需用工料责令赔缴，俟赔修完固后方准开复。”[195]卷二

❸嘉庆三年本《钦定工部则例》卷二“旧城设遇山水骤发，江湖涨溢，以及雨水连绵，冲卸坍损，费在三百两以上及千两上下者，地方官据实详报，由布政司亲往勘估详题，动项兴修，开工后责成道府来往查察，工竣由督抚亲自验收。如需费本在三百两以内，故意浮估，希图动项，察出严行参究，着落赔修。”[195]卷二

❹嘉庆三年本《钦定工部则例》规定“一、工程完竣后，藩司、道府各予限一个月勘验转报，该管上司确遵例限，迅速查办，不得任意悬宕，以致报销迟延；一、工程估定兴修后，如间有一二未能合式之处，应行增改不过零星段落，该司道府报明督抚，止照增改之工酌量展限，于报销案内将扣展缘由分晰声叙，不得牵扯通工，另为展限；一、道府督办城工，于工竣勘验后，未经结报之前，遇有升迁离任事故，仍令原勘官出结申送，不得移交后任，展限另勘，以致要工不能及时销结，倘有逾违，指明参处。”[195]卷四又规定“武职离任，照文职之例，将城垣完固、损坏各情形查明交代取结，详报督抚存案。”[195]卷三

5．保固及赔修制度

鉴于各地城垣屡修屡坏，乾隆三十四年（1769）七月初三日上谕：“修葺城垣经手之员非办理草率，即浮冒开销，工无实济，恃向例不过保固三年，仅为敷衍目前之计，嗣后各省新修城工总以三十年为率，如未逾年限，须修整者即照此着赔。地方官遇有城工，辄似从中取利，不可不留心查察，若漫无稽核，惟令属员弊混，不特总办之大员责有攸归，即该督抚亦难辞咎也，钦此。”[331]此后城垣大修工程的保固期限由3年改为30年，对工程质量的要求明显提高。该期限间内如城垣出现问题承修官员需要赔修并被追责❶，现任官员如维护不善也需共同承担责任❷。此外，部分城垣修筑工程要求承修官员将衔名刻碑并砌筑在城墙内，以供后期查核追责❸。

6．预防性保护制度

城垣的损坏往往是日积月累而造成，清代将若干预防性保护措施列为制度以保证城垣状况良好。嘉庆三年本《钦定工部则例》规定：“各省城垣无论新旧工程，责令现任各州县按季会同武弁亲勘。凡有些微孔隙，即用灰土灌填，每遇夏秋雨后，即督率佐杂、外委分段察视，勤加葺护，仍按季报明各上司查核。”[195]卷三此外，为防止闲杂人等登城践踏而在城垣登城处设置栅栏，并对城垣定期进行打扫和保护❹。若城垣局部坍塌残损，残缺之处规定不得任由居民逾越以致城垣破坏加剧❺。乾隆《大清会典》中规定：“各省城垣，令督抚率属加意防护，毋纵民登陟，有残阙处急修整严，禁逾越，以防奸

❶嘉庆三年本《钦定工部则例》卷五：“保固限内城工如地脚矬陷，整段坍塌，现任地方官详报督抚，委员确勘，一面酌拨闲款赶修，一面将工料银两着落原修官照数赔交。其有些小损缺，数在百金内外，现任官一经查出，即能自行修缮完整者，核实加奖。”[195]卷五又规定：“限内坍塌城垣，从前承修之员已经离任者，令接任之员据实确估，将所需银两一面在于闲款银内酌拨，及时赶修完固，一面咨行该省，在于原修官名下勒限严追完缴。如有稽延，即将承追不力并完缴迟延各职名严参办理。”[195]卷五

❷嘉庆三年本《钦定工部则例》卷五：“海墁添漏，现任官不随时修筑，以致侵及土胎、渐成臌裂、需费浩繁者，原办官分赔十分之六，现任官分赔十分之四；如现任官受事经年，会值夏、秋雨水，即将应赔四分着落该员赔缴；设到任不及半年，未经雨水者，其渗漏之处，仍查明前一任之员，与原修官分别着赔。其原修官有物故产绝，赔项无着者，着落原总办官、督办各员及原验收之督抚等分股代赔完项。”[195]卷五

❸乾隆三十四年（1769）陕西巡抚文绶上奏提议：“查承修砖城有两三官分办一城者，有一官专办半城者，其起止丈尺，应将承修官衔名镌碑，镶砌城墙之内，将来告竣后验收之时，某段系某官承修，一目了然。如查有草率等弊，既易指参赔修，而三十年内如有坍卸之处，亦易按名着赔，庶承修官咸知无可旁贷，自必实工实料，不敢草率侵冒。”[331]

❹乾隆三十四年（1769）陕西巡抚文绶上奏提议：“查城顶之上若任闲杂人等登城践踏，既多残损之虞，且恐宵小易以潜匿，向来新城偶或设栅，而废弛者多。……无论新旧城垣，概行设栅锁闭，官为经理，不时扫除，查察保护，将栅照例交代，无致残损，则城顶既免作践，而匪类亦不致潜匿滋事，于保护城垣不无有益。”[331]

❺乾隆《工部则例·营缮清吏司·城垣》：“各省城垣自应加谨防范，以资保障，其残阙处所修理虽有缓急，若地方官果能随时补葺，自不至介然成路，岂可纵容民人登陟，不为察禁整理。朕从前经过地方，见有残阙之处听民人逾越，渐成路径者，令各督抚董率有司留心整饬，毋仍前玩视。钦此。”[194]营缮清吏司·城垣

究。”[182]卷七十二《工部·营缮清吏司·城垣》又规定“凡城垣禁令，内外城楼禁民登临及窃砖者，有犯皆论如律。”[182]卷七十二《工部·营缮清吏司·城垣》

三、乾隆时期的全国性城垣整修风潮

清代初期天下纷扰未定，出于军事防御的迫切需要，各地对城垣的建设和修缮均十分重视。但自康熙平定“三藩之乱”后，内地多数省份承平甚久，至乾隆时期，不少城垣因管理懈怠而多有毁坏，乾隆皇帝因此多次谕令各地官员对境内城垣进行调查并区分轻重缓急，如乾隆二年（1737）七月谕令：“年岁丰歉难以悬定，而工程之应修理者，必先有成局，然后可以随时兴举。一省之中，工程之大者莫如城郭，而地方以何处为最要，要地又以何处为当先，应令各省督抚，一一确查，分别缓急，预为估计，造册报部。将来如有水旱不齐之时，欲以工代赈者，即可按籍而稽速为办理，不致迟滞，于民生殊有裨益。”[188]199–200乾隆皇帝还多次督促各地悉心保护和定期修补城垣❶，如乾隆十年（1745）三月谕令：“……凡有修建重大工程，小民力不能办者，国家自不惜帑金为之经理。至于些小城工，补葺培使，使之不至残缺倾圮，则小民农隙之所能为，而有司之所当善为董率者也。……”[300]31他希望重大城垣修缮工程由国家出资雇工完成，小型城垣修补工程由地方官员率领民众在农闲之时完成。乾隆二十八年（1763）七月谕令各省督抚调查和修缮境内城垣并于每年年底奏报[304]271，进一步规范了城垣奏报制度。

值得一提的是，乾隆三十年（1765）十二月谕令：“方观承奏《筹办城工》一折内称：‘界连驿路之怀安等县土城，现在勘估改建砖城，其余偏僻小邑仍就土城黏补修葺，工费较省’等语。所奏尚未悉办理城工之本意。前因各省应修城垣，费繁工钜，特发库帑五百万两，分拨各省一律兴修。只期于卫民有益，虽多费亦所不较。况频岁年谷顺成，库藏极为充裕。因思天下之财止有此数，库中所积者多，则民间所存者少。用是动拨官帑，俾得流通，而城工亦赖以完整。此朕本意也。且国家一应工作，料物皆按值购办，食用亦计日给资，闾阎不但无力役之烦，而无业穷民，并得藉力作以糊口，实寓以工赡民之意。是一举而数善咸备，更无庸较量工费，意存节省。至土城改建砖城，虽现在为费略多，其实壮观瞻而资巩固，且省不时修葺之劳，视土城尤为经久。即出于原估五百余万两之外，正亦何妨。朕惟期有益于民，岂计所费之多寡乎？但承办之地方官，能实用实销，不致浮开糜费，则工程自然坚固，而夫役工料等事皆实发价值，丝毫不科派里下，庶于民生实有利赖。……”[89]卷七百五十一对于大规模修缮城垣的原因，乾隆皇帝表达得很清楚，一是对于保卫民众有益；二是使得库存官银得

❶史红帅先生对此亦有论及[65]113–114。

以在民间流通；三是可利用修筑城垣来赈济黎民。许多土城在该时期被改为砖城，尽管花费略多，但乾隆皇帝认为可“壮观瞻而资巩固”，并且“省不时修葺之劳”，因此即使花费超过500万两亦无妨，反倒更能实现“以工赡民”的本意。

乾隆朝的城垣保护和修缮，其根本意图已较清初产生了较显著的转变。在人口激增的背景下，乾隆皇帝巧妙地借助广泛开展城垣修缮工程，为大量平民提供务工机会以解决劳动力过剩问题，并使得国库过量存银适当流通，在国家建设的同时增加了社会稳定性，可谓一举两得。另外，通过定期对城垣进行检查和修补以防微杜渐，从长远来看更能节约经费。在乾隆朝60年的时间里，全国各地的城垣几乎都被修缮过，部分城垣被数次修缮，单项城垣工程费用有的竟超过100万两[1]，工期则可长达数年。据笔者初步估算，乾隆朝修缮城垣所需的总银数用不低于2000万两。

四、乾隆中后期陕西城垣整修概况

清乾隆初期陕西境内共有城84座、堡27座，总计111座（表6–1），自乾隆三十五年（1770）起，双山堡、保宁堡、威武堡、清平堡、宁塞堡、柳树堡、永兴堡、大柏油堡、黄甫营、清水堡这10座堡不再纳入政府整修和保固的范围内，笔者推测可能已被废弃。

清代陕西境内各城、堡分布情况（来源：自制[2]） **表 6–1**

城、堡类别	所属府州	城、堡名称
城（84座）	西安府（领1散州15县，共15城）	长安及咸宁（西安府治，两县共一城）、耀州（乾隆十三年由直隶州降为散州）、咸阳、兴平、临潼、高陵、蓝田、泾阳、三原、鄠县、盩厔、渭南、富平、醴泉、同官
	延安府（领10县，共10城）	肤施（府治）、安塞、甘泉、保安、安定、宜川、延川、延长、定边、靖边
	凤翔府（领1散州7县，共8城）	凤翔（府治）、陇州、岐山、宝鸡、扶风、郿县、麟游、汧阳
	汉中府（领1散州8县1厅，共10城）	南郑（府治）、宁羌州、褒城、城固、洋县、西乡、凤县、沔县、略阳、留坝厅（明代为留坝巡检司，清乾隆三十年分凤县和褒城县地设立留坝厅）

[1] 如乾隆四十六年（1781）至五十一年（1786）西安城垣修缮工程以及乾隆五十二年（1787）至五十六年（1791）潼关城垣维修工程。

[2] 表内所列行政区划为乾隆三十四年（1769）之情况，自乾隆三十五年（1770）起经陕西巡抚文绶奏请，双山、保宁、威武、清平、宁塞、柳树、永兴、柏油、黄甫、清水共10堡（堡名外加方框者）不纳入修葺及保固的统计范围。

城、堡类别	所属府州	城、堡名称
城（84座）	同州府（领1散州8县1厅，共10城）	大荔（府治）、华州、朝邑、郃阳、澄城、韩城、白水、华阴、蒲城、潼关厅
	榆林府（领1散州4县，共5城）	榆林（府治）、葭州、神木、府谷、怀远
	兴安州（于乾隆四十八年后升为兴安府）（领1州5县，共6城）	兴安州（州治）、平利、洵阳、白河、紫阳、石泉
	绥德州（领1州3县，共4城）	绥德州（州治）、清涧、米脂、吴堡
	邠州（领1州3县，共4城）	邠州（州治）、三水、淳化、长武
	乾州（领1州2县，共3城）	乾州（州治）、武功、永寿
	商州（领1州4县，共5城）	商州（州治）、镇安、雒南、山阳、商南
	鄜州（领1州3县，共4城）	鄜州（州治）、洛川、中部、宜君
堡（27座，自乾隆三十五年（1770）起仅17座纳入修葺和保固的范围）	延安府（沿边设8堡）	靖边县所属4堡：镇靖堡、宁塞堡、龙州堡、镇罗堡 定边县所属4堡：安边堡、柳树涧堡、砖井堡、盐场堡
	榆林府（沿边设19堡）	榆林县所属6堡：归德堡、建安堡、常乐堡、双山堡、渔河堡（亦作鱼河堡）、保宁堡 神木县所属4堡：柏林堡、永兴堡、大柏油堡、高家堡 府谷县所属5堡：镇羌堡、黄甫营、清水堡、木瓜园堡、孤山堡 怀远县所属4堡：波罗堡、响水堡、威武堡、清平堡

乾隆二十九年（1764）至乾隆五十八年（1793）的三十年间，陕西巡抚（先后有明德、文绶、毕沅、秦承恩等10位巡抚）在每年年底会循例向中央奏报境内城垣修筑及保固情况。从表6-2可见，乾隆三十一年（1766）、乾隆三十二年（1767）、乾隆三十四年（1769），陕西境内正修未竣的城垣数量较多，皆达十余座；乾隆四十年（1775）及乾隆四十一年（1776），陕西境内完好的城垣数量最多，达97座，占全省城垣总数的96.04%。这些城垣的修筑规模差异很大，以西安、潼关城垣的修缮花费最高，皆在百万两以上，其他处城垣的修缮花费则在数千两至数万两不等（附表12）；工期短者不过数月，较长者则达三年之久，如西安城垣、高家堡、砖井堡、盐场堡（附表12）。

毕沅在历任陕西巡抚中任期最长，于他任内开展的城垣整修工程数量也最多。自乾隆三十八年（1773）至乾隆四十九年（1784）的十余年间，陕西各地陆续修补了因受雨而坍塌的兴安、平利、宁羌（2次修缮）、商南、褒城、镇安、洋县（2次修缮）、雒南、镇安、宜君、兴安、安定、葭州、靖边、甘泉、朝邑、定边、长武等18处城垣，以及镇羌、砖井、木瓜、波罗4处沿边土堡；还修缮了年久失修的定边、朝邑、西安3处城垣❶，共计整修城垣和土堡25处（总计整修27次），占陕西全省城堡总数的24.75%。上述工作大多由各府、州、县长官自行开展，仅在年底将情况上报毕沅汇总，实际由毕沅亲自主持整修的城垣仅有西安城垣1处。

乾隆二十九年至五十八年（1764—1793）陕西境内各城、堡整修情况表（来源：自制❷）单位：座 **表 6–2**

年份	奏报者	全省城、堡总数	全省城数	全省堡数	刚修竣城、堡数	正修未竣城、堡数	即将兴修城、堡数	停修或缓修城、堡数	接续兴修城、堡数	已修竣城、堡数
乾隆二十九年（1764）	明德	**111**	*84*	27	*11*+6	*0*+0	*7*+19	*25*+2	**0**	*41*+0
乾隆三十年（1765）	和其衷	**111**	*84*	27	*1*+6	*5*+0	*1*+11	*25*+10	0	*52*+0
乾隆三十一年（1766）	明山	**111**	*84*	27	**2**	**17**	**0**	**1**	**32**	**60**
乾隆三十二年（1767）	明山	**111**	*84*	27	*8*+0	*11*+0	*0*+21	*4*+0	*8*+0	*51*+6
乾隆三十三年（1768）	明山	**111**	*84*	27	*8*+6	*5*+0	*1*+7	*4*+0	5+8	*51*+6
乾隆三十四年（1769）	文绶	**111**	*84*	27	*19*+0	*2*+11	*3*+0	*1*+10	0	*59*+6
乾三十五年（1770）	文绶	**101**	*84*	17	*4*+4	*0*+7	**0**	*1*+0	**0**	*79*+6

❶以上数据来源为中国第一历史档案馆藏乾隆朝朱批奏折，档号04-01-37-0033-009、04-01-37-0035-031、04-01-37-0036-021、04-01-37-0040-028，以及中国台湾台北故宫博物院编《宫中档乾隆朝奏折》第33辑第441页、第41辑第16页、第45辑第588页、第54辑第85页、第58辑第435页。

❷表中城垣数一律以斜体数字表示，城、堡两者合计数（城数和堡数未具体列明）以加粗数字表示。自乾隆三十五年（1770）起陕西巡抚文绶经奏请，双山、保宁、威武、清平、宁塞、柳树、永兴、柏油、黄甫、清水共10堡不纳入整修及保固的统计范围。表中数据通过整理清代奏折信息获得，奏折来源为中国第一历史档案馆藏乾隆朝朱批奏折、军机处录副奏折、内阁工科题本，以及中国台湾台北故宫博物院编《宫中档乾隆朝奏折》。

续表

年份	奏报者	全省城、堡总数	全省城数	全省堡数	刚修竣城、堡数	正修未竣城、堡数	即将兴修城、堡数	停修或缓修城、堡数	接续兴修城、堡数	已修竣城、堡数
乾隆三十六年（1771）	勒尔谨	101	84	17	4+11	4+0	0	1+0	0	75+6
乾隆三十七年（1772）	巴延三	101	84	17	0	4+0	0	1+0	0	79+17
乾隆三十八年（1773）	毕沅	101	84	17	0	3+0	1+0	1+0	0	79+17
乾隆三十九年（1774）	毕沅	101	84	17	4+0	0	0	1+0	0	79+17
乾隆四十年（1775）	毕沅	101	84	17	0	0	2+0	1+0	0	81+17
乾隆四十一年（1776）	毕沅	101	84	17	2+0	0	0	1+0	0	81+17
乾隆四十二年（1777）	毕沅	101	84	17	0	0+2	1+0	1+0	0	82+15
乾隆四十三年（1778）	毕沅	101	84	17	0+2	0	5+0	1+0	0	78+15
乾隆四十四年（1779）	毕沅	101	84	17	4+0	0	2+1	1+0	0	77+16
乾隆四十五年（1780）	毕沅	101	84	17	1+1	0	5+2	1+0	0	77+14
乾隆四十六年（1781）	毕沅	101	84	17	3+2	0	6+1	1+0	0	74+14
乾隆四十七年（1782）	毕沅	101	84	17	3+0	0	4+1	2+0	0	75+16
乾隆四十八年（1783）	毕沅	101	84	17	3+0	2+0	2+1	2+0	0	75+16

续表

年份	奏报者	全省城、堡总数	全省城数	全省堡数	刚修竣城、堡数	正修未竣城、堡数	即将兴修城、堡数	停修或缓修城、堡数	接续兴修城、堡数	已修竣城、堡数
乾隆四十九年（1784）	毕沅	**101**	*84*	17	*3*+1	*1*+0	*2*+1	*2*+0	**0**	*76*+15
乾隆五十年（1785）	永保	**101**	*84*	17	*2*+0	*1*+0	*5*+2	*2*+0	**0**	*74*+15
乾隆五十一年（1786）	巴延三	**101**	*84*	17	*6*+0	**0**	*3*+2	*1*+0	**0**	*74*+15
乾隆五十二年（1787）	巴延三	**101**	*84*	17	*1*+0	**0**	*4*+2	*1*+0	*1*+0	*77*+15
乾隆五十三年（1788）	/	**101**	*84*	17	数据不详					
乾隆五十四年（1789）	/	**101**	*84*	17	数据不详					
乾隆五十五年（1790）	秦承恩	**101**	*84*	17	**0**	**7**	**0**	**5**	**0**	**89**
乾隆五十六年（1791）	秦承恩	**101**	*84*	17	**0**	**0**	**0**	**5**	**0**	**96**
乾隆五十七年（1792）	秦承恩	**101**	*84*	17	**0**	**0**	**0**	**5**	**0**	**96**
乾隆五十八年（1793）	秦承恩	**101**	*84*	17	**0**	**0**	**0**	**5**	**0**	**96**

五、毕沅对西安城垣的整修

1. 西安城垣概述

西安城垣亦称西安城墙，位于陕西省西安市中心（地理坐标处于108.924~108.972°E，34.251~34.277°N区域内），是目前中国完整保存的城墙中规模最大者，1961年被公布为第一批全国重点文物保护单位。

西安城垣的前身是唐长安城皇城，城墙为三合土夯筑而成，唐末韩建曾对城墙进行过加固和改筑，但布局未变。明洪武七年至十一年（1374—1378）濮英对城墙进行拓建，将东城墙外移1435.7米，北城墙外移864.4米，并于城东北区域新建秦王府；明隆庆二年（1568）陕西巡抚张祉将西安城垣夯土墙体的外侧包砖[334]8；明崇祯九年（1636）陕西巡抚孙传庭在四门瓮城外建造月城及闸楼并设置吊桥，除东郭城已在明初筑建外，又在其余三门外各修筑了1座郭城[334]8。明代还引龙首渠、通济渠入城作为灌溉、生活用水及城濠水源。清顺治六年（1649）将西安城内东北区域划定为满城并修建独立城墙，城内位于四条大街中央的钟楼成为满城西南侧的角楼，康熙二十二年（1683）又在满城南侧依托主城东墙和南墙修筑了南城作为八旗汉军驻地，乾隆四十五年（1780）汉军出旗后，南城划归咸宁县管辖[345]136。据现存档案显示，西安城垣（图6-2、图6-3、附图3）在清代曾开展过十余次修缮❶，对城垣的墙体、建筑物、马道、城濠等都陆续进行过改动，使城垣的外观发生了若干变化。民国元年（1912），满城西墙及南墙被秦省都督府（陕西省都督府）下令拆除。在随后的数十年里，由于频繁的战争，西安城垣遭受了严重破坏，城上敌楼、角楼、闸楼等建筑被毁坏殆尽，仅存西门、东门、南门城楼以及东门、北门箭楼，城垣墙体则因市民挖掘防空洞和建房取土等原因而变得千疮百孔，城顶的海墁、垛堞、宇墙也几乎荡然无存，城濠也逐渐沦为恶臭刺鼻的死水沟，西安城垣的整体面貌惨不忍睹。1983年起，西安市政府对城垣进行了大规模维修，疏浚了护城河，增建了环城公园，恢复了许多被破坏的建筑物，并对城垣墙体重新包砖[334]50-87,[336]11。

经过明代以来数百年的城市发展，目前西安城垣的平面呈长方形，周长13912米[333]1；墙体高约12米，顶部宽约15.3米，底部宽约18米，墙体顶部铺设砖砌海墁，外侧边缘共设置5984处垛堞[333]2，内侧边缘设置0.78米高的宇墙；沿城垣墙体每隔120米设置伸出墙面20米宽、12米长的敌台（马面）[333]15，每座台上原建有敌楼1座，现存敌台93处[333]15、敌楼21座[333]17（敌楼均属复建）；城垣四角各设角台和角楼1座，其中西南角楼现为遗址；城垣四面各设正门❷，各门上建正楼（亦称门楼）1座，门外设瓮城，城顶中部设箭楼1座，瓮城外设月城，城顶中部原设闸楼（亦称炮楼）1座，现仅永宁门闸楼经复建后尚存；自民国以来陆续在城垣上新开辟14座门❸以方便城市交通；在城垣墙体内侧及城门内侧共设有11处登城马道；环绕城垣外侧有34~54米宽的城濠（护城河）。

在清代对西安城垣的历次修缮中，以乾隆四十六年（1781）至乾隆五十一年（1786）由毕沅主持、数位陕西巡抚接续完成的修缮工程规模最大，对于西安城垣外观的变动也较

❶文献记载的动工年份有顺治十三年（1656）、康熙元年（1662）、乾隆四年（1739）、乾隆二十七年（1762）、乾隆三十九年（1774）、乾隆四十六年（1781）、嘉庆十五年（1810）、嘉庆二十年（1815）、道光元年（1821）、道光七年（1827）、道光十五年（1835）、咸丰七年（1857）、同治元年（1862）、同治二年（1863）、同治四年（1865）、同治六年（1867）、光绪三十三年（1907）。

❷清代西安城垣的四座城门，东名长乐门、南名永宁门，西名安定门，北名安远门。

❸民国时期开辟中山门、勿幕门、玉祥门、解放门共4门，1949年以后新开设朝阳门、建国门、和平门、文昌门、朱雀门、含光门、尚武门、尚德门、尚俭门、尚勤门共10门。

多。史红帅先生曾对本次工程的缘起、分期及做法、经费、工料情况进行过考证[65]，以下对已厘清的内容不多赘述，重点探讨以往学者未关注的若干问题，同时将乾隆三十九年（1774）毕沅倡导开展的城濠疏浚工程一并考证论述，并阐述毕沅在修缮西安城墙时所秉持的理念。

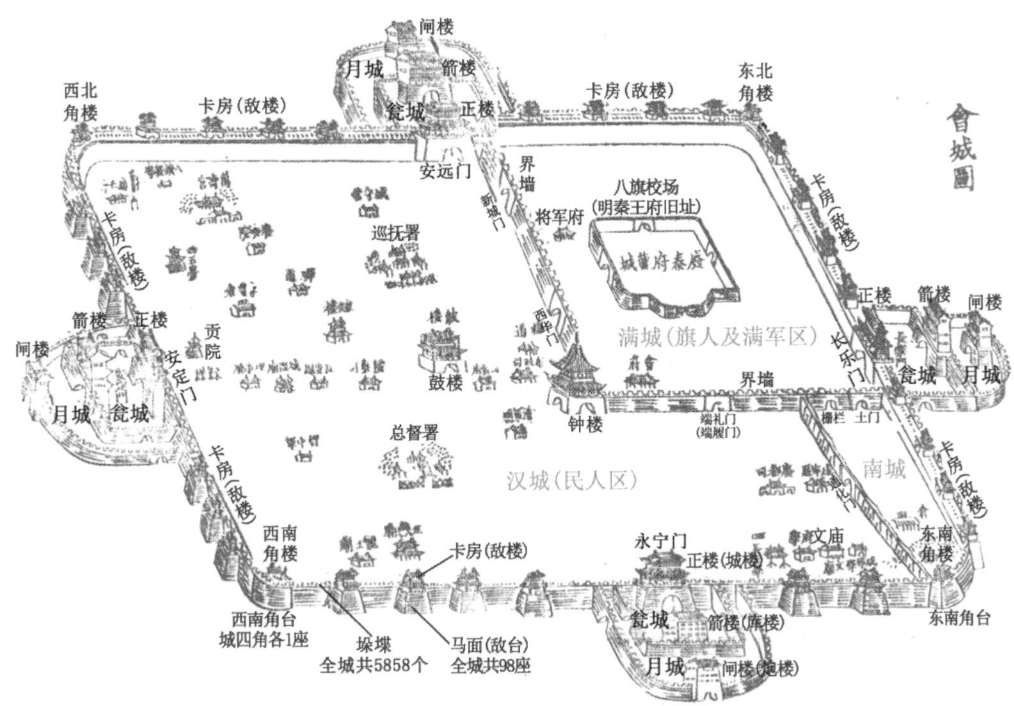

图 6-2　清中期西安城垣格局（来源：底图引自雍正《陕西通志·疆域》第 142 页《会城图》，南城及东北角楼等处有修正，彩色文字标注为笔者所加）

图 6-3　1908 年时的西安城墙安远门及相关建筑（来源：鲍希曼（Ernst Boerschmann）《中国的建筑和景观》（*Baukunst und Landschaft in China*）第 98 页）

2．毕沅整修西安城垣始末

毕沅对西安城垣的整修共涉及两项工程，时间跨度达12年。第一项工程是乾隆三十九年（1774）至乾隆四十年（1775）对西安城濠的整治，由毕沅独立主持完成；第二项工程是乾隆四十六年（1781）至乾隆五十一年（1786）对西安城垣的修缮工程，其中乾隆四十六年（1781）十二月至乾隆四十八年（1783）六月为城垣勘估和物料准备阶段，勘估由工部左侍郎德成和毕沅主要负责，物料准备由毕沅主持，乾隆四十八年（1783）六月至乾隆五十一年（1786）九月间为城垣墙体修筑及建筑物修缮阶段，由毕沅及继任的三位陕西巡抚（何裕城、永保、巴延三）先后主持并最终完成。整个过程中，毕沅除最后的一年半时间因离任而未参与外，其他时段开展的工作皆离不开他的策划、推动和监督。具体整修过程如下：

乾隆三十九年（1774），刚升任陕西巡抚的毕沅主导拓宽西安城垣周围的城濠，并疏浚龙首、通济两渠以保证城濠供水[253]158，以增强城垣的防卫能力，该工程于次年竣工。

乾隆四十二年（1777）十一月，毕沅在年底循例奏报陕西全省城垣完固情况时，称西安城垣“于乾隆三年并二十七年两次动项补修，现今城楼堞楼等项风雨飘摇，木植渐多朽腐，砖瓦亦多碱酥。其城身则外砖内土，雨水浸渗，渐多臌裂，亦有碱卸剥落之处。若不早为修补，恐历时愈久，需费愈多。臣现拟俟明岁春融后确加勘估，另行奏请核实补修，以重保障。……”[308]毕沅原计划在次年勘估，但因“夏秋以后雨水连绵，难以动工”[309]，于是在乾隆四十四年（1779）“复加细勘，城身周围四十里，规模十分雄壮，现在损坏过多，若动手兴修，工程浩大，必须熟筹妥办，方可一劳永逸，现在遴委大员确加勘估，另行核实奏请办理。”[309]此后毕沅由于政务繁忙，加之他因丁母忧而去职，使得西安城垣相关工作迟迟未能开展。乾隆四十五年（1780）三月，毕沅在苏州觐见乾隆皇帝，并将西安城垣情况及修缮计划汇报，得到了乾隆皇帝认可[312]。

乾隆四十六年（1781），在毕沅负责的西岳庙等工程陆续竣工后，西安城垣工程被正式提上日程，当年十二月，工部左侍郎德成自兰州抵达西安，会同毕沅等陕西重要官员勘查西安城垣，并将勘估情况绘制图纸并缮写清单上奏[327]。乾隆皇帝阅后下谕称：“陕省为三秦阨要，汉唐建都之地，其城垣形势本极崇闳壮丽，但历年久远，未经修整，自多坍卸之处。德成现经督率司道各员详慎勘估，不得存惜费之见，其一切筑建基址，务从其旧，不可收小，以致规模狭隘，即费数十万帑金亦不为过。该侍郎在彼，必须详悉指示，料理周妥，不必急于回京。……”[310]973随后一年多时间里，毕沅“一面办运物料，一面广招匠工”[311]，除城砖设窑烧造外，其他如灰斤、石料、木料❶等工程物料按照陕西出产各

❶民国《续修陕西通志稿》记载：“西安城工需用木料俱购自南山，必由盩厔之黑龙潭顺水运至省城。现在各厢木植均已办就，专候山水旺发时，陆续自山运出。”[297]卷二百《拾遗》1-4

县的既有规定价格采办[313]，此外还预先购买数万石麦谷屯贮在西安城内①，用于应付开工后可能出现的粮价上涨情况。此外，为尽快筹集工程款，自乾隆四十六年（1781）起，按陕西全省田赋定额1609260.95两[353]卷一百七十七《田赋》的11%加征平余银[297]卷二十六《田赋一》，每年加征平余达17.702万两，实际陕西每位民众均为西安城垣的修筑做出了贡献。

乾隆四十七年（1782）五月，毕沅将西安城垣工程进行分工并部署相关负责人员，由毕沅统揽全局和督率各官，布政使图萨布负责实际管理各类工程事务，按察使秦承恩（开工后改为新任按察使王昶）、督粮道姚颐（开工后改为新任督粮道苏楞泰）和盐法道顾长绂负责协同稽查及督修工程，西安府知府和明、清军同知欧焕舒负责事务催办[315]。毕沅将城垣工程分为四段，每段委任两名县级官员负责承办[315],[462]，分别为郭履恒（咸宁县知县）、高珺（长安县知县，后调任乾州知州）、汪以诚（渭南县知县，后调任华州知州）、徐大文（盩厔县知县，后调任潼关同知，后又升任西安府知府）、李带双（鄠县知县，后调任留坝同知）、王垂纪（兴平县知县，后调任长安县知县）、庄炘（朝邑县知县，后调任盩厔县知县）、许光基（永寿县知县，许调任后改由继任的乔苑接替工程），其中庄炘为毕沅幕宾。考虑到工程浩大，物料、银两、文稿、档案的数量众多，毕沅又设立城工总局，方便在工程实施期间进行统一调度，并能有效防止舞弊②，委派咸宁县知县顾声雷（开工后改为候补知州王杏舒[314]）、富平县知县张星文负责管理总局事务[315]。值得一提的是，毕沅的幕宾钱坫精于测算，在开工前他曾协助核对城工估计册籍，正式开工后钱坫本应由吏部分配他处，鉴于他对城工颇有帮助，毕沅特奏请乾隆皇帝将其留在西安城工负责核对、测量、销算等事务[314]。

乾隆四十八年（1783）六月十八日西安城垣修筑工程正式开工[314]。当年九月，毕沅向乾隆皇帝奏请等德成验收兰州城工后留驻西安进行一段时间的现场指示③，当年十二月德成自兰州来陕，便与毕沅一同视察工地并商讨谋划修筑方案（附图4），还鼓励督促各官员："皇上保惠黎元，不惜百数十万帑金，为谋奠安慎固之计，司其事者孰敢不精白一心、恪勤厥役？"[320]乾隆四十九年（1784年）二月二十一日，德成选择城东和城西两小段城墙进行示范性建造，东段长26丈余[315]，派工部虞衡司员外郎傅嵩岱专门指导，西段长30丈余[315]，派工部都水司主事恭安专门指导，"毕沅率布政司使图萨布、按察使王昶、督粮道苏楞泰、盐道法道顾长绂、西安知府和明督察甚备"[320]。德成在西安城垣工地驻

①乾隆四十七年（1782）十二月初六日毕沅奏称："臣与司道等商议，即于应发城工银两内酌量动支，在附近市集购买麦二三万石运贮省城。俟将来开工后，倘遇市粮稀少及青黄不接，粮价增长之时，即将此项麦石，照依原价支给匠工人等。则市侩无从居奇，而远来工匠口食敷余，实大有裨益。"[311]

②史红帅先生认为："作为协调城工各类事项的专门机构，城工总局在很大程度上提高了城墙维修的效率，成为近现代陕西和西安城市建设厅、局的滥觞。"[65]118但笔者认为，城工总局是针对重要城垣修筑工程在工程现场设立的专门用于储存和管理钱粮物料并负责调度协调的临时机构，它与近现代的城市建设厅、局在设置地点和运行方式上存在较大差异，并且城工总局需要管理大量物料和钱粮，这绝非城市建设厅之职责所能涵盖。城工总局更像是工地管理仓库与调度总台的结合体。

③毕沅奏请乾隆皇帝称："现在侍郎德成奉命前赴兰州收验工程，将来差竣回陕时，仰恳皇上天恩，仍令德成暂行留驻西安，将现经筑就工程覆加验看，若果坚固如式，明年即可照此一律打筑。倘或尚有未妥之处，正可及今指示明白，早为酌更，以期尽善。其旧砖不敷之处，亦应一并通盘细核，另行酌筹办理。"[317]

扎指挥长达76天后于当年四月返京，行前刻石记事（附文12），并将石碑（附图5）嵌于长乐门（东城门）以北第二处马面的墙壁内。同年十月初一日，工程因入冬而照例停工，此时城垣的东、西、南三面共75小段城墙以及炮台的外侧城砖已基本砌筑完毕[319]。乾隆五十年（1785）正月二十七日，城垣内侧土体的夯筑，各处城楼、箭楼、炮台、角楼、卡房等建筑物的修缮以及城垣北面外侧城墙的砌筑等一系列工程开工[318]。同年二月，毕沅调任河南巡抚，西安城垣修筑工程转由继任巡抚何裕城负责，当年十月又转由继任巡抚永保负责。次年二月，经永保奏请后乾隆皇帝批准将西安城垣四门原有的汉字门匾改为满汉双文匾额[321]。乾隆五十一年（1786）九月，西安城垣工程全部竣工[401]，永保旋即调任而由巴延三接替。同年十月二十五日，德成第三次来陕，带领工部员外郎恭安、工部主事沈濬及陕西布政使秦承恩等共同对西安城垣工程进行为期十余日的查验，期间陕甘总督福康安、陕西巡抚巴延三先后陪同查验[322]。乾隆五十一年（1786）十一月二十四日，德成经查验认为西安城垣符合工程要求并向乾隆皇帝及工部上报相关情况，同时饬令陕西官员尽快将工料银两信息造册报工部核销。此外，德成发现原陕西巡抚何裕城未充分利用旧土却添买新土而导致浪费，便请旨责令其赔缴9610.471两[322]以儆效尤。西安城垣工程费用原估总银数为1566125.195两[327]，续估后总银数为1618045.195两[323]，后又有增修及节省等项，最终支出总银数为1595576.038两[324]，经工部审核后实销银数为1585158.203两[324]（城墙内侧夯土项未予报销，东门外月城南马道、城垣内侧水沟等项无需施工而节省[322]）。至此，西安城垣修筑工程顺利结束。

3. 毕沅对西安城垣的修缮理念和主要方法

在毕沅修缮西安城垣前，城垣的保存状况为——“所有四门正楼、箭楼、砲楼柱木歪斜沉陷，椽望糟朽脱落，大木多有损坏，墙垣臌闪，头停坍塌。楼座地脚旧系素土筑打，松软且无磉墩，拦土背砌砖块，又因历年久远，木植俱已沉陷走闪，必得全行拆卸，大加修理。周城四面卡楼计九十八座，角楼四座，系重檐做法，木植歪闪糟损，头停倾圮，墙垣俱系土坯成砌，大半坍倒。至大城一座，系外砖内土成做，周围外皮砖块臌裂、沉陷段落甚多，城身里皮土牛冲涮坍溜，厚自二三尺至一丈一二尺不等。再查城顶海墁并无铺墁砖块，建筑年代既久，雨水浸淋冲涮，浪窝直透城根，共约计一百余处，其余各座城台、月城、里外墙身，亦多臌闪、沉陷之处。”[326]

可知，当时西安城垣存在四类主要问题：第一，城楼（正楼）、箭楼、闸楼（炮楼）的木构糟朽、屋面坍塌、地基沉陷；第二，卡房（卡楼）、角楼的木构糟朽、屋面坍塌、土坯墙坍塌；第三，城垣墙体因城顶雨水渗漏造成内部夯土膨胀，导致外部包砖形变或脱落，局部墙体出现坍塌；第四，城台、月城因内部夯土吸水加之上部建筑荷载较大而出现形变或沉陷。

针对以上问题，毕沅认为本次西安城垣的修缮“必须巩固金汤，始足以壮观瞻而资守御”[312]。他的修缮理念是——保证城垣在修缮后不仅具有宏伟壮丽的外观以提升观瞻之感，还当满足坚固耐用的要求以增进军事防御之能。乾隆皇帝在阅览毕沅的奏折后也认为西安城垣“不得存惜费之见，其一切筑建基址务从其旧，不可收小，以致规模狭隘，即费数十万帑金，亦不为过”[310]973。他补充的修缮理念是：与城垣相关的建筑和基址要尽可能遵循原有规模而不能缩减，以取得良好效果为首要目标，不必刻意节省经费。这两种修缮理念共同指导了本次西安城垣的修缮，一方面使城垣在保持原有规模的情况下美观和实用功能显著提升，另一方面也使得修缮费用达到了惊人的159万余两。

基于上述修缮理念，毕沅对于西安城垣中的木构建筑、砖体、土体这3类对象，共采用10种方法进行修缮。

针对木构建筑有4种修缮方法：

其一，将整体存在较显著问题的木构建筑完全拆卸（清人称作“全行拆卸”），选取其中可用的旧料，增加部分新木料，依工程做法重新修理建造，采用该修缮方法的有城楼（正楼）、箭楼[327]、魁星阁[402]；其二，将建筑中出现问题的木构件进行局部拆卸，替换为依工程做法制作的新木料（清人称作“拆修”），采用该修缮方法的有闸楼（炮楼）、角楼、官厅[327]；其三，将原本不甚稳固或防御性欠佳的建筑进行结构性改造，将部分柱廊改为实墙，采用该修缮方法的有卡房[327]；其四，将在整套设施中增建某些建筑物或构件以完善设施的功能（清人称作“添修”），采用该修缮方法增建的有23座马道门楼[327]。

针对城垣砖体有3种修缮方法：

其一，将存在大面积糟城臌闪问题的城砖全部拆卸（清人称作“拆修”），将原有土芯处理平整后在其外侧利用夹板帮筑❶新土（清人称作“挎板帮筑”），选取拆卸下来可用的旧砖料并增加部分新砖，对城垣表面进行重新包砌或铺砌，采用该修缮方法的有城垣东、西、南三面外侧墙身、炮台外侧墙身、角台外侧墙身、四门月城内外墙体，以及四门正楼、箭楼、炮楼共12处城台的外侧墙身[327]；其二，将局部存在糟城臌闪问题的若干城砖凿下后替换新砖（清人称作“剔凿补砌”），原本采用该修缮方法的是四门箭楼城台券洞[327]，后因旧砖酥碱而改为全部拆卸[402]（即方法一）；其三，将原本为素土面的区域包砌或铺砌新砖（清人称作“添砌”），以提高土体防雨能力进而使结构更稳定，采用该修缮方法的有城顶海墁、11座（单坡式，共计11条）分布于四门附近的马道（后东门瓮城南马道保存较好不用修缮）、6座（双坡式，共计12条）中心台马道[327]。

针对城垣内土体原计划有3种修缮方法，后改为1种修缮方法：

其一，对于酥松、裂坍、丈尺不足的土体，刨去斜面浮土（清人称作“拆刨”）后另行夯筑，原计划采用该修缮方法的土体长度为570丈；其二，对于上部有裂缝和凹陷而下部尚属坚实的土体，将上部改刨接筑，下部只用铲削齐整，原计划采用该修缮方法的土体长度为1524.95丈；其三，对于整体坚实仅

❶对竖向土体进行帮筑时，为防止新土崩塌滑落，通常会将旧土断面处理为阶梯状以增加摩擦力，使新帮筑的土体能够与旧土紧密结合，西安城垣的修筑中便采用此技术。

局部存在凹陷的土体，将凹陷处用土填补后拍平，原计划采用该修缮方法的土体长度为1812.85丈。后来，上述计划修缮的土体最终均改为局部“铲筑粘补”[328]的方式完成。

4．毕沅整修西安城垣的五项举措

（1）拓宽并加深城濠，疏浚龙首渠和通济渠注入城濠以保证濠内常年有水。

西安城濠距离城垣外墙28～48米不等，周长约4500丈（约合14206米），整修前深3丈（约合9.47米）、底宽8尺（约合2.53米）[345]136。为增加城濠的军事防御能力，毕沅将其拓宽并加深，改造后的城濠深3.4丈（约合10.73米）、顶宽6丈（约合18.94米）、底宽3丈（约合9.47米）[253]158。不仅使城濠成为更难逾越的屏障（图6–4），也显著提升了其调蓄能力（水体容量极限达216.627万立方米）。

当时“西安城濠水涸土淤，左有灞浐，右有沣滈，俱远不相济”[255]272，因此毕沅又疏浚距城较近的龙首渠和通济渠，以保证城濠内常年有水以提升军事防御能力。龙首、通济二渠长期以来为西安城的居民生活、城濠防御和农业灌溉等活动提供了必要的水源保障。龙首渠始凿于隋初，引浐河水由城东入城，宋元时期多次疏浚，明洪武十二年（1379）将龙首渠再次开凿疏浚以服务于拓建后的西安城，此后直至清末多次疏浚此渠；通济渠又名永济渠，开凿于明成化元年（1465），引滈河水由城西的安定门处（图6–5）入城，以解决龙首渠水量不足之困境，明清两代曾多次疏浚此渠。乾隆二十八年（1763），陕西巡抚鄂弼主持整修西安城垣[307]时将两渠的入城水门废弃，两渠便仅能供城外农业灌溉和城濠注水之用，且常有壅塞[345]134，之后城内居民多凿井取水。在毕沅整修前，龙首、通济两渠多有淤积，导致城濠内经常干涸无水，一旦发生战事这样的城濠形同虚设。因此，毕沅疏浚龙首、通济❶两渠使其能够为城濠稳定供水。疏浚后尤以通济渠最为顺畅❷，不过为了协调上游农业灌溉和下游城濠用水的矛盾，常

❶毕沅在《关中胜迹图志》中记载：“臣自莅任以来，以兹渠为会城日用所关，议加浚治，并委大员专司督办，绕城壕池挑挖宽深，现今水势疏通，长流不竭，既足以利田功，更可以资汲取。”[258]7

❷通济渠入城水门废弃前，渠水在城内分为三脉支流。经毕沅疏浚后，通济渠水复可入城，但仅余流经贡院的一脉。

❸由足立喜六拍摄于1908年7月14日，当时他立于西安城垣永宁门（南门）城台上向西拍摄。

图6–4　1908年时的西安城垣及城濠❸（来源：足立喜六《长安史迹の研究》图版一九）

以“每年夏秋截流灌田，冬春放水灌濠”[297]卷五十七。城濠拓宽和两渠疏浚的工程开展于乾隆三十九年（1774）至乾隆四十年（1775），毕沅委派督粮道王时薰进行督办，“疏龙首之渠，开濠引流，周潆郭外，民用以赡”[255]272，此项工程费银8000余两[253]158。

图 6-5　1933 年时的西安城安定门及城濠（来源：乌尔夫·迪特·格拉夫·楚·卡斯特（*Wulf Diether Graf zu Castell*）《一个德国飞行员镜头下的中国 1933—1936》（*Chinaflug：Als Pionier der Lufthansa im Reich der Mitte* 1933—1936）第 88 页）

（2）改造城垣内外墙体。将城垣土体采用“缩蹬法”筑造，将城垣外墙（含98处敌台和4处角台）的砖体拆卸并增添新砖后重新包砌，在城垣内侧增设排水槽（水簸箕）205处，对17处（分单双坡，共计23条）马道使用旧砖包砌。

乾隆朝以前，地方城垣的做法通常较为简陋，多数城垣的内侧并未包砌城砖，顶部也无海墁，仅在需要面对敌人的外侧包砌城砖。然而，这种城垣遇雨后土体很容易发生形变继而导致整体坍塌，由于存在“先天缺陷”而屡修屡坏，显著影响了城防能力。鉴于此，乾隆四十一年（1776）底，乾隆皇帝谕令在此后对城垣修筑时“里皮、外皮俱砌砖块，自底至顶俱用缩蹬做法，使雨水不能渗入城身，得资巩固。”[329]采用“缩蹬法”筑成的城垣，其夯土断面呈上小下大的梯形，配合“内外砌砖”的做法，在梯形夯土表面包砌多道城砖，即使部分雨水自上层砖缝渗入，也会为下层位于内部的城砖所阻挡，不易直接渗入城心夯土，这样就保证了城垣的坚固。谕令下达后，全国各地常有借定期修缮城垣之机采用“缩蹬法”和“内外砌砖”的新方式对城垣进行改筑。

毕沅整修前，西安城垣仅外壁包砌城砖，但普遍已老化酥碱，总周长4958.1丈，其中4492.8丈。毕沅原计划将城垣外墙砖体全部拆下，再将墙体按横向砌砖进数的不同分为三段，下段、中段、上段分别采用9进、7进、5进，每段内部2进为拆下后挑选的旧砖，外部改用新砖。结果旧砖拆下后，发现旧砖在水平方向砌筑方式不一，尽管外部2进均为整砖，但内部存在2进至5进不等的碎砖，加之外部整砖多已老化，比计划中可用的城砖要少很多[338]。因此，修改了横向砌砖的方案，把下段内部4进都改用旧砖，并将部分半截城砖掺杂使用，上段5进则全用新砖，中段不变（表6-3）。此外，原有外墙明代旧砖自下至上共109层，而清代砖与明代砖相比❶，尺寸接近仅厚度略大，只需要101层（含顶部2层挑檐砖）即可达到原有高度（表6-3）。这

❶据毕沅记载，明代砖的尺寸为：长14寸、宽7寸、厚3寸，清代砖的尺寸与之接近但厚度略大，101块清代砖的厚度等于109块明代砖的厚度，则清代砖的尺寸为：长14寸、宽7寸、厚3.2寸[315]。经笔者实测，发现目前所存明代砖长45cm，宽22.8~23cm，厚9.6~10.2cm，清代砖长45cm，宽22cm，厚10.8~11cm，与毕沅记载基本相符。

毕沅主持的西安城垣修缮工程中外墙包砌城砖情况（来源：自制❶） 表6-3

包砖位置	横向砌砖 原计划做法	横向砌砖 最终实施做法	竖向砌砖 原计划做法	竖向砌砖 最终实施做法	备注
城垣外墙下段	9进 （新砖7进+ 旧砖2进）	9进 （新砖5进+ 旧砖4进）	37层 （推测）	33层	最终实施 比原计划 节省城砖 1290840个
城垣外墙中段	7进 （新砖5进+ 旧砖2进）	7进 （新砖5进+ 旧砖2进）	37层 （推测）	33层	
城垣外墙上段	5进 （新砖3进+ 旧砖2进）	5进 （新砖5进）	35层 （推测）	35层 （含顶部2层 挑檐砖）	
合计	21进 （新砖15进+ 旧砖6进）	21进 （新砖15进+ 旧砖6进）	109层	101层	

次工程使得西安城垣外壁的城砖层数由109层全部变为了101层（图6-6）。

图6-6 西安城垣断面（来源：底图为西安含光门段墙体断面，引自《西安城墙·历史卷》第148页，红色标注文字为笔者所加）

城垣内壁总周长4097.8丈（合12936.75米），原为素土墙面，因降雨冲淋和城顶排水等原因造成多处坍塌滑坡，累计需要整修的土体总长达3907.8丈（合12336.92米）。毕沅原计划对这些土体全部进行铲刨并夯筑整齐，后经过分析，可按土体的保存情况采用3种不同措施进行应对（表6-4）——对残损和尺寸不足者，整体拆刨后用“缩蹬法”重新夯筑；对上部出现残损而下部坚实者，采用上部改刨接筑、下部铲削取齐的办法；对土体坚实仅偶有残损者，只进行粘补拍平。后皆改为局部“铲筑粘补”[328]的方式完成。以上所有土体处理完毕后，再统一夹板帮筑一层灰土以提高防潮能力[328]。此外，又在城垣内侧每隔一定距离砌筑排水槽（水簸箕），共增建205处❷，在城顶采用组织排水的方式，将雨水从城顶引导入排水槽，再泻至城根散水处[327]。

❶表内数据来源于中国第一历史档案馆藏毕沅所呈题本《为题请核估修理西安省会城垣需用工料银两事》（乾隆四十九年十二月十八日），档号02-01-008-002150-0015。另据《含光门段明城断面考古调查报告》一文（刊于《文博》2006年第3期）记载，含光门段城墙断面自下至上分为3段，每段33层，最顶部还有2层挑檐砖（齐口砖），共101层。文献记载与考古实物完全相符。

❷在施工时发现，由于城内地势起伏，排水槽实际平均少砌7层城砖即可达到原定要求[322]。

需要指出的是，尽管“内外砌砖”的做法被朝廷所鼓励，但毕沅并未对西安城垣的内壁包砖（图6–7），推测是由于工程量过大且经费超支的原因。

毕沅主持的西安城垣修缮工程中土体修筑情况（来源：自制[1]）　　表 6–4

	损坏情况	长度（丈）	修筑措施	原估工料银（两）	实需工料银（两）
城墙内侧夯土（总长3907.8丈）	酥松、裂坍、尺寸不足	570	拆刨缩蹬并重新夯筑	73180	32151[2]
	上部出现裂缝和浪窝，下部尚属坚实	1524.95	上部改刨接筑，下部仅铲削取齐		
	土体尚坚实但偶有浪窝	1812.85	粘补拍平即可，不需要新筑		

此外，城垣每门的城楼座靠内侧位置设置单坡马道1条，闸楼座靠内侧设置单坡马道2条，四门马道共计12条，环城内墙还设置双坡形式的中心台马道6处（每处包括左右两条马道，共计12条），全城18处24条马道总长约236丈（合745.05米）。原有马道皆为素土夯筑[327]，雨水冲刷后多有损坏。毕沅在整修时，用从城垣外墙拆下的旧砖包砌马道[315]，并在马道一侧砌筑防止跌落的砖墙[327]（图6–7）。另外，长乐门月城南侧马道原在整修计划之内，动工后发现该处月城空间狭小，一条马道即可满足使用需求，故仅修缮了北马道而并未修缮南马道[322]。

图 6–7　内壁并未包砌城砖的西安城垣[3]（来源：底图引自毕敬士（Claude L. Pickens）《毕敬士牧师中国穆斯林特藏》（*Collection on Muslims in China*）30–21，上下部分有裁剪，红色文字标注为笔者所加）

（3）改造城垣顶部。在城顶铺砌海墁，海墁总长4302丈、宽4.7丈（面积20219.4平方丈），

[1] 表内数据来源于中国第一历史档案馆藏何裕城奏折《奏为验看西安城垣原筑土牛坚松情形事》（乾隆五十年八月二十六日），档号04–01–37–0041–018。

[2] 奏折原文中称“估计需银七万三千一百八十两零，今间段铲筑粘补，共止需用工料银三万二千一百五十一两零，实节省银四万一千二十八两零。”[328]银数后带“零”指该数字还有零头，当时人似乎采用直接舍去零头的方式而并非今日常用的“四舍五入”，因此估需银数（73180两）减节省银数（41028两）比实需银数（32151两）多出1两，此处以原文数字32151两为准。

[3] 该照片由毕敬士（Claude L. Pickens）于1936年摄于西安城垣安定门（西门）南段城墙内侧，照片中部建筑为安定门城楼。

城顶外侧重建垛堞1道，内侧新建宇墙1道❶。

西安城垣顶部原来并未铺砖而以灰土夯实，灰土层受雨水冲刷流失后会导致雨水渗入内部夯土使其膨胀变形。另外，为便于排水，原夯土断面顶部呈中央高两侧低的“鱼脊背”形[316]，且断面水平向宽度不一。毕沅整修时，将顶部土体铲平，宽处削减，窄处帮筑[316]。最初计划将城垣外墙及建筑物等处拆卸下来的旧砖用来铺砌海墁，自下至上依次采用素土1步❷、灰土❸2步、旧砖2层、灰泥背1层、新砖1层[315]、[327]，但后来发现拆下的旧砖“除城身等处拣用外，其余俱系碎小，且厚薄不一，不但不能跟档，且恐不能经久”[338]，因此将海墁全部改用新砖❹，自下至上依次采用素土1步、灰土2步❺、新砖2层。城顶外侧修建5.5尺（合1.74米）高的垛堞，城顶内侧用沙滚砖增砌2.5尺（合0.79米）高宇墙1道[327]（图6–8）。

（4）对四门月城和瓮城的12座城台进行修筑，将城台外墙和券洞处的城砖拆卸替换后全部重新包砌，将城台券洞内损坏的海墁石和甬路进行了修理。

清代西安城垣设四门，每门建有闸楼、箭楼、城楼各1座，这些楼阁的下部皆设有外砖内土的城台，并通过周边墙体围合成为封闭院落，闸楼与箭楼之间的院落为月城（亦称“里月城”），箭楼与城楼之间的院落为瓮城（亦称“外月城”），月城和瓮城在守城战争中能发挥重要作用。

❶嘉庆三年本《钦定工部则例》规定：“各省修建外砖内土城垣，城顶须砌海墁城砖，使雨水不能下渗，城身里面添设宇墙，安砌水沟，束水由沟顺流而下，以免漫流冲刷。”[195]卷四嘉庆初年颁布的这项规定实际在乾隆朝中后期就已逐步形成，毕沅对西安城垣采取新铺海墁、增设宇墙的做法，应与该规定存在联系。

❷清代工程中，1步土通常是指由厚度为7寸的疏松灰土（虚土）经两次分层夯筑所形成的厚度为5寸的实土[335]。

❸灰土亦称三合土，通常由黄土、石灰、沙子（也可不含沙）按比例混合而成。

❹城顶海墁与98座卡房改用新砖后，比原计划用砖量增加了4151560个[338]。

❺2步灰土厚度应为1尺（31.57厘米）。在维修西安城垣时发现城顶灰土层厚度为20~22厘米[333]99，约为1.5步（23.67厘米），与毕沅奏折中所称“灰土二步”[327]的厚度相比略薄。

❻原文作“城砖下口四进，上口八进，均计六进。”[327]然而，常见的砌筑方式是上段城砖进数少而下段进数多，这种上段8进、下段4进的特殊做法到底是记载有误还是有其他考虑，尚未可断言。

❼由足立喜六拍摄于1908年8月7日，当时他立于西安城垣永宁门（南门）西侧海墁上向东拍摄。

四门月城和瓮城的12座城台均为外砖内土结构，在整修前外墙砖块已松散酥堿，顶部并无海墁，内部土体多有臌胀，城台下部的五伏五券式门洞，由于城砖年久松散加之灰缝过宽，使拱券门洞存在坍塌的风险，而门洞内的海墁石和甬路也多已破损。

毕沅整修时，将四门共12座城台的外墙城砖（总长合计628.3丈）全部拆卸，将损坏的旧砖替换，并增加更多新砖（因横向砌砖进数增加）后重新包砌（图6–9），砌筑时下段向内砌4进砖，上段向内砌8进砖[327]❻，上下两段靠内的3进砖均采用拆下的旧砖[317]；在

图6–8　1929年时西安城垣安定门南段的城顶海墁及垛墙（来源：陕西省图书馆藏历史照片）

图6–9　内外均包砌城砖的西安城垣永宁门瓮城和月城❼（来源：足立喜六《长安史迹の研究》图版一八）

图 6-10　西安城垣永宁门月城处的垛墙和宇墙（来源：喜龙仁❶（Osvald Sirén）摄）

城台顶部新铺设海墁，并在城台外侧修筑垛墙，在城台内侧修筑宇墙（图6-10），使其外观与城垣主墙体相一致；对城台门洞位置的城砖，原计划将箭楼城台门洞的损坏处剔凿补砌，其余城台门洞则采用将城砖拆卸后替换部分新砖重新包砌的办法，但后来发现箭楼门洞城砖酥碱严重，于是改为将全部12座楼阁的城台门洞都采用后一种办法重新包砌[402]；对于各门洞内海墁石和甬路的破损处，毕沅也进行了专门修理，使洞内道路更平整。

将4座城楼、4座箭楼和1座魁星楼整体拆卸后更换新料重新搭建，将4座闸楼、4座角楼和4座官厅中的残损构件拆卸后换为新料，将98座卡房统一改为单檐硬山顶样式，增建马道门楼24座，修缮的建筑均按原有风格重绘彩画。

西安城垣的4座城楼（图6-5）和4座箭楼均为三重檐歇山顶建筑，体量较大，由于在最初建造时地基处未设置磉墩和拦土，因此当下部城台夯土逐渐松散后，上部建筑会发生不均匀沉降，继而导致了梁柱歪闪和屋檐塌陷，而这些建筑的木、砖、石等材料也因年久而大多朽坏或酥碱[327]。毕沅整修时，将城楼和箭楼的完全拆卸，先对建筑地基进行加固处理，布设磉墩和拦土[337]，再将已损坏的旧料替换为新料后重新搭建。

工程开展中，毕沅又发现位于南城墙东段建成于明万历四十八年（1620）❷的魁星阁也已残破不堪❸，出现了地基沉陷、

❶据叶公平先生考证，Osvald Sirén其人的汉文名（并非直接音译）应为“喜龙仁”而非目前常用的“喜仁龙”，其主要论据是民国十八年（1929）八月十日的内政部指令中称其为“瑞典人喜龙仁”，政府文件通常具有很高的严肃性和准确性，此外同时期许多著作中也采用“喜龙仁”之称[325]。笔者颇赞成此说，故在本书中一律写作“喜龙仁”。

❷明代王绍徽撰《创建魁星楼记》记载此事，详见陕西省图书馆藏康熙《咸宁县志》卷八《艺文》第58页。

❸从文献资料来看，魁星阁自明代建成至清乾隆时期，仅在清康熙三年（1664）由咸宁县知县黄家鼎进行过修善，百余年间并无楼毁新建之记载，这表明乾隆时的魁星楼很可能为明代原物。然而，康熙《咸宁县志》卷首《庙学图》中所绘魁星阁为三重檐四角攒尖顶建筑，与清末喜龙仁拍摄照片中的两重檐十字歇山顶造型有较大差异，若文献绘图无误，则意味着清代曾对魁星阁进行过外观改造。

图 6-11　西安城垣南城墙上的魁星阁及三学街口的木牌楼（来源：喜龙仁（Osvald Sirén）摄）

木料朽坏、墙身倾圮等问题[402]。作为西安城垣上唯一的非军事建筑，地处“巽”位的魁星阁是为了提振西安乃至三秦地区的文运，它与名震天下的西安碑林相邻咫尺彼此呼应，同为当时西安的文化象征。考虑到完整庄严的魁星楼形象在地方文化激励方面有着非凡意义，因此也采用整体拆卸后更换新料的方式进行了整修（图6–11）。

在整修前，城垣各月城处的4座闸楼（炮楼），梁柱已发生歪斜沉陷，屋檐破损坍塌，木料多有糟朽，砖瓦也出现酥堿[326],[327]；城垣四角的4座角楼，立柱出现歪闪，屋檐破损，土坯墙大半坍塌[326]；各门城楼附近设置的供巡城长官使用的4座官厅，也存在立柱多已歪斜朽坏的情况[327]。尽管闸楼、角楼和官厅存在的问题虽多，但整体结构尚无大碍，因此修缮时并未将建筑整体拆卸，而是将出现问题的构件进行局部拆卸后替换为依照工程做法制作的新料。

分布于各敌台上的98座供兵丁守城之用的卡房，原为面阔三间的二重檐歇山顶建筑，一层内侧及山墙三面设柱廊，墙体外部包砖，内部为土坯。由于年久失修，卡房基本全部倾圮，房内木构件也多已糟朽无法使用。毕沅整修时，考虑到卡房损毁过甚，几乎与重建无异，而目前的卡房由于有两层且外部设柱廊，易遭敌军火器攻击而毁坏，因此对卡房外观进行了改造，全部改为面阔三间的单檐硬山顶样式，并将原有柱廊改为砖砌封护墙（前檐墙上设4个方形炮眼，两侧山墙上各设2个方形炮眼）。原计划将旧砖全部拆卸，将损坏的部分旧砖替换为新砖后重新包砌在外墙，后发现旧砖损坏过多，于是将所有拆下的旧砖移至卡房内墙包砌，卡房外墙全部改用新砖包砌❶。毕沅认为这样“不但可以经久，并足以壮观瞻”[338]。

此外，西安城垣原有的登城马道并未设置门楼，可直接由城内登城，这不利于城垣的安全管理，因此对全城24条马道各增设门楼1座[327]，门楼为单檐硬山顶（图6–7），常年驻兵把守。

以上各类建筑在修缮完成后，由于更换了新木料，为保证新料上鲜艳的油彩与旧料上暗淡的油彩外观相统一，于是将所有构件按照原有样式重新施绘油彩❷。目前安定门城楼内檐彩画（图6–12）绘制于乾隆时期，但仍保持着清初期的彩画风

❶卡房、官厅和海墁等处都因这种原因而改用新城砖，这使得新砖用量比预计增加了4151560个。

❷何裕城在乾隆五十年（1785）四月二十九日提交的奏折（中国第一历史档案馆藏，档号04-01-37-0041-011）中提到，本次西安城垣工程的材料包括木、石、砖、瓦、灰斤、颜料，颜料的大量使用表明建筑物曾被大面积重施油彩。

图 6-12　西安城墙安定门城楼内檐清代彩画（来源：笔者摄）

格[1]，颇为难得，特别是额枋等构件上施一字枋心雅伍墨旋子彩画，寓意“天下统一”，与城垣本身的功能及特质相符。

总体来看，毕沅对西安城垣的整修，自乾隆三十九年（1774）至乾隆四十年（1775）的第一项工程，共计拓宽加深城濠1道，周长约4500丈（约合14206米），疏浚城濠供水渠2条（龙首渠和通济渠）；自乾隆四十六年（1781）十二月至乾隆五十一年（1786）九月的第二项工程，共计整修木构建筑143座（其中修缮21座、改造98座、新建24座），整修马道17处（分单双坡，共计23条）、城台12座，增设排水槽205处，包砌砖体面积52924.55平方丈（折合527480.41平方米）。这两项工程的实施一定程度上改变了西安城垣的外观，显著增加了城垣的耐久度和防御力。工程中涉及的各类信息详见表6-5、附表13、附表14。

[1] “西安城墙安定门城楼内檐彩画修缮工程”已于2014年由国家文物局批复立项，但彩画颜料未进行测年，实有遗憾。以往学者推断西安城墙安定门（西门）城楼内檐彩画为明代所绘。但笔者认为，既然毕沅曾明确记载各城楼是“全行拆卸”，那么更换后的木料按当时惯例需要重新施油彩，因此，定门内檐彩画的绘制年代不应早于乾隆中期，由于绘制彩画时保持了原有样式，故呈现出明末清初的彩画风格。另外，毕沅记载在整修时为各城楼地基新添了磉墩和拦土（整修前并无），而目前在安定门城楼一层地面下甚至廊柱下都发现了拦土，证明城楼曾被整体拆下，否则无法处理地基。这也可作为旁证证明安定门城楼内檐彩画绘制时间不早于乾隆中期。

毕沅时期整修西安城垣信息一览（来源：自制❶）　　表 6-5

对象类别	数量或尺寸	原外观样式	残损情况	修缮办法	估算经费（两）	外观样式
城濠（护城河）	环城1周	深3丈、底宽8尺、周长约4500丈	河道有所淤积	将城濠深度增加0.4丈，河底宽度增加2.2丈，将龙首渠、通济渠与城濠之间的水系疏浚。经疏浚拓宽后城濠深3.4丈、顶宽6丈、底宽3丈、周长约4500丈	8000余（乾隆三十九年疏浚）	1908年时永宁门外城濠（足立喜六摄）
第一项工程合计	第一项工程：自乾隆三十九年（1774）至乾隆四十年（1775），共计拓宽加深城濠1道，周长约4500丈（约合14206米），疏浚城濠供水渠2条（龙首渠和通济渠）。				实费总银数：8000余两	
各城门正楼（城楼）	4座	面阔七间，周回廊三重檐歇山顶，建于城台券洞上，原在券上筑打素土，未设拦土磉墩	因城楼下部夯土年久松散导致地基不均匀沉陷，使柱木、梁、檩等构件错位歪闪，屋檐坍塌。另外各类木构件多有糟朽，石料及砖块酥碱，瓦片损坏	全部拆卸后，拣选旧木料可用者使用，不足者替换为新木料，依照工程做法重新建造	138436.798	1908年时的安远门正楼（鲍希曼摄）
各城门箭楼（库楼）	4座	面阔十一间，三重檐歇山顶，后檐设廊，前檐及两山面设方形炮眼				清末永宁门箭楼（梅荫华摄）
各城门炮楼（闸楼）	4座	面阔三间，单檐五檩悬山顶	柱木歪斜，头停破坏，木植糟朽，石料砖瓦酥碱破损	将损坏构件拆卸后，替换为新木料，依照工程做法重新建造	4838.686	清末永宁门悬山顶闸楼（梅荫华摄）

❶表内信息根据德成、毕沅《奏报遵旨会勘城垣估计钱粮事》（乾隆四十七年三月初六日）的奏折[327]以及乾隆《西安府志·建置志上·城池》、嘉庆《长安县志·土地志上》、嘉庆《咸宁县志·地理志》等文献整理而得，其中城顶海墁总周长无明确记载，以乾隆《西安府志》中记载的城垣周长4302丈[253]158为依据补充。

续表

对象类别	数量或尺寸	原外观样式	残损情况	修缮办法	估算经费（两）	外观样式
角楼	4座	西北、东北、东南三座角楼平面为正方形，二重檐十字脊；西南角楼平面为八角形，二重檐八角攒尖顶。墙体均为土坯砌筑	柱木走闪，屋檐损坏，土墙因年久松散而坍塌严重	将损坏构件拆卸后，替换为新木料，依照工程做法重新建造	4972.711	 1921年时的西南角楼（喜龙仁摄）  1983年复建的西北角楼（笔者摄）
卡房（铺楼、卡楼、敌楼）	98座[1]	面阔三间，二重檐歇山顶，一层内侧及山墙三面设柱廊，墙体均为土坯砌筑，外墙包砖，内墙为土坯面	基本全部倾圮。柱木椽檩多已糟朽，下檐内两山面及回廊大半坍损，土墙因年久松散而坍塌严重	全部拆卸改造，依照工程做法修理。改为面阔三间，单檐硬山顶，将原有柱廊改为封护墙，前檐墙上设4个方形炮眼，两侧山墙上各设2个方形炮眼。拣选旧木料可用者使用，不足者添置新木料。将原有外墙旧砖移至内墙，外墙增砌新砖	11373.188	 1908年时的安远门卡房（鲍希曼摄）  1921年时西南角楼北侧敌台上的卡房（喜龙仁摄）

[1]《明清西安词典》[332]43和《西安城墙·建筑卷》[333]18两书认为，西安城垣上建有94座卡房（敌楼）和4座官厅，应当是将嘉庆《长安县志》和《咸宁县志》提及的敌楼数量相加后得到此结论。然而，德成、毕沅的奏折内明确提到有卡房（敌楼）98座和官厅4座，表明两者应是独立关系，另有光绪十九年（1893）绘《陕西省城图》中记载"敌楼九十八"可为旁证。官厅在当时奏折中亦称"看守楼座官厅"，且数量4座恰好与4座城门对应，结合鲍希曼、足立喜六、喜龙仁、格拉夫·楚·卡斯特等学者拍摄的照片，笔者发现官厅位于各门城楼一侧的基座上，永宁门官厅位于城楼东侧，安定门官厅位于城楼南侧，安远门官厅位于城楼西侧，长乐门官厅位于城楼南侧，各官厅距离城楼5~15米不等。

续表

对象类别	数量或尺寸	原外观样式	残损情况	修缮办法	估算经费（两）	外观样式
官厅	4座	面阔三间，单檐硬山顶，前檐墙上正中设方形窗洞1个	立柱多已歪斜朽坏	将损坏构件拆卸后，替换为新木料，保持原样依照工程做法重新建造	11373.188	 1908年时的安远门官厅（鲍希曼摄）  1933年时的长乐门官厅（楚·卡斯特摄）
各门正楼城台	4座	内为夯土，外用糙砖包砌	外墙墙身砖块松散酥碱，砖块间灰缝过宽，内部土体臌胀。所有门洞内的海墁石和甬路均已破损	将城台外墙城砖全部拆卸并把其中损坏的旧砖替换为新砖后重新包砌，下口砌四进砖，上口砌八进砖。对各门洞内的城砖、海墁石和甬路出现问题的部分进行修理	138430.892	 1933年时的安定门城楼城台（楚·卡斯特摄）
各门箭楼城台	4座	内为夯土，外用糙砖包砌	外墙墙身整体尚属坚固，券洞砖块部分脱落，墙面部分砖块松散酥城，内部土体部分臌胀	将城台外墙城砖全部拆卸并把其中损坏的旧砖替换为新砖后重新包砌，下口砌四进砖，上口砌八进砖。各城台门洞原定将损坏处剔凿补砌，后改为将城砖拆卸后全部替换为新砖包砌		 1933年时的安定门箭楼城台（楚·卡斯特摄）
各门闸楼（炮楼）城台	4座	内为夯土，外用糙砖包砌	外侧墙身城砖出现酥碱，券洞位置城砖灰缝过宽且出现酥城	将城台外墙城砖全部拆卸并把其中损坏的旧砖替换为新砖后重新包砌，下口砌四进砖，上口砌八进砖。对各门洞内的城砖、海墁石和甬路出现问题的部分进行修理		 清末永宁门闸楼城台（梅荫华摄）

续表

对象类别	数量或尺寸	原外观样式	残损情况	修缮办法	估算经费（两）	外观样式
魁星阁（魁星楼）	1座	面阔三间，二重檐十字歇山顶，带周回廊	原本未计划修缮，后经勘察发现建筑地脚沉陷，木植糟朽过多，墙身多处坍塌损坏	全部拆卸后，拣选旧木料可用者使用，不足者替换为新木料，依照工程做法重新建造	经费合并计算（最初未计划修缮，后与东、西、北三面箭楼城台一并修葺，共花费18558两）	 1921年时的魁星阁（喜龙仁摄）
主城及炮台、角台外侧墙身	总长4958.1丈（应拆修者总长4492.8丈）	内为夯土，外用砖包砌，墙体下部不设石质地基	墙身砖块糟碱臌闪，因无石质地基导致墙体多处沉陷	墙体下部添设围屏石一层，上砌城砖，下口九进，上口五进，旧砖拣选二进，均添新砖五进。 墙内夯土体经铲刨和缩蹬后均宽九尺，筑打素土，上砌排垛，墙高五尺五寸，灰砌城砖。除旧料拣选抵用外，应添新砖石等项，墙体总长4958.1丈，其中应拆修者总长4492.8丈、均高3.65丈（面积16398.72平方丈）	774680.89	 1921年时永宁门西侧月城（喜龙仁摄）  1933年时的西北角台（楚·卡斯特摄）
里皮墙身	总长4097.8丈	素土夯筑未包砖	夯土墙体遭雨水冲刷而有部分坍塌	将城心夯土铲刨缩蹬后挎板帮筑，并每隔数十米新修一处水簸箕（排水道两侧砌筑城砖，底部铺青石衬脚，上部安装押面石和沟嘴石），全城共计205处。 墙体总长4097.8丈、均高3.55丈（面积14547.19平方丈）	151422.054	 挑水槽（即沟嘴石）现状（笔者摄）  排水槽（水簸箕）现状（笔者摄）

续表

对象类别	数量或尺寸	原外观样式	残损情况	修缮办法	估算经费（两）	外观样式
城顶海墁	总长4302丈	素土夯筑无海墁	夯土墙体遭雨水冲刷而渗漏、变形，破坏区域下达城墙根部	原计划海墁自下至上依次为灰土2步、旧砖2层、灰泥背1层、新砖1层，后因旧砖损坏严重而改为全用新砖，自下至上依次为灰土2步、新砖2层，海墁顶靠城内侧用沙滚砖增砌2.5尺高宇墙1道。 海墁总长4302丈、宽4.7丈（面积20219.4平方丈）	190754.573	 1929年时的安定门南侧城顶海墁（陕西省图书馆藏历史影像）
四门里外月城墙体	总长628.3丈	内为夯土，外用砖包砌	砖块糟槭坍塌，土牛冲汕，券洞臌闪坍塌	将墙面城砖全部拆卸后把损坏的旧砖替换新砖后重新包砌。 墙体总长628.3丈、均高2.8丈（面积1759.24平方丈）	151215.403	 外月城现状（笔者摄）  内月城（瓮城）现状（笔者摄）
四门马道	11处（11条，未含东门月城南马道）	素土夯筑未包砖	仅存部分土基，且有所损坏	重新对素土进行夯筑，并用从其他处墙体上拆卸下的旧砖全部进行包砌。 全城24条马道总长约236丈（合745.05米），后东门月城南马道未整修		 1933年时的长乐门城楼北侧马道（楚·卡斯特摄）

续表

对象类别	数量或尺寸	原外观样式	残损情况	修缮办法	估算经费（两）	外观样式
中心台马道	6处（12条）	素土夯筑未包砖	仅存部分土基，且有所损坏	重新对素土进行夯筑，并用从其他处墙体上拆卸下的旧砖全部进行包砌。全城24条马道总长约236丈（合745.05米），后东门月城南马道未整修	151215.403	20世纪80年代的中心台马道（西安市文旅局提供历史影像）
马道门楼	24座		无	新建造，其中部分建筑材料来自其他处拆卸的旧料	151215.403	1936年时的安定门城楼南侧马道及门楼（毕敬士摄）
第二项工程合计	第二项工程：自乾隆四十六年（1781）十二月至乾隆五十一年（1786）九月，共计整修木构建筑143座（其中修缮21座、改造98座、新建24座），整修马道17处（分单双坡，共计23条）、城台12座，增设排水槽205处，包砌砖体面积52924.55平方丈（折合527480.41平方米）				原估总银数：1566125.195两 实费总银数：1595576.038两	

5．毕沅整修西安城垣的历史意义及影响

毕沅在12年间先后两次对西安城垣进行整修，共计拓宽加深城濠1道，疏浚水渠2条，整修木构建筑143座、马道17处、城台12座，增设排水槽205处，包砌砖体面积52924.55平方丈，两次工程实费银数总计160.358万两，工程规模之大及耗资之巨在清代历史上屈指可数，其历史意义和后续影响均颇为显著，可归纳为以下6点：

（1）进一步塑造了西安作为西北重镇的庄严形象，充分起到彰显国力、威服西陲、团结藩属、震慑寇匪的作用，也为往来士民商旅提供了更强大的心理保障。

（2）显著延长了西安城垣的使用寿命并提升了其管理力度。通过墙体包砌城砖、更换建筑材料、疏导排水等方法大大延缓了城垣墙体和建筑物的风化朽坏速度，通过设立马

道门楼增强了城垣的管理力度，使民众不能随意登城取砖。这些都对城垣的后续保护产生深远影响。

（3）通过拓宽护城河、加固城身、改造卡房形制等措施提升了西安城作为军事重镇的防御能力，使它在民国的战争年代未曾被攻陷，间接地庇护了城内的大批古迹。

（4）出于节约成本之目的将拆卸的旧料重复使用，无意中保留了清代早期甚至明代的建筑材料（夯土、城砖、木构件等），为现代考古学研究提供了必要的物质资料。

（5）设立城工总局宏观调度和采用“分段包干制”的方法为后世工程管理提供了有益借鉴。在城垣工程现场设立专门用于储存和管理钱粮物料并负责调度协调的临时机构——城工总局；采用县级官员分段承包并将工程质量与官员业绩考核挂钩的办法。这些方法提高了大型工程的资金物料监管、施工人员激励、工程经验传递以及抵抗风险等多方面能力，可供后世参考和学习。

（6）此外，西安城垣整修工程也产生了部分负面影响，毕沅为筹集西安城垣修筑的巨额费用而在田赋之外增加平余银，虽带有政府集资完成公共事务的性质，但由于继任官员在竣工后并未取消该项税收，遂转为民众之苛捐。

第七章

毕沅对其他类型古迹的保护及整修

毕沅在陕西任职期间，除修缮陵墓、坛庙、城垣外，还对不少其他类型的古迹进行了保护。这些古迹在当时并无明确的保护制度，基本均按照毕沅的个人意愿开展保护或修缮工作，属于带有偶然性的个案而非制度化的类案。以下选取西安碑林、崇圣寺、灞桥这3项较有代表性的案例进行论述，分别涉及文教场所、寺观、古桥梁等不同类型的古迹，以期对毕沅开展的保护活动有更全面而深刻的理解。

一、毕沅对西安碑林的保护及整修

1. 西安碑林概况

“碑林”是对金石碑刻汇集场所的泛称，中国知名度最大、碑刻数量最多的一处碑林无疑当属西安碑林（图7-1），它位于陕西省西安市碑林区文昌门内（地理坐标108.95°E，34.25°N），占地约2.68万平方米❶，目前藏有汉代以来的各类碑石3000余件。

西安碑林的格局并非统一设计规划，而是在历史长河中逐渐形成，其数量众多的金石碑刻藏品也是经过历代不断扩充后才达到今日之规模。西安碑林形成的最初缘由，与唐代石台孝经和开成石经有着密切的联系。唐玄宗天宝四年（745），由玄宗亲自作注、隶书题写的《孝经》及序文，被刊刻在由四块石板拼合的方柱形石碑上，史称“石台孝经”；唐文宗时将《周易》《尚书》《毛诗》《礼记》等12部儒家经典以及《五经文字》和《九经字样》刻在石上，于开成二年（837）刻成，共114块（皆双面刻经），总计160卷650252字[366]360-361，史称“开成石经”（附图6）。石台孝经和开成石经都保存在当时的国子监内，作为官方版本的儒学经典供人阅读和拓印。据路远先生考证，这两部珍贵的石经共历经三次搬迁，第一次搬迁是在唐天祐元年（904）至天祐二年（904）期间，由韩建“缩建长安城，将原在郭城务本坊而当时已处于新城之外的国子监及其中唐石经的一部分，迁于新城内原尚书省之西隅”[357]63，数年后刘鄩在尹玉羽劝诱下“又将其余石经迁置于城内同一地点”[357]63；第二次搬迁是在北宋元祐二年（1087）由吕大忠将石经迁置“府学之北墉”[357]63；第三次搬迁是崇宁二年（1103）虞策将文庙、府学及石经“由‘府城之坤维’，迁建于‘府城之东南隅’，即碑林现址”[357]63。自此以后，围绕这些唐代石经，陆续有其他金石碑刻被放置保存在其附近，逐渐形成

❶此处指西安碑林博物馆北扩前的面积，该区域南部为西安文庙（面积约1.31万平方米），如仅计算碑林（自文庙大成殿以北区域）的面积则为1.37万平方米。

图 7-1　西安碑林核心区域现状鸟瞰[1]（来源：惠西鲁主编《空中看西安》第 50 页，红字标注为笔者所加）

碑林的格局和规模。明清时期碑林亦被称为“碑洞”，雍正《陕西通志》、乾隆《西安府志》均将其列入“学校志”，《关中胜迹图志》则将其收录于“唐国子监”条下。可见当时人并未将群碑汇集的碑林当作一处独立的古迹，只是视作府县“三学”（西安府学、长安县学、咸宁县学）的附属。

自宋代到民国的八百余年时间里，碑林及其相关的文庙、“三学”经历过多次整修，可考者达40次之多，包括金代4次、蒙古国至元代8次、明代11次、清代15次、民国2次，其中明确记载是专门整修碑林的共计14次，包括金代2次、元代4次、明代3次、清代4次、民国1次[2]。毕沅于清乾隆三十七年（1772）主持的碑林整修工程对碑林保护所做的贡献较为突出，该工程也奠定了碑林今日的基本建筑格局。

2．毕沅整修西安碑林始末

乾隆三十六年（1771），毕沅幕宾、时任候补通判的庄炘[3]经过考察发现陕西碑刻遗存的数量与史书所载相去甚远，往往不及后者的十之二三[4]，即使保存在各地府学、县学的碑刻，也常由于无人看管守护，而导致遭到破坏，因此庄炘满怀忧虑地向时任陕西布政使的毕沅提议，称西安府学后的碑林房屋

❶照片所拍摄的是碑林核心区域，该地块西侧还有1963年建立的石刻艺术室，东侧有2010年建成的石刻艺术馆。为进一步提升文化遗产保护和管理水平、提升城市功能、改善群众生活，2019年起，在政府推动下西安碑林博物馆改扩建工程项目正式启动，对碑林博物馆周边道路及房屋进行改造，改造后碑林博物馆的空间格局、占地面积、具体功能都会发生一定变化。

❷本自然段内所列数据根据路远《西安碑林史》[357]一书中表二、表五、表七、附录一整理统计而得。

❸庄炘（1735—1818），江苏武进人，学问精详，与严长明等人共同编纂《西安府志》，还在毕沅修筑西安城垣时发挥重要作用。

❹“关中固历代京邑，石刻号为繁富。余往岁入秦，所至之地，故宫墟墓，浮图寺观之属，其遗刻仅有存者，必摩挲审视，将以考见古人之立事立功，若或遇之。然按籍以求，无论郦元所载，如龙门石室诸碑，渺不可见，即欧、赵、洪、薛以及陈思之《宝刻丛编》所论列者，亦什不一二。”[357]575

年久失修，碑刻无人管理，很可能遭受毁坏的风险❶，而此时碑林的保存情况确实堪忧，据卢文弨描述：“数十年前，有人从长安来，叩之，则大率在榛莽中，雨淋日炙，不加葺治，甚且众秽所容，几难厕足。盖未尝不慨然兴叹也。”[205]叙作为金石学家的毕沅深知此事关系重大，闻听庄炘之言后“瞿然顾虑，遂命葺治”[357]585。他利用政务之暇来碑林考察时，发现开成石经在内的不少重要碑刻都仆倒在污泥荒草之中[205]71，深感整修碑林的重要性。于是，毕沅在乾隆三十七年（1772）开始对碑林进行整修，工作主要集中在碑石收集及清理、碑石分类及筛选、建筑修缮、房屋及设施增建等方面。不到一年时间整修工程即告完成，距上次候补知县徐朱爔❷于康熙五十九年（1720）整修碑林已过去约五十年之久。毕沅还为碑林内碑石的管理和捶拓制定了较严格的制度。

十年后的乾隆四十七年（1782）二月初四日❸，时任陕西巡抚的毕沅来到文庙，亲自主持祭孔典礼，典礼之后，毕沅与众幕友来到文庙后的碑林参观。乘观碑之兴，毕沅与严长明、张复纯、钱坫、洪亮吉、孙星衍共同创作了《开成石经联句》[147]997–999长诗一首，并由吴泰来作序。同年，毕沅著成《关中金石记》，该书中对碑林的历史及碑刻信息多有述及。乾隆五十年（1785）正月，毕沅在觐见乾隆皇帝时进呈“开成石经”墨拓本，被敕编入内府善本珍籍书库——《天禄琳琅》[206]7。另外，作为积极建言的庄炘，由于毕沅对此事高度重视和快速响应，使他更加确定碑林值得保护且有必要整修。33年后，庄炘又劝说西安知府盛惇崇共同出资并倡议士大夫捐款，重新修葺了碑林内的建筑物[357]584–585。

可以说，虽然毕沅整修碑林的时间不足一年，但他和幕府成员们始终关注着碑林及其碑石的保护工作。

3．毕沅整修西安碑林的六项举措

（1）发掘清理碑林内的碑刻，收集周边不易保存的碑刻并移入碑林。

明代关中大地震❹时，碑林中包括开成石经在内的许多碑石发生倒覆，经多年后逐渐为尘土所掩埋。清初曾有官员尝试将这些碑石全部归位，但未实现。毕沅来考察时，碑林已年久失修且几乎无人管理，他见到“经石及诸碑率弃榛莽，瞻顾悚息，复议兴修”[205]71。毕沅经仔细检查，发现珍贵的开成石经“失去十余石”[206]7而残缺不全，于是他“遍加搜剔，于颓垣败土中得之”[206]7，又命人将“旧刻之陷于土中者，洗而出之”[205]叙，使众多碑石恢复其本来面貌。毕沅“又以秦中碑版最多，萃而置之府学，俾毋散佚”[84]909，将附近收集到的许多碑石移入碑林，

❶“间以请巡抚毕公曰：顷游富平，见《李临淮神道碑》虽置学宫，而镵凿就尽，有峄山野火之厄。今碑林之在西安府学者，栋宇倾圮，古刻率委诸榛莽，将不为李碑之续乎？”[357]575

❷徐朱爔是时任西安府知府徐容的叔祖父。

❸祭祀孔子的“丁祭”之礼通常选在每年春秋仲月的“上丁日”，即二月初四日和八月初四日，而吴泰来所作的序中却记载其时为“正月上丁”，即正月初四日，疑月份记载有误。

❹顾炎武记载碑林内碑石“自嘉靖末地震，而记志有名之碑多毁裂不存，其见在者，犹足以甲天下。”[358]31关中大地震发生于明嘉靖三十四年十二月十二日，即公元1556年1月23日，为陕西地区历史上最大的一次地震，震心一说在渭南市华县，一说在渭南市潼关与蒲城之间，一说在山陕交界南部区域。《明史》记载：“三十四年十二月壬寅，山西、陕西、河南同时地震，声如雷，渭南、华州、朝邑、三原、蒲州等处尤甚，或地裂泉涌，中有鱼物；或城郭房屋陷入地中；或平地突成山阜；或一日数震；或累日震不止。河、渭大泛，华岳、终南山鸣，河清数日。官吏军民压死八十三万有奇。”[181]卷三十

数十年后的李保泰曾统计碑林石碑“共计一千四百余”[363]596，可见由毕沅清理收集的碑石颇多❶，也说明这项工作颇为浩繁。《清稗类钞》“毕秋帆立碑林”条记载：“西安圣庙碑林，乃乾隆时毕秋帆为陕抚时，搜集汉、唐诸碑碣，汇立于此，故曰碑林。”[82]4439清末人们竟误以为碑林是毕沅抚陕期间所创立，尽管这种民间传闻并无历史依据，却从侧面反映毕沅整修碑林和收集碑石对当时及后世的影响之大。值得一提的是，毕沅编写的《关中金石记》一书介绍了碑林石刻64种，并对重要碑刻进行了历史考辨和价值发掘，如目前仍保存于碑林的伪齐阜昌七年（1136）石刻《禹迹图》和《华夷图》❷（见附图7及附图8），是中国现存最早的全国舆地总图，在地图学史上意义非凡。这两图最早在顾炎武《金石文字记》中被提及[366]407，但未加考述。毕沅在《关中金石记》中介绍此两图并首次考察其渊源[205]152–154，其后学者们遂逐渐关注两图的价值且大多沿袭毕沅之说进行论述，这充分反映出毕沅眼光之独到和古迹保护意识之强。

（2）修缮原有建筑物，增建敬一亭（五开间）、西碑廊（五开间）、东碑廊（五开间）、四角攒尖顶小亭、御碑堂（五开间）、明清碑廊（三开间）等房屋。

在毕沅整修前，碑林内自南向北依次有石台孝经亭（图7–2）、十三开间的唐宋杂碑碑廊、四十五开间的环形十三经碑廊、十三开间的孟子碑廊❸（中部门廊三开间，左右碑廊各五开间）。毕沅对于这些原有建筑“堂庑之倾圮者，亟令缮完”[205]叙。

❶1908年日本人足立喜六所统计的碑林碑石共667方[267]279，明显少于李保泰所统计之数，推测足立喜六未将数量众多的明清碑刻完全列入；而据黄炎培记载1935年时碑林“有碑石四百九十四种，一千四百二十四方。最古者北魏造像四方，最近则清八百七十方，民国以来二十五方，其次多者，唐三百十一方。”[364]55若除去民国碑石和新移入的碑石之数量，则仍略少于李保泰所记之数。

❷这两幅图分刻于同一块石碑的正反两面，《禹迹图》反映的是宋朝疆域山川形势，采用“计里画方”的方法绘制；《华夷图》反映的是宋朝疆域山川及周边国家的形势，旁列外国国名百余种。从常盘大定所绘之图（图7–8）来看，镌刻这两图的石碑在清代时置于敬一亭西侧廊内。关于这两幅图的深入研究，可参见辛德勇先生的论文[365]。

❸西安碑林所存《重修碑亭碑记》记载康熙五十九年（1720）修缮时“先修十三经碑亭四十五楹，次孟子碑亭十三楹，次杂碑一十三楹，以御书孝经殿其后。”[357]568

图7–2　石台孝经亭外景（左）及内景（右）（来源：左图摄于1936年，引自毕敬士（Claude L. Pickens）《毕敬士牧师中国穆斯林特藏》（*Collection on Muslims in China*）42–3，红色文字标注为笔者所加，右图摄于1914年，引自谢阁兰（Victor Segalen）《谢阁兰的中国考古摄影集》AP57/ESTNUM-M740）

考虑到碑林内碑石日益增多，毕沅“每饬有司增亭建立，勿为风雨所侵，亦勿令有仆之患。”[258]205他命人在孟子碑廊北侧区域的东、西各新建五开间的碑廊1座，东碑廊墙壁上镶嵌隋唐时期墓志铭及塔铭共计10块[339]解说第九卷第16–17页，西碑廊墙壁上镶嵌的主要是明清小碑若干，著名的《禹迹图》（碑阴为《华夷图》）石刻则竖立于西廊北端地上[339]解说第九卷第17页，东西碑廊围合的庭院中新建四角攒尖顶小亭1座，内未置碑；在东西碑廊北新建敬一亭❶（名为亭，实为五开间堂屋形制），用以放置明万历年间刻制的敬一箴❷、淳华阁法帖、明嘉靖圣谕碑、明崇祯御笔碑等众多石刻，正中的龛内陈列孔子像；在敬一亭北侧增建五开间的御碑堂，用于陈列康熙御书石刻、康熙宸翰碑、果亲王书《孔子像》碑❸等石刻；在敬一亭西侧空地上新建三开间的碑廊，存放明清碑刻30余方[339]解说第九卷第18页（图7–3）。《西安府志·学校志》引《陕甘资政录》记载：“为堂五楹，恭奉我朝列圣御书贞石。南为敬一亭，又南建庭并左右廊庑数十楹，砌置开成石经及宋元以前碑版，又南置石台孝经。以上屋宇并周以阑楯，其锁钥有司掌之，帖估不得恣意摹榻，庶旧刻得以垂诸永久。至明代及近人碑刻则汰存其佳者，别建三楹，于敬一亭之西为之安置，兼以资拓工口食焉。”[253]345在毕沅整修后，碑林内“回廊曲榭，挨次比肩，庶考古者得以有所观览也。”[258]205

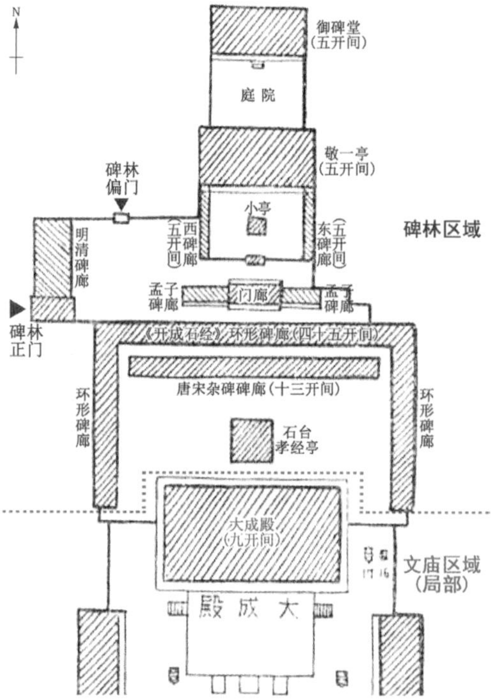

图7–3 毕沅整修后的西安碑林平面布局图（来源：底图为常盘大定1920年所绘，引自《支那文化史迹·解说》第9卷第7页，彩色文字标注为笔者所加）

明清时期不少官员附庸风雅，各处求访古碑并无偿驱使当地居民制作拓本，民不堪其扰，故凿毁碑石以避驱使，导致许多珍贵碑刻被破坏，顾炎武曾揭露此现象并深感痛心❹。在清代，这种风气愈演愈烈，因此将碑刻集中保存、统一管理是非常必要的。碑林房屋的修缮和增建，为更多重要碑刻移入碑林提供了必要的空间条件。经毕沅改造后的碑林基本格局和建筑外观形式，一直保持到1937年碑林重修之前，长达160余年之久，期间仅在道光四年（1824）于明清碑廊东侧增建八角攒尖顶碑

❶此亭明代就已存在，然似毁于清初。

❷明嘉靖皇帝曾撰写《敬一箴》，其内容是劝导士人崇奉孔子之道，他要求天下学宫供奉《敬一箴》石刻，因此明代后期的各地文庙内几乎都有敬一亭。

❸《孔子像》碑为雍正十二年（1734）果亲王允礼护送达赖喇嘛回藏时途经碑林所立，碑高293厘米，宽114厘米，今陈列于碑林第四展室内。

❹顾炎武称：“余行天下，所闻所见如此者多矣，无若醴泉之最著者。县凡再徙，而唐之昭陵去今县五十里，当时陪葬诸王公主功臣之盛，墓碑之多，见于崇祯十一年之志，其存者犹二十余通，而余亲至其所，止见《卫景武公》一碑，已刻其姓名。土人云，他碑皆不存，存者皆磨去其字矣。夫石何与于民，而民亦何雠于石？所以然者，岂非今之浮慕古文之君子阶之祸哉！”[358]31

亭一座[1]，安置前一年出土于富平的唐代于孝显碑。1908年足立喜六考察后称：“现在碑林之设计与屋宇，悉毕沅当时之遗楷也。俟后虽屡加修理，惟仍保持乾隆时代之旧态”[267]279。1937年重修后，拆除了唐宋杂碑廊以及东西碑廊庭院内的四角攒尖小亭，改建了开成石经展廊（即第二陈列室），并增建了第六、第七、第八陈列室和储藏室（图7-4）。

[1] 此亭及亭内《大唐濮阳县令于孝显碑》的相关历史影像可参见《谢阁兰的中国考古摄影集》AP54/ESTNUM-M737和《支那文化史迹》IX-29（2）。该碑背面刻有陕西巡抚卢坤（1772—1835）对该碑出土及移入碑林的相关记述。

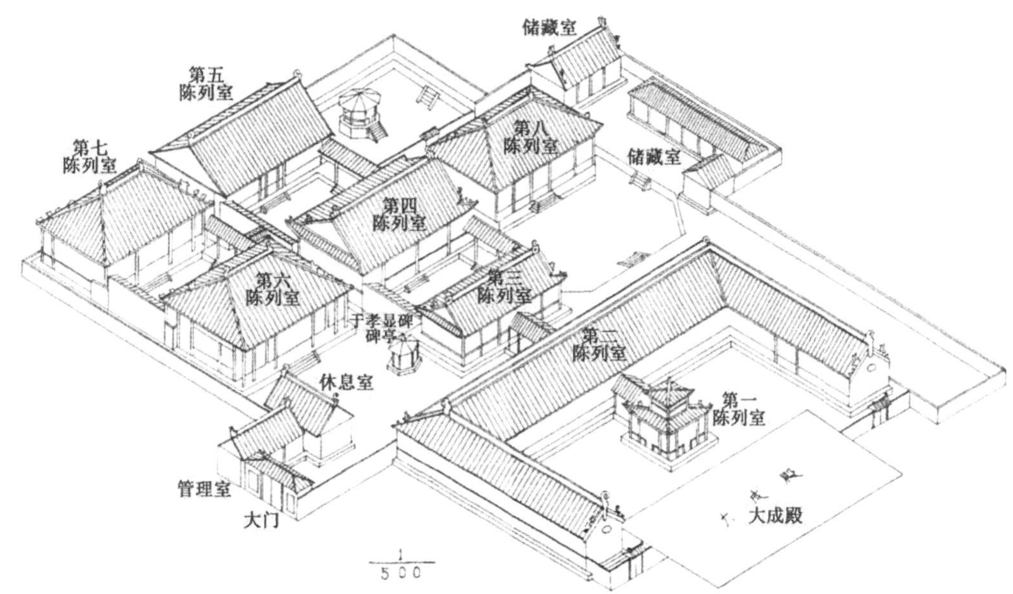

图 7-4　1937 年整修后的碑林格局（来源：刘东平据碑林旧档案重绘《西安碑林鸟瞰图》，转引自路远《西安碑林史》第 328 页后插图，红色标注为笔者所加）

（3）对碑石分类、分级后分区安置，将开成石经（图7-5）正确排序。

毕沅“持节关右，释奠伊始，询访古刻，见下宇倾圮，植石零落，顾瞻怵息。旋于榛莽锼会，复得遗刻数十方。爰议修建堂庑，排比甲乙，分植其间，用以侈锡方夏，垂示永久。”[147]997“遂取石经及宋以前者，编排甲乙。”[205]71在毕沅整修之前，碑林内的碑石尚未进行有效分类和定级，只是简单地集中存放。毕沅以“开成石经多失其故，第复一一加以排比”[205]叙。开成石经作为唐代保存下来的完整经书载体，是经学、金石学、书法学方面极重要的见证物，在历史和文化上的价值无可估量。将开成石经重点关注和特别

图 7-5　1907 年时陈列于碑林环形碑廊内的开成石经（来源：沙畹（Edouard Chavannes）《北中国考古图录》（*Mission archéologique dans la Chine septentrionale*）NO.1012）

对待，表明毕沅有着清楚的价值判断。除开成石经外，明万历十六年（1588）为石经补字而新刻96石（17石为双面，共113面）[359]，清康熙三年（1664）贾汉复补刻《孟子》17石[345]193（均为圆首方碑），皆与开成石经关系密切。毕沅将石经补字96石与开成石经放置于同一碑廊内❸，而将《孟子》17石放置于开成石经碑廊北侧数米的碑廊内，皆按照经文内容排列整齐。这样既保证珍贵的开成石经免遭大规模搬移，又能将存在紧密联系的一系列石刻就近集中安置，便于研究和管理。直到今日碑林内的这些石碑仍然基本保持原来位置❹。毕沅集金石学家和官员于一身，他既懂得碑石的历史文化价值，又能够利用主持修整工程的特殊身份确保其整修思想得以顺利贯彻实施。碑石分级和排序的工作（图7–6～图7–8）看似简单实则意义深远，它使得人们能更清晰地认知碑林的碑石，也便于明确碑石保护的优先级别。

（4）由陕西巡抚衙门直接管理碑林，为碑石建立木质栅栏和木门进行保护，指定专人按时启闭。

毕沅将碑林视为公共财产，认为保护之责任当由政府承担，因此将其交由陕西巡抚衙门直接管理[267]278，正门也不轻易开放（图7–9）。1920年时关野贞记载："第六幢建筑❺的南侧有一门，它是碑林唯一的正门，平日紧闭不开，由官署监督。"[339]解说第九卷第18页为避免碑石在冬季沾水结冰后受损，毕沅又规定每年冬季三个月间完全封闭禁止参观[267]278，使碑林的保护正式纳入到政府管辖范围之内。此前，碑林内许多珍贵碑刻可以轻易触摸，难免有好事者对碑石随意刻画造成破坏，毕沅"于

图7–6　1906年时的唐宋杂碑碑廊内西侧❶（来源：常盘大定、关野贞《支那文化史迹》IX–12）

图7–7　1908年时的唐宋杂碑碑廊内东侧❷（来源：足立喜六《长安史迹の研究》图版一四九）

❶由日本学者关野贞拍摄于日本明治三十九年（1906）11月。结合足立喜六《长安史迹の研究》图版一五〇，可辨识出照片中左列碑刻左起五方碑依次为唐大达法师玄秘塔碑（碑阴书"纲纪重地"）、唐大智禅师碑、梦英篆书千字文碑、唐道因法师碑、唐多宝塔感应碑，右列最右端碑刻推测为大唐三藏圣教序碑。

❷右起分别为宋复刻峄山碑、明左思明书梅花堂碑、唐隆阐法师碑。

❸关于毕沅将石经补字96石具体放置于何处尚无准确文献记载，但据常盘大定所绘1920年时碑林平面图（图7–8）所见，碑林内主要碑刻皆标明位置，独不见数量众多的石经补字，除了陈列开成石经的回廊外再无合适空间存放如此多的碑石；另据1936年《整修西安碑林计划书》称："第三区完全陈列开成石经，分为左右两室及两庑，共二百四十余石，下有石座，上有石顶，排列尚属整齐，谅为宋明之旧。"[367]其中所言"宋明之旧"的明代碑石无疑是指石经补字96石，否则第三区所陈列的碑石不可能多达"二百四十余石"。而自毕沅整修碑林后，碑石未再进行过大规模搬移，因此笔者认为，毕沅时期便将石经补字96石与开成石经存放于同一处。

❹孟子碑南移至第一陈列室，唐宋杂碑廊拆除，碑石移至第二、第三陈列室。

❺指存放明清碑刻的碑廊。

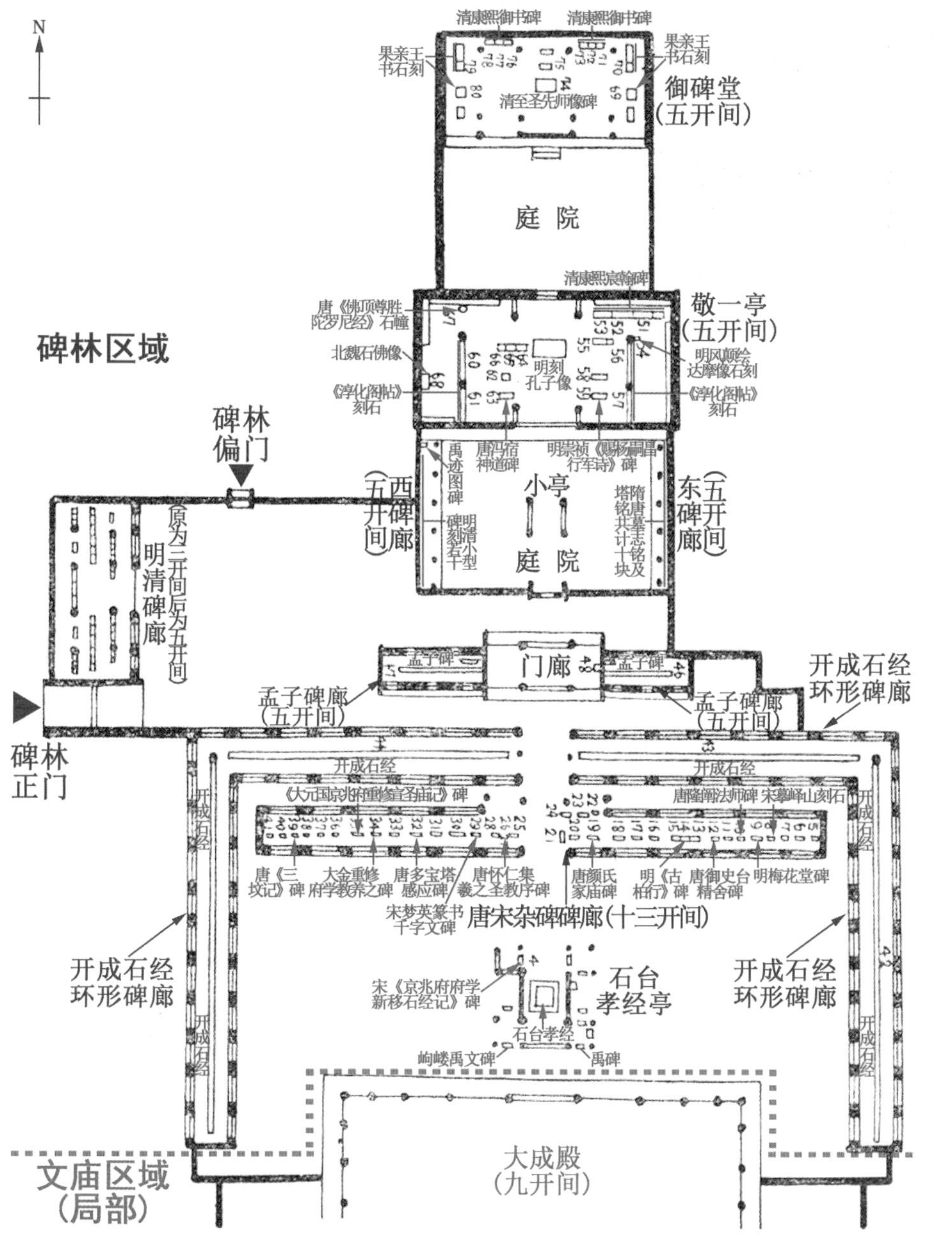

图 7–8　毕沅整修碑林后的建筑分布及碑石陈列情况（来源：底图为常盘大定 1920 年所绘，引自《支那文化史迹 · 解说》第 9 卷第 14 页，原图中后建的于孝显碑亭被笔者去掉，彩色文字标注为笔者所加）

外周以阑楯，又为门以限之，使有司掌其启闭”[205]叙。他指定专员早晚按时启闭碑石的围栏门，并进行监督守护。自此后直至清末，由毕沅制定的上述碑林管理制度始终在有效执行，政府对碑林的重视程度可见一斑。

（5）碑石不得随意捶拓。毕沅考察后发现碑林“岁久未修，墙宇倾圮，兼以俗工日事捶拓，贞珉将有日损之势。”他认为不加节制地捶拓碑刻会对重要碑石造成不可逆转的损害。作为金石学家的他深知，越珍贵的碑刻就越会吸引金石爱好者索求拓本，那么该

图 7-9　1932 年时❶的碑林正门❷（来源：亚细亚写真大观社编《亚细亚大观》九辑五回）

图 7-10　碑林内专业拓工捶拓大秦景教流行中国碑的场景❺（来源：陕西档案局编《陕西 20 世纪图鉴》第 40 页，美国《LIFE》杂志记者 1947 年拍摄）

碑石所遭受的破坏就越严重，而碑石因日益磨损，使得较早前的拓本不断升值，更催使人们疯狂捶拓，赶在其完全破坏前获得品相较好的拓本。更痛心的是，许多无良商家或拓工为囤积居奇，在大量制作一批拓片后，会故意将碑石上重要之处凿坏，使得自己拥有的拓本成为孤品，以此牟取暴利。若不对拓工进行有效管理，则若干年后古碑将会面目全非。因此毕沅在整修碑林后，对重要碑刻规定“其锁钥有司掌之，帖估不得恣意摹榻”[253]345。另外，捶拓的整个过程中碑石都需保持湿润，而在冬季气温较低时碑石上的水易凝结成冰，再次融化时便会对碑石造成破坏。为避免此害，毕沅规定冬季三个月间禁止捶拓。值得一提的是，乾隆时期之前陕西拓工的技艺大多粗劣低下，故虽有碑林之宝库，而以“粗纸烟媒”制作的拓本多不堪用，且往往会伤害碑石。毕沅作为知名的金石学家，深知此害非小，乃以知名拓工车永昭❸作为碑林重要碑刻的指定拓工，并对其他拓工进行培训❹，使碑林的精拓作品在乾嘉时期名重一时。自毕沅以后，碑林逐渐形成所有碑刻的拓片必须由专业拓工制作（图 7-10）、重要碑刻拓片的制作和售卖必须办理相关手续等惯例。不过，由于乾嘉以来金石研究和收藏之风大盛，碑林周边售卖拓片的帖铺

❶由日本学者拍摄于日本昭和七年（1932）11月。

❷门上匾额“碑林”二字为林则徐发配新疆途经陕西碑林时所书，门内右侧建筑为保存开成石经的碑廊，1930年代时称之为“第二陈列室”，今称之为“第一展室”。

❸车永昭为陕西合阳县人，活跃于乾隆后期至嘉庆年间，在拓碑前采用“洗碑”之手法，善制淡墨拓，拓本纤毫毕现，清末叶昌炽称“至今车拓本世犹重之。”[361]317

❹“车为陕西巡抚毕沅（字秋帆）所重，培训拓工，提高陕西碑拓水平。毕沅酷爱金石文字，亦重碑拓。毕在乾隆间任陕西巡抚时，陕西拓本粗纸烟媒，低俗不堪。为提高陕西拓工水平，毕沅亲招车永昭等人，对其他拓工面传身教，培训提高，使陕拓本粗劣状况得以改观，车氏也因之而显赫一时。”[360]45-46

❺大秦景教流行中国碑原在西安城西崇圣寺内，因丹麦人何乐模（Frits Holm）试图盗运，于1907年10月移入西安碑林，今陈列于第二展室内。该图左侧石碑为唐李阳冰书《三坟记》碑，民国以前一直放置于唐宋杂碑廊内西侧。

仍不在少数❶，许多店主或本身就是碑林内的拓工，或与政府官员交往密切。毕沅并未完全禁止对唐宋重要碑刻的捶拓，只是限制和规范了拓片的制作行为，他本人还曾将碑林的若干拓片和《陕西通志》一书赠予友人旅行家张开东[88]561。清末时，不少帖铺将碑林内55种知名碑刻的拓片成组售卖[267]279，其中以唐宋碑刻为主❷，慈禧及光绪皇帝避难西安时也曾“命秦抚各拓一本呈览。拓本百余种，惟命将唐开成石经精拓数十本，车载以归，余则选阁帖数种而已”[82]351。目前这些碑刻多已用玻璃罩封闭禁止捶拓❸。

（6）将明清碑刻择优留存，为其他重要碑刻移入碑林预留空间，允许拓工为明清碑刻制作拓片用以换取伙食费。在毕沅整修前，碑林内已有大量明清碑刻，不少是附庸风雅之辈所题刻，这些碑刻固然有一定的历史价值，但由于碑林内会不断移入散落各地的碑刻进行集中保存，明清碑刻的过量存在很可能导致某些重要外地碑刻因无法移入碑林而遭受损毁。鉴于此，毕沅决定“至明代及近人碑刻则汰存其佳者，别建三楹，于敬一亭之西为之安置，兼以资拓工口食焉。”[253]345明清碑刻中较好的作品被挑选出来移入敬一亭西侧的三开间碑廊内保存，关野贞描述道：“在第三幢建筑的西侧，穿过一个略宽敞的庭院即到第六幢建筑，其内保存着明清时期的三十六座碑刻，但并无特别引人注目的作品。”[339]解说第九卷第18页该碑廊里的碑石可任由拓工反复捶拓，碑林内雇佣有专业拓工数名❹，其伙食费部分来自于这些拓片的售卖收入。毕沅此举是将有限的人力和物力优先集中在最值得保护的碑刻上，而将部分历史文化价值不高的文物进行合理利用，这与今日文物保护与利用的理念有类似处。事实上，今日碑林内碑刻捶拓的原则基本延续了毕沅的思路，明清碑刻每日都有拓工现场制作拓片，供游客参观和购买❺，而珍贵的唐宋碑刻则长期封闭不再开放捶拓。传统的捶拓技艺作为独特的非物质文化遗产，也正因为有选择性的碑石利用政策而得以保存和延续。

❶赵钧彤（1741—1805）于乾隆四十九年（1784）谪戍伊犁途中经过西安，记载：“秦人射利者，贩字遍天下，凡穷乡村塾，皆知碑洞，固奇观也。历长巷到学宫，多列帖肆，充积为堵墙。”[362]523-524日本人关野贞记载1920年时碑林“门前有四五家拓字店，顺着这儿走进门后便是东道。拓字师们每日都会进入碑林拓字，拓得最多的石碑是颜真卿的多宝塔感应碑、颜氏家庙石碑、虞世南的孔子庙堂石碑、欧阳询的皇甫君石碑等，而法帖则有颜真卿、张旭、怀素、赵子昂、董其昌等人的列入淳化法帖之类的作品。”[339]解说第九卷第18页

❷宇野哲人记载当时所售卖的55种碑帖中不包含开成石经的拓片，还记载这55种碑帖合卖的售价为5000文（3.125两），所有667种碑帖合卖的售价为42两[268]124。需要指出的是，虽然清代尚允许捶拓唐宋碑刻，但并非所有帖铺所售卖的拓片均自唐宋原碑所拓，事实上，碑林许多帖铺以木板大量翻刻知名碑刻，售卖给普通民众的拓片多为翻刻本，只向极少数官员、学者、富贾售卖原碑拓本，这也从侧面反映了毕沅的规定确实使无节制捶拓重要碑刻的行为大为收敛。

❸即所谓“封碑”，目前碑林第一、二、三展室内的唐代及以前的重要碑刻皆以玻璃罩覆盖碑石表面，不得进行触摸和捶拓。

❹足立喜六1908年来碑林考察时，当时碑林内有拓工七八人[267]279。今日碑林内拓工亦约有十人，每人每日制作片可达十余张，拓工还收有若干学徒，亦能制作一定数量的拓片，基本可满足碑林拓片之需求。推测毕沅时碑林内的拓工数量应不超过十人。

❺今日碑林博物馆内可售卖拓片的碑刻有《松鹤图》《关中八景图》《太华山图》《太白山图》等50余种，其中部分碑刻为重新翻刻。

4．毕沅整修碑林的历史意义及影响

西安碑林作为汇集古代书法艺术的文化殿堂，堪称是陕西乃至西北地区最重要的文教空间，近年来又因开成石经的搬迁问题而获得社会广泛关注。毕沅整修碑林对于碑林的

保护和发展功不可没，其历史意义及后续影响均颇为重大，可归纳为以下6点：

（1）为碑林确定了基本空间格局达160余年，通过增建堂屋显著强化了以石台孝经为起点的南北向中轴布局并保持至今，目前碑林第三和第四展室❶仍是毕沅时期的建筑原物[368]348-349。

（2）将碑林作为独立机构正式纳入政府管理范围，提升了其庄严性和重要性，不仅进一步激励了地方文化的聚集和发展，也为保护古迹的风气养成产生潜移默化的作用。

（3）为碑刻分级、管理、展示和利用提供了有价值的参考。通过综合考虑碑石的历史年代和文化价值确定碑刻级别，将不同级别的碑刻分区域置于相应空间内集中管理，而空间布局则充分考虑到参观时的路线和顺序，并凸显了开成石经的独特地位。此外，通过为碑石建立栅栏和控制捶拓频率，对平衡文物保护与利用之间的关系进行了探索。

（4）进一步提升了西安碑林的知名度。通过向乾隆皇帝进献“开成石经”拓本使碑林获得朝廷的重视，借助《关中金石记》介绍碑林石刻并阐发《禹迹图》和《华夷图》等重要碑石的价值，使金石界更加了解和钦慕碑林。

（5）新增建筑为外来碑刻移入碑林提供了必要场所，而将散落的碑刻移入碑林集中保存的事迹为后世重要碑刻移入碑林提供了良好先例。

（6）间接影响了毕沅幕宾庄炘于嘉庆十年（1805）再次倡议修缮碑林❷，为碑林的持续维护作出贡献。

❶民国时分别称为第四陈列室和第五陈列室。

❷《重修西安府学碑林记》：“会上元叶君来丞是郡，兼掌书院之教令，博学嗜古，为政有声迹。暇日观乎碑林，以为昔之葺者将废，不可不复加缮完。乃谋诸郡守阳湖盛君，相与出俸钱以倡，而士大夫之有文好事者踵成之，焕然复还旧观，属余为之记。”[357]574-576

❸宋联奎《苏盦杂志》：“长安西门外五里金胜寺,本唐之波斯胡寺,后竟讹称崇圣寺。明成化中秦王题曰‘崇仁寺’，清乾隆时毕中丞沅复沿其讹题曰‘崇圣寺’。按邑志崇圣寺在朱雀门西第二街崇德坊，考其地属于今城之正南稍西，此在正西，则非崇圣寺可知。寺后有金胜铺，俗遂呼为金胜寺。”[349]卷二“金胜寺”条。但此寺内藏有大唐京崇圣寺故翻译大德檀法师塔铭，表明它与崇圣寺之间似乎存在某种联系。清代时该寺已存在“崇圣寺”（毕沅称）、“崇仁寺”（王昶称）、“金胜寺”（民众俗称）三种称呼，自民国以来则称为“崇圣寺”（王子云称）或“金胜寺”（宋联奎称）。为避免行文混淆，本书在独立表述时一律使用符合毕沅当时语境的“崇圣寺”称呼，而引用其他文献时则遵照原文称呼。

❹由于该寺后有金胜铺和金胜亭而得名。《关中胜迹图志》中讹为“胜金寺”。

二、毕沅对崇圣寺的保护及整修

1．崇圣寺概况

崇圣寺❸亦称金胜寺❹、崇仁寺，位于今西安市莲湖区丰镐东路北侧219号蓝天小区附近（地理坐标108.90°E，34.26°N），清代时出安定门西行约五里可达，毕沅在《关中胜迹图志》中将该寺列为西安府寺观第一。该寺前身为隋代济渡寺[238]卷二十八祠祀一（寺观附），唐代时改为大秦寺，后经战乱而毁。明天顺八年（1464）至成化十二年（1476），明秦王朱公锡在原址重新创建“大崇仁寺”，在施工时曾出土汉白玉药师佛像、钟磬和若干碑刻。明嘉靖四十三年（1564）又在寺内建药师殿[238]卷二十八祠祀一（寺观附）。该寺作为明秦王家族的香火院，享有特殊的尊崇，在当时已是西安城附近第一大寺。明天启五年（1625），寺院附近❶出土了后来在宗教领域享有世界知名度的大秦景教流行中国碑，该碑是记录景教（基督教聂斯脱利派）在中国传播历史的重要文物，出土后便移至寺内保存，清末时迁入西安碑林。

清代该寺被讹称为“崇圣寺”并一直沿用，康熙二十三年（1684）陕西巡抚鄂海❷将寺内药师佛像饰以金彩，并重修寺院，康熙四十八年（1709）僧人止水重修卧佛殿[238]卷二十八祠祀一（寺观附），康熙六十一年（1722）僧人牧野重修大殿（药师殿），雍正十二年（1734）僧人文若修建文昌宫、观音殿[238]卷二十八祠祀一（寺观附）。至乾隆初年，寺内主要殿宇有药师殿、卧佛殿、文昌宫、观音殿[346]413，规模宏伟。乾隆四十年（1775）至四十九年（1784）陕西巡抚毕沅重修庙内殿宇，使该寺进入明清历史上最辉煌鼎盛的时期。明清时期，该寺不仅是僧侣们的圣地，也是士人乡民们游憩聚会的场所❸。

可惜的是，在“陕甘回变”中该寺于同治元年（1862）六月惨遭焚毁❹，乡民们后来回忆称崇圣寺“以前十分美丽，有60个师傅和周围一圈漂亮的乡村别墅”[343]678。等到清末外国学者❺来寺考察时，寺内“除小堂和山门外，剩下的只有万历二十年（1592）所建并刻有‘祇园真境’四字的精巧牌楼、乾隆时所造的白色大理石水盘，以及颓废若扇状的五方砖壁花岗岩柱础而已”[267]230。1907年时丹麦人何乐模曾试图盗运大秦景教流行中国碑，经多方努力将该碑移至西安碑林，并保存至今。崇圣寺在其后因战乱和城市发展等原因遭到彻底破坏，目前寺址范围内建筑遗址已荡然无存，仅剩毕沅所立《大清重修大崇圣寺碑》石碑一通。

2．毕沅整修崇圣寺始末

毕沅虽自幼受儒家思想熏陶，但对于佛学亦颇有涉猎，他自述“余少被儒风，旁窥净业，瓶光锡景，宛记前修。”[347]这种造诣为毕沅真正理解崇圣寺并开展修缮活动提供了必要的思想基础。

❶此碑出土地点有争议，有西安西郊和周至两种说法。笔者认为，从基督教传播区域和影响力来看，此碑立于西安西郊的可能性较大，加之碑石搬迁不易，很可能就是在该寺附近（唐代义宁坊内大秦寺所在位置）出土，故就近保存。

❷鄂海时任陕西巡抚，后升任川陕总督，方志中常尊称为“总督鄂海”，实际修缮该寺时他并未担任总督。

❸史红帅认为“明清西安城众多寺宇在作为信仰空间的同时，还在城乡社会生活中发挥着多样化的功能，成为‘人神共在’的公共活动空间。寺宇既以其优美环境和公共属性为民众提供了悠游休憩、文化教育的场所，又以其吸引人群的优势成为商贸活动附着的空间，而其自身亦以拥有田产和地产直接参与到社会经济生活之中。”[348]326

❹宋联奎《苏盦杂志》：“同治元年夏，回匪屡攻省城，提督马德昭、孔广顺等扼之以兵，贼不得逞，近城村堡蹂躏无馀。时邑绅梅君锦堂率乡团驻寺堡，难民皆挈眷相依，然承平久，民不习兵，仓卒招集，不可恃以为用。六月初四日，贼大至，攻西关，团众出战，贼忽迂道入寺，烧杀男妇以数千计。梅君与部下健儿某挥刃突围，仅以身免，而寺亦焦土矣。寺有《大秦景教碑》，自经兵火，巍然独存。光绪末，有某国人觊觎之，始移置於城内碑林，今尚在也。”[349]卷二“金胜寺”条

❺清末来崇圣寺考察的外国学者有：法国学者沙畹（Edouard Chavannes），丹麦学者何乐模（Frits Holm），日本学者足立喜六、桑原骘藏和宇野哲人，瑞典学者喜龙仁（Osvald Sirén）。

乾隆三十六年（1771）冬，毕沅刚升任陕西布政使不久，来西郊崇圣寺游览。当时毕沅正在为编写《关中胜迹图志》和《关中金石记》收集资料，常在公务之余到西安周边寻访古迹和金石碑刻，崇圣寺之所以能吸引毕沅❶，不仅是因为它是当时关中名寺，更是由于寺内保存有见证景教流传历史的罕见石碑——大秦景教流行中国碑。游览中，毕沅发现崇圣寺内的建筑多有朽坏，应进行修理，看到大秦景教流行中国碑上已生青苔，又专门找寻了寺内的药师佛玉像（可能为唐代遗物）。游览结束后，毕沅作《冬日出游崇圣寺》❷一诗以纪念。

乾隆四十年（1775），随着清军在大小金川战役中逐渐取得决定性优势，四川及陕西等省支援战争的负担骤然减小，已升任陕西巡抚的毕沅开始着手修缮崇圣寺，不仅修缮了寺内原有建筑，还新建五百罗汉堂和碑亭，并在寺前开凿放生池。自当年起至乾隆四十四年（1779）七月，主要工程方才竣工，时间长达四年之久，竣工后立大清重修大崇圣寺碑❸（附图16）以赞颂和记述此事，毕沅亲自撰写碑文并书丹篆额，此碑体量巨大且装饰精美，在清代碑刻中极为罕见❹，也从侧面反映出崇圣寺地位之高以及本次修缮工程之隆重。当时的工程经费“功倍千缗”[347]，应泛指耗资不菲。为筹集工程所需费用，自乾隆四十年（1775）起，按陕西全省田赋定额1609260.95两[353]卷一百七十七《田赋》的3%加征平余银[297]卷二十六《田赋一》，每年加征48277.83两❺，相当于全省民众都为崇圣寺修缮做出了一定贡献。

乾隆四十五年（1780），笃信佛教的乾隆皇帝的七十大寿❻将至，各地纷纷筹划各类纪念性或歌颂性活动。为向乾隆皇帝表达礼赞之意，毕沅新建的五百罗汉堂已于前一年竣工，但罗汉堂塑造的漆金五百罗汉像仍在制作之中，直到乾隆四十九年（1784）五月才全部完工并移入堂内。毕沅嘱陕西按察使王昶撰写《大崇仁寺五百罗汉记》（附文14）一文[84]852–853以记录此事，文中分别叙述五百罗汉之概念、罗汉堂历史源流、崇圣寺修建罗汉堂的原因以及对当时的影响，由汪照隶书誊写后刻石立碑[346]475。“落成之日，来游者益众。喜中丞之能复旧观，又为都人士新耳目，得未曾有也。”[84]853至此，为期九年的崇圣寺修缮工程顺利结束（图7–11）。

❶毕沅于乾隆三十七年（1772）修缮了保存大量碑刻的西安碑林，而在这之前的一年，毕沅曾到碑林考察金石碑刻并认为其应该尽快整治和保护；另外，《关中胜迹图志》中“崇圣寺”条篇幅不多，却全文收录了《大秦景教流行中国碑》碑文，说明毕沅十分重视此碑。上述现象从侧面表明，毕沅在乾隆三十六年（1771）冬到崇圣寺考察，很可能是出自寻访金石碑刻的原因。

❷全诗为“岁晚余闲惬所欣，田家墐户鸟呼群。荒寒极目心弥远，日落空山不起云。”[147]619

❸此碑上部为螭首（前后带圭额），碑身为长方形，碑座为龟趺，通高548厘米，碑身宽136厘米、厚35厘米，碑座宽142厘米、长198厘米。碑正面圭额处篆书刻写“大清重修大崇圣寺碑”，碑身刻隶书小字共24行，碑身边缘阴刻一圈织锦纹装饰；碑阴的圭额及碑身皆无字。

❹就笔者目前调查所知，陕西境内的清代碑刻中，除少数御制类碑刻为彰显帝王之尊而超过此碑的体量外，地方官员所立的碑刻尚无超过此碑体量者。

❺若按4年工期计，则共加征平余19.31万两，若按9年工期计，则共加征平余43.45万两。

❻乾隆皇帝生日为康熙五十年（1711）八月初十三。清朝将每年的元旦、冬至及在朝皇帝生日（即“万寿节”）定为宫廷的三大节日，其相关礼仪属于五礼之中的“嘉礼”。乾隆皇帝的七十大寿由于规模宏大，在前一年即乾隆四十五年（1780）就开始了准备工作。

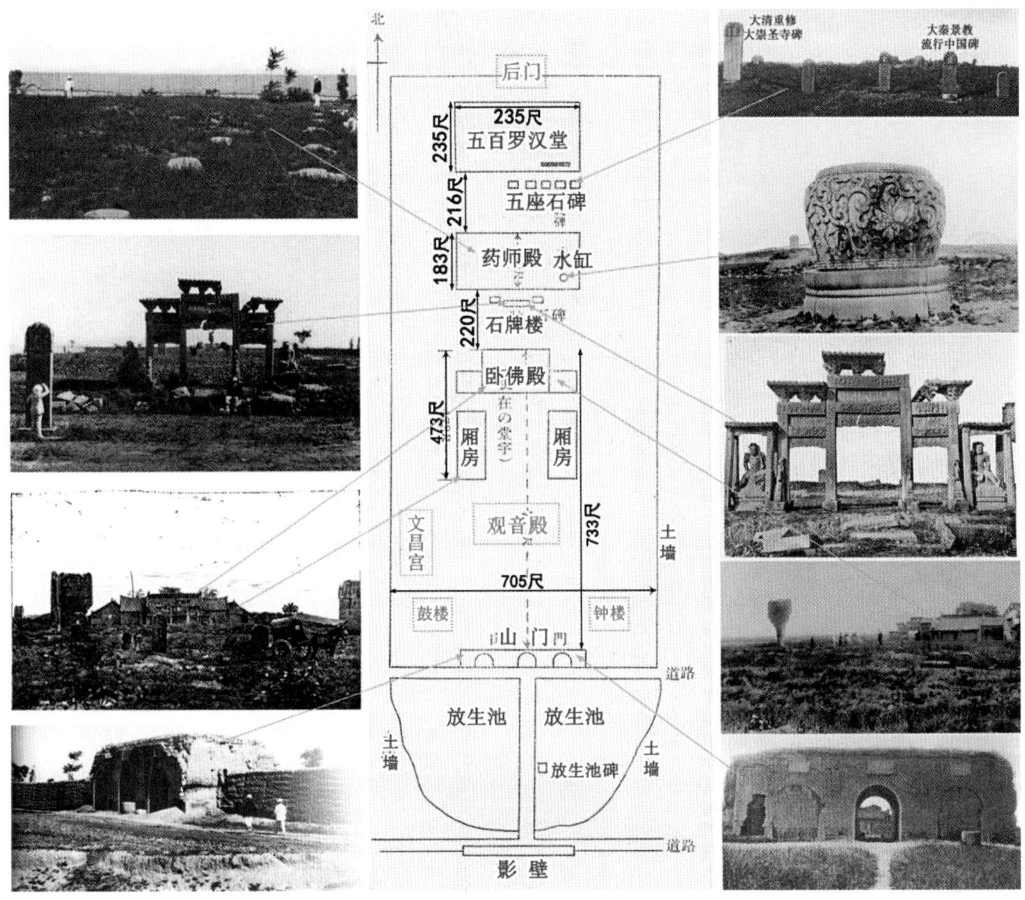

图7-11　崇圣寺内建筑和相关文物的历史影像及所在位置（来源：笔者整理绘制，彩色文字均为笔者所加，蓝色虚线方框为根据研究推测的建筑位置。平面图底图为足立喜六《长安史迹の研究》第一六图，所附历史影像引自《长安史迹の研究》《北中国考古图录》《支那文化史迹》《陕西20世纪图鉴》等书。）

3．毕沅整修崇圣寺的四项举措

（1）整修崇圣寺内山门（图7-12）、药师殿、观音殿等原有建筑，并重施油彩。

毕沅整修前崇圣寺已有较大规模，总体平面呈长方形，南北向约1587尺（合501.01米），东西向约705尺（合222.57米）❶。寺内建筑有山门（三拱门）、药师殿（主殿，五开间）、卧佛殿（五开间）、文昌宫（五开间）、观音殿（五开间）[346]413、大悲阁、晾经台、万佛阁、方丈房，以及厨房、浴室、库房等附属房屋[253]1300。

当时崇圣寺由于“年久颓废甚”[84]853，建筑多有残破，彩画也已暗淡剥落，可谓是“霜露经年，丹青减岁。曾宫瓦冷，宵明佛项之星；丈室花凋，春渍禅林之雨。”[347]。于是毕沅对这些建筑“撤而更新”[84]853，进行了全面修缮，并重施油彩。在修缮完成后（图7-12、图7-13），他又为山门题写“崇圣寺”

❶此为崇圣寺院墙围合区域（包括北侧遗址）的总尺寸，数据来源于足立喜六所绘平面图。按桑原骘藏记载“今の寺境庭南北二町半，东西一町半”[269]43，折合今尺，可知清末残存建筑的区域尺寸为南北270余米、东西160余米。

图7–12　崇圣寺山门❶（来源：沙畹（Edouard Chavannes）《北中国考古图录》（*Mission archéologique dans la Chine septentrionale*）NO.1016）

图7–13　明万历二十年（1522）所建"祇园真境"石牌楼❷（来源：常盘大定、关野贞著《支那文化史迹》IX–77（1））

三字匾额[267]230，至清末时尚存。

（2）在寺内北部区域新建田字形罗汉堂1座，并请巧匠为堂内塑造五百罗汉漆金像，在寺门外新建牌楼1座，在寺内添置汉白玉莲花缸4尊。

笃信佛教的乾隆皇帝曾在北京万寿山大报恩延寿寺、香山碧云寺、承德避暑山庄西北的狮子园内各建造了一座五百罗汉堂，堂内均供奉有罗汉像五百余尊，建筑宏伟庄严，造像精美绝伦。为向乾隆皇帝七十大寿致意献礼，毕沅也决定为崇圣寺添建一座五百罗汉堂，《大崇仁寺五百罗汉记》中记述道："我皇上精研梵策，深入佛智，于万寿山大报恩延寿寺筑秖（祇）树园、狮子窟诸胜，以奉五百应真，人天环拱，普摄三千大千世界。中丞于是时也，踵而行之，不亦宜乎？"[84]853

当时的罗汉堂平面主要有"三间贯通式和田字净慈式两种建筑形式"[340]280，毕沅所新建的罗汉堂为净慈式田字形布局❸，它位于崇圣寺中轴线最北端，建筑台基为正方形，从足立喜六绘制的平面图（图7–11底图）来看，该罗汉堂台基的长宽均为235尺，约折合74.2米❹。单以台基尺寸而论，碧云寺罗汉堂（图7–14）约为36×36米，大报恩延寿寺罗汉堂推测约为30×30米（建筑已毁），承德罗汉堂约为39×39米（建筑已毁），崇圣寺罗汉堂台基远大于上述三座皇家建筑，也超过现存的新都宝光寺罗汉堂（约39×39米）、武汉归元寺罗汉堂（约35×35米）和苏州西园寺罗汉堂（约33×33米），规模之大令人震撼。笔者推测，毕沅所建的崇圣寺五百罗汉堂很可能是清代全国最大的一座罗汉堂建筑❺。

参照现存田字形罗汉堂的建筑形式，并结合足立喜六的记载和遗址旧照，笔者对毕沅新建的崇圣寺罗汉堂进行了

❶由法国学者沙畹（Edouard Chavannes）拍摄于1907年9月3日。

❷由日本学者关野贞拍摄于日本明治三十九年（1906）冬季。

❸民国《咸宁长安两县续志》中称"宋南渡，净慈寺僧道容塑五百罗汉，作田字殿贮之，近灵隐云林寺亦有塑像，是岂徒费抟埴工藻，绘夸殊形异状之胜哉！"，又称"中丞毕公既撤而更新，复仿净慈之制，设像建室以居之。"[346]413

❹清末日本学者足立喜六曾将清尺与现代米尺相比较，得出清代1尺折合今0.3157米[267]51。

❺上述推论是建立在足立喜六测量数据无误的基础上。值得注意的是，足立喜六本人掌握现代数学、物理知识，且会使用测量仪器，在《长安史迹の研究》一书中大量收录他测量各处遗址的数据，其测量结果可信度应当较高。

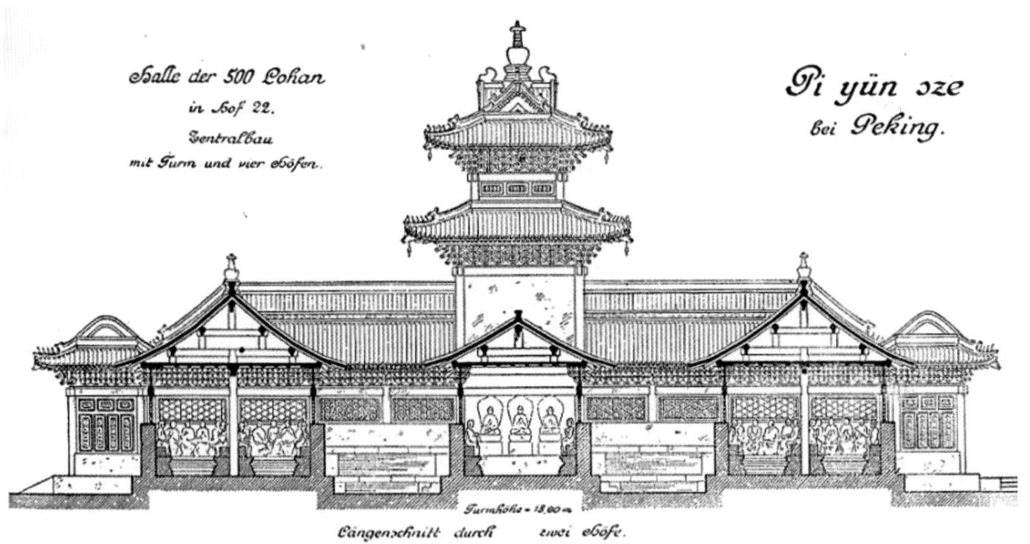

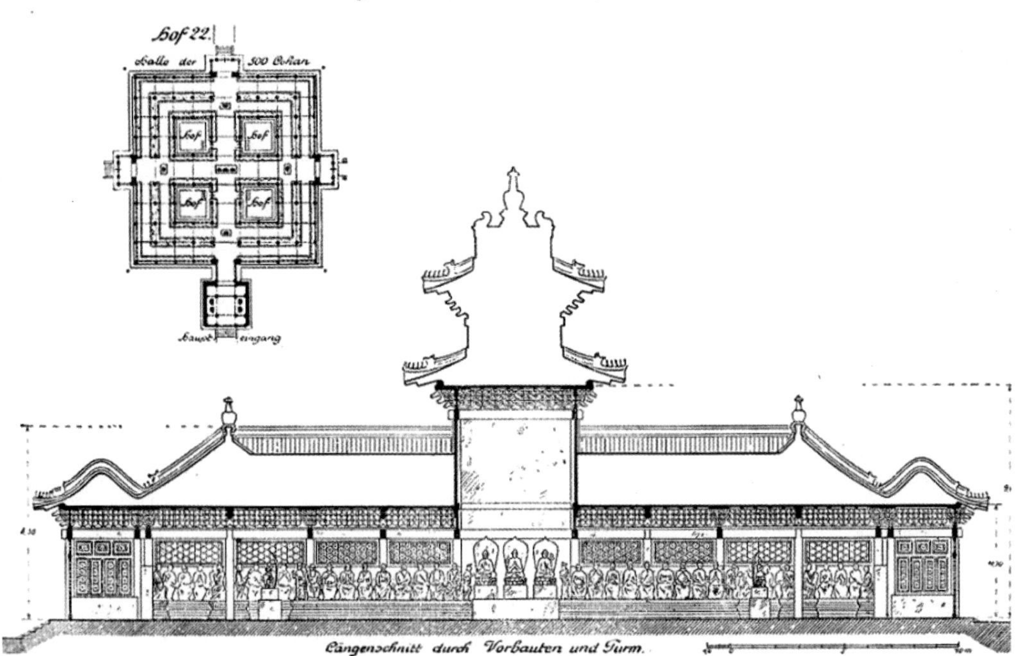

Abb. 20. Halle der 500 buddhistischen Apostel im Kloster Pi yün sze in den Westbergen bei Peking. Maßstab etwa 1:225, Grundriß etwa 1:900.

图 7–14　推测与崇圣寺罗汉堂形制类似的北京香山碧云寺罗汉堂平面及剖面图（来源：鲍希曼（Ernst Boerschmann）《中国建筑》（*Chinesische Architekture*）插图 20）

初步复原（图7–15）。该罗汉堂为标准田字形布局，不出抱厦，每边形式相同均为九开间[339]解说第九卷第84页，通面阔150尺（47.36米），二重檐，二层正脊高出台基顶面40尺（合12.63米），堂正中十字相交处为高起的二重檐十字脊阁楼，楼阁正脊高出台基顶面60尺（合18.9米），台基分两层，每层高度均为5.5尺（合1.74米），底层台基长宽均为235尺（合

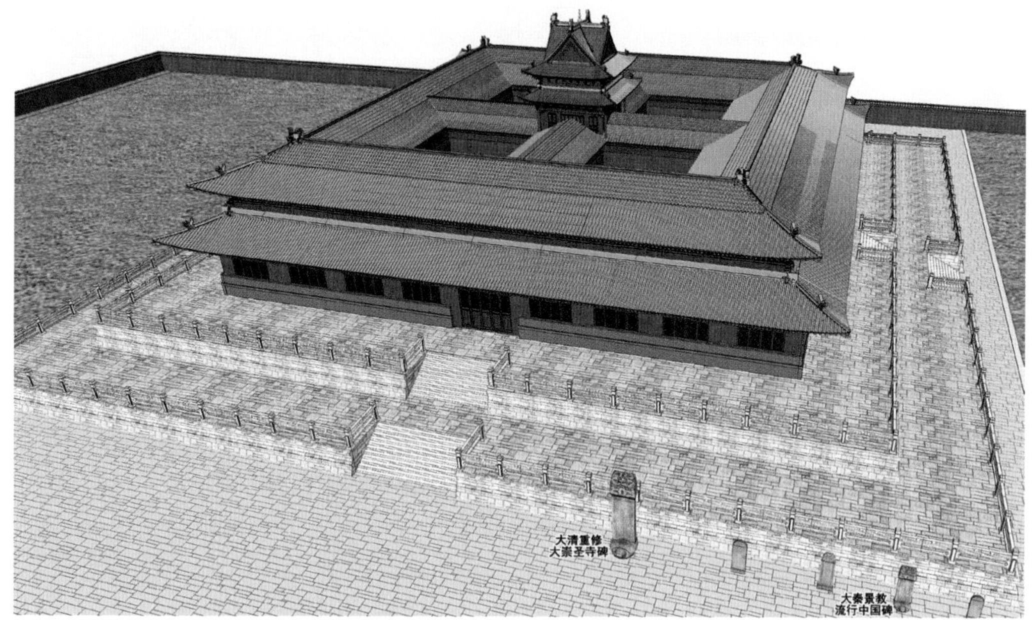

图 7–15　崇圣寺五百罗汉堂复原图（来源：笔者复原）

74.2米），二层台基长宽均为200尺（合63.1米）。大秦景教流行中国碑和大清重修大崇圣寺碑等5座石碑竖立于罗汉堂台基外东南侧。

崇圣寺罗汉堂内供奉“罗汉五百尊，塑工极精，里中父老类能言之。”[349]卷二“金胜寺”条此前不久，乾隆皇帝曾在热河狮子园的罗汉堂内塑造五百罗汉像及三世佛、地藏、疯僧、济颠、韦驮共507尊像，这些塑像由浙江海宁工匠制造[374]，耗费达1.6万两[350]，塑像造价之高令人咋舌，应当是使用了漆金工艺的缘故。毕沅为崇圣寺罗汉堂内所建的五百罗汉像，《大清重修大崇圣寺碑》中称“起五百之金仙”[347]，当亦属木质漆金塑像。由于崇圣寺罗汉堂规模大于狮子园罗汉堂，其内的塑像尺寸不应逊色于后者，笔者推测其罗汉像塑造和运输的费用可能接近2万两，如此高额的费用，按清代相关工程制度，需上奏皇帝批准后方可动工，可惜相关奏折已佚。崇圣寺罗汉堂在建成后，立刻吸引大量周边的居民和信徒来寺参观[84]853。

需要指出的是，毕沅在对崇圣寺的重修中充分利用政治形势，并揣摩了乾隆皇帝的心态。由于建造罗汉堂和塑造罗汉像的费用不菲，毕沅显然曾请示过乾隆皇帝，应该是在这次请示中巧妙地将修缮工程与为乾隆祝寿颂德建立起某种联系。毕沅在《大清重修大崇圣寺碑》中称“一人有庆，万佛攸止”[347]，即是他修寺为乾隆祝寿的明证。

此外，据清末足立喜六记载“陕西巡抚毕沅的大修，在寺前建立了壮丽的牌楼，上揭‘崇圣寺’三字匾额”[267]230，但乾隆以后的县志均未提及此牌楼，而清末时牌楼已荡然无存，推测足立喜六的信息来源很可能是当时寺内碑石上的碑文，此处仍存疑。

毕沅还在寺院殿内添置了4尊花卉纹汉白玉莲花缸❶，这样既为佛殿增加了肃穆静谧之气，亦兼具蓄水防火的功能。足立喜六于1907年4月来寺考察时仅在崇圣寺主殿内东南角发现1尊莲花缸（图7–16），其余3尊已被移至西安城墙内西北角的广仁寺内，民国《咸宁长安两县续志》记载："寺有白石缸四，径口环以隶书，围可合抱，制作极古，后移其三于广仁寺。"[346]413今广仁寺内仅存1尊莲花缸，缸体高约1米，顶部口径1.32米，底座高0.39米，缸内刻有隶书铭文"莲花宝瓮供奉大崇圣寺佛前"。

图7–16　崇圣寺内汉白玉石缸（来源：足立喜六著《长安史迹の研究》图版一〇二）

（3）保护寺内唐代以来的碑刻和雕像，为景教碑等重要碑刻修建碑亭。

毕沅时期，崇圣寺内保存有唐建中二年（781）吕秀岩书《大秦景教流行中国碑》[205]59（图7–17右二）、唐开元二十五年（737）姜立祐书《大唐京崇圣寺故翻译大德檀法师塔铭》❷[351]4148–4149以及唐天宝七载（748）张少悌书《佛顶尊胜陀罗尼经咒》石幢[205]37三件唐代石刻，皆极为珍贵，特别是大秦景教流行中国碑（图7–18），是全世界与景教相关的罕见大型石刻文物，为考证景教历史及其在中国的传播提供了宝贵资料。毕沅作为知名的金石学家，非常了解此碑的重要价值，因此他在《关中胜迹图志》中将碑文完整收录，在崇圣寺考察时也曾细细抚摩此碑并观察碑上苔痕，写下"扣景教之贞珉，苔侵何代"[347]的字句，珍视程度可见一斑。寺内还有明成化十四年（1478）《赐崇仁寺藏经敕》和成化十八年（1482）《敕赐大崇仁寺记》两块石碑。此外，整修工程主体竣工后，又竖立《大清重修大崇圣寺碑》（毕沅撰文并书丹篆额）和《大崇仁寺五百罗汉记》（王昶撰文、汪照书）两块石碑。

上述七件石刻，《佛顶尊胜陀罗尼经咒》石幢原在经堂前龛内保存❸，大德檀法师塔铭推测砌于墙内，本次整修中并未移动。毕沅将其余五件石碑在罗汉堂东南侧沿东西向一线排列，并为大秦景教流行中国碑新建了碑亭，使其免受风雨侵袭，这与毕沅为昭陵唐碑建立碑亭的做法类似。从历史影像看来（图7–17），这些石碑间距较大，不排除当时毕沅为每座石碑都建造了独立碑亭。

约七十年后的咸丰九年（1859），陕西督粮道韩泰华来崇圣寺

❶足立喜六明确记载这些石缸为乾隆时期所造[267]230，可能是看到石缸周边其他可供佐证的字迹。由于崇圣寺在乾隆时期有史可考的修缮活动仅此一次，因此这些石缸应当是毕沅在本次修缮中所添置。而广仁寺方面称这批汉白玉缸为乾隆皇帝御赐之物，然不知所据为何。

❷赵崡《石墨镌华》中收录此塔铭[352]53但未注明地点，主持崇圣寺修缮工程的毕沅在《关中金石记》中对该塔铭只字未提，颇为反常。有学者认为此塔铭藏于西安南郊的唐时崇圣寺所在地，后就近移至荐福寺保存。然而，顾炎武《金石文字记》记载其"在西安府西门外崇仁寺"[366]319，林侗《来斋金石刻考略》记载其"在西安府城西金胜寺"[342]卷中，均明确指出寺址在西安城西而非城南。此处以顾、林之记载为准，但仍存疑。

❸林侗《来斋金石刻考略》卷中记载"今寺僧龛置经堂前，知所爱护，一字不损。"[342]卷中

参观时又重造碑亭保护❶。同治元年（1862）崇圣寺惨遭回民军队焚毁而碑亭独存[339]解说第九卷第83页，但1872年李希霍芬（Ferdinand Paul Wilhelm Richthofen）来考察时碑亭已毁[343]678。

图 7-17　崇圣寺罗汉堂前的五座石碑❷（来源：沙畹（Edouard Chavannes）《北中国考古图录》（*Mission archéologique dans la Chine septentrionale*）NO.1017）

图 7-18　矗立于崇圣寺内的大秦景教流行中国碑及其拓片（来源：左图引自沙畹（Edouard Chavannes）《北中国考古图录》（*Mission archéologique dans la Chine septentrionale*）NO.1018，右图引自《支那文化史迹》IX-78）

❶大秦景教流行中国碑侧有清人题记——“后一千七十九年，咸丰己未，武林韩泰华来观，幸字画完整，重造碑亭覆焉。惜故友吴子苾方伯不及同游也。”值得注意的是，既然称为“重造”，表明此前毕沅曾建造过碑亭但当时已残破或毁坏。

❷由法国学者沙畹（Edouard Chavannes）拍摄于1907年9月3日。图中左一为大清重修大崇圣寺碑，右二为大秦景教流行中国碑，右三疑为大崇仁寺五百罗汉记碑。

崇圣寺内存有不少古代雕像，如药师殿内供奉有明代出土的汉白玉药师佛像，乾隆三十六年（1771）毕沅曾“访药师之瑞相，土蚀前朝”[347]；观音殿内供奉汉白玉送子观音像，乾隆四十年（1775）张开东描述其“佛像大如人，盘坐两赤脚。膝头小婴儿，笑弄容自若。玉骨本天成，何为苦雕琢”[88]561。这些古代雕刻在毕沅整修时也得到了良好保护。值得一提的是，1941年时❶曾在崇圣寺内发掘出7尊具有隋代风格的石雕残像[355]362（图7-19），其中以菩萨像居多，体态柔美，衣褶流畅，历史和艺术价值颇高。近年来又有唐残佛和五代瓦当出土[356]。这些文物有力地见证了崇圣寺自隋唐以来的深厚历史，也体现出毕沅对其开展保护及整修的必要性。

❶这些雕像在民国二十二年（1933）时已被寺僧发现，1941年中华民国教育部艺术文物考察团来寺考察时由王子云正式清理发掘，随后移入当时的陕西省博物馆（设在西安碑林内）。

❷清代十余丈合40~60米，而从足立喜六所绘制的图纸来看，放生池东西两池各自宽度都接近100米。笔者的复原方案中，以足立喜六的图纸为准。

（4）在寺院南门外开凿放生池并引永济渠水注入其中。

为增加崇圣寺的庄严壮美之感，毕沅在寺南门外建造了规模宏大的放生池（图7-20），放生池“方广十余丈❷，引永济渠水注之，取金水相生义也”[253]1300。永济渠又名通济渠，为西安城西的重要水利工程，毕沅曾于乾隆三十九年（1774）命专员修浚[258]74以解决壅塞问题。崇圣寺南门距永济渠主渠的距离超过2000米，自永济渠引水灌注放生池的工程规模应颇为宏大。放生池平面接近半圆形，正中开辟一条道路直抵山门，在道路南端设影壁一座。

图7-19　崇圣寺六朝石雕菩萨残躯1941年发掘场景（来源：西北大学文化遗产学院编《西北大学藏民国时期教育部艺术文物考察团西北摄影集选》（第5辑）第25页）

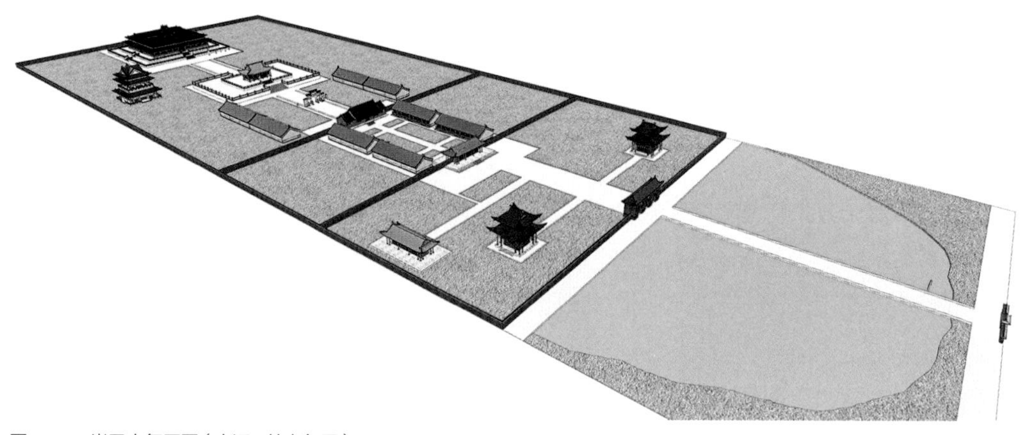

图 7-20　崇圣寺复原图（来源：笔者复原）

4．毕沅整修崇圣寺的主要特点

毕沅对崇圣寺的整修是清代众多寺庙整修案例中的一例，尽管并无相关制度作为依托，但工程中存在的若干现象在当时具有普遍性，因此值得关注。以下结合时代观念和宗教传统，对崇圣寺整修工程中的主要特点进行梳理归纳：

（1）更看重寺庙修缮事件带来的社会影响而非修缮的具体过程。

寺庙因信众的广泛参与而具有很高的社会关注度，清代修缮寺庙时非常看重事件本身带来的社会影响，而不甚在意修缮的具体工作。如对于崇圣寺的修缮，在《关中胜迹图志》《大清重修大崇圣寺碑》《大崇仁寺五百罗汉记》等文献中偏重阐述该寺对于地方的重要性和修缮后社会民众的反应，而对于修缮方法和具体措施仅有只言片语涉及。这归根结底是价值取向的不同。

（2）对寺庙的增建在当时被认为是“功德”而非“破坏”。

作为古迹的寺庙大多数仍然为宗教信徒所使用，导致人们对于古迹的珍惜与对于宗教的虔诚相互掺杂，这使得清人虽有保护意识，而对保护行为却缺乏明晰的界定。毕沅对崇圣寺格局进行的改造（寺内增建五百罗汉堂，寺外开凿放生池），无论是毕沅本人还是当地民众，都将这种行为视作一种“功德”。这反映出与现代保护理念完全不同的实用主义理念。

（3）部分寺庙的修缮带有政治意图或受政府直接支持。

宗教信仰因涉及意识形态问题而受到政府的密切关注，清代寺庙的修缮和保护大多为信徒自发行为，亦不乏由政府官员主导或国家出资的情况，毕沅修缮崇圣寺就属于后者，它不单纯是古迹保护活动，而有意把地方的宗教信仰与中央政府进行挂钩，将保护活动作为一项“国家献礼工程”来实施，这无疑反映其带有明确的政治意图。

（4）将寺内金石文物视为寺庙附属财产进行管理和保护。

清人习惯于将与寺庙有关的土地、房屋、资金及其他相关物品归为“寺产”，认为是属于寺内集体僧众的财产。受此观念影响，寺内无论出土何等贵重的碑刻或雕像，通常都会留寺保存而不会移至他处。这样的做法利弊兼有，其利是保留了文物与其出土地的信息关联，且能避免文物远程搬运的磕碰损坏；其弊是由于这些文物被视作寺庙私产，容易被对文物价值不敏感的寺众随意处理甚至出售。崇圣寺内大秦景教流行中国碑之出土、留寺保存、建亭保护、遭外国人觊觎、移入碑林的整个过程❶，便是极具代表性的例证。当然，清人也有将散落于野外的金石文物集中保存于文庙或临近寺院的做法，这既表明清人的古物保护策略并不僵化死板，亦反映出在当时寺庙一定程度上充当了博物馆的角色。

三、毕沅对灞桥的两次重建和恢复汉唐名胜的愿景

1. 灞桥概述

灞河发源于秦岭北麓，流经西安东郊，自南向北奔流最终注入渭河。自西安地区向东的陆路通行几乎都要穿越灞河。在灞河上修建桥梁的历史可追溯至汉代，当时应为木质桥梁或浮桥，位置在汉长安城宣平门东灞河上[369]24-25；隋开皇三年（583）在大兴城东北的灞河上建造了规模宏大的多孔石拱桥[370]4，后遭损毁；唐景云二年（711）❷在原址重建[370]4，桥分为南北两段，中部利用河心滩地；唐桥坍毁后，宋元祐年间（1086—1094）宰相韩缜又在原址进行了重建❸；元至元三年❹（1266）刘斌在隋唐灞桥遗址❺西北约200米的位置新建灞桥[373]，为石墩石拱券桥[369]25-26；明成化六年（1470）陕西布政使余子俊在元桥旧址上增修，后因石壅塞而废弃[238]卷十六"霸桥"条；清代陕西巡抚贝和诺于康熙三十九年（1700）、陕甘总督杨应琚于乾隆二十九年（1764）、陕西巡抚毕沅于乾隆三十九年（1774）先后三次利用旧有桥墩重建了灞桥，其形制均为石礅木板桥，但因灞河水急且含沙量高，这些桥皆在建成后不久即遭冲毁，毕沅还计划第二次重建灞桥，可惜未果；至道光十四年（1834），陕西巡抚杨名飏在隋唐灞桥遗址西北约100米处建成了石盘石轴柱木梁桥形制的灞桥（图7-21），这座桥其后虽经多次维修❻却屹立达百余年，在1957年其桥身被改建为钢筋混凝土梁板桥，桥基仍为清代原物，整座桥至2004年才被彻底拆除。由于灞桥屡建屡圮，实际上在清代"全年可通行的灞桥总共使用时间仅91年"[64]120，大多数时段内，

❶参看何乐模（Frits Holm）《我为景教碑在中国的冒险》一书的相关内容[341]。

❷《元和郡县图志》原书中作"唐隆二年"，事实上，唐隆元年（710）李重茂退位，新即位的李旦于当年改元景云，因此历史上并无唐隆二年的年号，书中所指当为景云二年（711）。

❸宋《能改斋漫录》记载，当时因韩缜督工峻急，民夫将灞桥附近的大量唐碑用作桥基石料[371]349。1994年曾在唐灞桥遗址中出土"扶风郡王赠司徒马府君神道碑"一通，为唐代官员马璘的神道碑[372]，证明此说不虚。

❹刘斌筹划修桥为至元元年（1264），实际动工为至元三年（1266）。

❺隋唐灞桥遗址于1994年和2004年两次被发掘清理。

❻据现存资料来看，道光时期所建的灞桥在咸丰二年（1852）和咸丰十年（1860）因部分桥段受洪水冲塌而进行过维修。

政府在夏秋盛水期提供大、小船各1艘并设水夫若干名用以摆渡，冬春枯水期架设简易木桥用以渡河[238]卷十六“霸桥”条。

隋唐以来各时期的灞桥均分布于西安市灞桥区灞桥镇西南区域（地理坐标109.08°E，34.31°N），各时期的桥梁长度存在差异但皆在百米以上。长期以来，灞桥不仅是西安与潼关地区往来的交通枢纽，也是著名的“关中八景”之一“灞柳风雪”的所在地。因当时灞桥两岸遍植垂柳，每年春季风吹柳絮，漫天雪白，游人送别至此不禁触景生情。可以说，灞桥与其周边的自然环境构成了陕西的一处重要文化景观。

图 7–21 杨名飏所建灞桥 1908 年时的风貌❶（来源：足立喜六《长安史迹の研究》图版一三）

2. 毕沅修建灞桥始末

在毕沅任巡抚前不久，灞桥曾进行了一次规模较大的新建。当时士绅“以灞水建桥为西安、同州、凤翔三府文风所关，现今文风较逊于前，冠冕亦较前减少，俱归咎于灞桥倾圮之故。”[375] 当时的陕甘总督杨应琚与陕西巡抚明山便顺从民意筹建灞桥，历经三任陕西巡抚明山、明德、和其衷最终完成了灞桥的修建❷，该工程于乾隆二十九年（1764）七月开工，至乾隆三十年（1765）四月二十九日竣工❸。可惜该桥建成后仅五年，就被洪水冲塌，之后的数年间灞河上冬春季节以临时浮桥作为通行设施，夏秋季节则设船摆渡❹。

自乾隆三十六年（1771）毕沅在陕西为官后，常因公务往来和送别友人❺而途经灞桥，看到灞河上搭建的浮桥让曾经谓为胜景的灞桥失去往昔风采，因此于乾隆三十九年（1774）至乾隆四十年（1775）利用杨应琚所建灞桥的桥基重建了灞桥，但建成后不久即被洪水冲塌。毕沅于乾隆四十二年（1777）五月向乾隆皇帝奏称：“关中系临边重镇，西接新疆，为外藩朝觐往还必经之所，沿途古迹甚多，除华岳以外，如灞桥、温泉、终南山、慈恩寺等处俱系汉唐名胜之区。”[256]半年后再次奏称：“且陕省路通新疆，为邮驿孔道，而灞桥系秦汉古地，尤宜急需建复。”[288]毕沅认为灞桥不仅是汉唐古迹的重要代表，更是外藩进京朝觐的交通枢纽，反映了地方政府的

❶由足立喜六拍摄于1908年8月22日，拍摄位置在灞河东岸。

❷本次灞桥修建工程最初由陕西巡抚明山倡议并勘察，后明山调任、明德接任并再次对灞桥工程进行勘估，并在其任期内完成了灞桥修建总工程量的三成左右，和其衷接任陕西巡抚后，才最终完成了灞桥修建工程。

❸这次灞桥修建的经费由西安、同州、凤翔三府的士绅捐款而得，共花费白银48390两[376]。由于这次工程的士绅捐款共节余4296.427两，便交由当商作为生息银两，月利率1%，每年可获利息515.57两，灞桥岁修经费即从该项目下支出，（嘉庆二十年本）《钦定工部则例》卷八十五《桥道·灞、浐二桥岁修》记载：“陕西省修建灞、浐二桥，节省余剩银两四千二百九十六两四钱二分七厘，饬令咸、长二县交与殷实当商，每月一分生息，按季汇解西安府库，以备岁修桥工之用，仍将每年所收息银两数目于逐年报销案内造具四柱清册，报部查核。”[302]342

❹每年搭建浮桥的经费也从上述生息银两的项目下支出，（嘉庆二十年本）《钦定工部则例》卷八十五《桥道·搭盖灞河浮桥》记载：“陕西咸宁县每年搭盖灞河浮桥，系动用该县绅士捐资营运生息银两办理，不准请动正项，估需工料银两，并令先行造册咨部，工竣，核实报销。”[302]343

❺毕沅于乾隆三十六年（1771）作有《灞桥示送行友人》[147]612一诗。

形象，政治影响不容忽视。乾隆皇帝非常赞同毕沅之说，也有意恢复灞桥胜景，于乾隆四十七年（1782）正月初四日下谕[313]，命工部左侍郎德成来西安勘估灞桥工程，同年二月，德成和毕沅在完成西安城垣的勘估工作后，带领工部员外郎蓬琳、布政使尚安、督粮道图萨布等多名官员，前往灞桥所在地进行踏勘，随后经分析考量后制订了初步的灞桥重建方案。但由于此时规模浩大的西安城垣修筑工程才刚开始，大量的人力和经费需要优先保证西安城垣，无暇顾及灞桥，因此德成和毕沅上奏建议暂缓灞桥重建工程，而乾隆皇帝批示不必延迟，要求立即着手筹备此事❶。可能是由于西安城垣工程确实占用了太多人力物力，灞桥工程尽管在乾隆四十八年（1783）春季动工，但进展极为缓慢，随着毕沅于乾隆五十年（1785）二月调任河南巡抚，该工程暂被搁置。不久后因白莲教起义爆发导致军费支出激增，使耗资巨大的灞桥工程计划彻底破灭。直到道光十四年（1834）在陕西巡抚杨名飏的主持下，才建成了一座新形式的灞桥，与德成、毕沅所构想的方案完全不同。

3．毕沅第一次重建灞桥的举措

由毕沅主持的第一次灞桥修建工程开展于乾隆三十九年（1774），该工程常为学界所忽略❷，可能是由于桥梁建成后不久即遭毁坏，未有较详细的资料记载。由于“霸水会合蓝田、库谷诸川，其流浸盛，且为活沙所凑，每难以置桥”[258]277，在杨应琚主持修建的灞桥被冲毁后，毕沅每次来往陕东时，都顺便勘察灞河情况，他认为“若止用渡船，难云利济。惟是筑堤架木，历有成式，因于乾隆三十九、四十两年间，即旧址修辑。”[258]277毕沅所遵照的“成式”，即指石墩木板桥这种常见的桥梁形式，杨应琚在修筑灞桥时也采用该形式。毕沅所说的“旧址”，应当是指杨应琚主持修建的灞桥被冲毁后残存的旧址，杨应琚所建此桥“桥身通长五十四丈六尺，宽二尺，中建石墩二十三座，计二十四洞，南、北修砌马头二座，桥面排木铺石，两边建造栏杆，桥底亦用石条铺砌，以护桥基。”[376]这座灞桥总长54.6丈（约折合172.4米❸），桥长度远小于灞河宽度（约380米）。毕沅的奏折为这个奇特现象提供了解释❹——因灞河河心有一处老滩区域，将河道分为南北两股，北侧河流水量较大且常年不息，宽度约61丈；南侧河流水量较小在枯水期可直接通行，宽度约66丈；老滩区域较为安全，每年仅极少数时间有河水漫滩的现象，宽度约82丈。笔者认为，由杨应琚所建的54.6丈长的灞桥应当位于灞河北侧的河流上，该桥通过在岸边垫筑土石建成码头将北侧河流宽度进一步缩小，当时的灞河老滩区域和南侧河上并未建

❶德成、毕沅上奏称：“臣等愚昧之见，西安省城最关紧要，此时自应上紧赶修。其灞桥工程，且俟城垣大工告竣之后，迩时如年谷顺成，物力丰裕，再行接续办理。则购备物料更为舒展，而筹画亦免纷歧，于事理较为有裨。”[378]乾隆皇帝在此处批示“呈交不必再尽”[378]，表明他要求灞桥工程还是要立即着手进行。

❷目前学界关于清代灞桥修筑历史的研究成果不多，其中以史红帅《清代灞桥建修工程考论》[64]一文最为翔实，但该文中却遗漏了乾隆三十九年（1774）的这次灞桥修建工程。

❸清末日本学者足立喜六曾将清尺与现代米尺相比较，得出清代1尺折合今0.3157米[267]51，则清代1丈折合今3.157米。

❹毕沅在奏折中称：“询据水手、土人佥称‘灞河水势长落不常，惟北岸河水终岁长流。其南岸一带，平时虽泉水不断，并不深阔，无碍行旅。至夏秋大雨时行之际，从老滩迤东岔口分水一股，入南岸河身分流。其河心老滩，每年值山水暴涨，上滩仅有一二尺，一年之内不过二三次。’”[378]

桥。毕沅在第一次重建灞桥时利用了杨应琚所建灞桥的桥墩，因此两桥的位置相同，两桥的长度、宽度、外观形式也应该非常接近。根据杨应琚所建灞桥的信息，毕沅所建灞桥长约54.6丈，桥下设置23座石砌桥墩（即桥下共24个桥洞），桥墩根部铺设石条增强其整体稳定性，每个桥洞上部铺设的木板跨度为2.275丈（约折合7.18米），桥面宽2丈（折合6.31米），两侧设置栏杆。《关中胜迹图志》中收录的《灞桥图》（图7-22），应该是对这类石墩木板桥的写意描绘。尽管在此图中，灞桥与灞河的位置关系、桥梁轻微起拱的样式、桥墩数量都与文献记载有差异，但依然是了解毕沅修建灞桥前后有关灞桥最直接的资料，图中清楚地表现出灞桥与桥东的灞桥镇、桥西的龙王庙之间的位置关系，灞桥桥墩、栏杆、木板的样式也很符合清代桥梁的特点。

当然，这样写意的图画无法准确表现灞桥的真实面貌。由于毕沅第一次修建的灞桥充分利用了杨应琚所建灞桥的桥基，外观形式也与此前的桥类似，笔者根据杨应琚呈交的奏折内相关信息，对毕沅修建的灞桥进行了复原（图7-23、图7-24）。可惜毕沅所建的这座灞桥落成后“不旋踵即圮”[258]277，推测它尚未使用超过一年，毕沅的第一次尝试以失败告终。

图7-22 清乾隆时期的灞桥（来源：毕沅《关中胜迹图志》（经训堂刻本）卷首《灞桥图》）

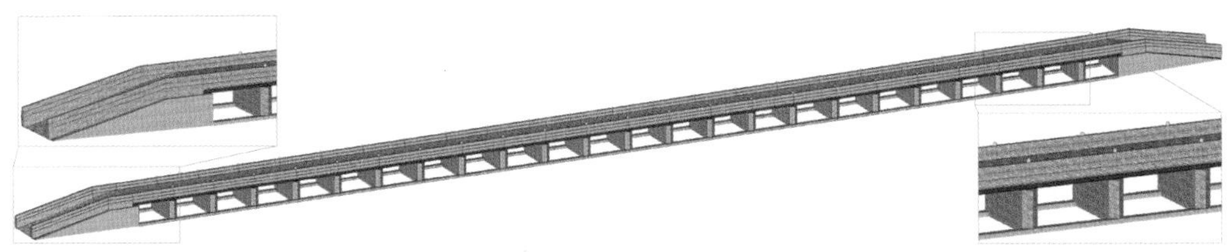

图 7-23　毕沅第一次修建的灞桥外观形式复原（来源：笔者复原及绘图）

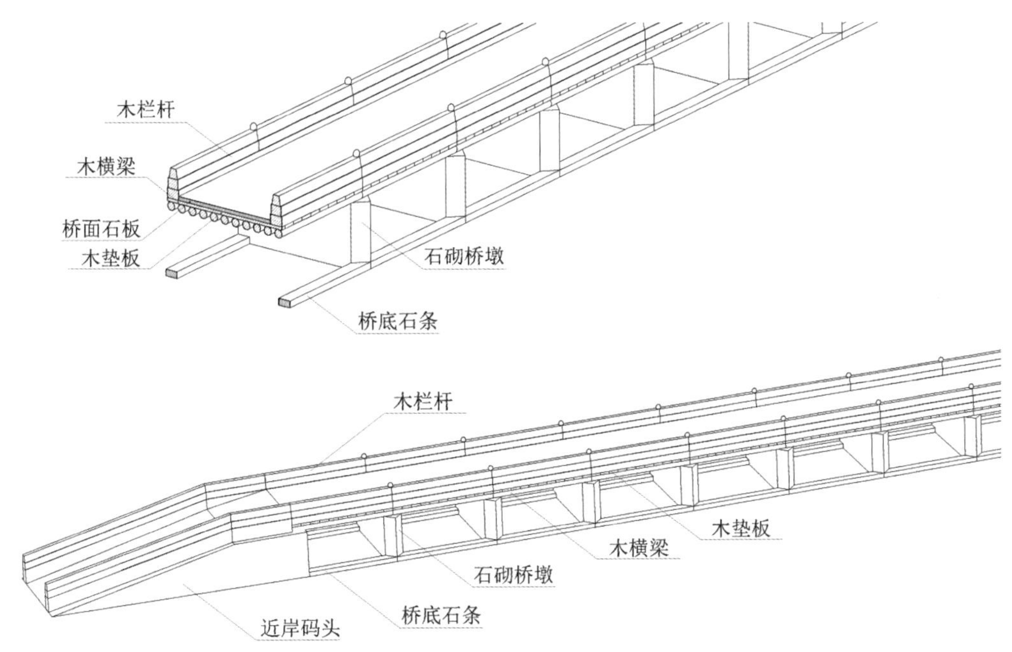

图 7-24　毕沅第一次修建的灞桥断面构造及细部复原图（来源：笔者复原及绘图）

4. 毕沅第二次重建灞桥的构想

借鉴第一次利用原有桥基修建的灞桥被洪水冲毁的教训，毕沅第二次重建灞桥特别重视其防洪能力。乾隆四十七年（1782）二月，他与工部左侍郎德成勘察灞桥时，“看得原旧灞桥久经坍废，基址无存，后建灞桥一座，亦皆塌损。惟北岸尚存八空，亦俱破坏。”[378]这里所称的“原旧灞桥”当指明代或更早的灞桥，而“后建灞桥”应该是指乾隆三十九年（1774）毕沅利用杨应琚所建灞桥残基重建的灞桥。毕沅自称“四十六年，臣再莅陕西，特奉谕旨，令臣砌造，相度地址，重加营建，庶可复唐、宋之旧观云。”[258]277毕沅、德成经勘察后提出了新的灞桥建造构想，该方案将新桥位置选在第一次所建灞桥的附近，试图利用河心老滩区域作为中转实现南北两岸的真正连接，拟在灞河北段修建长61丈的券洞大石桥一座，中段老滩区域铺设长82丈的墁石道一段，南段修建长66丈的涵洞平桥一座，券洞大石桥、墁石道、涵洞平桥宽度均为3丈，总长达209丈，折合659.81米，估算共需工料银561819.501两[378]（表7–1）。毕沅这次规划的灞桥长度是杨应据所建灞桥长度的约3.83倍，是之后杨名飏所建灞桥长度的约1.56倍（表7–2、图7–25），费用是杨应据所建灞桥费用的约23.25倍，是杨名飏所建灞桥费用的约7.09倍（表7–2），规模之大及耗资之巨皆令人咋舌。毕沅和德成将本次灞桥方案绘制简图并随图粘贴黄签标注，另附详细预算清单一份，上呈乾隆皇帝。

乾隆四十七年（1782）毕沅和德成规划修建的灞桥相关信息表（来源：自制❶） **表 7–1**

名称	所在位置	长度	宽度	估算费用（两）	桥梁形式示意图❷
券洞桥	灞河北段	61丈❸（192.58米）	3丈（9.47米）	416293.091	灞河北岸 灞河北段 河心老滩地带
石甬路	灞河中段	82丈（258.87米）	3丈（9.47米）	13198.743	灞河北段 河心老滩地带 灞河南段
涵洞平桥	灞河南段	66丈（208.36米）	3丈（9.47米）	132327.667	河心老滩地带 灞河南段 灞河南岸
合计		209丈（659.81米）	均宽3丈（9.47米）	561819.501	/

❶表内信息根据德成、毕沅所上奏折[378]的相关内容整理获得。

❷本列内桥梁形式均为笔者复原及绘图。

❸清末日本学者足立喜六曾将清尺与现代米尺相比较，得出清代1尺折合今0.3157米[267]51，则清代1丈折合今3.157米。

清代几次灞桥修建工程相关指标对比（来源：自制） **表 7-2**

动工时间	工程主持者	总长度	宽度	桥洞数量（个）	桥墩数/砥柱数（个）	修建对象	估算费用（两）
乾隆二十九年（1764）	杨应琚、明山、明德、和其衷	54.6丈❶（172.37米）	2丈（6.31米）	24	23	灞桥、浐桥、灞桥旁的龙神庙及公馆	48390（含灞桥及浐桥修建费用，灞桥修建费约占总费用的50%❷，即24160两）
乾隆三十九年（1774）	毕沅	推测约54.6丈❸（172.37米）	2丈（6.31米）	24	23	灞桥	不详
乾隆四十八年（1782）	毕沅	209丈❹（659.81米）	3丈（9.47米）	不详	不详	灞桥（最终未建成）	561819.501
道光十三年（1833）	杨名飏	134丈❺（423.04米）	2.8丈❻（8.84米）	67	408（6根砥柱一排）	灞桥、浐桥	104320（含灞桥及浐桥修建费用，灞桥修建费据笔者估算约占总费用的76%❼，即79283.2两）

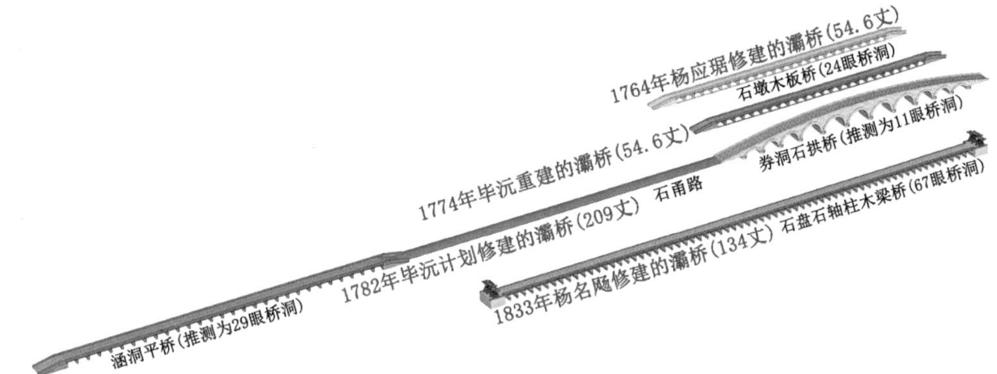

图 7-25 清代各时期的灞桥对比示意图（来源：笔者复原及绘图）

❶表内本行数据根据杨应琚、和其衷的奏折[376]内相关信息整理。

❷杨应琚在奏折中所上报的费用包含了灞桥、浐桥修建费用，以及灞桥旁龙神庙和公馆的修理费用，其中灞桥长54.6丈，浐桥长26丈，如仅按桥梁长度简单均摊费用，再考虑到龙神庙、公馆有一定的修理费，笔者估算灞桥的修建费约占总费用的50%。

❸表内本行数据根据杨应琚、和其衷的奏折[376]内相关信息整理。

❹表内本行数据根据杨应琚、和其衷的奏折[376]内相关信息整理。

❺表内本行数据根据杨名飏的奏折[379]内相关信息整理。

❻唐寰澄《中国科学技术史·桥梁卷》[380]52所绘清道光灞桥的断面宽度为8.15米（含栏板宽度），其所据为1932年实测数据。若清代1丈合3.16米，则桥宽不足清代的2.6丈，并非杨名飏奏折中所记载的2.8丈。

❼杨名飏在奏折中所上报的费用包含灞桥、浐桥修建费用，其中灞桥长134丈，浐桥长42丈，如仅按桥梁长度简单均摊费用进行估算，则灞桥的修建费约占总费用的76%。

毕沅第二次计划重建的灞桥无疑并未建成，但这座桥到底有没有动工目前尚无确凿证据。《弇山毕公年谱》记载毕沅“又奏修西安城垣及城外灞桥，遵旨勘估，于明春开工”[79]517。按语义推之，西安城垣与灞桥是在乾隆四十七年（1782）勘估工作完成后的次年春季动工，但实际上西安城垣到乾隆四十八年（1783）夏季六月才开工，那么在春季开工的很可能就是指灞桥工程。另外，由于乾隆皇帝在毕沅上奏后专门批示灞桥工程不必再推迟[378]，毕沅应该会着手开展若干工作。更重要的是，在毕沅筹划重建灞桥的过程中，为了进一步落实工程的相关情况，他曾带领吴泰来、严长明、孙星衍❶三位幕府宾客到灞桥现场考察，四人触景生情，共同创作了《重修灞桥纪事联句》[147]1002-1003一诗，诗中对即将开始的灞桥建造场面进行了想象，还饱含着憧憬地赞颂了灞桥建成后的壮美景观❷。这表明第二次灞桥工程曾非常接近动工状态，很可能已进入了招工备料阶段，所以才会让毕沅和幕友们怀有无限期待。但可惜的是，因经费紧张、人员忙碌、毕沅调任等种种原因导致该工程最终夭折，毕沅恢复灞桥古迹旧观的愿景也化作泡影。

❶据《孙渊如先生年谱》记载[377]455-456，孙星衍于乾隆四十六年（1781）初才受毕沅之邀来西安，于乾隆五十年（1785）年离开。毕沅与孙星衍等人创作《重修灞桥纪事联句》的时间不可能早于乾隆四十六年（1781）初。另外，收录《重修灞桥纪事联句》的《乐游联唱集》刊于乾隆四十七年（1782），而毕沅给乾隆皇帝汇报灞桥重修规划设想是在乾隆四十七年三月。笔者推测，该诗应当作于乾隆四十七年（1782）三月左右，是毕沅为重修灞桥而带领幕宾前往现场勘察时所作。

❷诗中有“旬宣屡驻中丞节，诹度频烦使者轺。原隰周防无壅水，川涂经画见乘檋。千夫应节趋鼛鼓，万袂连云竞冶铫。谁遣神人鞭巨石，却惊巧匠结棼橑”之句，仿佛在形容千夫万民已开始为此桥的修筑而奔走出力；又有“江干历碌连镳骑，烟际咿哑出浦桡。𩫨𩫨危阑排雁齿，澄澄倒影卧虹腰”之句，似乎是憧憬灞桥建成后的面貌，宏伟灞桥的倒影如彩虹般映在灞河上。

根据毕沅、德成呈交的奏折内相关信息，结合同时期类似桥梁的建造风格，笔者对毕沅第二次计划修建的灞桥进行了复原（图7-26），可一窥该方案的宏伟。

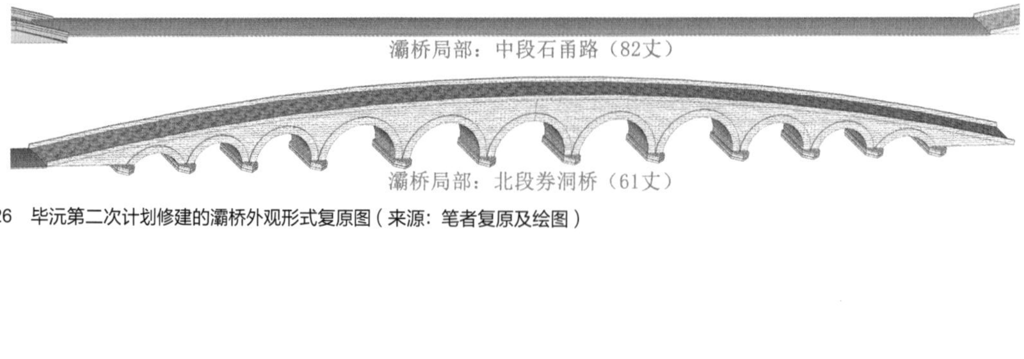

1782年毕沅计划修建的灞桥（209丈，合659.81米）
南段涵洞平桥（66丈）
中段石甬路（82丈）
北段券洞桥（61丈）
灞桥局部：南段涵洞平桥（66丈）
灞桥局部：中段石甬路（82丈）
灞桥局部：北段券洞桥（61丈）

图7-26　毕沅第二次计划修建的灞桥外观形式复原图（来源：笔者复原及绘图）

5. 毕沅恢复汉唐名胜的愿景

尽管毕沅计划修建的灞桥最终未能建成，却仍反映出他致力于恢复地方名胜的不懈努力。毕沅曾上奏称：“臣伏思关中系临边重镇，西接新疆，为外藩朝觐往还必经之所，沿途古迹甚多，除华岳以外，如灞桥、温泉、终南山、慈恩寺等处俱系汉唐名胜之区，近年以来所有关中陵墓、祠墓虽经臣次第补修，但胜迹尚多，工费亦巨，既未便频请动项，亦不宜任其荒颓。”[256] 由此可见，毕沅将灞桥、华清池温泉、终南山都视作具有重要影响力的文化景观❶。在他心中，灞桥绝不仅仅是一座桥梁，而是兼具自然山河之壮美与历史文化之丰蕴的复合体。它与灞河及河边垂柳共同组成“关中八景”之一的“灞柳风雪”，又被当地民众认为其保存状况与关中文运息息相关❷。它作为地方“文化环境”的象征和风向标，其价值及意义早已超越了物质层面。

正因如此，毕沅更倾向于站在国家和社会的视角来审视古迹重建的问题，希望能借助灞桥工程对社会产生积极作用，他认为：“灞桥为秦汉以来古迹，兼系来往通衢，仰蒙皇上特敕鸠工，普济行旅，既足以资利涉，并可以壮宏规，诚为复古便民之善举。”[378] 毕沅将重建灞桥看作既能复古亦可利民的善举，“复古”是对其文化内涵的具象化，能够帮助重塑长安作为汉唐旧都的文化形象；而“便民”则是对其社会功能的实用化，通过大型桥梁的架设增强文化交流及商贸往来的便捷性，也通过提振关中文运满足了士民们的心理诉求。

另外，需要指出，清代常采用的复原方式并非根据历史图像的原样复原，而属于一种概念性复原，更重视“古意”的留存延续而非“古迹”的精确还原。毕沅先后两次对灞桥的修复，一次是利用旧桥桥基建造桥面，一次是择址重新设计建造，方法和结果均不相同，基本谈不上物质层面的保护。但在当时人们看来，这两者无疑都是对古老灞桥的“复兴”，它们都代表着那座文化意义上的灞桥。

归根结底，毕沅恢复汉唐名胜的愿景主要出于社会与文化方面的考虑，其目标是满足社会心理需求和传承振兴文化，古迹是达成这种目标的物质载体和象征符号。

---

❶《中国文物古迹保护准则》（2015年修订）将文化景观阐释为“人类活动（包括行为和思想）与自然环境相互作用，形成的景观遗存，具有文化价值及其他文物古迹价值，并可能具有自然遗产价值。”[3]5-6。

❷清代时人们“以灞水建桥为西安、同州、凤翔三府文风所关”[373]。

第八章

毕沅古迹保护的基本特征、时代理念及历史地位

一、毕沅古迹保护的基本特征

1. 重视古迹价值的发掘——尤以社会价值及文化价值为主

毕沅非常重视对于古迹价值的发掘和相关意义的阐释，并将其视为实现“群体认同”的重要方式。他在修缮古迹前按规定需向上级陈述修缮理由，往往会首先对古迹在社会、文化、历史、军事等若干方面的重要价值进行分析，其次描述古迹破败的现状，继而强调保护和修缮它的意义。这与现在的“价值评估”有很多相似之处。在毕沅的评估体系中，古迹的社会价值和文化价值被看作极其重要的方面，而对于政治价值的考虑次之，对于历史价值的关注又次之，并在表述时常与文化价值相融合，另外对于艺术价值和军事价值有所关注，但几乎不涉及科学价值的思考。这与今日对于文物古迹价值评估的次序和关注度有所差异。

在社会价值方面，毕沅认为古迹保护应发挥经世致用之功能，他强调古迹保护是“为政之急务”[264]4，孙星衍也评价毕沅的金石研究及保护的成效为——“可以观政矣！”[205]175洪亮吉认为毕沅对于古迹和金石的考察研究，不仅仅是为了探寻历史真相，更是为了实现天下大治、万民和乐的崇高理念，他称赞道：“夫欧、赵、洪、薛之撰集金石，仅借以考古，而公则因以兴灌溉之利，通山谷之邃，修明疆界，厘正祀典。既非若道元之注托之空言，又非若欧阳诸书仅资博识，则所得实多焉。……皆公经世之务之获于稽古者也。”[205]173-174对于毕沅而言，古迹保护实践能使公众广泛参与其中而带来良好的社会效益，如他整修西安城垣时动员数万工匠长达五年之久，不仅解决了民众就业问题亦增加了城防安全，又如他在整修遭受洪水破坏的荆州城垣时，采用“以工代赈”的办法，既能保护古迹又可赈济黎民；此外，古迹保护还能有力支撑民众的神灵信仰体系，如毕沅修缮太白山庙并多次亲自祈雨是为了“庶明神鉴格，益赖嘉庥，俾我西土蒸黎，咸蒙福祐焉”[258]536。

在文化价值方面，毕沅将古迹看作承载文化和思想的载体，在开展保护工作时不断发掘相关文化意义。如他在保护西岳庙时就特别关注其体现国家祭祀文化的价值，称“太华山为西陲灵岳，庙在华阴县东五里，禋祀岳帝。自唐虞三代以来即为望秩之所，规模轮奂，灵迹岿然。”[256]在整修崇圣寺时则重视它在宗教文化方面的价值，形容其为“佛本觉流慈之地，释慧照演教之区”[347]；重建灞桥时关注其在文化象征方面的价值，充分考虑到灞桥是“关中八景”之一“灞柳风雪”的文化象征物，同时也是保佑西安、同州、凤翔三府文风文运的心灵寄托物。值得注意的是，毕沅试图通过保护古迹来实现文化的永续传承，如他在保护唐太宗昭陵时称希望“先烈前徽得以贻诸永久”[258]305，还专门竖立记录保护昭陵原因及历程的“大清防护唐昭陵碑”，明确告诉后人保护古迹便是传承文化；保护碑林内珍贵的开成石经则是为了“修锡方夏，垂示永久”[147]997。卢文弨更称赞毕沅使“古今人之精神命脉，不至中绝”[205]叙。在毕沅诸多的古迹保护事迹中，无处不体现着这种文化自信和文化担当。

毕沅还留意古迹所蕴藏的政治价值，重视在“国家立场”下看待问题，他深知古迹保护实践对提升国家形象和保障边疆稳定能够产生积极作用，因而将古迹作为具有亲和力的媒介来实现政治意图。如毕沅整修华阴西岳庙是由于“每逢新疆诸路藩臣入觐，道经华邑，必虔诚入庙，瞻仰殿庭，互相称说，以为东来第一胜境”[287]，而他重建西安灞桥则是由于“陕省路通新疆，为邮驿孔道，而灞桥系秦汉古地，尤宜急须建复”[288]；又如他整修西宁塔尔寺是为了迎接六世班禅前往热河觐见乾隆皇帝。保持西岳庙、灞桥、塔尔寺的庄严形象，可显著增强边疆地区少数民族领袖对清朝中央政府的敬畏和信任，这无疑会有效促进国家稳定与民族团结。另外，毕沅还曾将崇圣寺整修工程作为乾隆皇帝七十大寿的献礼，这实际对于弘扬国家的宗教政策、获得更多宗教人士的支持也有良好帮助。

毕沅对古迹的历史价值也较为重视，他在《关中胜迹图志》中赞颂陕西悠久的历史积淀了众多古迹——“粤自成周而后，以迄秦、汉、隋、唐，代建国都，是以胜躅名踪，甲于他省。”因而试图通过研究和保护使这些古迹重焕光彩而为世人所了解。他保护西安碑林时希望“考古者得以有所观览也”[258]205。王鸣盛评价毕沅：“若其静察乎考古之足以证今，披图案牒以兴革利弊，其补助化理最切，则尤先生用意之深也。”[207]序1–2这从侧面反映出，毕沅认为只有认真考证历史能为当下的发展提供借鉴，反映出他已充分认识到古迹保护的时代价值和现实意义。需要指出，毕沅对于体现古迹历史价值的关键属性——“真实性”不甚在意，他并未试图谨慎地保存原物，甚至还会对古迹进行改建和扩建。这既与当时的时代观念和技术条件密不可分，也体现了毕沅更重视古迹社会价值和文化价值的独特价值取向。

毕沅还关注古迹在提升审美意趣方面的艺术价值，他的诗中大量描绘和赞颂古迹的艺术之美，如《华岳庙落成诗以纪事》中写道：“雕镂灵怪栖方栱，画彩簪缨肃两廊。夭矫铜龙衔日出，褵褷铁凤入云翔。雾凝仙掌丹房丽，洞掩珠帘紫阁香。万丈玉流飞玉阙，千层云步入云阊。”[147]713《经行渭北瞻眺汉唐诸陵寝》中写道：“玉匣千秋藏废隧，神镫五夜出深林。霜沉金雁银凫色，雨蚀铜驼石马心。……”[147]739

另外，毕沅对于城垣类古迹还会看重其军事价值，如他在整修西安城垣和荆州城垣时要求“必须巩固金汤，始足以壮观瞻而资守御”[312]。当然，清人对于古迹的这种利用观念与今日有显著差异。

2．以“化育人物”为理念进行古迹文化传播和修缮改造

毕沅的古迹保护始终秉持着“化育人物”的理念，他将古迹视为连接古人与今人的

物质媒介，意欲使今人通过参与古迹的改造、汲取古迹蕴藏的文化力量来达到或超越前贤的成就❶。例如，他对西安碑林的保护是希望“壁经贞石，顿复旧观。后有好古者，举而弗替可也”[205]71，他对东湖的疏浚及对附属古迹的整修，是实现“庶几昔贤遗迹复还旧观”[258]501，他保护陕西诸多古迹则是憧憬“荟萃已基于此日，兴修可待于他时”[258]3。在毕沅看来，价值认知和精神感受的主体是人，若脱离人价值和意义就无从谈起，而实现人的化育正是对古迹价值的最大限度发挥。

毕沅自己从古迹的游历和体验之中得到教化和感悟，他又通过创作研究和开展保护实践方式将这种感受传播和延续，以化育更多的士民。**在创作和研究方面**，毕沅时常因古迹而流露出对前人的追怀思索，他曾发出“论我平生太徼幸，宦游多得近前贤”[147]662的感慨，并在其著述中多有以人为鉴、继往开来之劝慰。如他在凤翔东湖留宿时追忆苏轼当年在此的德政，他在观览司马迁墓、诸葛亮墓、纪信庙后赞颂这些先贤的事迹，他在途经汉武帝茂陵、杨贵妃墓时则反思其功过得失，毕沅还重视古迹对后人的启迪，他所开展的研究“多后哲之未窥，前贤之未录”[205]175，希望能够“刊其嘉言，诒之来学”[205]175。这些都表明，毕沅坚信围绕古迹开展历史思考和文化传播能够将古今紧密连接，对今人及后人产生积极作用并实现“化育”之目的。**在保护实践方面**，毕沅关注对古迹的修缮，他乐于使古迹通过翻新而呈现出庄严宏伟的面貌，如他在整修郿县太白神祠后，称赞其“殿宇轮奂，业已一律鼎新”[92]；毕沅也支持对古迹的改造，尽管唐代韩愈曾提出“无侈前人、无废后观”[382]的理念，但在实际的工程活动中，毕沅经常通过扩大古迹规模来试图超越前代，这与他希望通过古迹来塑造今人并影响后人的理念有关，如他在整修西岳庙时增建了御书楼、钟鼓楼、御碑亭等15处建筑，他在整修崇圣寺时增建了规模庞大的五百罗汉堂。毕沅的古迹保护实践反映了清人普遍抱有的“好古时新”思想，“好古”使他们颇为珍惜古迹所承载的“历史记忆”，但又会对其不断进行“鼎新”来满足现世的需求❷，甚至为“复古”而开展新建活动。清人尚古却不拘于古，他们乐于参与和改变历史，用代代相承的“鼎新”活动让古迹始终保持着“人文存在感”。

毕沅作为督抚大员，有着普通文人所不具有的强大信息宣传力和行政实施力，他是真正将“化育人物”思想与古迹文化传播及保护实践相统一的人，他对古迹的重视也大大激发了本地官员和民众对于乡土古迹的热爱。**归根结底，毕沅是试图通过古迹来构建一种立体文化图景，使地域文化和先贤往圣在时间维度上连绵不断且互具关联，这种构建过程能使人们实现历史感知、自我确认和文化升华，并为“化育人物”提供必要条件。**

3. 强调古迹及其保护行为的延续性

作为金石学家的毕沅，平时经常会接触到残损的碑石和朽坏的青铜器，却几乎从未

❶笔者曾指出：“古迹的本质是‘物化的人类史’，寻访或保护古迹的过程就是重新感知和体验历史，人们受此历史的启发和鼓舞，进而努力成为创造未来古迹的历史人物。古迹的社会功用就是为国家培养能创造新古迹的历史人物，没有创造历史的胸怀，自然无法欣赏古迹，更遑论有效保护。”[383]

❷不只是建筑的使用需求，还包括政治需求、文化需求、经济需求等。

萌生将它们修复完好的念头，但他却将古迹的凋敝残损视作其即将毁灭消失的前奏，竭力维持其物质存在（即使并非原物）。究其根本原因，是由于木构古建筑一旦出现受损就会加速破坏直至最终倒塌，它很难像碑石和青铜器那样采取静态保护的办法。此外，体量庞大的古迹难以置于堂屋中隔离式保存，亦无法制作拓片进行信息记录，这与碑石和青铜器有很大区别。事实上，这也是清代人们的普遍看法——古迹尤其是木构古建筑因较为脆弱而需要特别对待并设法延续其存在。一旦对象变成能较长久留存的石碑或青铜器，人们又转而显现出非常严谨的考古辨伪精神，处处流露出对“原物”的渴望和对史实的求索。

因此，针对古迹开展能够延缓受损和发现隐患的日常养护及管理工作就显得格外重要，这无疑是保持古迹延续性的便捷而有效的办法。毕沅在诸多古迹保护实践中都表现出对此的关注，如他在保护关中陵墓时非常重视陵墓守护人员履行常年驻守、定期巡视、日常修补洒扫、按时祭祀的相关职责；又如他在整修西安碑林时，将碑石用栅栏围护并定期启闭以防止过度捶拓。这些与今日的预防性保护在观念上有许多相似之处。不过，当开展修缮时，清人又会尽力使古迹焕然一新。这并非意味着他们喜新厌古（事实上清代好古的风气非常浓重），而是担心因古迹朽坏继而造成不可挽回的全面消亡。在当时的技术条件下，“古迹翻新”被古人认为是一种理所应当的保护行为，翻新后完整庄严的古迹形象也带给人们感官体验上的延续性。另外，对于已化为废墟的古迹，经民众参与重建后即使与过去古迹存在外观差异，但仍会被当时人认为是一种延续，这实际属于心理认知上的延续性，如毕沅两次重建灞桥，就是试图恢复曾经存在过的古迹并延续人们心中的“灞桥”概念。尽管古代在修缮翻新和遗址重建方面与今日的保护原则格格不入，但毫无疑问，**古人极其重视古迹在感官体验或心理认知上的延续性，无论是日常养护、修缮翻新还是物质性再造，都是为了实现这种延续性。**

另一方面，毕沅还重视古迹保护行为的延续性。他在修缮古迹前往往会关注上次保护或修缮是何朝、何年、何人所为，并常在记载此次修缮的文本中特别强调古今之间的联系，这实有表达文化传承的深意。如毕沅在《大清防护唐昭陵碑》中写道：“醴泉县东北五十里九嵕山，唐太宗文皇帝昭陵之所在也。……置庙设祀，建隆、开宝之遗；陵户丰碑，洪武、崇祯之册。我国家光宅八表，怀柔百神，屡致馨香，频加守护。使星夜出，映园寝之神光；燎火朝辉，杂封中之云气。沅守官关陇，按部池阳，瞻拜神宫，周游墓道。……因以乾隆四十一年檄筑园墙三十余丈。六书瓦屑，邕分恳隶之奇；列植松楸，茇舍甘棠之敬。”[262]235-236他先叙述了历代保护唐太宗昭陵的事迹（北宋建隆、开宝年间为昭陵置庙设祀，明洪武年间为昭陵设置陵户守护，明崇祯年间重修唐太宗祠并竖立石碑），又强调清朝保护昭陵的丰功伟绩，最后又将自己开展的陵墓保护活动与这种历史传统相联系。**这种对古迹保护行为延续性的重视，无疑是实现“群体认同”和“历史定位”的一种方式。**

4. 制度框架下以文人官员为主导的古迹保护模式

清朝对于陵墓、坛庙、城垣等类型古迹的保护有着较为严格的制度法规，它们是国家意志在古迹保护方面的体现。毕沅古迹保护的理念与这些制度的核心精神具有较高匹配度，他的多数古迹保护行为是在这些制度的约束下按照规定的程序步骤开展实施，并需要与制度中所指定的其他部门或人员紧密配合才得以完成，并非完全根据个人喜好来决定。毕沅作为政府高级官员，他开展古迹保护活动往往会受到皇帝或内阁的直接指示，他能调动的各项社会资源也主要是由国家所赋予，他保护古迹所取得的成效亦与朝廷的奖惩之间存在一定关联。这些充分反映了**毕沅的古迹保护活动是置于当时古迹保护制度框架之下，受到国家意志的显著影响。**

而在制度框架之下，具体的古迹保护实施仍需要发挥“人”的作用。在毕沅众多的古迹保护实践中，担任总督或巡抚的毕沅和古迹所在地的县级长官是古迹保护工程主要的负责人，毕沅的幕友也可以提供有效的建议，这些能影响古迹保护工程走向的人员在本质上都属于文人官员。事实上，当时的古迹保护活动普遍呈现出以文人官员为主导的模式，也使得因古迹保护而留名青史者几乎都是这些文人官员。上述模式既有优势也有劣势：在优势方面，文人官员不局限于关注工程本身的顺利实施，而更重视古迹保护带来的社会及文化效益，丰富的管理经验也使他们能够较好地协调复杂工程的方方面面；在劣势方面，文人官员们更倾向于理念性指导而非操作性实践，假使某些官员本身缺乏一定的技术经验，便会造成指导思想和具体操作的脱节。可以说，**以毕沅为代表的文人官员们尽管重视保护古迹的物质遗存，但却很少对建造层面的具体问题（如样式、结构、材料等）有过深切关注，他们试图实现的是自己心目中的“道”而非仅仅保护“器”本身。**

5. 以构建“理想天下”图景作为古迹保护的长远目标

古今圣贤都希望能够实现一种“理想天下”的状态——万物和谐相处、苍生依循大道、文明欣欣向荣。毕沅作为具有传统文人本性的封疆大吏，他心中也有一幅类似的“理想天下”图景，并在其文章中多有流露。

毕沅在向乾隆皇帝进献《关中胜迹图志》（附文1）时阐述了他撰写此书的原因：“陕省外控新疆，内毗陇、蜀，表以终南、太华，带以泾渭、洪河，其中沃野千里，古称天府四塞之区。粤自成周而后，以迄秦、汉、隋、唐，代建国都，是以胜躅名踪，甲于他省。我皇上威棱远耆，底定四陲。昨者金川小丑，自作不靖，王师挞伐，迅集鸿勋。关中当入川孔道，臣以樗栎庸才，仰承恩命，简任封圻，计今六稔于兹。其间名山大泽，每因公务，车尘马迹，大半经行。至于故宫旧苑，废刹遗墟，凭吊所经，率多湮没。窃思山川胜迹，显晦有期。兹值国家治定功成，百废修明之日，兼以关中六载以来，雨旸时若，年谷顺成，民力宽舒，废坠堪以具举，臣不揣固陋，每届辙迹经由，于邮亭候馆中，咨询钞撮。幸《大清一统志》及《陕西通志》堪以依据，此外如《元和郡县志》《太平寰宇记》《三辅黄图》《西京杂记》、宋敏求《长安志》、程大昌《雍录》、何景明《雍大记》诸书尚存什一，其中或有舛讹疑似，间抒一得之愚，旁加考证。岁月既多，遂成卷帙。荟萃已基于此日，兴修可待于他时。窃惟我皇上法健顺于乾坤，协仁智于山水。翠华遥莅，则翕河乔岳尽被怀柔；丹诏新颁，虽汉阙唐陵咸邀保护。是以不揆梼昧，谨将纂成《图志》三十卷缮成上下二函，敬上西清，仰尘乙览。……”[258]3值得注意的是，毕沅在文章开篇先描绘了陕西的自然地理环境，又谈及此地数千年来为历代建都之所，具有悠久而灿烂的文化。如今正处于“国家治定功成，百姓修明之日”[258]3，这样海内安和的盛世又适逢风调雨顺，那些湮没于历史尘埃的“故宫旧苑、废刹遗墟”[258]3应当重新被关注，毕沅深信“山川胜迹，显晦有期”[258]3，而前人对于河山胜迹的探寻研究成果也需要继承，因此整理旧籍、发掘历史，既然“荟萃已基于此日”[258]3，期盼“兴修可待于他时”[258]3，使得“翕河乔岳尽被怀柔”“汉阙唐陵咸邀保护”[258]3。**毕沅的这篇文章既是对现实治绩的褒扬，又是对未来图景的勾勒。他以纵贯古今的视野和包罗河山胜迹的胸怀，试图用自己的学术研究及保护实践进一步去构建和完善“理想天下”的胜景。**

同样，在《四库全书》为《关中胜迹图志》所作提要（附文2）中，也通过叙述毕沅撰写此书的时代背景再次描绘了这样的“理想天下”图景——“我国家醲化覃敷，桐生茂豫。周原䣙土，庆告屡丰。华岳之祠，太白之湫，俱仰荷宸翰褒题，光烛霄宇，其秦、汉泾渠故道，亦皆次第兴修。守土之臣，得乘边圉宁谧、民气和乐之余，行部川原，询求旧迹，订讹厘舛，勒成是编，以上呈乙览。”[258]2**国家的昌盛、民众的安乐、人文的复兴、古迹的光耀，这也是四库馆臣们赞许和企盼的理想图景。**

在《关中胜迹图志》的书中，毕沅将地理、名山、大川、古迹这四类对象并置论述，这表明毕沅认为的胜迹包含了自然胜迹和人文胜迹，他更希望实现自然与人文在空间上的和谐共处；毕沅又将同一处古迹在不同时代兴废修葺的情况逐次排列叙述，这表明毕沅更看重人们对于胜迹的创造、保护和利用，希望能实现古今在时间上的传承与交融。毕沅笔下的陕西呈现出这样的图景——陕西占据天下版图中央的一方沃土，拥有壮丽秀美的名山大川，世代的先贤在此定都择居，数千年来留下了璀璨的文明，也创造了众多知名的人文古迹，它们中有的因王朝更迭而废弃，有的因历代修缮而延续，所有的历史及文化信息因其而串联和凝聚，今日的人们会加倍珍惜和热爱这些胜迹。可以说，**《关中胜迹图志》虽然描绘的仅是陕西一地之胜迹，但却是毕沅心中“理想天下”的缩影。不难理解，毕沅对古迹开展的考察、研究和保护实践，其实就是为了实现他心中的这种图景。他希望人文与自然相映生辉，时间与空间因古迹而承载。**事实上，许多其他著作尤其是方志之中也蕴藏这种思想，仅以《大清一统志》为例，此书乍看是一部记录清代全国山川城郭等地理情况的总志，但它更是描绘了一种四海归一、百姓安居、文化自足的太平盛景。这反映出——描绘“理想天下”的图景并广泛传播这种理念是当时一种普遍的思想倾向。

可以说，毕沅乃至当时的不少有识之士都希望能够通过“理念共鸣”和“良政善治”的方式去构建他们心目中的“理想天下”，而开展古迹保护正是实现这种美好图景的重要举措之一。

二、毕沅保护不同类型古迹所反映的时代理念及行为逻辑

1．毕沅的古迹保护与其时代之间的关系

历史人物不能脱离历史时代去孤立看待。毕沅在古迹保护中所秉持的态度和采取的措施，一定程度上反映了那个时代古迹保护的核心理念及行为逻辑。这其中既有以个人远见开创先河并影响后世之举，又有受时代影响而发扬传统之处。毕沅古迹保护与其时代的关系可从以下三方面来分析：

偶然性与必然性。毕沅的成长环境和为官经历本身具有偶然性，他年轻时博览群书，又拜入当时经学名家门下，还曾游历各省，丰富的成长经历给予他广阔的视野和难得的综合才能，而古迹保护恰恰需要这样的综合性人才来主导实施；此外，清代督抚官员调动较为频繁，毕沅能在古迹数量众多的同一地区长期开展古迹保护活动实属不易。但毕沅的古迹保护又具有必然性，在乾隆时期这样的盛世之中，古迹保护由于具有社会、文化等多重效益，成为国家主要推动的政务之一。即使没有毕沅出现，也仍然不乏其他优秀的地方官员完成相关的古迹保护事务，只是可能不会像毕沅这样具有突出的代表性。

个体性与群体性。一方面，毕沅的许多古迹保护思想和行为在当时独树一帜，他以一方长官之权威主导了陕西、河南、湖北等地的古迹保护工作，这些工作的实施方法和成效与他本人的学术视野及兴趣爱好密不可分，反映了鲜明的个体特性；另一方面，毕沅的事迹又充分体现了当时古迹保护的群体面貌，毕沅拥有庞大而高效的幕府群体，能为他出谋划策、整理文献、编撰方志，并协助其完成宏伟的古迹保护事业。此外，不少大型古迹保护工程往往需要组织数以万计的工匠民夫方能开展，以一人之力绝不可能完成古迹保护的方方面面。因此，毕沅的古迹保护所取得的诸多成就，不仅体现其个人思想及保护理念，也反映了其幕府成员的才华和智慧，更是古代劳动人民创造力和汗水的结晶。

先进性与局限性。毕沅在古迹保护中体现出很多值得借鉴的思想和举措，这与乾隆时期的盛世和学者们“借古变今”的理想密不可分。毕沅生活时代的清朝拥有强大的国力，在经济和文化方面雄踞亚洲之首，使开展全国性古迹保护成为可能，也由此涌现出诸多有代表性的古迹保护人物和保护案例。当时的知识阶层普遍打着复兴古代荣光的口号

试图实现自身抱负，考古求真成为风潮，密集的学术交流使有关古迹方面的研究加速进步，并进而指导了不少古迹保护实践。当然，毕沅对于古迹的保护也不可避免地存在着历史局限性，作为乾隆时期的重要官员，他充分体现当时政府的意志，他开展许多保护行为的目的之一就是为了更好地维护统治。在清代中央集权的政治环境下，他也必须时刻揣摩和迎合皇帝的心思。此外，身为文人学者的毕沅对工程活动本身存在一定轻视。这些因素使得毕沅无法脱离时代去创建针对古迹保护的全新理论体系，难以秉持非常明晰的保护理念；也并未在其著作中对古迹保护的过程和细节进行详细记录，而更关注古迹保护事件带来的影响。

为更好地理解毕沅所在的时代对他保护不同类型古迹所产生的重要影响，以下分别从陵墓、坛庙、城垣及其他古迹四方面，分析毕沅事迹背后的时代理念及行为逻辑：

2. 从先贤不朽到古今相承——清代陵墓保护与家国信仰的构建

清朝对历代帝王及先贤陵墓，更关注其社会价值和文化价值，而不仅仅是历史价值。作为一个多民族国家，如何实现民族间的融洽共处和相互认同是清朝面临的重大现实问题。陵墓作为祖先的象征，既能激发不同身份的民众对于华夏共同祖先的崇敬和追怀，又能通过认同古人无形中确立继承者的法统性，从而构建起凝聚力极强的家国信仰体系。乾隆皇帝曾明确指出“中华统绪，不绝如线”[1]，就是在强调中华大一统的历史观以及华夏文明世代相承的文化观。

因此，清朝的陵墓保护不仅关注能使“先贤不朽”的物质保护，更重视能让“古今相承”的文化建构，其根本意图在于使民众慎终追远，提升家国认同感和文化凝聚力，加深民众敬畏意识，最终达到稳固政权之目的。为实现上述目标，清朝制定了严格的祭祀、守护、维修、惩罚等制度，从精神层面上将陵墓与从天子到百姓的祭祀文化挂钩，引导社会观念及风俗；从行为层面上规范人们在陵墓区域内的各类活动，保证了陵墓周边风貌的庄严性与完整性，并通过专人守护和定期维修为陵墓封土及附属祠庙的长期保存提供了条件。这与当今《中国文物古迹保护准则》所要求的“不改变原状”“真实性”“完整性”“最低限度干预”“保护文化传统”“防灾减灾”等原则方面有一定相似性。

乾隆时期全国性的陵墓保护热潮，正是清朝政府努力实现上述意图的集中表现。作为封疆大吏的毕沅清楚地认识到这种保护行为产生的良性作用和附加效应，因而不遗余力地对陕西境内187座陵墓进行修缮并分别立碑标识，其中不少重要陵墓的保护及修缮工作更是持续数年之久（如唐太宗昭陵保护工程长达9年），涉及陵园风貌、地上建筑、附属碑石文物等多方面的保护，与当今《中国文物古迹保护准则》相比，在保养维护、修缮、保护性设施建设、环境整治、石刻保护等保护措施上符合度较高。尽管针对残损的地面建筑采用的保护及展示方法与今日尚存在一

[1] 乾隆皇帝于乾隆四十九年（1784）七月二十八日谈及北京历代帝王庙的祭祀对象时所提出，见乾隆《大清会典》上谕部分。

定差距，也未开展考古学方面的发掘或研究工作，但已基本实现文物保护的“四有”（有保护范围、有保护标志、有记录档案、有保管机构）。总的来看，毕沅功不可没。

可以说，清朝的陵墓保护在观念、制度、人员、方法等方面都有着自身的鲜明特点，尤其关注陵墓“社会价值”和“文化价值”的发掘。通过从物质上“先贤不朽”到文化上“古今相承”的全方位保护，旨在构建一种凝聚天下人心的家国信仰，实现文化团结与政权稳固。

3. 信仰符号与等级秩序——清代坛庙保护及修缮的内在逻辑

《左传》称“国之大事，在祀与戎”[381]971，早期中国维持秩序稳定的手段主要依靠祭祀与军事。在通信技术不发达的古代，建立和谐自足的信仰体系是维系庞大国家和支撑复杂社会的“最优解”。坛庙作为祭祀活动的空间载体，正是这套信仰体系的核心象征符号。

作为拥有数亿人口且分布满、汉、蒙、藏、回等多个民族的国家，如何处理好民族间的关系并建立共同信仰是清朝政府所面临的重大现实问题。因此，清朝对于坛庙这种“信仰符号”，主要关注如何强化其唯一性、权威性和庄严性，全力开展保护是为了树立“信仰符号”的唯一性和权威性，不断修缮和更新则是为了维护“信仰符号”的庄严性。坛庙保护及修缮的根本意图在于——使民众信服并敬畏官方构建的信仰体系和礼仪制度，在无形中接受等级秩序的预设，从而保持国家和社会的稳定。为实现该目标，清朝针对坛庙保护制定了祭祀、守护、保养维护、修缮、惩罚等一系列制度，对上至高官下至平民的各个阶层都产生有效约束力。坛庙与祭祀活动密不可分，若割裂两者间的关系，仅保护作为“躯壳”的建筑而忽视与坛庙相关的礼仪及附属器物，便会削弱坛庙的根本属性，在评估古迹价值时也必然会发生偏差。所以，坛庙不仅需要被保护和管理，还需要持续使用和定期更新才能获得更多文化意义。

作为一方长官的毕沅深刻理解地方稳定与信仰构建的联系，故对境内坛庙的保护非常重视，特别是对列入国家五岳祭祀体系中的西岳庙，投入了大量人力物力进行保护和整修，涉及坛庙格局、建筑、附属碑石文物等多方面，整修措施包括新建、原样移建、扩建、拆卸改建、原样修葺、整体性改造等。毕沅开展的坛庙保护与当今《中国文物古迹保护准则》所要求的“不改变原状”“真实性”“最低限度干预”等原则有较大差异，但在“完整性”“保护文化传统”“防灾减灾”等方面有较高符合度；其保护措施与当今相比，在保养维护、加固、修缮等方面存在差异，而在监测、保护性设施建设、环境整治方面有一定符合度。毕沅不仅关注对于坛庙本身的修缮，还亲自主持了不少关联性的祭祀活动（如陕西西岳庙、太白山庙的修缮与祷雨活动的开展，河南淮渎庙、禹庙的修缮与祭祀水神活动的开展等），这既符合对于文化传统的延续和保护，又通过尊崇坛庙地位、塑造民众观念实现了预防性保护。

可见，清朝坛庙保护有着深刻的内在逻辑，其核心观念就是树立与维护“信仰符号”以实现良好的等级秩序，由此而制定了严格而复杂的制度，并有大量人员配合祭祀、修缮等相关活动，通过对非物质文化层面的关注与保护，以潜移默化的方式构建一套有公信力的法则，进而维系国家及社会的稳定。

4．安危、赈济、观瞻——清代城垣保护的矛盾性及价值取向

清人将城垣视为保障地方安定的军事构筑物，虽也有作为古迹看待之意识，但更倾向于“用”而非“护”。按马斯洛（Maslow，A. H.）的需求层次理论[1]，位于底部第2层的“安全需求”属于人们的基本需求，会被优先考虑。因此，当时人们在对城垣进行价值评判时，与安全需求相关的“坚固”属性优先于与精神需求相关的“庄严”“真实”“古朴”等其他属性，这种价值取向影响了清朝城垣保护的基本理念。城垣作为保障地方安定的军事构筑物，必然与城市人群发生紧密联系，除非战争不再发生，否则它根本无法完全地被视作古迹而进行孤立保护（这与保护观念先进与否无关）。古迹范畴中的城垣本身就存在着使用与保护之间的天然矛盾。

因此，清朝的城垣保护首先会考虑满足军事防御价值，其次关注其社会及文化价值，最后考虑彰显其艺术价值，并试图在三者间达成平衡。当城垣稳固性有所下降时，不惜对墙体及建筑进行大规模改造以提升防御能力，这种理念与当今《中国文物古迹保护准则》所要求的“不改变原状”“真实性”“最低限度干预”等原则有较大差异；出于保证城垣持久使用之目的，清朝城垣保护很关注“防灾减灾”，这与今日的保护原则有一定符合度；清朝颇为重视城垣产生的“社会效益”和“公益性”，常通过修筑城垣“以工代赈”来救济广大黎民而维持社会稳定；此外，清朝对城垣整修后的观瞻效果也十分关注，认为庄严肃穆的城垣风貌能给予民众及同盟者以心理支持，进而强化中央政府的政治影响力。

乾隆时期全国开展的大规模城垣修筑活动，正是清朝政府努力提升城垣防御能力（加固）和创造社会效益（以工代赈）的集中表现。毕沅很好地领会到这种保护行为能带来颇多益处，因此在12年间不惜耗资159万余两对西安城垣进行大规模整修，他所采用的各类保护措施目标不尽相同，如包砌城砖、改造敌楼是为了保存其军事价值，修缮魁星楼则为了保护其社会与文化价值，将油饰彩画整体翻新是试图提升其艺术价值（今日认为这种行为损害了早期彩画的历史价值），这些措施与当今所认可的“加固”“修缮”“油饰彩画保护”的方法存在明显差异，被视为“过度干预”。另一方面，毕沅派专人对西安城垣巡视维护，严格约束擅自登城和取砖等破坏行为，并疏浚水渠以防止城濠淤塞，这些行为既属于强化城垣防御能力的必要手段，又与当今针对古迹开展的“保养维护及监测”和“环境整治”等措施有着较高符合度。

可见，清朝城垣保护试图寻求使用与保护之间的平衡，与此相关的制度及保护方法皆围绕这种观念展开，通过兼顾安全诉求、社会救济和观瞻感受，旨在提供物质与精神上的双重庇佑和支持，以实现国家稳固、社会自足和文化丰富。

[1]马斯洛于1943年在《人类动机的理论》一文中提出，人的需求由生理需求、安全需求、归属与爱的需求、尊重需求、自我实现需求这五个等级的需求构成，从生理需求至自我实现需求，需求等级逐步升高。

5. 激进的复兴——以“改造”为古迹赋予时代意义和文化价值

清朝对于文教建筑、寺庙、园林、桥梁等类型的古迹并无固定的保护和修缮制度，而通常按照地方习俗或具体实施者的意愿来执行。对于古迹的价值评判虽然也存在一定社会共识，但缺乏明确的成文标准，往往因个人偏好不同而存在较显著的波动性。

毕沅在面对这些古迹时的态度和采取的措施，更多地体现出他本人试图“复兴文化”的施政理想和“激进”的古迹修缮风格。他开展的不少古迹修复实践，与当今《中国文物古迹保护准则》所要求的若干基本原则存在较大差异，如崇圣寺的整修不符合“不改变原状”和“最低限度干预”原则；灞桥的重建不符合“不改变原状”“真实性”“最低限度干预”原则。他所采用的具体保护措施，在“保养维护及监测”“修缮”“保护性设施建设”“环境整治”等方面（主要体现在碑林整修工程中）与当今有着较高符合度，而在“油饰彩画保护”和“考古遗址保护”方面与当今存在明显差异（如在崇圣寺整修工程中将油饰彩画整体翻新，在灞桥重建工程中对于原有桥基遗址并未给予有效关注）。毕沅对于古迹“价值”的认识和判定与当今也存在轻重取舍之别，他最关注古迹的“社会价值”和“文化价值”，其次关注的是其“历史价值”和“艺术价值”。因此在处理保护与利用的关系时，毕沅更倾向于在有效利用的目标下开展保护，以调节社会秩序、改善人群关系、提升文化感受为原则。他试图通过改造古迹来为它们赋予新的时代意义和文化价值，认为改造带来的新事物最后会逐渐成为古迹“历史价值”的一部分，这也是当时人们的普遍观念。

尽管毕沅和当时人们对古迹的认知与今日存在显著差异，更关注“古意”产生的综合影响而不仅仅是“古迹”的物质本身，因而对于古迹的改造措施表现得有些“激进”，但其观念和行为体系仍然是基本自洽的，毕沅试图通过改造古迹实现“文化复兴”的愿景和为古迹赋予新价值的构想也具有一定借鉴意义。

三、毕沅在中国古迹保护历史上的地位

毕沅在中国古迹保护历史上的地位到底如何，应置于数千年来的历史长河中与各时代的人物进行比较评判。喻学才先生曾梳理了中国历代遗产保护人物及其实践[240]，笔者又对其进行了筛选❶和补充，将中国自周代至清末近三千年来的95位古迹保护人物及其相关事迹制成简表（表8–1）进行分析对比。

这些人物的身份差异较大，既有如汉高祖、隋炀帝、明太祖这样的一国之君，又有像毕沅、阮元这样的封疆大吏，还有

❶喻学才先生所罗列的内容亦包括对非物质文化遗产的保护，由于与本书关联度较小，因此在制表时删去。

如孔子、顾炎武、张开东这样近乎布衣的文人。他们保护的对象主要为陵墓、坛庙、寺观等类型的古迹，对于古迹的保护动机和实施力度有所不同，既有出于政治目的而强制推行的古迹保护措施，也有出于文化理想而提出的保护倡议。

上述人物的事迹可分为古迹研究和古迹保护实践两方面：

在古迹研究方面，以关注特定地区内各类型古迹的研究成果较多，如宋敏求《长安志》、葛逻禄乃贤《河朔访古记》、李濂《汴京遗迹志》等；关注某类型古迹的专志较少，知名者如刘劭与王象合著《冢墓记》、苏颋《垄上记》、顾炎武《历代宅京记》等；还有研究特定地区特定类型的古迹，如杨衒之《洛阳伽蓝记》、祁光宗《关中陵墓志》、葛寅亮《金陵梵刹志》等，对于与古迹有一定关联的古器物的研究成果也较为丰硕，知名著作有《考古图》《金石录》《宣和博古图》《关中金石记》等。

在古迹保护实践方面，既有面向全国范围进行保护者，如隋炀帝向天下颁布《旌先贤祠墓诏》和《给户守古帝王陵墓诏》，唐高祖保护和修缮古代帝王陵墓、坛庙及寺观，明太祖修葺全国数十处古代帝王陵墓；也有针对一地或一物进行保护者，如张汉保护河南古迹、李辽上书请求修复曲阜孔庙并派专人守护、黄易发掘并保护山东嘉祥武氏祠等。

中国历代古迹保护重要人物及事迹（来源：结合喻学才和笔者研究成果制作） **表 8–1**

时代	相关人物	相关事迹
周	周文王（姬昌）	周文王在颁布的《伐崇令》中规定“毋杀人，毋坏屋”
	孔子	能识别古物，并认为庙舍和世室应保持庄严完整
汉	汉高祖（刘邦）	反对破坏秦宫室和陵墓，重视祠祀，保护前代历史人物陵墓
	汉武帝（刘彻）	保护名山，命周朝后裔奉祀先王陵墓
	司马迁	调查各地的古遗址和古墓葬
	王莽	保护汉朝陵墓及长安城
	袁康	在《越绝书》中记录吴越地区的古代墓葬和宫室遗址
	史晨	整修孔子宅并上书请恢复祭孔
	樊毅	整修华阴西岳庙
	辛氏	在《三秦记》中记述秦汉时三秦地区的自然地理、历史沿革及相关古迹（城镇、宫室、关隘等）
	佚名	在《三辅黄图》中记录秦汉时期关中地区的宫殿、陵墓、园囿等古迹
三国	刘劭、王象	著成中国最早的陵墓专志——《冢墓记》
晋	潘岳	在《关中记》中记述宫室、灵台、明堂、太学、庙宇、陵墓等古迹
	李辽	上书请求修复曲阜孔庙并派专人守护

续表

时代	相关人物	相关事迹
晋	法显	在《佛国记》中记述古印度佛教遗址
	常璩	在《华阳国志》中详细记述中国西南地区的古墓葬和古遗址
	佚名	在《三辅故事》中记述秦汉时期长安及其周边地区的宫室、陵墓、楼台、桥梁等古迹
南北朝	北魏文成帝（拓跋濬）	下诏规定“自今有穿毁坟陇者斩之”
	北魏孝文帝（拓跋宏）	下《旧墓不听垦植诏》保护古墓葬
	崔光	请修补汉魏石经未果
	郦道元	在《水经注》中记述各地古遗址、古墓葬、石窟寺等
	杨衒之	在《洛阳伽蓝记》中记载洛阳各佛寺及遗址
	南朝宋文帝（刘义隆）	下诏保护晋代帝王及名贤墓葬，还修复孔子庙及墓
	南齐明帝（萧鸾）	下诏修复晋代陵墓并派人守护
	南梁敬帝（萧方智）	颁布《搜举孔子后并缮庙堂诏》
	陈文帝（陈蒨）	颁布《修治古忠烈坟冢诏》
	陈后主（陈叔宝）	对孔子庙进行改筑和保护，修复梁武帝故居（光宅寺）
隋	隋文帝（杨坚）	在颁布的《开皇律》中规定严禁盗掘陵墓，命人搜集散落佛像运至佛寺保存
	隋炀帝（杨广）	颁布《旌先贤祠墓诏》和《给户守古帝王陵墓诏》
	慧达	以补修残损的佛寺为务，曾修缮南京诸寺三百余座
唐	唐高祖（李渊）	在颁布的《武德律》中规定严禁盗掘陵墓，保护和修缮历代帝王陵墓，修葺各类坛庙和寺观
	唐玄宗（李隆基）	在颁布的《开元律》中继续规定严禁盗掘陵墓，并修缮古圣贤祠庙
	赵居贞	修复吴县（今属苏州市）春申君庙
	萧德言	在《括地志》中记录大量古城、古墓葬和古遗址的信息
	玄奘	在《大唐西域记》中记录西域地区的众多佛教遗址
	苏颋	在《垄上记》中专门记载古代陵墓及出土文物
	陆广微	在《吴地记》中记载江浙地区的古城、古建筑、古墓葬等古迹
	韦述	在《两京新记》中记载唐长安及洛阳城市风貌及古迹

续表

时代	相关人物	相关事迹
唐	佚名	在《三辅旧事》中记述秦汉时期长安及其周边地区的宫室、陵墓、楼台、祠庙等古迹
五代	后唐明宗（李嗣源）	颁布《廨宇不得摧毁敕》
	后周太祖（郭威）	令专人管理和祭祀后唐明宗徽陵及五庙
宋	宋太祖（赵匡胤）	在颁布的《宋刑统》中规定严禁盗掘陵墓
	曹元忠	为敦煌莫高窟427号窟添建窟檐以加强保护
	闫员清	为敦煌莫高窟431号窟添建窟檐以加强保护
	刘敞	著成中国最早的古器物图录——《先秦古器图碑》
	宋真宗（赵恒）	下诏修葺途经的历代帝王祠庙
	吕大防	据文献资料、古代舆图和遗址情况绘制了反映隋唐长安城市面貌的《长安图》并刻石立碑（该碑是中国现存最早的古都平面图碑刻）
	李公麟	各著成《考古图》一书，记载古代器物形制及纹饰
	吕大临	
	王楚	著成《博古图》一书，记载古代器物形制及纹饰
	黄伯思	著成《博古图说》一书，记载古代器物形制及纹饰
	欧阳修	撰写了中国现存最早的金石学著作《集古录》，其中收录周代至五代的金石碑刻400余种
	欧阳棐	在《集古录目》中记载历代金石碑刻近千种
	李格非	著成记录洛阳园林变迁历史的《洛阳名园记》
	张礼	在《游城南记》中记载宋京兆城南的自然景观和古迹
	赵明诚	在《金石录》中记载历代金石碑刻
	王黼	在《宣和博古图》中记载宋朝皇室所藏自商至唐的839件青铜器
	宋敏求	在《长安志》中记载唐长安城市风貌及古迹
	宋徽宗（赵佶）	下令不得发掘商代比干墓
	张敦颐	《六朝事迹类编》一书中记录了六朝时期的城市、楼台、宅第、寺观、庙宇、陵墓等古迹
	程大昌	在《雍录》一书中记录了以长安为代表的关中地区的古代城市、宫殿、楼台等古迹
	怀丙	修复真定（今河北正定县）的十三层木塔，更换其损毁的中层立柱
元	李好文	在《长安志图》中将汉唐时期与长安有关的城市、宫殿、陵墓等古迹用图像形式绘制

时代	相关人物	相关事迹
元	骆天骧	在《类编长安志》中记载长安在各个历史时期的城市街坊、关隘、宫殿、园囿、寺观、陵墓等古迹
	葛逻禄乃贤	在《河朔访古记》中记载城郭、陵墓、宫室、祠庙等古迹
明	明太祖（朱元璋）	命人调查和修葺历代帝王陵墓，在南京建立历代帝王庙，并在颁布的《大明律》中规定需保护前代帝王陵及其周边风貌、严禁掘毁古墓、祭祀需按期等
	明宪宗（朱见深）	保护历代帝王陵及名贤墓
	陈沂	在《金陵古今图考》中以图文相配的形式记载南京城自战国至明代的历史地理变迁情况
	萧洵	在《元故宫遗录》中记录被朱元璋所毁的元代宫殿的相关情况
	祁光宗	在《关中陵墓志》中记载陕西地区历代陵墓情况
	李濂	在《汴京遗迹志》中记载北宋都城开封的旧迹
	葛寅亮	在《金陵梵刹志》中记录南京诸寺的历史
	朱方正	两次修葺其父朱鉴为四川彭山县所筑的石木混合式廊桥
	卢学礼、王倎吉	重修山东曲阜孔庙
清	清世祖（爱新觉罗·福临）	命人定期祭祀历代帝王陵寝及名贤墓葬，并在颁布的《大清律例》中规定需保护前代帝王陵及其周边风貌、严禁掘毁古墓、祭祀需按期等
	清圣祖（爱新觉罗·玄烨）	命人祭祀明代帝王陵墓，并为其设置司香内使及陵户进行保护，还严厉处罚盗掘陵墓的罪犯
	清世宗（爱新觉罗·胤禛）	命人保护和修缮历代帝王陵墓
	清高宗（爱新觉罗·弘历）	四处巡行并游历古迹，数次命官员探寻古代名贤遗迹，重视通过古迹进行文化传播和官吏考核，关注北京历代帝王庙的祭祀，多次下令保护全国各地的陵墓、祠宇、坛庙，采用“以工代赈”的方式共拨银500万两命各地整修城垣
	顾炎武	呼吁将野外的金石碑刻集中到府学或县学保存，在《历代宅京记》《天下郡国利病书》《日知录》等著作中记录大量古城、古建筑、古墓葬等古迹
	贾汉复	修葺西安关中书院，补修连云栈道
	黄攀龙	将倾斜的湖北武昌黄鹤楼归正如初
	张汉	探寻考证了河南境内的孟津河出图处、洛宁洛出书处、洛阳孔子问礼处、宜阳召伯听政处等古代遗迹，考察了杜甫、韩愈、程颢、程颐的故里及祠墓，并为其立碑，动员名贤后裔和士绅为古迹保护做贡献
	张开东	历时十年、踏遍九省，在全国各地寻访和考察了数百处古迹，呼吁各地方长官保护古迹并提出了许多有价值且可实施的意见

续表

时代	相关人物	相关事迹
清	毕沅	编写《关中胜迹图志》(收录陕西古迹1122处)《关中金石记》《中州金石记》等书，组织幕府编成地方志20部，保护和修缮西安城垣、西岳庙、唐昭陵、西安碑林、黄鹤楼等215处古迹
	阮元	编写《山左金石记》，对浙江省境内的720余处古代帝王及先贤陵寝祠墓进行登记造册（辑成《两浙防护陵寝祠墓录》），并命人修缮守护；考证扬州惠照寺内残石为西汉广陵王刘胥宫殿之物；在扬州发现南宋石井栏和唐杜佑题名八角石柱；探访并修复扬州雷塘隋炀帝陵
	励宗万	奉乾隆皇帝之命在详细考察北京古迹后撰成《京城古迹考》
	朱彭	游历考察江南古迹并撰写《南宋古迹考》《吴越古迹考》等书
	黄易	发掘和保护山东嘉祥武氏祠，呼吁保护各类金石文物并积极收集相关拓本，在《访碑图》中绘制了寻访和保护古碑的过程
	翁方纲	编写《粤东金石略》和《两汉金石记》，保护山东嘉祥武氏祠，大力保护和研究各类金石文物并积极收集相关拓本
	徐松	通过考证文史资料，用图像方式复原了唐长安和洛阳的城坊布局
	叶昌炽	曾命属下责令王圆箓道士封存敦煌藏经洞内文物
	陈璧	修复清西陵和清东陵的6座陵寝
	张謇	在通州建立了中国第一所博物馆——南通博物苑

以下将毕沅的古迹保护事迹置于历史视野之下，从多个方面与其他人物的事迹进行比较分析：

从所保护的古迹数量来看，除毕沅外亲自主持保护100处以上古迹的人物在史料中尚无记载[1]，毕沅亲自主持修缮保护的古迹多达215处，在数量上远超其他古迹保护者，其中更包括西安城垣、西岳庙、唐昭陵、西安碑林、黄鹤楼等知名古迹。毫无疑问，毕沅在古迹保护的数量方面处于历代人物之首位。

从所调查研究的古迹数量来看，毕沅所著《关中胜迹图志》中收录的古迹在数量和地区覆盖度上虽不及某些方志，但在个人著作领域已属佼佼者，并且由于考据精详，至今仍被广泛引用，具有很高的知名度和影响力。因而可认为，毕沅的古迹研究水平及影响力在历代人物中处于中上水准。

从所保护的古迹类型来看，毕沅对陵墓、坛庙、城垣、寺观、文教建筑、园林、古桥等多种类型的古迹都曾开展过保护，其他的古迹保护者除阮元、张汉外罕有能与其匹敌者。因此，毕沅古迹保护的类型多样程度在历代人物中处于上等水准。

从所保护古迹分布的地域来看，大多数保护者通常仅对一地之古迹进行保护。毕沅作为拥有丰富为官经历的封疆大吏，

[1] 尽管不少帝王如乾隆皇帝曾下谕令全天下保护陵墓、祠庙等古迹，但由帝王本人亲自开展的古迹保护实践却几乎没有，因此按这种标准所统计的数值較低。

他保护过的古迹分布于陕西、甘肃、河南、湖北、山东等地，因而产生的地域文化影响也更为广泛。当然，部分古代帝王曾面向全天下颁布针对陵墓或坛庙等某类古迹的保护谕令，这种地域影响力是毕沅难以比拟的。客观地来看，仅从所保护古迹的地域分布广泛度来看，毕沅在历代人物中处于中上水准。

从保护古迹的时长来看，由于毕沅所保护古迹的数量颇多，因此极少有人像他那样能够坚持保护古迹长达26年，他在陕西为官达14年之久，曾历时9年保护唐昭陵，这在单项古迹保护工程的时长上非常少见。可以说，毕沅在古迹保护持续时长方面处于历代人物中的上等水准。

从保护古迹的规模来看，毕沅开展的古迹保护工程实践中不乏大型工程，其中经费支出超过10000两者有西安城垣、西岳庙、崇圣寺、塔尔寺等9处，规模最大的西安城垣整修工程用银高达159万余两，并动用了数以万计的工匠民夫。如果毕沅没有封疆大吏的行政实权，很难想象如何完成这样宏伟的保护工程。反观历史上的其他古迹保护者，除帝王和少数达官（如阮元）有此资源调动能力外，基本无人能与毕沅相提并论。因此，毕沅的古迹保护在规模方面处于历代人物中的上等水准。

通过比较中国历史上95位重要人物的古迹保护事迹，笔者认为，毕沅在古迹保护的研究和实践两方面均有较为显著的贡献，他的古迹研究成果具有专业性和地域性的特征，他的古迹保护实践显示出数量最多、类型多样、地域广泛、周期较长、规模较大等特征。可以说，毕沅不但是清代古迹保护的突出代表人物，也是目前所知自周代至清末近3000年来中国开展古迹保护实践数量最多的人物，他在中国古迹保护历史上具有较为醒目而特殊的地位。

第九章

清代古迹保护与欧洲及民国的多维比较

一、清代古迹保护思想及多维比较

1. 清代古迹保护的思想

（1）“崇道轻器”的价值取向

儒家思想作为中华文化的主导思想，素来对“道”与“器”有着价值高下的评判，这并非轻视世间万物，而是将“道”即人的精神视为最宝贵且最重要的东西。在古迹保护方面，它使人们认为承继文明之道为先，保护载道之器物次之，即所谓“崇道轻器”❶。“道”可以通过语言、文字、图画进行保存和传播，也可在各类器物（包括古迹）之中被承载和流传。保护古迹的原因，因其是“道”的物质载体故不应任其损坏，正如宋代黎持所言“道虽无穷而器则有敝”[357]534。由于在古迹中占多数的木构建筑根本无法实现物质上的恒久保存，中国人必须选择接受通过并非原物的“器”（古迹）来传承“道”。另外，古迹的物质本体因反复的改建或重修而拥有可再生性便显得不再稀缺，而古迹中所蕴含的“道”愈发被视为真正宝贵的资源，感知和体悟这种“道”也逐渐成为士大夫们的崇高追求，所以顾炎武才强调“必有体国经野之心，而后可以登山临水。必有济世安民之识，而后可以考古论今”[388]3-4。

可见，中国对于古迹“求真求原”非不能也，而是“崇道轻器”的价值取向更符合当时的文化观念和古迹本身的“生存逻辑”。

（2）“好古时新”的历史观

中国古人认为华夏历史是连续的，古今并没有明显的时间鸿沟，理想的文明图景可反复再现。笔者认为，“长期以来，中国建筑实际存在于‘建造体系’和‘文化体系’这两个实质关联较少的体系内，前者由少数工匠来把握和实施，后者则存在于绝大多数人的心里，是一种象征符号或模糊感觉。在古代，很少有人能够清楚地区别前朝和今世建筑物的样式差异，他们只能够分辨建筑物是‘古’还是‘新’。而随着时间的推移，‘新’房屋又会逐渐变‘古’，它们和谐地融为一体。”[440]62正因如此，古迹对于大多数人而言存在于文化体系之内，它是“古”与“今”连接和共鸣的文化符号，它在建造体系内的形式变动甚至整体重建并不为人们真正所关心和在意。由此便产生了一套看似矛盾的新旧观念，使中国人对于古迹既怀有“好古”情结又乐于将其“鼎新”，这实际是一种参与历史、融化古今的态度。

❶唐代欧阳詹《栈道铭》中论述古栈道的建造和维修时，曾举当时人的看法：“或曰：‘受琢之石长存，可构之材无穷。易刓伐蠹，斯道也，未始有终。’”即有人认为只要用以修建栈道的石材长久不坏、木料能不断提供，那么栈道之“道”就不会中断。这是从纯物质的观点来看待问题。欧阳詹批驳称：“呜呼！为上怀来在乎德，为下昭德在乎义。德义之如今日，则或人之言有乎。其反之，则石虽存，恐不为琢；材虽多，恐不为构。”他认为若没有德和义这样的“大道”，即使有再丰富、再长久的“物”，建成的“道路”终究无人愿意去维护，也必然会消亡。

（3）“化民怀土”的家国愿景

中国古人有着强烈的乡土意识[1]，这种自下而上形成的空间认同意识与中国长期以来的农业生产方式密不可分。乡土意识的产生主体是人，对于“人”的关注和培育才是塑造乡土空间的崇高目标，古迹作为乡土之中人群集体记忆的聚合点，天然地成为培育“人”的媒介。因此，各地都有“八景”或“十景”之类的胜迹[2]，它们既反映了士民对乡土的欣赏和思考，也无形中为地方官员提供了一份重要古迹的“保护名录”。这种以古迹“反思历史”并“化育人物”的思想在清代为不少学者所认同[3]，在各种官修方志和文人诗作中都有直观体现。古迹给予士民们强烈的认同感和归属感，使其不禁产生“怀土”之情。除列入国家祀典的重要古迹（如知名帝王的陵寝、五岳四渎的庙宇等）由国家对其行使权利外，一般的地方古迹既不属于皇家或私人，亦不属于政府具体部门或民间组织，更像是归属于地方的公共财产，采取“政府管理、民众守护、共同享有”的模式。这种对于古迹归属权的认识深刻地影响了中国人保护古迹的态度，而深厚的乡土意识也决定了大多数古迹的“地域属性”比“阶层属性”或“民族属性”更鲜明。

（4）思想“大一统”的利弊

由于受儒家文化和中央集权制的双重影响，中国社会思想长期以来具有很高的统一性，在古迹保护领域也很早就达成相对稳定的共识（体现在价值取向、历史观和家国愿景三方面）。这种现象十分有利，因为普遍而稳定的共识易于转化为成文制度和工程规范，它使中国很早就拥有成型的古迹保护制度，有效避免“人亡政息”或“兴起而为”的现象，也更便于保护工程的顺利开展，防止出现“上下脱节”的情况；然而它的显著弊端是，早熟而实用的制度扼杀了人们批判和反思的习惯，不苛求“原物”的观念抑制了对古迹开展考古方面的科学性探索。另外，在思想统一性很强的社会里，阶层身份成为衡量真理与价值的主要标准（明清时期尤为明显），导致真正了解实践的工匠群体因其阶层位列“末流”而普遍受到轻视，无法对古迹保护的思想体系做出必要贡献。

2．17—19世纪欧洲文化遗产保护的思想

（1）“求真逐利”的价值取向

欧洲的文化遗产多为自然寿命可长达数千年的石质建筑，人为破坏造成的影响相比于自然破坏而言更显著，欧洲人很早便面临两种路线的选择——其一是人工修复、改造或重建，其二是不进行明显干预[4]。欧洲从18世纪的温克尔曼（Johann Joachim Winckelmann）便开始在这两种路线上不断尝试和模式，引发了“修复”与“反修复”之争以及数百年间

---

[1] 中国人对于还乡和祭祖的重视程度在世界范围内都难见堪与比肩者。

[2] 陕西知名者如“关中八景”“凤翔八观”“乐城十景”等。

[3] 其中知名者如顾炎武，他的经典著作《日知录》《历代宅京记》《天下郡国利病书》中都有大量关于古迹的记载和探讨，顾氏通过考察史迹进而反思历史，并提出改良时政的见解，最终不仅青史留名，更影响了无数仁人志士，可谓是真正发挥了古迹的功用。

[4] 中国古迹多为自然寿命百余年的木构建筑，对于尚未掌握现代材料保护技术的中国古人来说，第二条路线将意味着所有古迹的消亡。

关于真伪与价值的思考，这也是贯穿于19世纪以来欧洲遗产保护的关键性问题。在探索过程中，欧洲逐渐将物质修复视作文化遗产保护的主要工作，若失去“原物”就意味着失去了“真”，也意味着丧失了保护的“价值”❶。为精准获取原物的状态，制图学和摄影术被广泛应用，保护工程实践也被有意识地记录和分析，所产生的丰富研究成果又进一步推动了遗产保护理念和相关技术的发展，这都是“求真”带来的益处。同时，以探求真理为目标的“科学革命”使人们有了明确的学科意识并为每个学科构建相应的体系，文化遗产保护开始被当作一门独立学科来看待，其理论和实践方面的探索变得更主动、更具有目标性。

不断求真的背后也有功利性思想的推动。资本主义将“逐利”视为天经地义，使得欧洲人更乐意择取和发掘古迹的各类“价值”以满足自身需要，他们关于价值的思考正源于其意识深层的“功利性”❷，尽管中国很早就有这种意识的雏形，但并未像欧洲那样将古迹直接视作一种可以获利的“稀缺性资源”来对待。特别是法国大革命后，欧洲民族国家或临时政府为解决初创阶段所面临的自身认同感较低、文化冲突严重等问题，开始有意识地发掘古迹在公众教育方面的功用[32]99。当然，这也极大地促进古迹价值的研究和围绕其开展的保护。

（2）“古今有别”的历史观

与中华文明数千年来延绵不绝的情况不同，欧洲文明在历史上曾多次中断和剧烈变动过，这使得欧洲人对于古代历史的态度更像“旁观者”而非“参与者”。伟大的古希腊和古罗马遗迹成为后人观察和研究的“标本”，也是“文艺复兴”的主要学习对象，但从观念上而言终究是“他们的”而非“我们的”。直到19世纪“民族遗产”概念的提出，并配合文化遗产范围的扩大（如将中世纪古迹也视为本民族的文化遗产），逐渐将“他们的”转变为“我们的”，才获得了全民性的历史认同感，这恰恰反映出此前的历史观认为古今存在明显差异。

这种历史观带来的惯性，使多数欧洲学者将文化遗产看作不能再继续创造的既有存在物，更需要被人们“供奉”而非“持续性利用”，这与中国人乐于将古迹翻新甚至重建的观念颇有不同，前者是“定格时代”，而后者是“岁月拼贴”。正因如此，欧洲围绕这些接近静态的对象开展比较纯粹的“保护工作”变得顺理成章，文化遗产保护学科也正是在这种情况下逐渐形成的。另外，有关“真实性”的关键探讨实际就是——在“历史层面”如何审视人工干预行为，约翰·罗斯金（John Ruskin）等学者之所以强调一切干预都是造假，归根结底是由于他们认为古今有别，今人新创造的事物无法融入古物之中。

（3）“遗产公有”的全民认知

文化遗产的归属权影响了人们对待它的态度。欧洲则

❶常青先生指出：“西方自启蒙时期以来，价值认定经历了从‘以美掩真’到‘以真为美’的转变过程，逐渐形成了真、善、美主次分明的遗产价值观。而中国固有的建筑价值观则与之有别，历来‘重式轻物’，打牮拨正、托梁换柱、重修增制甚至拆除重建都是习以为常的。”[26]88

❷法国作家雨果（Victor Hugo）在《向拆房者宣战》中曾指出：“历史建筑本身就是资本，许多外国的有钱人都是慕名而来，所带来的经济利益远超过了维护方面的开销。拆掉它们便是给国家断了一种财源。”[389]

一度将历史古迹视为皇室家族的私产，直到19世纪“民族遗产”的概念才逐渐深入人心，当时的欧洲人已有争取自身权利的意识，这为他们保护已转变为公众财产的文化遗产提供了必要动力。“法国大革命一方面破坏了大量‘家族遗产’，另一方面又推动了‘集体遗产’概念的产生，从而将遗产概念从家族扩大到民族，民族遗产是民族历史的实物见证和民族特征的形象展示。”[390]10中国则将地方古迹视为具有鲜明“地域属性”的一方乡土之象征物，长期以来采取“政府管理、民众守护、共同享有”的运行模式，但更多的是关注义务而非权利。欧洲文化遗产的“民族属性”比中国古迹的“地域属性”在认知尺度上相对更宏观，对于民众权利的重视也更明显，无形中促使欧洲国家努力创建一套完整的理论体系和管理模式来阐释并指导实践，进而推动了19世纪的欧洲文化遗产保护在原则策略和制度法规方面的重大发展。

（4）“分裂到统一”的思想收获

自中世纪至18世纪的较长历史时期内，欧洲诸国普遍处于四分五裂的状态，直到18世纪下半叶开始的百余年时间里，欧洲才逐步形成相对统一的“民族国家”。欧洲在中世纪由于宗教原因破坏或改造了大量古迹，文艺复兴时期人们拆卸古建筑上的构件当作收藏品来保存，当时的破坏现象比比皆是，甚至存在着“左手保护、右手拆卸”的自相矛盾行为[1]。18世纪下半叶起，欧洲民族国家的逐步形成导致了频繁的战争和冲突，无数古迹再次遭到破坏和掠夺（图9-1），特别是“自1792年开始猖獗起来的意识形态破坏主义”[37]57导致蓄意纵容拆毁古迹和熔铸金属文物的行为，这反而激发了19世纪针对遗产保护的深度思考和系列措施；同时，新建立的民族国家亟须国民的“身份认同”，研究并保护文化遗产以获得群体共鸣成为有效手段之一。

图9-1　多米尼克·库内戈1763年绘制的反映拆毁古迹以获取艺术收藏品的版画（来源：约翰·H·斯塔布斯《永垂不朽：全球建筑保护概观》图13 6）

在欧洲从分裂走向统一的转型期内，国家反复重塑、民众多次融合，导致多元化的思想不断碰撞交流，欧洲遗产保护学术界开始出现百家争鸣的状态，18—19世纪涌现出许多知名学者并逐渐形成“风格式修复”学派、“反修复”学派、“文献式修复”学派三大主要阵营，他们尝试去回答为何要保护、保护什么、怎样去保护等一系列问题，许多见解甚至是完全对立的，直到20世纪欧洲遗产保护思想才

[1] 例如尼古拉五世（1447—1455）曾命建筑师阿尔伯蒂为罗马城绘制规划改造图纸并对古代纪念性建筑进行利用[37]21-22，有一定进步性，然而他却又将罗马古迹当作采石场肆意破坏，“在尼古拉五世许可下，罗马广场、大环廊及阿文蒂若山每年出产两千五百辆马车的大理石及块石。”[37]22 实在是功难抵过。

初步形成共识。正是在这种激烈的思辨过程中，欧洲遗产保护的思想核心被不断关注和重视，其完整的理论体系也逐步被构建起来。

3．民国时期文物保护的思想

（1）“西体中用”的融合式价值观

清代以来，不断受西方冲击和影响的中国社会陆续产生了四种文化观念——“西学中源”“中体西用”“全盘西化”“西体中用”[1]。民国时期文物保护的主流思想实际属于“西体中用”的发展路线，这主要是因当时的相关学者大多有海外留学经历[405]对于“西体”较为了解，而以乡土半自治形式维系的中国社会又很难自下而上快速实现“基础变革”，因此更适合自上而下进行“框架变革”。

在这样的背景下，民国学者们开始主动翻译和学习西方遗产保护的理论，逐渐了解西方遗产理论中“价值”的概念并经常在本国学术交流中使用，也正是在该时期社会开始关注文物古迹的旅游和教育价值；但对于“真实性”概念，由于与本土观念冲突较大故而实际讨论得很少，不过对“原物”在观念上的重视和保护超过以往，进而推动了考古学的发展和围绕“原物”开展的测绘及记录工作。民国时期的古物保护制度及法规，基本是借鉴西方各国的成熟经验进行制订的，相关部门、机构、学术团体的设立和出现，也受到了西方的直接影响。

然而，对于民国时期人数众多的工匠群体而言，其思想依然保持着很强的中国本土性。这既是由于文化层次较低的工匠群体在面对新理念和新思想时不甚敏感，更是因为自清代延续下来的传统操作方法仍然存在很强的实用性，并无推动他们改变的直接动力。对于绝大多数民众而言，西方观念带来的实际影响则更微弱。在政局动荡的年代里，民间破坏古迹和盗卖古物的案件数量远超过清代，虽然这背后由诸多因素导致（古物价值转向货币化衡量、国家执法力度低、海外文物市场需求扩大等），但也反映出，社会稳定是保障思想发挥效力的重要基础。

尽管民国时期存在种种“新瓶装老酒”的现象，但这种形式上的改换经过一段时间的沉淀后，逐渐将新的观念思想与制度规定牢牢嵌入人心，为日后的实质性改革做出了必要铺垫。

（2）“古今转折期”的历史观

自秦汉延续至清末2000余年的帝制时代随着清帝逊位而谢幕，民国时期的人们，既不否认自身拥有数千年的悠久历史，又在内心里将自己所处的时代与过往历史决裂，认为已出现前未有的变局。民国时期很多的名称、制度、运动之前都冠以“新”字，以强调与过往的区别，率先迈入“新时代”的少数学者们对于“旧时代”的事物也开始了

[1]“西学中源”认为西方的成就受中国影响且多有不及中国之处；“中体西用”认为应在传统观念和既有制度的框架下、通过吸纳和改良西方思想及技术而为中国所用；“全盘西化”认为只有“国际化”才能实现中国的进步；“西体中用”认为可借助西方的先进理念和制度，在保持中国本土根脉的前提下进行思想与体制改革、温和地推进“西方化”。

大规模批判❶。然而，悠久的历史又是新时代文化觉醒和自强的基础，因此当人们面对历史事实或考古遗存时又不得不重视其价值。值得注意的是，身处民国时期的乐嘉藻以传统视野和学识基础编写了国人第一部《中国建筑史》，但在当时便受到尖锐批判，而早生百年的清人李斗所写的《扬州画舫录》，却又被认为具有一定研究价值，这无疑存在着评判方面的矛盾。

对于历史的特殊看法，使得民国人始终与历史保持着一定距离，既不开怀融入，亦不转身远离。他们普遍将古迹和古物视为“历史标本”进行寻访、采集、保存、研究，这种视角的转换可与欧洲人审视古希腊遗迹时的心态相类比。作为结果之一，是民国时期出现了许多针对古迹和古物的考察研究活动，如西北科学考察团、北平研究院北京内城寺庙调查组、中国营造学社、中央古物保管委员会、西北艺术文物考察团都曾开展过相关调查工作。学者们更倾向于站在时代转折点上探寻过往历史的面貌并进行评价反思，而非仅仅通过传统的修缮古迹的方式参与历史。

（3）“保存国粹”与“发展为先”的矛盾愿景

清末民初，面对西方影响日益显著的大趋势，不少学者担忧中国最终会失去自身的民族特色和传统文化，因此不断呼吁“保存国粹”❷，通过研究国学和保存国粹，来教育提升民众并实现民族自强，成为当时不少仁人志士所向往的理想图景。在各类“国粹”之中，古迹和古物无疑也被列入研究和保护的范围。特别是在抗日战争爆发后，强烈的民族危机感进一步推动着“保存国粹”的意识，像故宫文物南迁、中国营造学社测绘各地古建筑、梁思成编写《图像中国建筑史》都是在这种意识下开展的。

然而，在“保存国粹”的美好愿景之外是中国积贫积弱的不争事实。优先提升经济、发展工业、实现自强才是那个时代的真正主旋律。因此，民国时期绝大多数“保存国粹”的行为，大多带有被动性和临时性的色彩。更致命的是，在国家迫切需要发展和自强的背景下，凡不利于发展的“无明显意义之事”都一并摒弃，造成发展与保护之间的巨大矛盾。最典型的例子就是各地拆毁城墙，如民国十六年（1927）政府商议拆除西安城墙，认为城墙“即云防险，亦只为供内乱之具，而妨碍都市之发展、阻滞交通之便利者实多”[406]。虽最终未能尽拆，但仍拆除瓮城“铺设马路以便水车通行”[408]203，又陆续在墙体上新开辟4处城门[333]43-44以方便城市交通。这种以“发展为先”的理念，自然无法兼顾“保存国粹”的梦想，对于古迹的破坏便成为官方认可下的合理操作。事实上，这样的理念一直延续到20世纪下半叶，皆与国家迫切需要自强的诉求有关。

（4）多元思想的碰撞与“折衷”

民国时期，不同地域和阶层间的观念存在较大差异，这种差异因西方思想涌入和贫富差距拉大而比以往时代更显著。在大型城市中，西方遗产保护思想的影响力已十分显

❶1913年1月28日《申报》刊登的《考古家急起图之》一文指出：“吾国自戊戌维新后，保存古物之思想渐淡，图书彝鼎、金石碑版流入外洋者不少，而近年尤甚。”[409]

❷1902年12月30日黄节在《政艺通报》发表的《国粹保存主义》一文中称：“国粹者，国家特别之精神也。……其说以为宜取彼之长，补我之短，不宜醉心外国之文物，并其所短而亦取之，并我所长而亦去之。”[410]

著，而在中小型城市和农村里，西方的影响微乎其微，传统的古迹保护观念虽然已弛懈但仍发挥着相当的效力。在这种多样性很强的社会环境里，既有“庙堂之高”亦有“江湖之远”，一方面学者们不断翻译引进各国古物保管的既有经验和成文法规，吸纳新思想并提出新见解；另一方面各地仍按照旧有的风俗观念进行古迹保护。此外，由于行政效力欠佳，民国政府为获得大多数支持，更倾向于选择能调和多方思想的“折衷”方式，这在古迹保护制度法规制订和颁布方面（详见下节内容）体现得尤为明显。

4．比较结果与反思

通过比较可以看出，18世纪中国与欧洲的古迹保护思想各具特色，19世纪开始欧洲逐步超越中国。在认知方面，前者更注重文化性而后者更关注物质性，两者都希望能发挥古迹的社会功用但欧洲的目标性更强，也更强调对价值的评判和技术的探索，中国赋予古迹以“地域属性”而欧洲则赋予其“民族属性”，中国的保护观念和理论相对稳定而变化缓慢，而欧洲则在激烈思辨中不断进步。

清代与民国时期的古迹保护思想相比，后者是将前者与西方思想融合后的改进产物，理论体系更明晰，内涵也更丰富。前者属于注重社会与文化影响的“中式”价值观，而后者则是“西体中用”的融合式价值观，强化了“价值”概念并开始重视对“原物”的保护；前者强调“古今一体”和后者则将民国时期视为“古今转折期”；前者将“保护”与“发展”视为同样合理的需求，而后者则存在“保存”与“发展”的理论矛盾；前者在广大地域内基本保持相同观念，而后者在不同地域和阶层间存在较大观念差异。

二、清代古迹保护制度及多维比较

1．清代古迹保护的制度规程

（1）概况

清代的古迹保护体系承袭明代并有所发展，颇具实用性和社会认可度[1]。清代古迹保护制度和规程主要记载于《大清律例》《大清会典》以及工部所颁行的各种则例内，涉及礼仪、刑法、工程三方面的规定，面向的古迹类型包括陵墓、坛庙、城垣、栈道等，涵盖岁奏、祭祀、守护、修缮、保固、惩罚等各类事务的基本要求，所约束的对象上达皇帝、下至平民，制度中规定对于古迹如发生失敬、盗窃、破坏、监管不力、工程质量不佳等情况都将受到严厉惩罚，同时还规范了从提案核

[1] 黄宗智指出：“因为清代法律通过其实用条例在很大程度上迁就习俗和不断变化的社会现实，清代法庭几乎不需在成文法和民众实践之间斡旋。它们一般都依法典行事。”[398]208

查、勘察评估，到工程准备、工程实施、后续管理（包括核销及保固等工作）的整套流程。

这些制度法规（表9-1）中既有适用于所有工程对象的通用型规定，也有针对某类具体对象的专用型规定，甚至还有援引某个具体实例作为参照标准的情况。工程对象的建造、保固、维修、废弃或拆除是一个完整的工程活动周期。古迹在大多数情况下仅涉及保固和维修环节，部分情况下涉及建造环节（如复建某处古迹，或在修缮时增建或完全重建某座新建筑）和拆除环节（通常会选料留用或折价变卖）。

清朝古迹保护的制度规程受到政治和经济因素的影响。在政治方面，凡有利于改善时局或有积极政治影响的举措都会被政府大力推行，譬如清初大力祭祀和保护明代陵墓，是出于政治影响效果的评判，意图笼络明朝旧臣遗民之心；又如毕沅修缮西岳庙的重要动因之一，是由于大小金川战役告捷和陕西渭南大旱祷雨成功，按礼制应当致祭河山或修缮相应庙宇以答天眷，也有凝聚人心之意。在经济方面，拆卸古迹的朽坏构件进行变卖以补充工程费的情况十分常见，也存在尽量使用原有材料的行为，这些都明确被写入制度条文之中，当然主要是为了节省采购新材料的费用，如毕沅在修筑西安城墙时在外墙内部及海墁底部使用了部分旧城砖，使得城砖新旧掺杂、尺寸不一，不过却也为辨识明清砖提供了间接帮助。此外，古迹保护的实施流程非常严密，对于工料成本、工期、保固期都有明确要求，审核报销过程也十分严格，这都属于经济方面的管控。值得一提的还有“以工代赈”的举措，可谓一举多得，但其核心仍然属于“经济调控”。

17—19世纪清代古迹保护制度法令大事一览（来源：自制） **表9-1**

时期	清代古迹保护制度法令大事一览
17世纪	清朝的数位皇帝曾多次下谕保护和定期祭祀帝王陵，对于各地坛庙、城垣等也要求妥善保护和定期修理。 清顺治三年（1646）借鉴《大明律》修成《大清律集解附例》，康熙九年（1670）修订，其中涉及按时祭祀古迹、帝王陵墓守护、禁盗陵园树木、入陵须下马、禁止在陵园内开展破坏类行为、严禁盗墓、房屋防火、不得擅自兴工、修缮古迹须合法度等若干规定，还制定了修缮工程的实施流程。 清康熙二十九年（1690）修成《大清会典》，其中涉及坛庙祭祀、城垣及庙宇的营造修缮等规定[1]
18世纪	清雍正五年（1727）完善了《大清律集解附例》，乾隆五年（1740）在此基础上修成《大清律例》，对律文和条例进行了补充和修订，后又经多次修订，但变化甚微。 清雍正十年（1732）、乾隆二十九年（1764）修订和补充《大清会典》，增加了各地帝王陵的致祭名单、定期致祭、巡行致祭、日常维护及年底奏报等规定，还有各类工程修缮活动规范、各地需修理陵寝坛庙并派人守护、严惩盗墓等规定。 清雍正十一年（1733），内阁一统志馆编修《大清一统志》时，要求全国各府州县将城池、学校、古迹、关隘、市镇、驿递、桥梁、陵墓、寺观等项须一一查实并仔细记载。

[1] 康熙《大清会典》卷六十一涉及帝王陵祭祀，卷八十二涉及帝王陵守护，不过只针对清朝本朝帝王陵而非前代帝王陵，不应归入古迹保护之列，故此处未列出。

续表

时期	清代古迹保护制度法令大事一览
18世纪	乾隆中期修成《工部则例》，涉及宫殿修葺、坛庙祭祀前糊饰及岁修、城垣整修及城垣管理相关禁令、桥梁修缮、修缮工程各流程注意事项等规定。 清乾隆五十二年（1787）修成《清朝通典》，涉及致祭和守护各地帝王陵、皇帝巡行谒陵、皇帝巡行时所到古迹如有倾圮应随宜补葺但不得妄修、罪犯可参与修造城楼以赎罪等若干规定。 清嘉庆三年（1798）修成《钦定工部则例》，涉及城垣修理及保固、陵寝坟茔岁修、陵寝围墙修理、查勘明陵等事务，并附修缮工程的运行流程
19世纪	清嘉庆二十三年（1818）、光绪二十五年（1899）进一步完善了《大清会典》，其中对陵寝、坛庙的祭祀及修缮活动做出了更细致的规定。 清嘉庆二十年（1815）、嘉庆二十二年（1817）、嘉庆二十二年（1817）、光绪九年（1883），多次对《钦定工部则例》进行修订补充，增加了桥梁及栈道岁修、各类修缮对象保固年限、改立禁地碣桩、陵园树木保护、防护古昔陵庙祠墓等若干规定

值得注意的是，清末政府曾试图变法图强，将原有律法修订，对其中涉及古迹保护的内容进行微调❶，与此同时还开展了为期约十年的新法令制定活动，并增强了古迹保护的宣传和调查❷。修后律法和新颁法令虽未能挽救清朝灭亡，却为民国政府制订相关制度法规提供了重要借鉴。

（2）相关制度

清代与古迹保护相关的制度，既有仅适用于特定类型古迹的专门性制度，也有适用于多数古迹的广泛性制度❸。现列举如下：

①普查岁奏制度

明永乐十六年（1418）颁降《纂修志书凡例》（附文30），其中“古迹”条规定在修纂地方志时对于境内各类古迹均需要收录记载❹，这实际要求地方官员对境内古迹情况进

❶光绪三十一年（1905）删除律例344条[384]195-196，其中删除礼律中的“祭享”所附条例2条，删除工律中的“擅造作”所附条例4条[384]282-283、“冒破物料”所附条例1条[384] 283-284。光绪三十三年（1907）沈家本等奏呈刑律草案，第二十章“关于祀典及坟墓罪”规定“对坛庙、寺观、陵墓不恭敬者将处以五等有期徒刑或罚款，盗墓者应判处一至四等有期徒刑”[384]592-596，而以往清律规定盗墓皆为死刑，新刑律实极为宽容。第三十六章“关于毁弃损坏罪”，规定毁坏他人营造物（其中包括房屋、陵墓内石碑及石兽等）判处三等以下有期徒刑或罚款[384] 655-658，与以往清律责罚程度相当。

❷光绪三十四年（1908）颁布的《城镇乡地方自治章程》中将“保存古迹”[384]47-48作为本城镇乡的13种主要善举之一。宣统元年（1909）清廷受日本统计年鉴启发制定了与民政相关的148种统计表的标准格式[386]86-115，其中有“京师内外城各厅区保存古迹统计表”[386]96和“直省府厅州县办理保存古迹事项统计表”[386]112。同年民政部奏呈《保存古迹推广办法》[387]186-188，其中涉及调查事项6条、保存事项5条（附文32）。

❸岁奏、勘估、验收、保固等制度是工部用于规范工程行为的核心制度，适用范围较广，在河工、堤工等其他类别的工程活动中也多会遵循。

❹《修志书凡例》“古迹”条记载“凡前代城垒、公廨、驿铺、山寨、仓场、库务，古有而今无或改移他处者，基址亦收录之。陵墓、前代帝王、名臣贤士者，并收录之。亭馆、台榭、楼阁、书院之类，或存或废，有碑记者，亦备录于后。津渡见在某处，路通何方。岩洞井泉之有名者亦收录。龙湫亦载何处，或有灵异可验者。前代园池何由而建。本朝桑枣备载各都某处。陂堰、圩塘之类见何代开凿。如无考者，止书见存某处，废者亦见因何而废。寺观、庵庙虽废亦录。墟巷之类，凡废者俱收录之。”（原载明正德《莘县志》卷首）

行普查登记并明确其保存状态。清代地方志修纂时也基本沿袭明代惯例，对于地方古迹的分布、保存和变迁情况有所记录。这些官修志书已具备相当程度的官方性和公共性，为政府和民众了解地方古迹情况提供了重要帮助，知名者如毕沅的《关中胜迹图志》和阮元的《两浙防护陵寝祠墓录》[1]。但遗憾的是，对于古迹分级的标准仍存在模糊性。

此外，清朝还有列入政府事务的“岁奏”制度。清政府要求每年或每若干年的岁末，地方政府须将特定类别古迹的保存现状和该时期内的修缮情况上报工部。对于古昔帝王陵的保护情况是每岁一奏，从雍正朝至清亡持续了180余年，清朝政府还经常对各省的重要帝王陵寝和名贤祠墓进行造册登记[2]；对于城垣的保固情况，自乾隆朝中期起定为每岁一奏，至嘉庆朝初年废弛，持续30余年；其他类别的古迹奏报周期多不固定。

②祭祀制度

清朝的陵墓和坛庙都有固定的祭祀制度，该制度适用范围从中央政府、地方政府直到普通平民，它不仅能够保证古迹获得必要的日常维护，也能通过提升人们对于古迹的崇敬之心无形中减少破坏行为。

③巡查守护制度

清朝对于陵墓、坛庙、城垣等古迹，要求地方官员不定期进行巡查，主要关注古迹保存状态并防止破坏行为的发生，巡查结果通常会以岁奏形式在年底上报工部或皇帝。此外，对于具有重要影响力的古迹（主要为帝王陵墓和高等级坛庙祠宇），政府还会设置专人（以陵户、庙户为代表，也有为名贤后裔）进行守护，并给予守护者以优待政策。

④保养维护制度

清朝对于各类古迹基本均有保养维护制度。对于陵墓、坛庙、城垣、桥梁等古迹，主要在政府主导下实施；对于寺庙类古迹，主要由民众自行开展，少数重要寺庙也存在政府介入开展保养维护的情况。当时的保养维护不仅关注古迹本体，如进行室内除尘、屋面除草、砖石勾缝、补刷油饰等，也非常重视周边环境灾害因素的控制，如防火、防水、防人为破坏等，有些措施已属于预防性保护范畴，具有相当的先进性。

⑤修缮制度

清代古迹的修缮需遵循《大清会典》和工部相关则例的要求，对于具体类型的古迹还有更详细的规章，例如城垣修筑方面便有《城垣做法册式》。清人对古迹的修缮主要分为日常维修、专门修缮、受灾抢修三种。

日常维修通常每年或每若干年一修，又称为“岁修”，为了保证维护工作的有效开展，避免因逐层上报而耽误修缮时机，清代规定地方官员可定期自行对古迹进行日常修缮，修缮工作结束后于年底造册报工部知悉即可，通常值岁奏之际上报。清代地方政府的正常财政经费（正项银）中，有专门用以供地方各类古迹进行岁修的经费，重要古迹甚至

[1] 又名《两浙防护录》。

[2] 国家图书馆藏清末工部编写的《各省历代帝王陵寝名臣祠墓》（三山斋抄本）中列出各省的帝王陵寝和名人祠墓数百处，类似的造册在乾隆、嘉庆等朝就已出现，可视为古迹登录制度的雏形，但始终未将范围扩大到其他类别的古迹，具有一定的局限性。

还设置了专项岁修经费；也有使用其他财政经费（如赏借息银、商筏税银、物料折变银等杂项银）进行岁修的情况，有些古迹则利用自身经营产生的经费支持其岁修，比如利用陵墓田亩的租银支持陵墓岁修、利用坛庙的香火捐纳支持坛庙岁修等。

专门修缮主要针对年久失修的古迹开展，由中央政府或地方政府主导，使用正常财政经费（正项银）或特拨的专项经费，工程通常规模较大且周期较长，具有严格的实施流程（详见第二章第三节内容）。

受灾抢修主要是针对因突发灾害而严重损坏的古迹，通常使用的是岁修经费。灾情紧急时地方官员可不必逐级上报而提前开工，但其后应尽量补全相关流程及手续。

此外，中国古代历来有利用开展工程活动发放工费及伙食以救济灾民的做法，称为“以工代赈”。古迹的专门维修和灾后抢修均可与赈济良好结合，清代各地均普遍开展且成效显著，尤其以乾隆朝最为频繁。为防止贪腐，清代规定代赈时工价减半并应区别工程缓急[195]卷九十五；为保证工程质量，还规定民修工程也需经政府查核并设定保固期限[195]卷九十五。

⑥保固制度

清代的古迹保护工程，在竣工通过验收后会设定相应的保固期限，在保固期限外损坏属于正常，如在保固期限内损坏，相关官员需要进行赔修，并受到所属部门的议处。古迹按其类型和修缮措施的不同，对应的保固期限从一年至数十年不等（附表15）。各类古迹的保固期限也非始终不变，总的来看，乾隆朝中期以前保固期限普遍较短，其后保固期限有所延长并逐渐形成定制。

⑦惩罚制度

清朝为强化古迹保护力度，在《大清律例》中针对陵墓、坛庙、城垣等古迹制定了较严苛的惩罚措施，无论官员还是平民皆不得违反相关规定，受惩罚的行为包括祭祀不如期、过陵不下马、破坏陵园风貌、盗墓、拆窃城垣砖体、防火不利等，根据行为性质及危害程度的不同，轻则判杖责（如过陵不下马），中则判徒刑或流放（如破坏陵园树木），重则判死刑（如盗墓）。该制度给予民众以极大的心理震慑，有效地减少了古迹破坏行为。

⑧其他相关制度

清朝改变了沿用数千年的徭役制度而主要采用按劳给酬的雇募制度，由政府招募工匠及民夫实施古迹保护工程，相关的物料采购费用和匠夫薪酬统一由政府支付，政府官员对工程进行主导和监督。这极大地减轻了民众的负担并有效激发他们参与古迹保护的热情，从而提高了保护工程的实施质量，也带来了显著的社会效益。

2．欧洲同时期文化遗产保护制度及法规

（1）概况

19 世纪以前欧洲的古迹保护制度[1]是相当不健全的

[1]本节中特定英文词语的翻译如下——Monuments：古迹；Antiquities：古物；Historical Monuments：历史纪念物。事实上，这些词在当时就有不少被混用，并未有严格而明确的界线。为尊重历史事实，本书在引用外文资料时皆以原文为依据按照上述翻译规则进行翻译。

（表9-2），并未出现像中国那样完善的制度法规。尽管15—18世纪的几位教皇（如马丁五世、庇护二世、利奥十世、保罗三世、英诺森十世等）都曾下令保护古建筑，但事实上其法令只在意大利的局部地区有效，继任教皇也并不完全遵从前任教皇的谕令❶，使得破坏行为实际远多于保护行为。欧洲其他地区的破坏行为则更加严重，如在法国大革命中巴黎民众就捣毁了全市约四分之三的古老教堂[390]18。弗朗索瓦丝·萧伊（Francoise Choay）认为法国大革命前欧洲的“历史性建筑只是在罕见场合及出众人格力量的感召下才得以保护和整修”[37]46。**可见保护古迹在当时是一种偶然现象而并非制度化的常态。单纯追捧寥寥可数的保护个案而忽视了当时广泛存在的古迹破坏行为是容易产生误解的。**不过值得注意的是，1630年代瑞典公布了国家文物清单[33]195，作为欧洲的第一份文物清单，它包括“从硬币和诗歌到教堂和土方工程”[33]195，既涵盖了可移动文物和不可移动文物，还涉及非物质文化遗产，不仅颇具前瞻性，也表明此时已产生文物登录制度的雏形，在这方面瑞典比中国做得略好。但遗憾的是，瑞典并未对当时的欧洲其他国家产生明显影响。

17—19 世纪欧洲遗产保护制度法令大事一览表（来源：自制❷） **表 9-2**

时期	欧洲遗产保护制度法令大事一览
17世纪	1624年罗马大主教阿陶勃朗田尼命令发现任何古建筑应在24小时内呈报。 1630年代，瑞典公布国家文物清单。 1646年罗马教皇英诺森十世（Innocent X）承认保罗三世的规定并补充规定一切古建筑物禁止损毁。 1666年瑞典国王查理十一世（Charles XI）签署文物法令（Antiquities Ordinance），命令保护该国文物和纪念建筑物，并要求文物收藏家清查持有物并向国家注册
18世纪	1721年葡萄牙国王霍奥五世颁布的赦诏中提倡保护历史纪念物。 1724年罗马大主教史毕诺拉命令保护古代艺术品及建筑物不仅应美化市容还应便于研究。 1750年罗马教皇本尼狄克十四世（Pope Benedict XIV）颁布的新法令进一步补充保护古建筑物之目的还应吸引外国人来观览鉴赏。 1790年德国边境总督卡尔·亚历山大（Karl Alexander）颁布保护古迹的规定，将碑石、碑文、徽章等纪念物列为古迹，列举其清点措施，并对违反古迹保存的行为进行惩处。 1790年，法国国民制宪议会（L' Assemblée nationaleconstituante）颁布律令，要求有关部门“尽其所能评估并保护属于国有财产的古迹、教堂及宗教建筑”。 1792年、1793年，法国国民公会（Convention Nationale）陆续颁发法令惩罚损坏古迹和各类艺术品的行为，并宣布古迹属于国家遗产

❶如1566年教皇庇护五世（Pope St. Pius V）拆毁古罗马广场上的诸多古建筑用于烧制石灰，西克斯图斯五世（Sixtus V）在规划罗马城时也拆除了不少罗马古迹。

❷本列内相关内容参考尤嘎·尤基莱托《建筑保护史》（2011年版）、弗朗索瓦丝·萧伊《建筑遗产的寓意》（2013年版）第12-102页、陈曦《建筑遗产保护思想的演变》（2016年版）附录C、（德）米歇尔·佩赛特等著、张全文等译《古迹维护原则与务实》（2010年版）第19-34页、中央古物保管委员会编译《各国古物保管法规汇编》（1935年版）、（意）卡西娅著、许楗等译《欧洲建筑遗产修复的方法与技术》（2012年版）第38页，（美）约翰·H. 斯塔布斯著、申思译《永垂不朽：全球建筑保护概观》（2016年版）第183-238页、田林《大遗址遗迹保护问题研究》第6页。另外，参考目前国际保护宪章和宣言的翻译方式，将"Monuments"或"Ancient Monuments"均翻译为"古迹"。

续表

时期	欧洲遗产保护制度法令大事一览
19世纪	1802年教皇庇护七世规定任何人不得损毁古建筑遗物或拆移装饰物，否则将以严刑重罚；发现重要建筑遗址时政府应负责保护并补偿土地所有者损失。该法令于1820年修订。 1810年法兰西帝国开始进行文物遗产清查，于1816年编成本国第一份文物建筑清单。同年，附属于法兰西帝国的教皇国颁布法令提供36万法郎用于罗马城市美化和古迹保护，次年经费增加至100万法郎。 1812年巴登大公国颁布古迹保存规定。 1815年普鲁士国王签署法令，规定公共建筑物或古迹若发生重大变化，相关国家部门必须事先与建筑工程署沟通，1835年将古迹保护和管理的主要事务移交文化部。 1818年黑森大公国颁布古迹登记和保护法律，要求古建筑艺术遗留物应以描述或绘图方式被记录，实施保存措施、变更及拆除均须经高等建筑学院鉴定、发现古遗址需通报。1826年巴伐利亚、1830年普鲁士均颁布类似规定,要求通报出土物、禁止拆毁城墙。 1834年第一部希腊古迹保存法颁布，将希腊所有的古代文物都视为希腊人的共有财产。该法规于1899年重新编写和推广。 1840年法国《历史性建筑法案》公布，1840—1849年普罗斯佩・梅里美为法国文物建筑制定清单。 1841年符腾堡王国开始为文物建筑编目。 1860年意大利爱弥里临时政府授权艺术品保管委员会将有价值建筑物编目保管，禁止他人破坏，还建议与业主商洽进行保管和修缮。 1882年英国颁布《英国古迹第一法案》（First British Ancient Monuments Act），列出包含68处古迹的清单，法案宣布古迹是公共财产并建议公众保护。1900年颁布的《古迹保护法案》（Ancient Monuments Protection Act）扩展了1882年的法案，议会赋予古迹保存和维护的权利。 1887年法国《历史古迹1887年3月30日法律》（Loi du 30 mars 1887 sur la Conservation des Monuments Historiques et des objet d'art）颁布（1889年连同目录颁布），确定了国家对目录内的2200处古迹拥有征用和可扩展的权力。 1898年瑞士伏邦政府颁布法律，规定政府对在历史或艺术上有价值的纪念建筑物及艺术品有保管之责，设立"历史建筑委员会"，对各类不动产及动产编目，并制定了发掘古物的规定。次年又公布施行细则18条

19世纪是欧洲古迹保护制度形成和迅猛发展的时期，这主要是由于法国大革命中文物的惨烈破坏给予了人们警示，而"国家遗产"概念也赋予文物以全新意义。欧洲各国纷纷颁布相应的法律法规，其中以德意志邦联（巴登大公国、黑森大公国、巴伐利亚、普鲁士、符腾堡王国等）和法国为突出代表。这些制度无论在条款数量还是质量上都较以往有明显提高，改变了欧洲诸国普遍缺乏文物保护法规的状态，更关键的是使整个欧洲形成了制订保护制度的"习惯"，各国的法律法规互相借鉴并不断修订完善，为20世纪全球遗产保护的法律体系勾勒出基本框架。

（2）相关制度

①登录制度

瑞典曾在17世纪30年代尝试过该制度并制定出第一份国家文物清单，这对于欧洲具有划时代意义，可惜对欧洲他国影响甚微。法国大革命后维克多・雨果（Victor Hugo）等人陆续呼吁为古迹编目，1815年申克尔（Karl Friedrich Schinkel）代表建筑工程署向普鲁士国王提议为全国的历史古迹编目并进行保护[1]，

[1] 申克尔在《关于保护我国古迹和文物的基本原则》（*Die Grundsätze zur Erhaltung alter Denkmäler und Altertümer in unserem Lande*）的这份文件中，阐述古迹对于国家和民众的意义，并建议成立专门机构进行编目管理和开展保护工作。

❶1840年时最初登录的文物建筑为1076处[390]24，至1849年的数年间不断扩充。

❷按货币购买力估算，约合中国同时期的2万两白银。

1816年法国内政部长亚历山大·德拉博德（Alexandre de Lahorde）编制成法国第一份文物建筑清单[390]20，1840—1849年在普罗斯佩·梅里美（Prosper Mérimée）领导下法国为近3000处文物建筑制定了可不断扩充的清单❶，后来符腾堡王国（1841）、意大利（1860）、瑞士（1898）等各国都有类似举措，使欧洲逐渐确立了可推广施行的文物建筑登录制度。以法国为例，其登录方式分为列级保护（Class）和注册登记（Monument Historique Inscrit）两种，前者用于登录和保护的是最具价值的文物建筑，后者原先作为预备名册，后来用于登录价值略逊的历史建筑。另外，1818年黑森大公国要求文物建筑应以描述或绘图方式被记录，这种“绘图登录”的方式具有先进性和重要意义。

②维修制度

19世纪以前欧洲国家普遍缺乏成体系的古迹维护及修缮制度，古迹的修缮通常由个人、学术团体、贵族倡导，时间不确定性和工程质量波动性很大。那时具有官方性质的修缮较少，由中央政府推动的修缮工程则少之又少，这在英国等有着自由主义倾向的国家体现得尤为明显。

法国大革命后，欧洲陆续出现集权性较高的民族国家，并产生由政府实施古迹保护的制度。典型代表是法国，法国政府自19世纪上叶开始主导全国古迹的维修活动，并委托以维奥莱-勒-杜克（Viollet-le-Duc）等建筑师进行修缮，还通过中央财政为维修古迹拨款，在1838年、1840年、1842年相应的财政预算分别为20万法郎❷、40万法郎、60万法郎[390]24，这体现出政府对于古迹的日益重视和有计划性的投入。

欧洲古迹以石构建筑为主，短期内不易腐朽老化或受到突发自然灾害的破坏，因此针对年久失修或人为破坏的古迹所开展的专门性修缮较多，而进行日常维修和受灾抢修的情况较少。政府通常会根据古迹普查的结果排列优先级，以确定哪些古迹需要进行专门性修缮。修缮工程的实施过程并没有严格的制度法规进行约束，主要是根据建筑师的经验及工程委员会的审核讨论来保障。每项修缮工程都有较详细的图纸作为施工依据。当时并未出现像中国那样成熟的“以工代赈”制度，但如普罗斯佩·梅里美（Prosper Mérimée）等官员已认识到保护工程能给工匠们带来谋生机会[393]35而产生良好的社会效益。

③惩罚制度

19世纪以前欧洲各国中央政府的权力颇为有限，尽管颁布过少量古迹保护法规或政令但却收效甚微，主要是搬移盗窃文物背后有巨大利益在驱动，跨国执法在当时也难以实现。这些破坏行为大多集中在对古希腊和古罗马遗迹的掠夺，但很少针对教堂或名人墓，因为后者往往会背负亵渎宗教和神灵的谴责而遭到严惩。

自法国大革命以后，欧洲“民族国家”的形成使得各国凝聚力和中央集权度显著提升，特别是19世纪中叶起欧洲各国陆续颁布古迹保护专门法（如1840年的法国《历史性建筑法案》和1882年的《英国古迹第一法案》），针对破坏古迹的惩罚才逐渐发挥实效。覆盖范围从古典时期遗迹、中世纪教堂到近代历史建筑，甚至还包括史前遗迹，都不允许破坏。

但需要指出，这类惩罚的逻辑是破坏属于全体民众的“共同财产”应当受到惩罚，这是欧洲公民权利思想的突出反映，与中国清朝法规的指导思想存在显著差异，也与19世纪前欧洲法规的出发点有所不同。

④其他相关制度

18世纪末英国开始出现招标投标制度，至19世纪中叶，英、法等欧洲国家的工程中已普遍采用招标投标方式，古迹修缮工程也不例外，如1843年的巴黎圣母院修复工程由维奥莱-勒-杜克中标，但他原先设想在圣母院西立面上加建一对高耸尖塔的想法因被否定而未实施。这种制度使得古迹修缮方案可以被公开讨论和改进，大大促进了修复理论的发展。

3. 民国时期古物保护制度及法规

（1）概况

北洋政府时期（1912—1928）的律法在形式主要参照西方法律体系，而在内容上基本沿袭清末法律[1]（图9-2）。该时期与古迹保护相关的法律法规（表9-3）可分为两类：

其一是1923年颁布的《中华民国宪法》（又称《双十宪法》），其第24条规定“由国家立法并执行，或令地方执行之”的13种事项包括“有关文化之古籍、古物及古迹之保存”[399]。

[1] 清代律法并未区分民法和刑法，只针对不同类别的行为给出相应惩罚措施，北洋政府时期则将民法与刑法分离，刑法根据清末制订的《大清新刑律草案》（借鉴德国和日本刑法制订）略作调整，民法则基本沿用《大清现行刑律》（沈家本1910年修订）的民事部分。

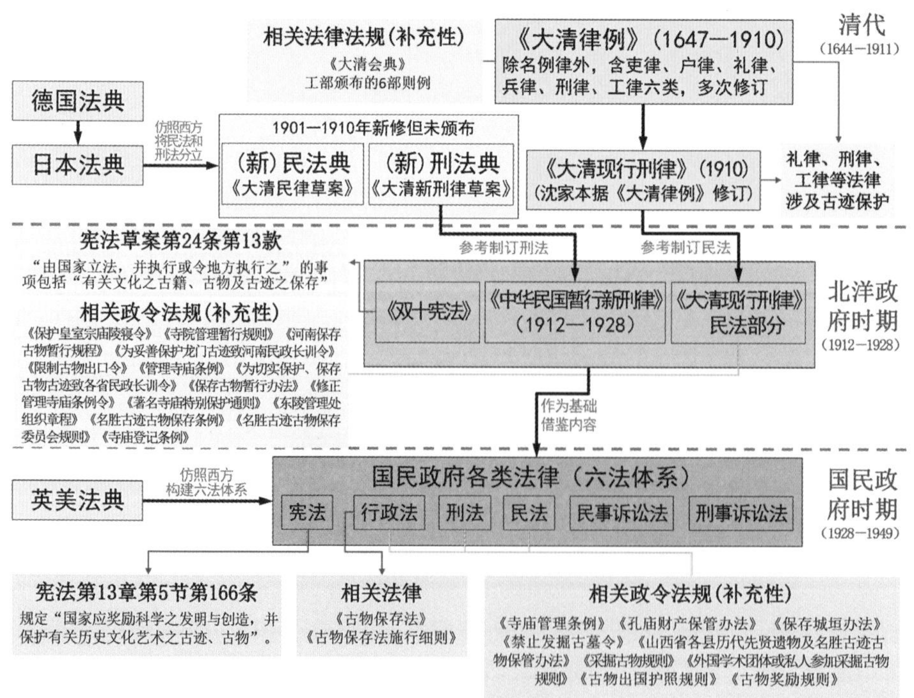

图 9-2　清代至民国古迹保护相关法律法规体系演变图（来源：笔者自绘）

其二是针对各地区不同类型古迹的专项政令法规，涉及坛庙、石窟、寺观、陵墓等类型古迹的保护，既有中央政府颁布的普适性政令法规，如《为切实保护、保存古物古迹致各省民政长训令》《著名寺庙特别保护通则》等；也有针对特定区域颁布的，如《河南保存古物暂行规程》和《为妥善保护龙门古迹致河南民政长训令》等。这些政令法规多数是因破坏行为频发而出台，带有应急性质。

南京政府时期（1928—1949）中国模仿英美等国建立了“六法体系”（图9–2），对北洋时期的法律在形式和内容上都进行了改进。该时期与古迹保护相关的法律法规（表9–3）可分为三类：

其一是1936年通过的《中华民国宪法草案》❶，其第13章第5节第166条规定“国家应奖励科学之发明与创造，并保护有关历史文化艺术之古迹、古物”[400]，但因抗日战争原因迟至1947年12月才正式施行。

其二是1930年颁布的《古物保存法》（附文33、附文34），属于行政法之一，它作为中国在古物保护领域的第一部专门性法律具有划时代的意义。

其三是针对不同类型古迹的专项政令法规（表9–3），涉及寺庙、城垣、墓葬等类型古迹的保护，既有中央政府颁布的普适性政令法规，如《寺庙管理条例》《禁止发掘古墓令》《采掘古物规则》等；也有地方政府自行颁布的参考性办法，如《保存城垣办法》和《山西省各县历代先贤遗物及名胜古迹古物保管办法》等。

民国时期与古迹保护相关的法律法规（来源：自制❷） **表 9–3**

公布时间	颁布者	法规名称	章条数
1912年6月	临时大总统	《保护皇室宗庙陵寝令》	不分章条
1913年6月	北洋政府内务部	《寺院管理暂行规则》	7条
1913年10月12日	河南省民政长	《河南保存古物暂行规程》	共5章15条，附《古物调查表》
1914年3月26日	北洋政府内务部	《为妥善保护龙门古迹致河南民政长训令》	不分章条
1914年6月14日	北洋政府大总统	《限制古物出口令》	不分章条
1915年10月29日	北洋政府大总统	《管理寺庙条例》	共5章31条
1916年3月11日	北洋政府内务部	《为切实保护、保存古物古迹致各省民政长训令》	不分章条
1916年10月	北洋政府内务部	《保存古物暂行办法》	5条

❶又称《五五宪草》。

❷表内各法律法规以公布时间为准，如《中华民国宪法草案》（《五五宪草》）早在1936年便已制订并通过，但作为《中华民国宪法》正式公布则迟至1947年1月，而实施则为1947年12月。另外，1916年10月内务部发布的《内务部为调查古物列表报部致各省长、都统咨》和1918年4月内务部总长发布的《禁止中外人等在北邙山一带挖掘古物致河南省长咨》，对于古物保护也有一定意义，但属于咨文性质而非正式法令，故不列入本表内。

续表

公布时间	颁布者	法规名称	章条数
1921年5月20日	北洋政府大总统	《修正管理寺庙条例令》	共5章24条
1921年11月	北洋政府内务部	《著名寺庙特别保护通则》	14条
1923年10月	北洋曹锟政府	《双十宪法》第24条第13款	1条
1928年8月13日	南京国民政府内政部	《东陵管理处组织章程》	11条
1928年9月	南京国民政府内政部	《名胜古迹古物保存条例》	11条
1928年9月	山东省政府	《名胜古迹古物保存委员会规则》	14条
1928年10月	南京国民政府内政部	《寺庙登记条例》	18条（附表格4种）
1929年1月	南京国民政府内政部	《寺庙管理条例》	21条
1929年6月17日	教育部、内政部、财政部	《孔庙财产保管办法》	8条
1930年6月2日	南京国民政府	《古物保存法》	14条
1931年5月	陕西省政府	《省政府为保护城垣事给省建设厅的训令第（第4328号）》（附《保存城垣办法》）	保存城垣办法共5条
1931年7月3日	南京国民政府行政院	《古物保存法施行细则》	19条
1934年4月	南京国民政府行政院	《禁止发掘古墓令》	不分章条
1934年12月	山西省政府	《山西省各县历代先贤遗物及名胜古迹古物保管办法》	19条
1935年3月16日	南京国民政府行政院	《采掘古物规则》	13条
1935年3月16日	南京国民政府行政院	《外国学术团体或私人参加采掘古物规则》	11条
1935年3月16日	南京国民政府行政院	《古物出国护照规则》	16条
1936年4月	草案未公布，由中央古物保管委员会制定	《古物奖励规则》	10条
1947年1月1日	南京国民政府	《中华民国宪法》第13章第5节第166条	1条

民国时期的法律法规在制订时，有意识地借鉴了清朝和外国的既有经验。清末颁布的若干新法令及章程成为北洋政府时期不少古迹保护法规的鼻祖❶，外国保护古建筑和古物的经验则在南京政府时期得到高度重视❷。

❶如光绪三十四年（1908）颁布的《城镇乡地方自治章程》、宣统元年（1909）制定的“京师内外城各厅区保存古迹统计表”[386]96及“直省府厅州县办理保存古迹事项统计表”[386]112、宣统元年（1909）民政部奏呈的《保存古迹推广办法》[387]186-188等。

❷最具代表性的是1935年中华民国中央古物保管委员会编译发行《各国古物保管法规汇编》，其中收录意大利、法国、比利时、英国共4国的历史建筑物保护法，以及法国、瑞士、埃及、日本、苏联、菲律宾共6国的古物保管法律。

民国时期为给国民制造变法强国的舆论态势，往往刻意压低前朝旧法之价值而宣扬新法之创新。事实上，由于政局动荡，当时虽有保护古迹和古物的法律法规出台，但执法力度远不及清代。另外，许多法规是在破坏行为日益猖獗的情况下临时颁布的，属于应急式的被动反应，基本无法形成体系化的制度约束❶。当然也不可完全抹杀该时期制度法规在推动遗产保护制度变革方面的积极意义。

（2）相关制度

①祭祀制度

民国初期由于观念改变加之政局动荡，针对陵墓和坛庙的官方祭祀活动基本废止，民间虽仍保留着部分自发的祭祀活动，但并没有相应的制度作为支持，因此与古迹保护的关联性非常微弱。不过，1935年民国政府将每年4月6日定为民族扫墓节[423]，将黄帝陵、周陵、茂陵、昭陵4处帝王陵墓列入国家祭祀范围，次年又将明孝陵列入。尽管这主要是为了应对当时的民族危机和政治压力，但确实也为陵墓保护提供了更有力的法理依据。

②登录制度

民国时期借鉴西方经验开始重视古迹的调查和登记，当时许多法规中都有对古迹调查和登录的要求，如《河南保存古物暂行规程》❷《名胜古迹古物保存条例》❸《古物保存法》❹等；或将古迹调查作为地方政府的必要事务之一，如中华民国中央古物保管委员会规定其各地办事处的任务之一是负责本地“古物古迹之调查”[417]137。1945年梁思成能够成功编写《全国重要建筑文物简目》，也与已掌握大量的古迹基础资料有直接关系。

③守护制度

民国时期受保护的古物范围颇为宽广，《保存古物暂行办法》中规定历代帝王陵寝、先贤坟墓、名人遗迹（古代城郭关塞、壁垒岩洞、楼观祠宇、台榭亭塔、堤堰桥梁、湖池井泉之属）、历代碑版造像、画壁摩崖均需保护[417]14-16，而各类可移动文物也在保护之列。

对于古迹保护的方法，《名胜古迹古物保存条例》规定：“古代陵寝坟墓应于附近种植树株围绕周廊，或建立标志禁止樵牧，其他有关名胜之遗迹及古代建筑应商同地方团体筹备随时修葺，其有足资历史考证或渐就淹没以及仅存者，宜树碑记，以备查考；历代碑板、造像、画壁、摩崖之属，应责成地方团体或其他适当之人认真保护，不得任意搨摹毁坏或私相售运，凡可拓印者，无论完全残缺，一律完全拓印两份，直接邮寄内政部备查，仍将所拓寄之种类数目分别呈报该省长官。”[417]86《古物保存法》第二条规定：“古物除私有者外，应由中央古物保管委员会责成保存处所保存之。”[417]110

❶这些法律法规的执行效果实际并不理想，例如《保存古物暂行办法》已于1916年公布，但1928年时孙殿英仍敢冒天下之大不韪而盗掘清东陵[419]；又如卢芹斋（1880—1957）和岳彬（1896—1954）曾用数十年时间倒卖中国文物出境以牟取暴利，前者曾盗卖唐代昭陵六骏[420]，后者曾盗卖龙门石窟北魏《帝后礼佛图》石刻[421]，使得无价国宝流失海外。

❷其中将调查分为长期调查、定期调查、特别调查，并要求“制定调查表发交各调查员按期调查呈报”[417]17。

❸其中规定：“各省区民政厅应饬市县政府将辖境内所有名胜之古迹古物，依照部定调查表式逐一详确查填，呈由该管省区政府转函内政部备查。”[417]85。

❹其第四条规定：“古物保存处所每年应将古物填具表册，呈报教育部、内政部、中央古物保管委员会及地方主管行政官署”[417]85。

另外，由于民国军阀间的混战经常导致古迹损毁，河南[417]11、山西[417]102等省的保护法规中还要求军队在途经或驻扎古迹所在地时有义务对其进行保护。

④修缮制度

民国时期对于古遗址、古墓葬、古建筑等各类古迹，会不定期修缮以防止古迹出现严重损毁❶，《名胜古迹古物保存条例》中规定除陵墓之外的“有关名胜之遗迹及古代建筑应商同地方团体筹备随时修葺”[417]86，《孔庙财产保管办法》中规定“孔庙房屋应由各该保管孔庙之教育行政机关以时修缮”[417]92，《内政部东陵管理处组织章程》中也列出“关于陵墓及建筑物保护修葺事项”[417]97。按古迹所属权的不同，政府会为修缮活动提供不用程度的经费支持❷。

民国时期在重要古迹修缮前通常会先行开展测绘工作，相比于清代而言更重视古迹修缮方案的审核、修缮过程的记录和相关档案的保存。

❶值得一提的是，当时中国共产党对于古迹修缮的认识已与现代遗产保护的部分原则颇为接近，中共华北解放区政府训令规定：“关于名胜古迹之修葺，应以保护为原则，目前绝不应翻修或重建，其费用可从地方建设粮内开支，如遇特殊情形，需要补助时，可具报本府，认为必要时酌量予以解决。”[417]225

❷如《山西省各县历代先贤遗物及名胜古迹古物保管办法》规定：“各县先贤遗物及名胜古迹古物，如有残损者，公有者由县政府随时整理，其费用呈经省政府核准，由地方款内核实开支；私有者，由所有人自行修理，但得由县政府酌为补助。”[417]102《古物保存法施行细则》第六条则规定：“凡经登记之古物，如有已经残损，中央古物保管委员会认为有修整之必要时，得会同原主或该管官署分别酌量修整之，其经费除由原主或该管官署担任外，得由中央古物保管委员会补助之。”[417]112

⑤惩罚制度

民国时期针对公共古迹的破坏行为（所有权非公有者不含在内）有明确的惩罚制度，除了对普通民众进行约束外，还要求地方长官必须重视当地古迹保护，否则会受到严厉惩处。如《河南保存古物暂行规程》规定：“凡已经调查存案各物如被有意损坏及盗卖，县行政长官须严加缉捕，不得玩视，违者按法惩处，但所有权属于个人或私团体者不在此限。”[417]17《名胜古迹古物保存条例》规定：“名胜古迹如因保护疏忽致毁坏或消灭时，各该市县政府负责人员应受惩戒处分。”[417]86《山西省各县历代先贤遗物及名胜古迹古物保管办法》第十六条规定：“凡盗卖侵占或损害先贤遗物及名胜古迹古物者，得依法惩办。”[417]103第十七条规定：“保管人疏于防护，致将先贤遗物及名胜古迹古物损坏或遗失时，应查明情节酌予惩处。”[417]103

⑥发包承包制度

民国时期古迹保护工程普遍采取发包承包制，流程为政府发包（公布任务及参考预算）、多家承包商报价、政府择优选取承包商（通常为低价中选）、签订合同、承包商实施、政府验收，如1935年西安修补城墙及水沟工程，由市政工程处在4家承包商中选择了报价最低者[408]8-11，其本质与招标投标制度类似。对于重要古迹的修缮，政府也会采用直接委托的形式以保证实施效果，如天坛、颐和园、北平城墙等古迹的修缮项目便由当时知名的基泰工程司承接。

4. 比较结果与反思

通过对比可以看出，19世纪前中国古迹保护的制度化程度远高于欧洲，法规的细致程度和实施效力也高于欧洲，并能将日常维护、专门修缮和抢救性修缮三者有效兼顾；19世纪起欧洲各国开始颁布文物保护专门法，文物登录制度被逐步确立，文物保护方案也开始采用竞标制度，这些创新使得欧洲一举超越了仍在缓慢发展的中国。但中国的相关制度法规在个别方面依然不逊色于欧洲，如古迹保护的实施效力、工程综合管理水平、“以工代赈”的支持及推广等。

民国古物保护制度与清代相比，在体系上更多地借鉴了西方模式，在内容上则将清代法规条文与西方概念相融合，整体而言比清代有不少进步和创新，如颁布了古迹保护专门法、将保护古迹纳入宪法、保护对象范围更广泛、调查登录制度更完善深入、采用发包承包制度等。但因政局动荡，民国时期古迹保护制度所产生的实际效力不及清代，制度变更和失效的速度也很快。

三、清代古迹保护机构及多维比较

1. 清代古迹保护的相关机构及人员

清代古迹保护事务长期以来由相对固定的机构负责，在国家层面主要由工部、礼部、刑部负责，工部的职责范围包括古迹的查访、维护、修缮、审核地方古迹保护情况等，礼部负责古迹的祭祀和相关管理，刑部则对破坏古迹的行为进行量刑和惩处；在地方层面由督抚率领属下官员对古迹进行保护。这些事务所涉及的机构及人员众多，其贡献也有较大差异，以下分别论述。

（1）皇室机构及人员

①皇帝。全国范围内的古迹保护及修缮工程，凡用银数超过1000两时，地方长官均需专折奏报皇帝审批❶。自顺治朝至光绪朝的200余年间，多位皇帝曾谕令天下各地保护和修缮古迹（特别是古代帝王陵墓），其中不少谕令被编入《大清律例》和《大清会典》中转为成文制度。皇帝登基或亲政伊始所颁布的《恩诏条款》中，也往往涉及帝王陵寝遣官致祭的相关事宜。

②内务府。属于为皇室服务的机构，掌管所有皇家工程（亦称“内工”），基本不参与古迹保护工作。但皇家出资保护古迹时（以乾隆皇帝最具代表性）所需费用由内务府支出，如毕沅修缮西岳庙时内务府曾拨款12万两，因此内务府也与古迹保护活动产生一定关联。

③诸皇子和领侍卫内大臣。诸皇子为皇帝的直系亲属，

❶乾隆三十四年（1769）规定：“各省修理一切工程，无论正项、杂项，总以数在一千两以上者，令各督抚专折先行奏闻。”[193]。

领侍卫内大臣则多为与皇帝极亲近的勋戚大臣，他们常作为皇帝的代表去拜祭前朝帝王陵墓[187]卷五十六“康熙五十六年丁酉”条,[179]卷六十《礼部·仪制清吏司》“巡幸”。

④总理事务处。乾隆即位初罢军机处而设总理事务处，由亲王及贵胄担任总理事务王大臣。在保护古迹（以陵墓为主）的事务上，皇帝直接下谕给总理事务王大臣[188]35，再由其转达相关官员执行。总理事务处于乾隆三年（1738）罢撤，故历史影响不大。

⑤司香内使（守陵太监）。顺治元年（1644）定例以司香内使和陵户共同守护明十三陵❶。

（2）中央机关

①内阁。与古迹保护相关的重要事务，往往由部院提交内阁审定后上报皇帝；或由皇帝谕令内阁，再通过内阁大学士向各部院、各地督抚转达谕旨。清代通常设置六位内阁大学士，其一分管工部事务。内阁大学士还可能参加古代帝王陵墓祭祀活动，如清初常遣大学士祭祀明陵[179]卷六十《礼部·仪制清吏司》“巡幸”。

②礼部。礼部下属的祠祭清吏司主要负责执行各地帝王陵墓和重要坛庙的祭祀活动。凡遇国家庆典，政府需遣礼部官员致祭前代帝王陵和重要坛庙；皇帝巡游时应亲自祭祀附近的帝王陵或命所在地方官代为致祭[182]卷三十六《礼部·祠祭清吏司》“吉礼”。相关官员如未按规定时间进行祭祀或祭祀未在祀典内的对象，均会受到责罚。礼部下属的仪制清吏司主要负责制定帝王陵墓祭祀活动中的车仗卤簿规制，并安排祭祀流程[179]卷七十四《礼部·仪制清吏司》“军礼”。

③户部。大型古迹修缮工程所需的经费通常不菲，如乾隆为修缮明代帝陵拨款超过100万两[189]507-508，为修缮全国城垣拨款超过500万两[89]卷七百五十一，这些巨额资金均由户部划拨。一般性古迹修缮工程的经费则无须户部专门拨款，多由地方督抚动用省内所存公项银两，数额更小的修缮费用也可使用土地租息等杂税支付，但这些开支情况须于每年年底造册上报户部和工部。

④刑部。对于盗掘帝王陵墓、破坏陵园树木、未按时祭祀等行为的审理和惩罚由刑部依照《大清律例》办理，而重大案件皇帝会亲自过问，如康熙二十二年（1683）盗掘明藩王墓案及康熙五十五年（1716）盗掘明帝陵案，刑部商议的判决结果康熙均认为过轻，改议后遂为重判。

⑤工部。掌管皇家工程以外的各类工程（亦称“外工”）。工部下属的营缮清吏司负责勘估和核销城垣、坛庙（京城内的历代帝王庙由该司修缮和保护）等类型的古迹保护工程[182]卷七十一《工部·营缮清吏司》，也负责估变旧料、采办工程物料等事务；虞衡清吏司主要职责是为本朝陵墓服务，不过也负责制作先代帝王陵寝祭祀和修缮所需的各类器具器物[182]卷七十三《工部·虞衡清吏司》“杂料”；都水清吏司承担古代桥梁修缮和坛庙糊饰等事务；屯田清吏司负责监督各地对帝王陵寝及先贤祠墓的保护，并令地方官员于每年年底汇报相关

❶ 不久即罢神宗定陵的守护，顺治八年（1651）才恢复。这些明代帝陵，每年春秋由司香内使代为致祭，太常寺及昌平知县不必遣祭[192]卷一百二十《群庙考·历代帝王陵二》。而位于各地的帝王陵墓不设司香内使，仅由陵户守护或不设防护。

❶ 在清代的行政管理中，县级及以下基本实行乡土自治模式，除重大的古迹保护事件由上级部门过问和管理外，一般的古迹保护活动基本都由县内自行完成。

❷《礼记·王制》云："作淫声、异服、奇技、奇器以疑众者，杀。"[422]159《礼记·月令》云："百工咸理，监工日号，毋悖于时，毋或作为淫巧，以荡上心。"[422]181

情况[182]卷七十六《工部·屯田清吏司》"山陵"。料估所掌管勘估和核销京城各坛庙的大修工程[195]卷八十一，坛庙值年销算处掌管京城坛庙的各类修缮工程的报销和计算事务[195]卷八十一。另外，影响力显著或耗资巨大的古迹保护工程通常需由工部尚书或侍郎亲自负责勘估和管理，如明十三陵保护[189]507–508、西安城垣整修[327]等。

⑥涉及少量事务的其他机构。太常寺下设帝王庙祠祭署，仅以一名汉人赞礼郎司乐负责守护神库和巡视洒扫[190]卷二十八，如遇修葺墙宇、种植树木等事项须向长官汇报后执行，守护历代帝王庙的庙户亦由太常寺拣选各地农民充任；鸿胪寺协同太常寺负责历代帝王庙的祭祀活动；光禄寺负责历代帝王庙祭品的供给、采办、进献诸事宜；钦天监负责安排历代帝王陵的庙祭和地方祭祀的吉时；翰林院负责撰写用于祭祀历代帝王陵的祭文，并提交皇帝审核后钦定[182]卷八十四《翰林院》；詹事府辅佐历代帝王陵的祭祀事务。

（3）地方相关机构及人员

①各直省督抚。各地总督、巡抚全权负责其管辖境内的古迹保护事务，并与相关部院衙门互相配合解决各类问题，如遇重大事件则提交皇帝及中枢机关定夺。督抚在保护职责上并无明确分工，主要对辖境内的各处古迹进行巡查、祭祀、防护，如需修缮则通常动用本省存公银两委托专员完成。自清代中期起的约百年时间里，每年年底各地方官需将辖境内城垣和帝王陵寝的保存情况报告督抚，由督抚将城垣情况专折奏报皇帝，将帝王陵寝情况造册报工部[191]卷二"雍正七年己酉三月甲寅"条。从清朝古迹保护和修缮的诸多案例来看，巡抚所涉及的事务较总督更多也更细致，与下级官员沟通协调的各类事宜也主要由巡抚负责。

②各府、州、县的文职长官。他们负责古迹保护的日常事务❶，如巡视监督、清扫维护、竖立碑碣、按时祭祀、定期奏报等，如遇督抚下达的修缮事宜，或亲自执行，或配合专员进行。

③各城垣所在地的武职官员。嘉庆三年本《钦定工部则例》："修整城垣责令武职城守汛防等官督兵保护，如遇坍塌，一面移县，一面通报各上司分别修理。倘徇隐不详，照承查迟延例议处，如既报之后文员不依限修竣，照修造迟延例议处。"[195]卷三 嘉庆三年本《钦定工部则例》："各省城垣无论新旧工程，责令现任各州县按季会同武弁亲勘。"[195]卷五

④工匠

清顺治二年（1645）废除世代相继、按期当差的"匠籍制"，此后采用由官府出资、工匠自愿应征的"雇募制"，古迹修缮工程也采用此制度。可惜的是，中国古代普遍对能工巧匠的新颖发明抱以敌对态度❷，无形中扼杀了创新的潜力。加之人们更重视文化传承而非纯粹的物质留存，这使得对于古迹"修缮事件"的关注度高于"修缮过程"，有关地方官员或士绅修缮古迹的善政义举经常被记载，但具体如何实施则大多语焉不详，因此有

意义的实践经验就只能在社会地位较低的工匠群体内师徒相授，无法获得执政者及学者们的必要重视。

⑤名贤后裔

清朝对于历代帝王陵墓，在清初指定官员或陵户管理，并无后裔守护。至雍正二年（1724）始封明皇室支脉后裔朱之琏为一等侯，负责明陵的岁祭；乾隆十四年（1749）又封其为一等延恩侯，子孙世袭[192]卷二百五十四《封建考九·异姓封爵五·侯》。此后，清朝始终以延恩侯负责明陵的祭祀和管理事务，这与其任命皇室宗亲管理本朝陵墓事务有类似处。此外，对于名臣贤士的祠墓，政府也鼓励其后裔开展守墓和祭祀的工作。

⑥士绅学者

清代各地士绅往往乐于为古迹的修缮捐纳善款，政府也会给予相应的表彰及政治优待。当时城垣、寺观、桥梁的修缮中，士绅捐资的情况十分常见。此外，还有不少学者喜好寻访和研究古迹，他们也间接地引导了社会对于古迹的兴趣和保护热情，最知名者当属张开东，他游访天下古迹并呼吁各地官员开展保护工作，还为他们积极建言献策。

⑦普通民众

清朝普通民众亦有机会直接参与古迹保护的相关事务，最常见的是充任陵墓守护的陵户或坛庙守护的庙户❶。

（4）文物收藏及展示机构

明清时期各地皆设有文庙，文庙具有祭祀孔子和教育人才的多重功能，是充满庄严性和颇具影响力的公共文化场所，人们往往会将文庙附近散落的金石碑刻移入其中进行保存，日积月累文庙便成为具有收藏功能的“文物收纳器”，加之其本身面向公众开放，无形中也具有了展示功能。因此，清代各地文庙可视为博物馆的早期雏形❷。不过，清代文庙因原有功能的约束，故藏品始终以金石碑刻为主，范围相对狭窄，与现代博物馆存在很大差异❸。

清末受到西方博物馆的启发，中国开始出现面向公众开放的博物馆，1905年张謇创建了中国第一所博物馆——南通博物苑（1911年馆区才建设完毕），1910年金梁提议在沈阳故宫建立博览馆（因清亡未能实施）。这些探索为民国时期的博物馆发展提供了宝贵经验。

（5）清末变法后的古迹保护及管理机构

值得一提的是，清末进行政治改革，于光绪三十二年（1906）设立民政部，将古迹保护主要事务划归民政部管理，

❶陵墓守护者称为陵户或陵夫，北京历代帝王庙及各地陵庙守护者称为庙户，他们大多由周边农民充任。清代陵户数量基本呈现减少趋势，顺治元年（1644）为明十三陵各设陵户24名，当年底即减至每陵8名，嘉庆时已降为每陵3名。各地方的帝王陵墓迟至乾隆元年（1736）皆未设陵户，当年才令炎陵、虞陵各设陵户四名，其他各地陵墓陵户数量酌情订立，专门负责巡视洒扫[192]卷一百二十《群庙考·历代帝王陵二》。北京历代帝王庙初设庙户20名，乾隆时裁为12名，负责洒扫和辅助祭祀活动，每月支给工食银。各地方陵墓的庙户数量不等，由于监管困难、资金不敷等原因而日益减损人数，直至有些陵墓无人守护。

❷毕沅在整修西安碑林后，将其地位提升并由政府进行专门管理，实际已将西安碑林划为基本独立的机构，具有一定前瞻性。不过，毕沅曾将收集的四方唐代墓志带回苏州故居，又将收集的秦汉瓦当赠予好友，而并未它们移入西安碑林内保存，这反映出当时人们对于文物的认知仍存在相当的局限性和变动性。

❸此外，古迹附属的可移动文物（碑刻、雕塑、家具、匾额等）与古迹密切相关。中国人习惯让这些附属文物就地保存或私相流传，而非创建像博物馆式的专门机构进行集中收藏和面向公众展览，当时的不少名士达官均拥有数量庞大的私人藏品。

另一部分营造类事务划归学部管理❶。宣统元年（1909）学部设立京师图书馆并设古物保存会，并于次年通知各省调查古迹。这种变化既有受到西方影响的因素，也有因国家衰弱而主动变法的因素。不过，由于清朝于1911年便灭亡，这些政府机构的调整在当时产生的实际影响甚微，反而给予民国时期的政府在机构设置时以较大启发。

❶光绪三十一年（1905）清朝设立学部，其下设建筑科，掌管辖下的学堂、图书馆、博物馆的营造并考核全国的学堂、图书馆的建造是否符合法度，并可聘请建筑师作为顾问[385]63-66。

❷其下涉及古迹保护事务的部门有营缮清吏司、屯田清吏司、料估所。

❸其下涉及古迹保护事务的部门有祠祭清吏司和仪制清吏司。

总的来看，清朝的古迹保护事务基本完全由政府部门负责组织和管理，士绅可以捐款和参与，但不能主导整个工程。清朝与古迹保护较密切的政府部门主要有工部❷、户部、礼部❸、各地方总督或巡抚衙门，其他涉及的部门也很多，并且上至皇帝、下至庶民都有机会参与到古迹保护活动之中。按照古迹保护所需经费和对象等级不同采取的实施办法，一般而言，费用多或等级高者通常由多个部门协同办理，费用少且等级低者则由地方督抚全权办理，开展保护的经费基本均由政府公费支出，少数属于官员或民众捐款。这种管理模式可以被形容为——重要古迹由国家多部门协同保护，次要古迹由地方自行保护；既使用政府经费，也接受私人捐款。清朝200余年间涉及古迹保护的相关部门及其职责并未发生显著变动，政府始终未设立专门负责保护古迹的部门，民间也无有影响力的相关学术机构成立，这无疑令人遗憾。

2．17—19世纪欧洲文化遗产保护机构

欧洲的古迹保护事务长期以来并无明确负责的机构。1425年教皇马丁五世（Martin V）恢复市政官（Magister Viarum）一职来负责管理城市和古代纪念物；1534年教皇保罗三世（Paul Ⅲ）设立古迹保存中央管理局以保护古建筑，可认为是一个标志性开端，但为期较短且并未推广到欧洲各国。1634年教皇乌尔班八世（Urban VIII）成立专门的委员会以保护罗马古迹[404]85，但又拆毁万神庙穹顶内部的镀金青铜板用于建造新建筑和铸造大炮[32]55-56，行为颇为矛盾。直到18世纪末法国大革命之前，欧洲多数国家并未设立相关机构来保护古迹，这与组织严密、流程详细的中国相比显得颇为稚嫩。19世纪初革命思想风靡，欧洲各国掀起了打破旧秩序、重建新文化的浪潮，使得破坏古迹的现象比比皆是，欧洲各国古迹保护的政府部门和民间机构开始陆续出现，直接目的就是遏制对古迹的疯狂破坏。正是在这样的破坏与保护的角力之中，欧洲艰难地形成了古迹保护的机构组织框架，并通过百年时间的发展和调整，为20世纪现代遗产保护国际性机构和国家专管部门的建立奠定了基础。

17—19世纪欧洲各国所设立的遗产保护机构或职位（表9-4），按组织方式可分为五类：

17—19 世纪欧洲各国设立的文化遗产保护相关机构或职位（来源：自制[1]） **表 9-4**

时间（年）	国家	新出现机构或职位的相关事件
1634	教皇国	成立专门的委员会以保护罗马古迹
1707	英国	伦敦古物学会（Society of Antiquaries of London）成立
1759	英国	大英博物馆（The British Museum）正式对公众开放，成为世界上第一座对民众开放的博物馆
1790	法国	古迹委员会（la Commission des Monuments）成立，1793年与国家艺术委员会合并
1793	法国	卢浮宫艺术馆（Musée du Louvre）正式对公众开放
1796	法国	法国古迹博物馆（Musée des Monuments Fran,ais）成立，藏品主要为古建筑残片
1801	教皇国[2]	任命卡罗・费亚（Carlo Fea）为罗马地区的文物总监（Commissario delle Antichità）
1802	教皇国	任命安东尼奥・卡诺瓦（Antonio Canova）为艺术品总监察员（Ispettore delle Belle Arti）
1807	丹麦	丹麦古迹保护皇家委员会（Danish Royal Commission for the Conservation of Antiquities）成立
1810	教皇国（附属于法兰西帝国）	古迹与城市建造委员会（Commission des Monumens et Batimens Civils）成立
1810	法国	在内政部下成立文物建筑遗产保护委员会，并设置视察员
1830	法国	历史保护工程委员会（Comité des Travaux Historiques）成立，隶属于教育部，并设立法国历史古迹总监察员（Inspecteur général des Monuments Historiques de la France），年薪8000法郎
1834	希腊	设立国家古迹的总管理员和省级管理员，雇佣专人守护雅典卫城等重要建筑遗址
1835	比利时	王室古迹委员会（Commission Royale des Monuments）成立，其任务涉及审核艺术及历史建筑物的修葺，还对公共建筑物的建造和修理计划有建议权
1835	巴伐利亚	设立美术总巡查员（General Inspector for Fine Arts），担任者多为收藏家或建筑师
1837	法国	历史古迹委员会（Commission des Monuments Historiques）成立，隶属于内政部
1842	法国	艺术与古建筑委员会（le Comité des Arts et Monuments）由基佐（Guizo）倡议成立

[1]本表内相关内容参考尤嘎・尤基莱托《建筑保护史》（2011年版）第174–347页、弗朗索瓦丝・萧伊《建筑遗产的寓意》（2013年版）第12–102页、陈曦《建筑遗产保护思想的演变》（2016年版）附录C、（德）米歇尔・佩赛特等著、张全文等译《古迹维护原则与务实》（2010年版）第19–34页、中央古物保管委员会编译《各国古物保管法规汇编》（1935年版）、（意）卡西娅著、许槌等译《欧洲建筑遗产修复的方法与技术》（2012年版）第38页、（美）约翰・H. 斯塔布斯著、申思译《永垂不朽：全球建筑保护概观》（2016年版）第183–238页、何晓昕、罗隽《时光之魅：欧洲四国的建筑和城镇保护》（2018）等资料。

[2]教皇国（754–1870）为南欧地区历史上曾经存在的政教合一的君主制国家，最高统治者为罗马教皇，末期该国绝大部分领土并入撒丁王国（后为意大利王国），最后被罗马教廷自行承认灭国。

续表

时间（年）	国家	新出现机构或职位的相关事件
1842	法国	成立宗教建筑与艺术委员会（Commission des Arts et Edifices Réligieux），隶属于宗教管理总局（général de l' Administration des Cultes）
1843	普鲁士	由国家设立艺术古迹保护专员（Konservator der Kunstdenkmaler），负责掌握全国各地的古迹动态，按规范编制古迹目录，为修复工作提供建议和指导，为所有将开展的修复工作制定系统性的实施计划
1850	奥地利	研究与保护历史建筑的中央委员会（Central-Commission zur Erforschung und Erhaltung der Baudenkmale）
1853	普鲁士	设立委员会负责全国古迹的调查和保护，不久因资金匮乏而解散
1853	巴登大公国	设立古迹总保护专员（General Conservator of Monuments）
1858	符腾堡王国	设立古迹总保护专员（General Conservator of Monuments）
1865	英国	公众保护协会（Commons Preservation Society）成立
1868	巴伐利亚	设立艺术古迹和文物总保护专员（General Conservator for Monuments of Art and Antiquity）
1872	意大利	古迹和博物馆中央委员会（Direzione generale degli scavi e musei）成立，由该国教育部建立的首个最高管理部门，1881年改组为古建筑及文物管理委员会（Direzione generale delle Antichità e Belle Arti）
1872	英国	基督教会建筑师和检测师联盟（Ecclesiastical Architects and Surveyors Association）成立，设立基督教会破旧建筑检测师（Surveyors of Ecclesiastical Dilapidations）职位
1877	英国	古代建筑物保护协会（Society of the Protection of Ancient Buildings，简称SPAB）成立
1882	法国	卢浮宫学院（Ecole du Louvre）成立并设立遗产保护专业
1887	法国	夏约学院（L' Ecole de Chaillot）成立并设立遗产保护专业，建筑师经培训后成为遗产建筑师（Architectes du Patrimoine）
1889	意大利	政府向全国各地分别委派12名艺术专员（General Commissioners of Fine Arts）
1890	意大利	古迹保护区域委员会（Uffici regionali per la conservazione dei monumenti）成立
1891	意大利	古物与艺术品中央委员会（Central Commission of Antiquities and Fine Arts）成立，会员包括政府官员、地区代表、专员、圣卢卡学院教授以及建筑师，会员涉及领域包括行政管理法律保护和促进历史研究及修复。该组织在记录和测绘历史建筑方面起到了很好的作用
1894	英国	伦敦纪念物调查委员会（Committee for the Survey of the Memorials of Greater London）成立
1894	萨克森王国	设立古迹总保护专员（General Conservator of Monuments）
1895	英国	国家名胜古迹信托协会（National Trust for Places of Historic Interest and Natural Beauty）成立，负责保管有重大意义的国家财产
1898	瑞士	在教育厅下设考古专员一名，并成立“历史建筑委员会”，成员为政府官员或指定考古专员，对各类不动产及动产编目，并制定了发掘古物的规定

第一类是政府下属的行政部门，如丹麦古迹保护皇家委员会、法国的历史古迹委员会、意大利的古迹和博物馆中央委员会等，在19世纪上半叶这些行政部门内的人员主要是公务员，有时聘请专家学者作为顾问，后来发展为同时吸纳政府官员和民间学者的综合性管理机构，如意大利1890年成立的文物古迹艺术委员会中包括了政府官员、教授及建筑师等不同类别的人员，这对于推动专业性保护有着良好作用。

第二类是由政府任命的特定职位，如罗马地区的文物总监、法国古迹总监察员、巴伐利亚的美术总巡查员等，往往负责协调和指导地方古迹保护的事务。实际上，某些职位的设置甚至早于机构的出现，如拉斐尔·桑西（Raffaello Santi）于1515年被任命为罗马古迹的首席保护官员（Chief Conservator），但当时并无相关的政府机构。因此，这些特定职位可看作是完善的保护机构形成过程中的早期形式。担任这些职位的大多是社会名流，他们又能通过社会影响力一定程度上改变遗产保护政策的制订，如法国历史古迹总监察员（Inspecteur général des Monuments Historiques de la France），担任者主要是知名建筑师或作家，第二任为著名的普罗斯佩·梅里美（Prosper Mérimée），他大大强化了法国的古迹巡查效力，并为遗产登录制度做出突出贡献。

第三类是与政府保持紧密联系的民间学术团体，他们往往乐于帮助政府分担监护古迹的事务，政府亦对其抱有好感而希望进行扶持和管理，1707年成立的伦敦古物学会（Society of Antiquaries of London）“鼓励、提升以及促进对本国及他国文物和历史的研究和知识”[396]。1877年成立的英国古代建筑物保护协会（SPAB）颇负盛名，他们通过引导社会舆论和向政府倡议来发挥效力。这类学术团体发展的速度极其迅猛，仅法国在1830—1849年间就成立了23个涉及历史学与考古学领域的协会[397]22。

第四类是培养遗产保护专业人才的学校，最著名的是法国的卢浮宫学院（Ecole du Louvre）和夏约学院（L'Ecole de Chaillot），130多年来培养了大量遗产建筑师（Architectes du Patrimoine）并与世界各国保持交流合作，这些学校培养的人才最终又被输送到政府部门或学术团体之中，他们将理论、实践和管理有机地结合在一起，使得遗产保护水平不断提升。上述组织方式已经基本囊括了现代遗产保护机构的主要形式，在当时具有很强的进步性，也蕴含巨大的发展潜力。

第五类是文物保存和展览的专业机构。早在1683年，英国牛津大学就创建了具有一定公共性质的阿什莫林博物馆艺术与考古博物馆。1759年世界上第一座面向公众开放的博物馆——大英博物馆正式开馆，藏品包罗万象。1793年法国卢浮宫艺术馆开馆供民众参观，开馆当天，圣德尼修道院内的法国历代国王的墓则被全部摧毁[392]126，“皇室私产”向“国民公产”的转化在此体现得淋漓尽致。1796年，以国家古迹作为核心展示对象的法国古迹博物馆成立[393]66。此后，一系列类型多样的博物馆在欧洲出现，逐渐成为遗产教育和文化普及的窗口。博物馆的出现加剧了对于文物藏品的需求，造成许多地区文物的流失和破坏，也使得大量古迹构件与其母体或环境脱离，但同时也显著推动了考古发掘、古物研究、文化遗产保护等相关领域的进步。

3．民国时期古物保护机构

民国时期的古物保护机构主要参考效仿了欧洲遗产保护机构的模式❶，也部分借鉴了清代古迹保护机构的职能。民国时期古物保护机构按组织方式可分为四类：

第一类是政府下属的行政部门。

清末政府机构改革，将古迹保护的事务划归民政部和学部管理。民国时期北洋政府受此启发，于1912年将古迹保护事务划归内务部，由其下土木司主要负责管理。1927年，新成立的南京国民政府设立民政部，次年改为内政部，将古迹保护事务划归其下的民政司负责管理。其后行政架构虽有所变动，但古迹保护的主要事务始终由民政司管理。1928年南京国民政府又在大学院下设立古物保管委员会，次年改属教育部管理，1934年裁撤教育部的古物保管委员会而成立直属于行政院的中央古物保管委员会。中央古物保管委员会在北平、西安两处设办事处❷，对地方的重要古迹进行调查和保护，它比之前的各类机构更具行政权威和学术专业性，但从职权上来看偏向于监察和指导，执法效力相对较弱，使得不少文物破坏事件无法得到有效遏制。1928年成立直属于内政部的东西陵管理处，专门管理和保护清代皇家陵墓。1935年成立旧都文物整理委员会（隶属于行政院驻平政务整理委员会❸），同年又成立北平文物整理实施事务处，并在1935—1938年期间承担了规模很大的两期文物整理工程❹，在抗战胜利后❺又对北平的20余处古建筑进行了修缮。此外，各地还有不少涉及古迹研究和保护的政府机构，以陕西为例，1932年成立的西京筹备委员会和1934年成立的陕西考古会曾对陕西境内的古迹开展过许多调查，后者还承担了陕西几乎所有的考古发掘工作❻。

第二类是与政府保持紧密联系的民间学术团体。

民国时期出现了若干与古物保护相关的学术机构或团体，以建筑事务所、学社、专项调查组为代表，而清代并无任何类似机构。以下列举其中知名者：

1920年关颂声（1892—1960）创立了中国最早的本土建筑事务所——基泰工程司[411]，该公司陆续承担了天坛、颐和园、北平城墙等许多重要古迹的修缮项目，并在1941—1944年由张镈（1911—1999）主持并完成北平中轴线古建筑的测绘工作[24]72。

1927年中国建筑师学会在上海成立❼，是中国第一个以建筑师为主的行业团体，并创办《中国建筑》作为学术刊物，其上刊登了若干关于古建筑研究和修缮方面的文章，如《洛阳白马寺记

❶值得一提的是，欧洲一度存在过由政府特设的专门负责遗产保护事务的职位，这种特设职位并未维持太久，可以视为过渡阶段的产物，它对于古迹较密集的局部地区（如罗马地区）有一定作用，但对于幅员辽阔的中国而言则意义甚微。民国政府在参考西方成熟经验后，并未在政府中设置这类特定职位。

❷1935年中央古物保管委员会因经费紧张，裁撤了北平办事处。

❸行政院驻平政务整理委员会成立于1933年5月，撤销于1935年8月，是南京国民政府试图维护国家利益、便于与日本交涉周旋而成立的负责管理华北地区的最高行政机构。

❹第一期文物整理工程时间为1935年5月至1936年11月，整修重要古建筑15处；第二期文物整理工程时间为1936年10月至1938年4月（在日军占领北平后仍持续数月），整修重要古建筑7处[24]72。具体工程案例可参看陈天成《文整会修缮个案研究》[425]一文。

❺1947年10月至1948年6月。

❻1934年4月26日宝鸡斗鸡台遗址开展考古发掘工作，被誉为“陕西科学考古发掘第一铲”。

❼1927年冬最初创立时名为上海建筑师学会，次年改为中国建筑师学会。

略》《中国古代建筑装饰之雕与画》《中国历代宗教建筑艺术的鸟瞰》等[412]，实际也增强了在古建筑保护和修缮方面的交流。

1930年中国营造学社成立，并创办《中国营造学社汇刊》。在短短十余年间，梁思成、林徽因、刘敦桢等社员对国内上千座古建筑进行了调查、研究、测绘，并为杭州六和塔[1][413]和曲阜孔庙[1][414]制订了修复计划，还为滕王阁绘制了复建设计图纸，这些工作为中国古迹的研究和保护做出了不可磨灭的巨大贡献。

1930—1932年，国立北平研究院新成立的北平内城寺庙调查组（组长为常惠）对北京城内寺庙进行调查，留下大量珍贵影像资料和建筑草图[415]。

1935年中国博物馆协会成立，并创办《中国博物馆协会会报》❶。该协会的成立是出于三方面考虑：一是保存先民遗迹，支持文化创新；二是了解世界国情并拓展教育范围；三是为边疆长治久安提供文化支撑[407]1-2。这标志着中国本土博物馆学的觉醒。

第三类是培养相关专业人才的教育机构。

民国时期尽管尚未有专门培养古迹保护人才的学校，但已出现不少开设建筑学科的大学、专科及社会教育机构[424]144-180，知名者如苏州工业专门学校❷（1923年成立）、东北大学建筑工程系（1927年成立）、北平大学艺术学院建筑系（1928年成立）、广东省立勷勤大学（1932年成立）等，而清代尚无开设建筑学专业的学校，实际从事古迹保护的工匠大多由老师傅口传身教。正因民国时期完成了“由工匠向建筑师”的转型，才能涌现出许多古迹保护和修缮方面的学者，当然与欧洲在19世纪末就开始培养“遗产建筑师”相比，仍存在一定专业差距。

第四类是文物保存和展览的专业机构。

中国人很早就有将可移动文物集中保存的意识，清代各地的文庙、寺观内几乎都有“碑林”用以保存金石碑刻，这与金石学在清代大盛密不可分。尽管清人多已认识到古代器物的价值，但“文物公有”的意识仍不强烈，民间私藏或售卖文物的现象亦常见，这使得清末外国人来华收购文物时并未受到太大阻碍，毕竟国人亦如此行事。清末古物所属权观念逐渐发生转变，加之旅欧学者们带来西方博物馆的奇特见闻和成功经验，激发了中国人自己创建博物馆的热情。清末时便诞生了具有公共性质的南通博物苑，1912年以北京国子监为历史博物馆筹办地并于数年后开放展览[417]66，1914年中国第一座国立博物馆——古物陈列所❸正式开放[416]，1925年清代皇宫改为故宫博物院[418]，1929年沈阳故宫改为向公众开放的“东三省博物馆”。民国时期全国陆续出现不少公共博物馆，为保存古物和文化教育提供了较大便利。

4. 比较结果与反思

通过对比可以看出，中国古迹保护机构在19世纪以前较欧洲而言组织更为严密，工

❶参见文物出版社2018年出版的《民国时期的中国博物馆协会与中国博物馆学(1935—1949)》一书。

❷1927年合并为国立第四中山大学，次年并入国立中央大学。

❸1947年正式并入故宫博物院。

作方式也更为先进。但自19世纪起欧洲开始出现政府部门、政府专职、民间学术团体、专业人才学校、文物保存和展览的专业机构这五类与遗产保护相关的机构或职位，其组织和运行模式与现代较为接近，不仅重视遗产保护的实践性，更重视其学术性和公众参与性；而中国在20世纪前则始终保持着以行政部门为主导的高度统一化面貌，始终未产生民间学术组织或人才培养机构，缺乏自下而上带来的影响，使得古迹保护更偏向于政务性及工程性而非学术性。

民国古物保护机构比清代更为完善和进步，它继承了清代古迹保护机构的部分优点，仍然保持由政府起决定性主导地位的模式，但更多地借鉴了欧洲的成熟经验，特别是在民间学术团体、培养相关专业人才的教育机构、文物保存和展览专业机构等方面发展显著，更关注于学术交流、人才培养和民众意识提升。但其缺点是，由于政局动荡使得机构影响范围和相关经费有限，开展的调查研究活动居多而保护活动偏少，在实际执行效力上不如清代。

四、以毕沅为代表的清代古迹保护学者及多维比较

推动古迹保护体系建构和思想进步的各类学者值得被关注，他们的教育背景、职业属性、社会地位、主要技能，决定了保护方案制订和保护行为实施的能力，继而影响了古迹保护工作的真实水平。

1. 清代古迹保护学者及学术成果

清代真正有影响力的学者基本均为政府中高级官员（表9–5），其中知名者如毕沅、阮元、张謇等，他们在当时既主导了社会思想风潮，也直接参与当地的古迹修缮工程。他们的模式可形容为“先仕后学”，即先为官从政，在理政期间逐步开始自己的古迹保护探索和实践。这些学者型官员本身通过科举考试选拔，精通儒家经典和历史文献，甚至身兼史学家、金石学家、文学家等多重身份，但对于自然科学类和工程技术类的书籍却基本茫然无知；他们往往对于考史寻古和保存文化抱有浓厚兴趣，但对为何保护古迹又如何开展保护却并未进行更深入思考。古迹保护在他们看来属于地方政绩，是振兴文化和重塑社会风气的手段之一。这些学者型官员涉及古迹保护的著作数量有限，代表性较强的有顾炎武的《历代宅京记》《天下郡国利病书》，毕沅的《关中胜迹图志》，徐松的《唐两京城坊考》，这些著作其实并非专门探讨如何去保护古迹，而更偏重记录和评述古迹。

另一类有影响力的学者群体是地方文人或低阶幕僚，他们大多实际承担地方志的编写工作，在方志中会详细调查考证古迹信息并叙述其修缮始末，这为开展古迹保护提供了必要的基础资料。文人们通常不直接参与古迹保护事务，但会通过向政府长官建议或引导

清代古迹保护代表性学者一览表（来源：自制） 表 9–5

姓名	生卒年代	肖像/照片	主要身份	主要任职情况	相关的代表性著作	相关理念或主张	相关事迹或保护工程实践
顾炎武	1613—1682		思想家、经学家、史地学家、金石学家、音韵学家	兵部职方司主事（南明遥授）	《日知录》《天下郡国利病书》《肇域志》	主张应将古迹视为经世致用的凭借，通过登临怀古来启发和激励世人，通过考察古迹了解以往盛世的可借鉴之处	呼吁将野外的金石碑刻集中到府学或县学保存
张汉	1680—1759	无	官员	河南府知府、监察御史	《河南府续志》《月槎集》	主张保护各地人文古迹，并对其进行标识彰显，重视发动社会力量参与古迹保护	探寻考证了河南境内的孟津河出图处、洛宁洛出书处、洛阳孔子问礼处、宜阳召伯听政处等古代遗迹，考察了杜甫、韩愈、程颢、程颐的故里及祠墓，并为其立碑，动员名贤后裔和士绅为古迹保护做贡献
张开东	1712—1781		文学家、旅行家	蕲水训导	《海岳集》（收录《呈中丞毕秋帆请亟护唐崇陵札》《呈毕中丞请护醴泉唐陵启》《呈中丞毕秋帆请表护诸陵八则》《再呈中丞请亟表护诸陵墓务求实效并述咸阳、兴平所见札》《请修复横渠书院札》等文）《白莼诗集》	主张保护各地陵墓、祠庙、书院、石窟，提高社会对古迹的关注度，对已损坏的古迹应及时修复，并为每类古迹应当如何保护提出了相应措施	历时十年、踏遍九省，在全国各地寻访和考察了数百处古迹，呼吁地方长官（知名者如毕沅、朱珪、叶佩荪等）保护古迹并提出了许多有价值、可实施的意见
毕沅	1730—1797		重要官员、历史学家、金石学家、思想家、诗人、书画家、刊刻家	陕西巡抚、陕甘总督、河南巡抚、湖广总督、山东巡抚	《关中胜迹图志》《关中金石记》《中州金石记》	既将古迹视为国家的公共资源，也当作士民想象和文化认同的产生地，主张利用古迹来复兴文化、恢复盛世旧观并为社会产生积极效应，关注古迹的风貌建设和预防性保护，不反对古迹的修缮、改建甚至新建	编写《关中胜迹图志》《关中金石记》《中州金石记》，组织幕府编成地方志20部，保护和修缮西安城垣、西岳庙、唐昭陵、西安碑林、黄鹤楼等215处古迹

姓名	生卒年代	肖像/照片	主要身份	主要任职情况	相关的代表性著作	相关理念或主张	相关事迹或保护工程实践
阮元	1764—1849		重要官员、历史学家、经学家、金石学家、诗人、书画家、刊刻家	体仁阁大学士、礼部侍郎、兵部侍郎、户部侍郎、工部侍郎、湖广总督、两广总督、云贵总督等	《两浙防护陵寝祠墓录》 《山左金石记》	主张为地方古迹建立档案库，提倡以金石碑刻来考证历史，通过田野调查来发现古迹和文物	编写《山左金石记》，对浙江省境内的720余处古代帝王及先贤陵寝祠墓进行登记造册（辑成《两浙防护陵寝祠墓录》），并命人修缮守护；考证扬州惠照寺内残石为西汉广陵王刘胥宫殿之物；在扬州发现南宋石井栏和唐杜佑题名八角石柱；探访并修复扬州雷塘隋炀帝陵
黄易	1774—1802		金石学家、书法家、画家	山东运河同知、护理运河道	《小蓬莱阁金石文字》 《访碑图》	提倡通过调查、考据等方法来认识和保护古迹，开创性地以绘画形式记录古迹保护过程	发掘和保护山东嘉祥武氏祠，呼吁保护各类金石文物并积极收集相关拓本。在《访碑图》中绘制了寻访和保护古碑的过程
翁方纲	1733—1818		重要官员、金石学家、书法家	内阁学士、广东学政、江西学政、山东学政	《粤东金石略》 《两汉金石记》	主张保护古迹和金石文物并通过其来研究历史，提倡将实地调查及文献考据等方法相结合	编写《粤东金石略》和《两汉金石记》，保护山东嘉祥武氏祠，大力保护和研究各类金石文物并积极收集相关拓本
徐松	1781—1848		地理学家、历史学家	礼部主事、江西道监察御史	《唐两京城坊考》 《西域水道记》	主张将图与史相结合来考证古迹、认知历史，并通过绘图来复原古迹的面貌	通过考证文史资料，用图像方式复原了唐长安和洛阳的城坊布局
叶昌炽	1849—1917		金石学家、文献学家、收藏家	甘肃学政	《语石》 《缘督庐日记》	重视金石类文物的保护和研究，也关注古迹的保护	曾命属下汪宗翰责令王圆箓道士封存敦煌藏经洞内文物
张謇	1849—1917		重要官员、实业家、政治家、教育家	中央教育会长、江苏议会临时议会长、江苏两淮盐总理、南京政府实业总长、北洋政府农商总长兼全国水利总长	《张季子九录》	主张“实业救国”，向西方学习，用科学技术强国	1905年在通州建立了中国第一所博物馆——南通博物苑

舆论的方式推动古迹保护活动的开展，如张开东曾上书毕沅请求保护汉唐诸帝王陵墓并被后者采纳[255]239-247。

此外，具体承担古迹保护工程的工匠群体中，并未涌现出对古迹保护理论体系做出实际贡献的学者型人物，这应与当时工匠地位低下且自身怀有“艺不轻传”的观念有关。尽管像“样式雷”这样优秀的皇家工匠群体，已具备方案设计、工料计算、模型制作、图纸绘制等诸多能力，但在古迹保护领域中，全国各地的工匠群体所掌握的相关技能始终未得到政府和学者们的应有重视，古迹修缮前后的面貌并未详细记录，工匠们也由于身份卑微而难以参与古迹保护的前期评估和方案制定，这使得古迹保护的理论与实践无法统一，不少宝贵的实践感悟只能借助文人之笔笼统描述，阻碍了古迹保护的学术发展。

总的来看，清代与古迹保护相关的学者人数较为有限（表9-5），学者群体间的理论探讨和经验交流也并不活跃，当时的古迹保护由于缺乏学者和匠师队伍的有效介入，使得其始终处于“平稳不出错”的运行状态下，尽管有着周密的管理制度，却最终走向了僵化。

2．17—19世纪欧洲文化遗产学者及学术成果

欧洲遗产保护学者大多属于具有专业爱好或专业教育背景的个人。在17—18世纪，欧洲已出现不少以个人兴趣而非受政府委托来研究古迹的学者，并有若干专业著作对后世产生影响。17世纪下半叶，英国学者约翰·奥布里（John Aubrey）试图寻访和梳理“不列颠历史遗迹”❶，其后不少学者为古迹、古物编写了汇编类书籍❷或绘制了复原图❸。勒·鲁瓦（Le Roy）、约翰·约阿希姆·温克尔曼（Johann Joachim Winckelmann）、奥宾–路易斯·米林（Aubin-Louis Millin）也都有相关著作赞颂或讨论古迹保护和文物修复的问题❹。这些著作大大激发了人们对于古迹及古物的兴趣。

不过，真正将如何保护古迹当作命题来思考的学者则迟至19世纪才出现。约翰·罗斯金（John Ruskin）的《建筑七灯》、爱德华·奥古斯塔斯·弗里曼（Edward Augustus Freeman）的《古代文物的保护和修复》、阿罗伊斯·里格尔（Alois Riegl）的《古迹的现代崇拜：其特征与起源》，这些著作陆续对遗产保护方式和价值评判进行了深入思考。除书籍外，刊登古迹保护论文的期刊亦值得注意，例如1798年曾刊登《关于用现代手法改造古老教堂的论文——以索尔兹伯

❶约翰·奥布里（John Aubrey）是当时著名的古文物学家、博物学家，他曾对英国索尔兹伯里巨石阵进行了深入研究并发现了其外分布的奇特圆坑（后被命名为“奥布里坑”）。

❷弗朗索瓦–罗格·德盖尼埃尔（François-Roger de Gaignières）编纂了《法国纪念性财富名册》。1729—1733年法国本笃会修士伯纳德·德·蒙福孔（Bernard de Montfaucon）借鉴它又编写了《法国古迹》（*Les monumens de la monarchie françoise*）一书[37]34。凯吕斯也出版了《古物汇编》（Recueils d'antiquités）一书。

❸1756年乔瓦尼·巴蒂斯特·皮拉内西（Giocanni Battista Piranesi）通过绘制名为《罗马古物》（*L'Antichità Romane*）的一批版画以图像式复原的方法重现了罗马古迹的盛况。同时代的卡纳莱托（Giovanni Antonio Canal）也绘制了很多以古迹为题材的油画。

❹勒·鲁瓦（Le Roy）在1757年出版的《希腊古迹废墟》（*Les ruines des plus beaux monuments de la Grèce*）一书中赞颂古希腊古迹的伟大。约翰·约阿希姆·温克尔曼（Johann Joachim Winckelmann）则在1764年出版的《古代艺术史》（*History of Ancient Art*）中讨论雕塑等文物修复的问题。1790年起古物学家奥宾·路易斯·米林（Aubin-Louis Millin）陆续出版六卷本《国家历史性纪念建筑文集》，并在其中提出“历史性纪念建筑”（Monument Historique）概念，涵盖了中世纪城堡和修道院在内的各类建筑。

里大教堂为例》[32]146的论文，已颇具研究精神，而中国在20世纪前根本没有类似的期刊或论文与之抗衡。此外，尽管欧洲遗产保护机构比中国出现得晚许多，但在学者们的不断呼吁和建议之下，欧洲的遗产保护机构最终在19世纪被广泛建立起来，而各国政府后来又陆续聘任学者们参与遗产保护的事务，形成良性循环。当时学者之间的交流和研讨也不少，例如1883年举行了罗马第三届工程师与建筑师大会（The III Conference of Architects and Civil Engineers of Rome），卡米洛·博依托（Camillo Boito）在会上的发言最终形成了《文物修复宪章》，它提出了加固优于修缮、修缮优于修复的基本原则，并成为后来《威尼斯宪章》（1964）的基础，这种宪章形式的文本可视作当时学者们充分交流后达成的某种共识，至今依然是遗产保护学术圈向外界传递共识的主要方式。

17—19世纪的欧洲遗产保护学者（表9-6）主要以建筑师、历史学家、作家为主，这与中国学者有所差异。特别是建筑师群体，他们在中国被归入工匠之列，属于社会末流且不受重视，整个清代除“样式雷”家族承担皇家各类工程外，地方古迹的修缮工程基本不可能由工匠主持，而欧洲的建筑师不仅有着较好的社会声望，还能直接以负责人的身份主持古迹修缮工程，这当然与两次科学革命有关，人们已将工程学和建筑学视为科学门类来看待而有所重视，不少学校中已出现培养这方面人才的专业或课程。值得一提的是，欧洲的建筑师们大多留有著述，并普遍能够绘制精美规范的建筑图纸（附图17），能有效地将抽象思想与具象图形两者相互配合。知名者如维奥莱-勒-杜克，他不仅兼通实践和理论[1]，还有意识地采用绘图的方式对古迹修复前后的状态进行记录（图9-3）。当然，欧洲由建筑师来负责古迹保护也存在一定负面效应，因为他们的主要兴趣在于设计新建筑而不喜欢修复古建筑，导致某些修复工作变成了依照建筑师意愿的个人设计实践，流行一时的“风格式修复”事实上就存在这种倾向，它在当时就被英国“反修复”学者们[2]抨击是在臆造建筑形式而破坏古迹。欧洲古迹保护学者中，艺术史学家的贡献也十分突出，他们反思了艺术品的价值和保护的目的，为20世纪遗产保护理论奠定了一定基础，而同时期中国的艺术家关注更多的是绘画、雕塑、金石碑刻的创作和利

图9-3　勒-杜克所绘法国卡尔卡松城堡在修复前后的对比图（来源：让-保罗·米丹特（Jean-Paul Midant）《维奥莱-勒-杜克：法国哥特式建筑复兴》（*Viollet-le-Duc: The French Gothic Revival*）第100-101页）

[1] 可参看让-保罗·米丹特（Jean-Paul Midant）《维奥莱-勒-杜克：法国哥特式建筑复兴》（*Viollet-le-Duc: The French Gothic Revival*）[403]一书和殷俊洁《维奥莱-勒-杜克的修复理论研究》[391]一文。

[2] 以约翰·罗斯金（John Ruskin）和威廉·莫里斯（William Morris）为代表。

17—19 世纪欧洲文化遗产保护代表性学者一览表（来源：自制） 表 9-6

国家	学者姓名	生卒年代	肖像/照片	主要身份	主要任职	相关著作	相关理念或主张	相关事迹或保护工程实践
英国	约翰·奥布里（John Aubrey）	1626—1697		古文物学家、博物学家	无	《杂录》	提倡调查和保护英国境内的古迹	对英国境内的古迹开展了调查工作，发现并细致研究了索尔兹伯里巨石阵
英国	约翰·约阿希姆·温克尔曼（Johann Joachim Winckelmann）	1717—1768		艺术史学家、考古学家	罗马城内及其附近地区文物总监、梵蒂冈图书馆馆长、布瑙伯爵图书馆馆长	《古代美术史》《未经发表的古物》《论海格力斯的出土物》	首次利用考古学方法开展欧洲古代史研究，采用全新的方法看待和处理文物，构建了一种新的编年结构，显著影响了对于古迹和古物的观察、展示和研究的方式	无
英国	詹姆斯·埃塞克斯（James Essex）	1722—1784	未详	建筑师	伦敦古物研究学会会员	无	率先提出欧洲中世纪的建筑也应作为文物被保护	修复剑桥大学三一学院、林肯大教堂、埃利教堂、温彻斯特学院教堂等
普鲁士	卡尔·弗里德里希·申克尔（Karl Friedrich Schinkel）	1781—1841		建筑师、城市规划师、画家、家具及舞台设计师	普鲁士王国首席建筑指导、国王御用建筑师、建筑工程署官员、建筑委员会主任	《关于保护我国古迹和文物的基本原则》（1815年在建筑工程署任职时撰写）	认为古迹与民族教育、民族利益甚至国家命运相联系。提议为全国的古建筑（包括教堂、修道院、城堡、纪念柱、喷泉、墓碑、市政厅等）制作明细表，在对表内古建筑的现状和人们保存的方式进行调查后，制定相应的保护方案。主张古建筑和室内陈设均应原地保护，认可对古迹的修复和重建行为	修复史特臣岩城堡、科隆大教堂、马格德堡教堂等
法国	弗朗索瓦·皮埃尔·吉尧姆·基佐（François Pierre Guillaume Guizot）	1787—1874		重要官员、历史学家、	首相、内政大臣、国民教育大臣、巴黎大学历史教授	《欧洲文明史》	主张国家有义务保护古迹，并应成立专门的政府机构或相关协会来负责古迹研究与保护，还认为可以通过古迹来研究历史文化并证明民族的伟大	倡议成立历史古迹委员会、艺术与古建筑委员会、法国历史学协会、历史科学研究委员会，设立法国古迹总监察员一职，提议为国家各等级的古迹编制清单

续表

国家	学者姓名	生卒年代	肖像/照片	主要身份	主要任职	相关著作	相关理念或主张	相关事迹或保护工程实践
法国	维克多·雨果（Victor Hugo）	1802—1885		作家、诗人	国会议员	《向毁坏文物者开战》《向拆房者宣战》《巴黎圣母院》	呼吁人们重视文物建筑的价值，认为文物建筑具有功能和美感两方面属性，其本身就是资产，保护文物建筑就是保护公共利益乃至全民族的利益，主张由国家制定专门的法律来保护文物建筑，对于即将破坏和改造的私产在必要时可经过评估作价后由政府进行购买进而实现保护	与梅里美等一批学者共同呼吁政府颁布了文物建筑保护法
法国	普罗斯佩·梅里美（Prosper Mérimée）	1803—1870		作家、历史学家	法国古迹总监察员	《法国南部旅行札记》《法国西部旅行札记》	主张国家应保护各时期各种风格的古建筑，以保存历史记忆并实现教育功能。最初推崇“最小干预”理念，后转而推崇“风格式修复”，接受重修以往确实存在的古迹，认可忠实复制尚存原型的构件，提议建立遗产登录制度，重视用照相的方式记录修复过程	与雨果等一批学者共同呼吁政府颁布了文物建筑保护法
法国	阿道夫·拿破仑·迪德伦（Adolphe Npoleon Didron）	1806—1867		考古学家、玻璃彩饰匠、古建筑修复评论家	《考古学年鉴》杂志创办人、历史保护工程委员会委员	无	主张“最小干预”原则，认为对于古迹，加固胜于修补，修补胜于修复，修复胜于重建，重建胜于装修，任何情况下不得随意添加，且禁止擅自去除任何东西	无
法国	维奥莱-勒-杜克（Viollet-le-Duc）	1814—1879		建筑师、建筑理论家、画家	法国古迹总监察员的建筑顾问、艺术与宗教建筑委员会成员	《11~16世纪法国建筑分类词典》《论修复》《建筑对话录》	采用“风格式修复”，认为修复一座建筑并非将其保存、对其修缮或重修，而是将一座建筑恢复到过去任何时候可能都不曾存在过的完整状态	修复玛德莲教堂、巴黎圣母院、亚眠主教堂、卡尔卡松城堡、皮埃尔丰城堡等

续表

国家	学者姓名	生卒年代	肖像/照片	主要身份	主要任职	相关著作	相关理念或主张	相关事迹或保护工程实践
英国	乔治·吉尔伯特·斯科特（George Gilbert Scott）	1811—1878		建筑师	无	《一份关于忠实修复古代教堂建筑的请求》	认为已失去原有功能的古迹可视为古代文明的见证，将古迹分为纯粹的古物、教会建筑或世俗建筑遗迹、正在使用的建筑、晚期建筑中古代遗存的残迹，对于不同类别者应采取相应的修复方式。秉持“折衷式”的修复理念，主张需要分辨古迹中的新旧部分，对于旧物和各个时代的改动痕迹应予以保留，对于毫无价值的加建部分如确定可以恢复旧状则可拆除	修复威斯敏斯特教堂、坎登教堂、雷丁修道院、利奇菲尔德大教堂、杜伦大教堂等
英国	约翰·罗斯金（John Ruskin）	1819—1900		作家、美术评论家	无	《建筑七灯》	主张古代建筑应该作为民族的共同遗产加以保护，反对一切修复行为，建议对古建筑进行日常维护以避免“必需的修复”，赞美时间给古迹留下的印记	无
英国	威廉·莫里斯（William Morris）	1834—1896		设计师、诗人、社会主义活动家	古代建筑物保护协会（Society of the Protection of Ancient Buildings）负责人	《古建筑保护公益会宣言》（1877与罗斯金等人撰写）	批判“风格式修复”，认为加建新事物是对历史的践踏，只认可对古迹的维护保养行为	无

续表

国家	学者姓名	生卒年代	肖像/照片	主要身份	主要任职	相关著作	相关理念或主张	相关事迹或保护工程实践
英国	爱德华·奥古斯塔斯·弗里曼（Edward Augustus Freeman）	1823—1892		历史学家、建筑艺术家	牛津大学雷格斯现代史教授	《教堂修复原则》《古代文物的保护和修复》	区分了三种修复方式，建议采用选择性方法，移除有别于原始设计的后期添加物和改造措施	无
意大利	卡米洛·博伊托（Camillo Boito）	1836—1914		剧作家、作曲家、文物修复理论家	评论《Arte italiana decorative ed industriale》主编	《文物修复宪章》（1883年提出）	将建筑物按时代划分为古物级、中世纪、文艺复兴以来三类，在保护时分别采用“考古学修复”“画意风格式修复”“建筑学修复”的方法。主张“文献式修复”，承认修复行为但需慎重，新加建部分应有别于旧物而在外观上更简化，并标出加建日期，修复过程用照片及文字记录，移除的旧物件应就近展示	修复威尼斯圣马可钟塔、威尼斯圣玛利亚教堂等
奥地利	阿罗伊斯·里格尔（Alois Riegl）	1858—1905		艺术史学家	奥地利历史性纪念物委员会主席	《古迹的现代崇拜：其特征与起源》[1]《风格：关于装饰物的基本问题》[2]	基本支持“最小干预”的原则，指出了古迹中具有两类价值，即纪念性价值（岁月价值、历史价值、有意的纪念价值）和现世价值（使用价值、艺术价值、附加价值、相关艺术价值），可通过分析不同古迹的“价值”来选择对应的保护或修复策略	无

❶奥地利版书名为*Der moderne Denkmalkultus：Sein Wesen Und Seine Entstehung*。

❷奥地利版书名为*Stilfragen：Grundlegungen Zu Einer Geschichte Der Ornamentik*。

用问题，对于为何保护、如何保护的思考相对较少，这恰恰是中国所不及西方之处。

值得注意的是，欧洲学者普遍为“先学后仕”模式，即先在遗产保护领域开展研究并获得一定声望，后受聘为政府服务；而清代古迹保护学者普遍是“先仕后学”模式，即先为官，在为官理政期间逐步开始自己的古迹保护实践。这两种模式的不同使得前者更关注学术影响力，强调理论的交流；而后者更关注政治影响力，重视社会的反应。

3．民国时期古物保护学者及学术成果

民国时期与古物保护相关的学者❶人数颇多，他们几乎都有海外留学或访问的经历[405]，兼具东西方的知识及眼界。这些学者（表9-7）按身份不同可分为三类：

第一类是关注古物保护的传统文人（不少人后来又担任政府职务），最具代表性的是康有为与梁启超，康有为曾在1898年至1913年间多次周游列国，其《列国游记》中大量涉及遗产保护的反思，为民国时期的中西交流奠定了思想基础，喻学才指出康有为的遗产保护思想包括——“保存文物是保存和发扬民族文化的重要载体”“发掘、保存古物，可以增加世人见识，证明我国文明”“文化遗产应作为公共财产，公众共同保护、参瞻”[41]297-302，此外康有为还探讨了中国古迹难以保存的原因，并对比了中西对待古迹的态度[41]302-306。梁启超则认为应当“特别关注各民族的精神遗产”“主张应利用西方的研究方法来解剖发扬我中华文化遗产”[42]311-314，后来担任教育部部长时他又非常重视“建筑遗产、宗教遗产的教育功能”[42]314-315。

第二类是具有专业教育背景的建筑学家（如梁思成、刘敦桢、杨廷宝等）或考古学家（如李济、梁思永等）。其中最值得重视的是建筑师群体，他们与清代工匠群体既有联系又有区别，其社会地位和专业化程度的显著提升使得古物保护实践与理论能够有效结合，不仅让传统文人们的感性情怀可以进行具象化的理性表达，也使保护实践拥有更明晰、更系统的指导思想。另外，梁启超、梁思成、梁思永父子三人不仅为中国的古迹保护做出显著贡献，也体现了当时的学术圈有着良好的代际传承。

第三类是原为达官后转而投身古迹保护事业者，典型代表为朱启钤，他曾任内阁总理，卸任后又创建中国营造学社，为中国古迹的研究和保护提供了巨大支持；另一代表人物为叶恭绰，他原在北洋政府时期的交通领域享有巨大影响力，至南京政府时期转而致力于古物保护，与朱启钤共建中国营造学社，又担任故宫博物院常务理事，亦是中华民国中央古物保管委员会的核心成员。

当时的学者积极投身于政府的古物保护事务之中，政府在选才之时也开始重视专业水平而弱化政治色彩，如中央古物保管委员会的委员几乎均为权威学者（如李济、董作宾、黄文弼、徐旭生等）而非旧式官僚。学者们还不时发起成立有影响力的民间学术团体，如中国营造学社、中国博物馆协会、中国

❶当时许多学者的生平跨越清末民初两代，由于康有为、梁启超等学者与古迹保护相关的著述及事迹多产生于清亡后，因此本书将康有为及其以后的学者统归入民国学者的范畴。

民国时期古物保护代表性学者一览表（来源：自制） 表9-7

姓名	生卒年代	肖像/照片	主要身份	主要任职情况	相关的代表性著作	相关理念或主张	相关事迹或保护工程实践
康有为	1858—1927		政治家、思想家、教育家	工部主事、总理衙门章京、强学会会长、《万国公报》（后改为《中外纪闻》）主编	《列国游记》《广艺舟双楫》《保存中国名迹古器说》	将古迹视为保存和发扬民族文化的重要载体，通过对其发掘和保存可证明中华文明，提倡古迹应作为公共财产由民众共同保护和参观，倡导应借鉴西方遗产保护的有益经验来进一步完善中国的古迹保护	曾在1898年至1913年间多次周游亚洲、欧洲、美洲诸国进行考察，反思了中国遗产保护方面的问题，并提出了相关保护理论。此外，因关注碑学而重视金石文物的保护
乐嘉藻	1867—1944		教育家、建筑史学家	北洋政府农商部商品陈列所所长	《中国建筑史》	主张通过文献与实物相结合的方法，深入研究中国的古建筑，认为政府有保护各类古物之职责，学界亦有推动保护的责任	编著国人第一部《中国建筑史》，向政府呼吁保护北平古建筑
梁启超	1873—1929		思想家、政治家、教育家、史学家、文学家	袁世凯政府司法总长、段祺瑞政府财政总长兼盐务总署督办、《时务报》及《清议报》主编	《饮冰室合集》	关注世界各民族的非物质文化遗产，重视物质文化遗产的教育功能，主张应当以西方的科学研究方法来阐释和发扬中华的文化遗产	以学界领袖和政府要员的身份在多种场合不断呼吁发扬中华文化和保护相关遗产
朱启钤	1872—1964		重要官员、政治家、实业家、建筑史学家、工艺美术家	陆徵祥内阁代理国务总理、熊希龄内阁内务部总长年兼京都市政督办、中国营造学社社长	《哲匠录》《存素堂丝绣录》《女红传征略》《丝绣笔记》《清内府刻丝书画考》《清内府刺绣书画考》《漆书》	主张用科学严谨的方法对中国古代建筑进行研究和考察	改造北京城墙和城楼，拆除天安门南侧的千步廊形成广场，对北京许多古建筑进行拆除和改建。创建中国营造学社，整理刊刻多部营造类书籍，主持编印《中国营造学社汇刊》，收藏各类文物（特别是“样式雷”图档和烫样）以供研究之用
王国维	1877—1927		文学家、史学家、考古学家、金石学家、哲学家、美学家、文字学家、戏曲学家	南书房行走（溥仪逊位后任）、清华大学国学研究院导师、《教育世界》代主编	《流沙坠简》《观堂集林》《两周金石文韵读》	主张文献与实物相结合的“二重证据法”，对于历史档案和古迹皆有保护意识	会同罗振玉抢救清代宫廷档案8000余麻袋

姓名	生卒年代	肖像/照片	主要身份	主要任职情况	相关的代表性著作	相关理念或主张	相关事迹或保护工程实践
叶恭绰	1881—1968		重要官员、文物保护者、书画家、收藏家、政治活动家	民国交通部部长、铁道部长、故宫博物院常务理事、中央古物保管委员会委员、北京中国画院院长、中国文字改革委员会常务委员，中央文史研究馆副馆长	《梁代陵墓考》	主张由政府主导和实施文物保护工作	向中央古物保管委员会提议政府应制止古物外流，全国文武官吏应切实辅助保管古物；与朱启钤组织中国营造学社；保护毛公鼎，将重要书画作品捐赠或出售给博物馆；呼吁保护袁崇焕墓
徐旭生（徐炳昶）	1888—1976		考古学家、历史学家	中央古物保管委员会委员	《陕西渭河附近考古调查报告》《陕西最近发现之新石器时代遗址》	主张以考古学方法认识古代历史和文化，保护实物遗存	主持陕西宝鸡斗鸡台遗址发掘工作
黄文弼	1893—1966		考古学家、西北历史地理学家	中央古物保管委员会委员兼西安办事处主任、中国科学院考古研究所研究员	《高昌陶集》《高昌砖集》《罗布淖尔考古记》《吐鲁番考古记》，另有陵墓石刻集中保存、保护古代建筑遗址、陵墓一百公尺内土地公有并植树、实行古物奖励规则、整理碑林等提案	主张中国文物不能外流，提倡以考古学方法来研究历史，呼吁政府应重视遗址类古迹的保护	1927—1930年参加中瑞西北科学考察团的内蒙古、新疆考察活动。1934—1937年任西北科学考察团专任研究员。1935年向中央古物保管委员会提请各省保护宫阙、城墙、陵墓等古代遗址，次年提请实行古物奖励规则，并提议整修西安碑林。1935—1936年调查陕西各地古迹
王子云	1897—1990		美术考古学家、美术教育学家	“西北艺术文物考察团”团长	《中国雕塑艺术史》《中外美术考古游记》《唐代雕塑选集》《中国古代石刻线画》	主张保护文物古迹及古代艺术品，发掘其历史、文化、艺术价值	1940年担任西北艺术文物考察团团长，并开始调查陕西、河南、青海、甘肃等地文物古迹。1953年参加西北考古队调查新疆库车与拜城石窟艺术。编写《中国雕塑艺术史》《中外美术考古游记》《唐代雕塑选集》《中国古代石刻线画》等书

续表

姓名	生卒年代	肖像/照片	主要身份	主要任职情况	相关的代表性著作	相关理念或主张	相关事迹或保护工程实践
刘敦桢	1897—1968		建筑历史学家、建筑教育家	国立中央大学建筑系主任、南京工学院建筑系主任、中国建筑研究室主任、中国科学院技术科学部委员	《中国古代建筑史》《中国住宅概论》	主张将文献与实物相结合进行历史考证，用科学严谨的方法对中国古代建筑进行考察、测绘和研究	对进行古代营造类文献进行了梳理和阐释，为中国境内数千座古建筑进行了调查或测绘。此外，还通过一系列著述为中国古建筑理论体系的建构做出了突出贡献
梁思成	1901—1972		建筑历史学家、建筑教育家、建筑师	中央研究院院士、中国科学院哲学社会科学学部委员、清华大学建筑系主任	《图像中国建筑史》《营造法式》注释《清式营造则例》	主张用科学严谨的方法对中国古代建筑进行考察、测绘和研究，主张保护古城及古建筑	对中国境内2738处古建筑进行了调查或测绘，参与天坛祈年殿、西安碑林等古建筑的维修，为曲阜孔庙、杭州六和塔制定了修复方案，为保护北京城墙和城内古建筑奔走呼吁。此外，还通过一系列著述为中国古建筑理论体系的建构做出了突出贡献
林徽因	1904—1955		建筑历史学家、建筑教育家、设计师	中国建筑学会理事、《建筑学报》编委	《论中国建筑之几个特征》《平郊建筑杂录》《中国建筑发展的历史阶段》	主张保护古城及古建筑，较早提出应重视民居的研究和保护，还关注古建筑的美学价值	与梁思成一道对中国境内2738处古建筑进行了调查或测绘，参与天坛祈年殿等古建筑的维修。此外，还通过一系列著述为中国古建筑理论体系的建构做出了突出贡献
杨廷宝	1901—1982		建筑师、建筑教育家	基泰工程司建筑师、华盖建筑师事务所建筑师、国立中央大学教授、南京工学院系主任、中国科学院技术科学部委员、中国建筑学会理事长、国际建筑师协会副主席	《郑汴古建筑游览纪录》	应当以符合规范的工程图纸进行古建筑测绘和修缮，图纸档案应当妥善保存	1932—1935年修缮了京天坛圜丘、祈年殿、北京城东南角楼、西直门箭楼、国子监辟雍、紫光阁、正觉寺金刚宝座塔、碧云寺罗汉堂等古建筑

建筑师学会等。

民国时期的学术交流非常活跃，尽管尚未出现遗产保护的专门性讨论，但已试图梳理中国古代建筑的历史脉络[1]，乐嘉藻于1933年出版了国人第一部《中国建筑史》，还引发了梁思成等学者对于此书价值的深入探讨。当时的学术刊物如《中国营造学社汇刊》和《中国博物馆协会会报》上也都有涉及古迹保护和古物收藏的相关论文。特别值得一提的是梁思成于1944年完成的《图像中国建筑史》，该书是对中国营造学社十余年来文献研究和测绘成果的凝练与升华，类型学的研究方法和规范的制图方式不仅为遗产保护体系（尤其针对的是建筑遗产）创建了基础数据库，也使东西方研究兴趣在日后进一步碰撞融合成为可能。当时的国际学术交流也较为频繁，如中国营造学社长期与叶慈（Walter Perceval Yetts）、费慰梅（Wilma Canon Fairbank）、伊东忠太、关野贞等学者们保持密切学术交往。但需要指出，19世纪末至20世纪初在西方遗产保护界享有盛名的学者，如约翰·罗斯金（John Ruskin）、卡米洛·博伊托（Camillo Boito）、阿罗伊斯·里格尔（Alois Riegl）等，尚未在中国受到广泛关注，这可能有两方面原因，一是民国动荡的政局更迫切需要制度法规和保护机构的进步，而将理论之思辨先行搁置；二是当时学者的教育背景所限，更习惯于关注考古学和建筑史领域的研究。

[1] 当时的报纸杂志上已开始刊登相关论文，典型者如戴岳《中国建筑材料发展史》（载于《北京大学月刊》1920年第1卷第7期55–62页）、姜丹书《中国建筑进化谈》（载于《美展》1929年第10期3–4页）、王登第《中国建筑艺术进化大略》（载于《南开大学周刊》1930年第87期1–3页）等。

民国时期的学术氛围开放而严谨，又始终与西方保持交流，这使得当时古物保护领域的学者普遍具有兼容并蓄、学贯中西的特征，他们迫切地试图建立属于本国的理论和实践体系，尽管在当时的历史条件下并未完全实现，但其产生的推动作用仍然非常显著。

4. 比较结果与反思

通过对比可以看出，17—19世纪中国学者与欧洲学者相比，代表性人物较少，对于遗产保护的理论化思考及交流也不及后者，但中国学者开展的古迹保护实践数量却比西方学者明显要多，这主要是由于前者往往将古迹的保护与政务广泛结合。中国古迹的保护者主要为受儒家教育的传统士人，他们普遍缺乏科学研究能力和绘图技能，负责实施的工匠因地位低下无法进入古迹保护的决策圈；而欧洲在19世纪已经出现文化遗产保护方面的专业研究学者，作为主角的建筑师和艺术史学家更是为现代遗产保护理论及实践做出了突出贡献，还通过不断呼吁推动了相关法规制度的颁布和保护机构的设立。

民国时期的古物保护学者与清代相比，在多方面表现出长足进步。不仅学者人数和学术交流热度明显增加，学者们的视野思维和教育背景也有所拓展，尤其是建筑师、建筑史学家、考古学家的参与，改变了清代理论与实践有所割裂的情况。此外，民国学者们积极参与相关法规制度的制定，还成立了不少学术团体，而这些是清代所缺乏的。

五、反思：清代古迹保护与欧洲及民国的对比结果

通过上述分析对比可以看出，中国的古迹保护的思想体系与欧洲存在显著不同但亦独具特色，民国时期的古物保护思想体系属于两者之融合而更偏向于欧洲体系；在19世纪以前清代古迹保护制度明显领先于欧洲，但自19世纪后逐渐被欧洲所超越，民国时期古物保护制度借鉴了欧洲制度的框架并沿袭了清代制度的部分内容，但在实施效力上不及清代；清代古迹保护机构主要是承担相关事务的政府部门，长期以来组织架构颇为稳定，欧洲相关保护机构更具有多样性、演化性、社会性，并在19世纪后全面超越中国，民国时期古物保护机构基本是效仿了欧洲模式；中国古迹保护学者以官员及文人为主，而轻视工匠群体，学者们更关注实践带来的社会效应却并未试图建构理论体系，欧洲相关学者以建筑师和历史学家为主，他们重视理论的思辨和交流，对于“为何保护”有更深入的思考，民国时期的代表学者大多具有海外留学或考察经历，因此更倾向于用西方的方式来重新审视和理解中国，取得了许多有价值的研究成果。

不容忽视的是，欧洲遗产保护的发展历程尽管一度存在曲折和滞后，但他们非常重视概念的厘清、标准的确立以及理论体系的搭建，并由此发现了“价值评判”对于遗产保护的关键意义。欧洲学者们能够通过不断的交流，实现理论叠加和技术积累，技术积累（尤其是摄影术、测量技术、制图技术、印刷术的进步）推动理论的进一步完善，继而又要求有更精良的技术来记录和保护遗产，如此反复便产生强大的“正反馈”效应，于是逐步构建起现代遗产保护体系，这些是值得中国反思和借鉴的。

第十章

清代古迹保护及毕沅事迹的现实启示

一、古今文明的重大变革和文化遗产保护的新需求

“现代化”成为19世纪以来人类最重要的关键词之一❶，正确认识古今的巨大变化，承认现代化的积极意义，是我们应该持有的态度。文化遗产保护自19世纪以来一直由西方（主要是欧洲）引领着在“现代化”的道路上曲折前行，毫无疑问，在现代化遗产保护理论指导下，全人类文化遗产的保存状态比以往任何时代要好，但是这并不代表目前的理论和技术能够解决所有问题，因为伴随现代化进程到来的还有文明冲突、信仰危机、认同感缺失、环境污染、过度消费等，它们为文化遗产埋伏下了各种潜在影响，只关注遗产本体的保护可能已无法应对更复杂的时代挑战。

值得注意的是，现代化并不是始终要从西方文明那里获取必需的养料，它是全人类共同且必然的进步趋势。塞缪尔·亨廷顿（Samuel P. Huntington）指出：“西方远在现代化之前就是西方，使西方区别于其他文明的主要特征产生于西方现代化之前。”[427]49西方现代化的成功，与其选择了西方的文化模式并无必然因果关系。事实上，“现代化并不一定意味着西方化。非西方社会在没有放弃它们自己的文化和全盘采用西方价值观、体制和实践的前提下，能够实现并已经实现了现代化。”[427]57亨廷顿通过研究发现，“在变化的早期阶段，西方化促进了现代化。在后期阶段，现代化以两种方式促进了非西方化和本土文化的复兴。”[427]55 20世纪的中国，正是通过借鉴西方快速实现了现代化，符合上述观点所说的“变化的早期阶段”，而随着中国现代化的基本完成而进入“后期阶段”时，又因为综合国力的增长和个人认同危机的出现❷，大大加速了对本土文化的需求。在文化遗产保护领域，20世纪的中国遗产保护也恰恰是通过借鉴西方理论和技术快速融入了现代遗产保护的圈子，但这样的方式可能不适合逐步迈向“后期阶段”的中国，**21世纪赋予中国遗产保护的新需求，就是在现代化遗产保护的基础上，加入本土文化的精髓，而不仅仅是不断引进外来理论和技术。**

尤瓦尔·赫拉利（Yuval Noah Harari）指出，当下世界的主流文化思想是人文主义❸，“正是人文主义，让人类摆脱了人生无意义、存在没依据的困境”[429]202。人文主义“重点放在感受和体验，而非各种行为”[429]219。发掘文化遗产的文化意义应特别关注人们的实际感受和体验，对文化遗产采取的各类

❶工业革命以后人类改造世界的能力大大增加，数百年间创造的能量和信息总量超过了以往历史时期的总和。无法适应现代化的文明，将最终退出历史舞台，或被其他文明同化，这是足可预见的。

❷塞缪尔·亨廷顿（Samuel P. Huntington）认为：“在社会层面上，现代化提高了社会的总体经济、军事和政治实力，鼓励这个社会的人民具有对自己文化的信心，从而成为文化的伸张者。在个人层面上，当传统纽带和社会关系断裂时，现代化便造成了异化感和反常感，并导致了需要从宗教中寻求答案的认同危机。”[427]55

❸尤瓦尔·赫拉利（Yuval Noah Harari）同时指出，未来世界的主流文化思想很可能是数据主义，“数据主义对人类的体验并没有什么恶意，只是并不认为经验在本质上有何价值。”[429]352

保护及利用措施也不应削弱或破坏它们使得后人无法重复获得。感受和体验其实都属于外部传递来的“信息”，诚如吴军所言“我们的世界本身就是由能量和信息构成的”[428]前言XV。笔者认为，文化遗产的本质是人类族群耗费巨大“能量”创造并留存于世的独特“信息”，后人可借助这些信息（信息传递给我们后产生人各有异的感受和体验）创造更多有价值的新文明产物，就仿佛是从古代文明中获得“余温”。**保护信息载体（关注遗产本体并提升相关保护技术）固然非常重要，但有效读取信息和成功转化信息（探寻并利用文化遗产的综合价值）才是关键。**

二、文化遗产保护的恒久期望、阶段性问题与应对

文化遗产保护绝非仅仅研究让物质材料抵抗岁月而长久保存的学科，否则它可以直接并入物理学或化学之下。文化遗产保护与社会及人文密不可分，它的关注重点应该是人与人、人与物的联系，而并不是单纯重视物的保护，这在非物质文化遗产的认定和保护方面体现得尤为明显。“马克思主义的历史唯物主义观点认为：社会的主体永远是人：任何社会活动都是人所进行的活动，人和人的主动积极性才是一切社会活动的真正核心和动力。”[432]59 **文化遗产保护活动归根结底是一种社会性实践，它的恒久期望是——通过对前人所留下文化遗产的价值挖掘，让今人及后代变得更加优秀、幸福、团结，继而创造出更伟大的文明成就**[1]。

未来一段时期中国遗产保护领域的阶段性问题，是为本国的遗产和保护行为寻找更加本土化的文化意义和自洽解释，但这项工作仍然充满挑战，它不仅仅与看待遗产的视角转变有关，还与中国现代文明秩序的建构方式息息相关。“中国现代文明秩序建构的困境突出地体现在继承与创新的人为割裂上：一种情况是‘无创新的继承’，一种是‘无继承的创新’，甚至还出现了‘既无继承，又无创新’的情形。”[426]37 与中国现代文明秩序建构的困境相似，我国文化遗产保护领域也面临这三种发展困境：“无创新的继承”无异于完全抹杀20世纪人类群体在遗产保护领域取得的共同成就，陷入固守历史的“文化部落主义”[433]22之中；而“无继承的创新”则容易陷入缺乏问题导向而仅为求新求变的盲目创新，或容易全盘接受掌握优势信息传播能力的个别强国的文化理念，成为“文化帝国主义”[433]22的牺牲品；“既无继承，又无创新”则误认为今日的遗产保护现状已达到最顶峰而无须改变，使得错过了主动迎接时代变革的良好机遇。

[1] 吕舟也指出：“文化遗产保护的最终目标是从古代文明当中认知人类文明发展过程中的经验与教训，促进当代及未来世代的可持续发展。对于那些由遗产所承载的仍然具有生命力的文化传统，遗产保护的基本意义则在于文化的延续与传承，这种延续与传承必须建立在唤醒文化自觉的基础之上。这就使得遗产所在（无论是创造还是继承了遗产的）社区成为遗产保护最直接的关联者。这就促使今天的文化遗产保护更为注重社区在保护中的作用。”[431]IV

深入探寻文明的创建方式似乎能够找到上述问题的本源。文明的建构需要在一定人群范围内有较稳定的“族群认同”[434]90，当多数人拥有共同的想象时，便能对现实产生作用，那么这种想象就有价值和意义，人类社会的维系正是依靠想象力而不是理解绝对真实的能力❶。

事实上，怎样看待文化遗产和如何保护它们，这些事本来就是人类的主观想象而并非客观的真实事物，它与古今通用且四海皆准的自然定律有着本质差别。因此，若用纯粹的科学分析、定量实验和缜密的逻辑推演，根本无法解决遗产保护这种人文学科的全部问题。**既然文化遗产保护本就是人类想象出的产物，那么赋予文明和文化遗产更多的意义，以解决继承与创新的矛盾，在新时代获得更有效的“族群认同”，无疑是较好的应对策略。**

某个时代的遗产保护策略必然在一定程度上与那个时代的属性相匹配，这种匹配并无绝对的优劣之分，就如同晚上喜欢浏览手机新闻的现代人之幸福感未必高于在窗前观赏皓月星辰的古代人，也很难说哪种模式更进步、更高尚，地域上的选择偏好也与此类似。因此，由于时代、地域、文化的差异导致的文化遗产保护观念及模式的不同，应在一定限度内予以包容和承认，没有必要刻意地厚此薄彼。世界文化最终不可能走向单极化，而是主流文化下多元文化共生的状态，因此在多元文化的背景下，认可全球遗产保护不断深度共融的大趋势，并不妨碍区域性遗产保护模式的争相绽放。未来各文明的遗产保护模式，应当像费孝通所总结的那样——“各美其美，美人之美，美美与共，天下大同。”❷

发掘遗产的价值和意义，就是赋予遗产以符合时代及特定文化圈的阐释。遗产的价值本来就带有功利主义色彩，它实际是今人及后人能够用以带动经济、丰富精神、改善社会的各种可利用之处，西方现代遗产保护对于“原物”的执着其实出于对利用原物价值的较高期望，但当原物因自然腐朽而使物质价值不断下跌时，东亚古人的构件更换策略未必是不明智的；遗产的意义则来源于“族群认同”，伟大的遗产只有首先得到遗产所在“文化圈”的普遍认同感，继而才能去追求获得全人类广泛的认同，以实现其世界文化遗产的意义❸。

---

❶尤瓦尔·赫拉利（Yuval Noah Harari）指出，“不管是古代美索不达米亚的城市、还是秦朝和古罗马的帝国，都只是‘由想象所建构的秩序’。支持它们的社会规范既不是人类自然的天性本能，也不是人际的交流关系，而是他们都相信着共同的虚构神话故事。”[430]103

❷1990年12月“东亚社会研究国际研讨会”上，费孝通在“人的研究在中国——个人的经历”主题演讲中提出。

❸例如“二战”后重建的华沙历史中心在1980年被列入《世界遗产名录》，正是由于其重建了波兰民族的自我认同感，且具有普遍价值；又如日本神社的“式年迁建”，尽管其做法一度与早期的西方遗产保护理念相违背，却对于特定文化圈内的族群充满了神圣意义，它作为“族群认同”的重要仪式不可轻易动摇。

三、清代古迹保护的现实启示

研究历史的重要意义之一，就是在历史中汲取力量、找寻规律，更好地去面对未能尽善的当下以及尚不可知的未来。罗志田认为探讨文化转型和进步应该“先放弃中西新旧甚至所谓‘普世’等畛域性分类前提，直观各文化中可以帮助今人解决人与人、人与自然等基本关系的思想资源”[455]131。笔者对此深表赞同。挖掘遗产保护的人类智慧，不应受制于中西古今的既有藩篱，而应着眼于能否解决当前普遍存在的问题。

以毕沅为代表人物的清代古迹保护，尽管有着诸多与现代遗产保护相异的观念和做法，但其中仍不乏闪光之处，可作为一种参考模式和有益经验进行创造性转化，以解决今日遗产保护的实际问题。

1. 尊重文化遗产的差异化价值评估并彰显核心价值

《中国文物古迹保护准则》中要求“价值评估应置于首位”[3]7，对文化遗产价值的评估之所以重要，是由于其直接影响了保护的目标。事实上，**文化遗产的价值认知和保护方式本来就是各文明构想出来的产物，是我们对于自然世界、人类社会及自身族群的一种态度。价值评估具有较强的主观性，同样的文化遗产对于不同时代的人们有着不同的价值，对于不同群体或个体也存在意义上的差别。**这样的主观性认识几乎不可避免地导致了主观性操作，使得保护行为存在较大的不确定性。从《威尼斯宪章》开始，人们就试图以划定唯一的普适性理论的方式，去努力降低保护行为的不确定性，并优化理论在解释和指导行为方面的能力。这样的好处是用相对规范的要求提升了文化遗产保护的整体水平，但带来的问题是，更关注普遍性的价值而忽视了对于遗产地民众的独特价值。事实上，除了像世界文化遗产这样对于全人类有“突出的普遍价值”的极少数个体外，绝大多数文化遗产的价值对于不同群体而言是非恒定的，而价值的认知又显著影响了人们怎样开展保护、保护中以何种程度介入，因此以一套标准去操作就往往会出现“国际满意、地方不满”或“专家满意、民众不满”的现象。

文化遗产的价值绝非恒久不变，既可以因为时间引起的衰朽而“贬值”，还能因为后代良好地传承发扬而“增值”。如果文化遗产不能局部“增值”，则必然会因为不断“贬值”而终将消亡。刻意强调某些价值（如历史价值）的“保值”反而会影响其他价值的彰显。充分利用文化遗产的各类价值应当是一种策略，而非教条式的答案。笔者认为，在基本的共识框架之下，为不同国家、不同地区、不同类型的古迹构建更符合自身需求的价值评估标准，是非常有必要的。文化遗产首先应服务好地方，成为地方的文化骄傲及发展推手而非民众的负担，若地方无法实现文化传承和繁荣发展则文化遗产也将丧失其存在的意义，只有少数伟大的遗产才应在全国乃至全世界范围内进行通盘考量。因此，应该努力探寻文化遗产在价值保存和价值发挥之间的良好平衡，基于价值评估而开展的遗产保护活动可采用高价值以保存为主、中低价值以利用为主的“差序格局”。当然，文物利用的“四梁八柱”❶也需要被维护和尊重。

以毕沅为代表的清人重视古迹的社会价值和文化价值，对于其政治价值也颇有关注，并将古迹保护与彰显国家形象、维护国家稳定及民族团结、提升社会凝聚力、传承文化等目标紧密关联起来。然而，我们今人长期以来在价值评估方面存在一定局限性，《中国文物古迹保护准则》直到2015年修订时，才在“历史价值”“艺术价值”“科学价值”[3]6之外补充了“社会价值”和“文化价值”[3]6。正因为价值认知的不足，导致人们更重视静态的“价值锁定”，而不敢去实现活态的“价值彰显”。尤其是在谈及文化遗产的利用时，人们往往在学理上抱有恐惧心态，感觉文化遗产一旦被当代人在物质层面上进行利用和改造❷就会造成破坏。殊不知，如果从价值方面来看，这种利用行为其实是发挥文化遗产社会价值和文化价值的良好方式。2018年印发的《关于加强文物保护利用改革的若干意见》❸就是试图纠正这种认知偏误。该意见中强调的“强化国家站位、主动服务大局”[14]，实际与古人所认为的古迹应服务于国家政治需求有类似理念；而意见中指出的“要从坚定文化自信、传承中华文明、实现中华民族伟大复兴中国梦的战略高度，提高对文物保护利用重要性的认识”[14]，则与古人以古迹作为载体来传承和振兴文化的认识相符合。可见，只有理顺了价值评估的标准，不断“加强文物价值的挖掘阐释”[14]，我们才能更好地开展文化遗产保护及利用活动，更有效地发挥文化遗产的功能和价值❹。

2．辩证看待文化遗产修缮中的“真实性”

1964年公布的《威尼斯宪章》开篇便写道：“世世代代人民的历史古迹，饱含着过去岁月的信息留存至今，成为人们古老的活的见证。人们越来越意识到人类价值的统一性，并把古代遗迹看作共同的遗产，认识到为后代保护这些古迹的共同责任。将它们真实地、完整地传下去是我们的职责。”[2]52 文化遗产的“真实性”在这里被明确提出。然而，在实际操作层面，以木构建筑为主的东亚地区的文化遗产，几乎不可能实现“以保存原物为呈现方式的真实性”。即使现在还有零星的几座唐

❶由中国文物保护基金会理事长励小捷于2018年提出，“四梁”是指文物合理利用的基本任务——进一步扩大各级文物保护单位的开放度；促进馆藏文物的利用；充分利用互联网，促进文物价值的传播；部分不可移动文物可以通过经营性利用实现升值。“八柱”是指保证文物合理利用的底线和措施——以保护为前提；以服务公众为目的；以文化价值优先为导向；以科学精神和社会公德为准绳；公布文物利用的负面清单；制定文物合理利用的规范性文件；改革体制机制，为文物利用创造良好氛围；做到保护与利用相统筹。

❷事实上，只要将文物古迹开放给公众，就必然会对其造成一定损害，如人员进出及参观会对文物本体产生污染和破坏；而只要在物质层面上进行利用就意味着要对文物进行一定改造，如加设相关设备、变更原有功能等。但从价值总量来看，合理利用带来的巨大社会收益将显著弥补因利用和改造带来的些微损失，在“总账”上是盈非亏。

❸2018年10月由中共中央办公厅、国务院办公厅印发。

❹2020年1月国家文物局印发的《文物建筑开放导则》中指出“文物建筑开放应有利于阐释文物价值、发挥文物社会功能、保持文物安全、提升文物管理水平，在不影响文物建筑安全的前提下，依托文物建筑进行参观游览、科研展陈、社区服务、经营服务等活动。”[437]

代建筑留存，但从长远来看它们终究会腐朽殆尽。更严重的是，当人们以这种保守态度对待濒临坍塌的文化遗产时，往往会因担心破坏其真实性而任其凋敝直至毁灭。尽管《奈良真实性文件》和《中国文物古迹保护准则》中又对此认识进行了修正补充，试图阐释木构遗产保护的特殊性，但“特修斯之船”悖论[1]中所蕴含的“跨时同一性”[435,436]的哲学问题仍长期困扰着文化遗产保护工作者，不妥善解决这个问题，所有的修缮行为都缺乏理论上的合法性。

[1] 由公元1世纪的希腊作家、哲学家普鲁塔克（Plutarch）所提出，该问题为——若特修斯之船上的木材被逐渐替换直至所有木材均非原物，那么这艘船是否还是原来的船呢？这种有关身份更替的悖论实际探讨的是——当某事物的内部构成要素被逐步置换后是否仍为原来的事物。

[2] 此处对笔者拙作的原文内容有所微调。

从逻辑上来看，凡是对象局部“真实性”发生改变那么该对象整体的“真实性”自然也随之改变，但如果这样看世界，那么所有事物每一秒都与下一秒存在着细微差别，它们根本不是之前的那些事物，再谈论具体对象已丧失意义，按此观点推之，即使同一处文化遗产每时每刻也都在变化和老去，若对象都改变了又何谈保护其“真实性”呢？事实上，按照人类的共识和逻辑约定，对象局部“真实性”的改变并不能直接推出对象整体“真实性”的改变，就像某人局部的细胞更新并不意味着这个人更换为了另一个人。我们所认为的文化遗产原物，无非是那些能对应我们心目中预设概念的物质，尽管这些物质自身也在缓慢变化，但它们作为一个整体概念时是相对恒久的。这正如苏轼所谓“盖将自其变者而观之，则天地曾不能以一瞬；自其不变者而观之，则物与我皆无尽也，而又何羡乎！”[439]323

在以毕沅为代表的清代各类古迹修缮活动中，几乎从未对上述问题有所纠结。与其说古人不在乎真实性，倒不如说古人更关注保护对象在修缮后的物质总和与其整体认知概念之间的真实对应，这可以被认为是一种“古迹延续”而非“古迹永存”。值得注意的是，古人对于古迹价值的认知与今日不同，他们更关注古迹的社会价值和文化价值，而与“真实性”密切相关的历史价值则并不是最为看重，他们由于技术条件的限制而选择以损耗“历史价值”为代价来保护古迹其他方面的更多价值。今日的技术条件比古代有了飞跃式进步，保护古迹之旧物以留存其“历史价值”已非难事，但在实际操作层面，除极其重要的古迹在修缮时会保留旧料外，绝大多数古迹修缮后的材料均被弃置，这也从侧面反映出我们孜孜以求的“历史价值”在真正实施保护时很难顾全。即使真的能够良好顾及，未来多次修缮后所产生的旧料必将越堆越多，这终究会带来新的问题。因此，笔者认为：“古迹本身具有极强的社会和文化属性，其存在的关键目的就是为传播及展示文化提供场所[2]。因此，中国古代对于古迹的保护是依托于文化体系来进行的，其根本理念是让文化继续在其中传承和运转，其修缮特点是使修缮部分在时间长河中逐渐与原建筑物融为一体，且仍保留一定辨识性，反映文化的渐次流传。古迹的核心价值是文化价值，古迹保护的核心目标应旨在传承与展示文化。”[440]64

另外，依据《威尼斯宪章》的精神，为了凸显旧有部分的“真实性”，在修缮工作中还要求对文化遗产的局部进行“外观差异化”处理以达到“可识别性”❶，这主要是担心后来者对新旧造成混淆，无法清楚地了解和评估文化遗产的“历史价值”，于是这种做法便成为文化遗产反映修缮历史过程“完整性”、呈现文物信息“真实性”的一种主流方式。但我们应当认识到，**在文化遗产的物质信息“真实性”之外，其形象的“真实性”也应该被良好尊重。**其实，古人的梁记和碑记是很好的借鉴，他们并没有刻意在古迹的本体材料进行差异化处理，而是利用其他媒介将古迹信息附加在其上。在现代技术如此发达的今日，我们可以利用形式众多的信息载体对文化遗产在保护中发生变动的情况进行记录和展示，而不一定将所有变动信息直接体现在遗产本体上。如利用热释光和同位素测年等技术获取材料的历史年代已非难事，借助数字化方式对更换的木料或土体进行信息记录也很容易，利用VR技术将修补过的部分进行虚拟呈现亦不难实现。**因此，没有必要刻意将文化遗产打上各式各样有显著外观区别的“补丁”，这从本质上破坏了文化遗产的形象“真实性”。假使古人复生，应该绝不会满意这样突兀的“贴补丁”做法，这实际也违背了文化遗产在被古人创造时所秉持理念的“真实性”。**

❶近年来已有学者对此问题进行了反思和探讨，参见张金凤、陆继财《以“特修斯之船”的方式思辨“可识别性”——关于中国文物保护实践的一点思考》，载于《中国文化遗产》2018年第3期，第96–103页。

❷详见本章第一节中对此问题的论述。

3．信息视角下重新审视文化遗产的“复建”行为

中国古代对已毁坏的古迹采取“复建”（亦可称为“物质性再造”[443]16）的行为极为常见，复建的新建筑往往与旧物存在差异，如毕沅就曾试图复建著名的灞桥，但其方案构想与唐代或明清灞桥的形制皆不相同。这种现象长期以来被西方现代遗产保护理论所批判和歧视。

然而，类似现象直到今日依然广泛存在于中国，2020年启动的北京工人体育场改造工程就被人民网等知名媒体描述为“保护性改造复建”[438]，这无疑体现出社会对这种行为的包容和默许。但“复建”行为的合理性仍需要进一步阐发和探讨，近年来许多学者对这个问题开展了研究[26],[441]-[446],[464]，试图在西方现代遗产保护体系之外构建一套新体系或找寻一种新解释。崔金泽认为“当务之急是建立一套全新的、尊重多元价值观的理论体系来重新审视、评估中国文物古迹物质性再造的行为”[443]26。

事实上，文化遗产可以被视为一种特殊的信息，从信息视角来看，大多数的复建行为中，古迹原有的年代信息已经清零，外观形式、材料信息也受到了一定改变，在“真实”层面上的信息基本大部分已丧失，这种行为是看重“真实性”的西方遗产保护理论所无法容忍的，因而被认定为“造假”。

然而，**保护信息载体固然非常重要，但让今人和后人有效读取信息并成功进行转化也十分关键❷。古迹的信息不仅包含物质本体所蕴含的年代、形式、空间、材料等信息，还包括——由物质而触发联想和思考继而获得的各类文化信息。**未经复建的古迹遗址由

于缺乏物质实体，不仅在形式、空间的信息上严重缺失，在文化信息的“触景生情”方面也存在着显著不便。切萨雷·布兰迪（Cesare Brandi）在讨论古物的造假行为时指出：“因此在对虚假性的判断中，人们确定主体并不和其声称的概念相一致，从而宣告对象（oggetto）本身是赝品。”[449]158 可知，古迹复建行为是否算造假，关键在于这个新造的事物与人们声称的那个古迹概念是否一致。如果人们明知道眼前的事物是新造的，却能将它与脑海中原有的概念相匹配，获得有效的意识和情感触动，那么这样的古迹并不应被称为“赝品”。笔者认为，复建的古迹尽管其年代信息荡然无存，但对于大多数民众而言，古迹的外观形式、实体空间、材料色彩等信息给予他们的感受远比损毁的遗址要真实得多，更重要的是，通过实物触发联想而产生的各类文化信息依然是真切和基本等效的，仍然很好地实现了古迹在感官体验和心理认知上的延续性。当然，如果复建工程过于粗糙，使得本体信息出现严重偏差扭曲而会造成信息的“误读”，这也是不合适的。**从信息总量上看，未经复建的古迹所缺失的文化信息量，往往多于复建古迹的信息偏差量，那么若从民众对于信息读取和转化的效果来评判，古迹的复建行为未必完全不可取。**

需要指出的是，复建行为之所以长期被排斥，是因为无法严格按照原物形象逼真地重现，会造成部分信息的误读，特别是在照相术和规范的工程图纸尚未普及的清代，这种与原物形象明显偏离的情况比比皆是。**在古代的技术条件下，由于保留遗址和原址复建只能二选一，中国古人更看重古迹信息的读取和转化，因而选择了后者，这既是时代的局限也是当时最合理的选择。**当今先进的结构工程技术允许我们在保持遗址完整的情况下在其上部悬空建造形象与原有建筑接近，这就避免了二选一的尴尬处境，典型者如西藏日喀则桑珠孜宗堡[450]和西安城墙永宁门箭楼[451]的复建工程，都是既实现了遗址的妥善保护又恢复了完整的古建筑形象。常青先生在阐述由他主持的桑珠孜宗堡复建工程时写道：“桑珠孜宗堡堡台废墟保存与堡楼外观修复工程历时6载终于顺利完成，恢复了这座古城的历史天际线，内部建成了后藏地区第一座民俗博物馆，也引起了国内外的惊叹和质疑，这样的修复工程价值如何？依据何在？我们认为，桑珠孜宗堡作为日喀则的城市天际线和当地藏民的心理地标，有充分理由和依据进行存遗和‘完形’的尝试，即保存下部的堡台废墟，恢复上部的堡楼形态，以弥补城市形态重心和藏民心理地标的缺失。其结果是既满足了社会各界对历史地景的观瞻诉求，同时也兼顾了保存部分和复原部分的可识别原则。”[26]94

其实，人们之所以乐于开展古迹的复建活动，主要是追求其在展示方面的良好效果。随着新兴技术的出现，通过获取古遗址数据再借助软件建模的方式便可以实现古迹的数字化复原及展示，而不需要在实地建造，这种虚拟“复建”本身即是一种文明再现和文化传播的形式，具有积极意义，因此在《中国文物古迹保护准则》中也被鼓励❶。笔者就曾对损毁严重的秦蜀古道栈道遗址[447]和西藏古碉楼遗址[448]进行过数字化复原，并取得良好效果。

❶《中国文物古迹保护准则》（2015年版）第43条：“不提倡原址重建的展示方式。考古遗址不应重建。鼓励根据考古和文献资料通过图片、模型、虚拟展示等科技手段和方法对遗址进行展示。”[3]39

应当认识到，关注古迹中所蕴含的文化信息而不仅仅是物质信息，将给予古迹复建行为以更丰富、更恰当的意义。“保护以往的古迹，其实就是在传承文明。进一步来讲，若要复兴文明，让文化达到一个新高度，可以借助重现古迹的方法。滕王阁、黄鹤楼，一次次损毁后被重修，新楼与旧貌早已迥然不同，但千百年来仍然被各时代的人们所认可，因为人们需要有这样一个追念往昔、抒发志向、延续文化的地方。”[440]64

4．重视文化信仰的隐形作用并积极引导构建

古迹在清代民众眼中，因定期由政府开展隆重的祭祀活动而显得正统权威，因被赋予与先贤往圣之间的紧密联系而显得庄严崇高，因被塑造成能庇佑一方百姓而显得神圣灵验，这些无疑对民众古迹保护意识的形成和巩固产生潜移默化的作用，培养了他们根植于血脉中的“文化信仰”，使其对于古迹始终抱有敬畏追思之心。这种信仰不仅保护了古迹的物质本体，也无形中滋养了古迹赖以存在的文明土壤，使人们为先民的创造和自己的守护感到骄傲自豪。

即使到民国时期，人们对古迹的崇敬和对中华祖先的追怀依然十分强烈，并依托这种信仰解决了许多复杂难题，如1937年4月6日在“民族扫墓节”之际，国共两党摒弃前嫌共同参加了黄帝陵公祭活动，并向世人展现了携手抗日的决心，赢得了举国的支持。在这个重要事件中，古迹作为凝聚人心的象征符号，文化信仰作为团结各方力量的基础，其作用不言而喻。

不过今日，这种敬畏感已大为衰退，游客破坏古迹、涂鸦题名的现象屡禁不止。只有培养文化信仰才是长久有效的解决途径，但这并不意味着应当由官方去倡导开展祭祀和宗教活动，而宜当从基础教育方面入手，努力培养下一代对于古迹和文化发自肺腑的热爱，在其人生早期阶段就形成良好的“文化信仰”。目前中小学课本中讲述祖国文化遗产的比例仍显偏低，由人民教育出版社编写的2017年版语文教材中，讲述文化遗产的课文共4篇，占课文总数的1.13%，初、高中语文课本中也存在类似现象。在高校选修课程中，讲授或涉及遗产保护内容的课程也非常少。正因为当前的基础教育媒介在“讲好遗产故事”方面普遍缺乏重视，使得民众不知而不爱，继而导致难以形成有效的文化信仰，间接增加了文化遗产的管理难度和保护成本。事实上，适当地在升学考试中加入一些文化遗产保护的基本知识，或以命题作文的方式来促使应考者深度思考这类问题，以无形的“指挥棒”引导考生及广大民众的关注，这并未偏离教育本意且易于实施。

此外，清人出于文化信仰、提高政绩、求报祈福等多方面原因，捐资修缮古迹的现象比比皆是，政府也会对这种捐资行为进行褒奖。目前我国文化遗产保护主要依靠国家拨款，社会公益资源的贡献度仍有很大的提升空间。2019年我国社会公益资源总量❶已高达3374亿元[452]6，但从历年媒体报道来看，针对文化遗产的捐款数额在千万元以上的情况却比较

❶包括社会捐赠总量、全国志愿服务贡献价值和彩票公益金三方面。

罕见，这反映出我们在“文化信仰”培育方面并不理想。而国外的情况则明显较好，如2019年4月15日巴黎圣母院遭遇火灾后，热爱古迹的法国人在数日内的捐款竟超过10亿欧元[453]，约合80亿元人民币❶，法国民众的文化信仰值得世人敬佩。当然，拥有庞大人口基数的中国，未来一旦能够将全民的文化信仰有效转化为遗产公益捐资，必然将产生举世震撼的结果。

5. 推动文化遗产的价值传播和社会参与

清人重视对于古迹的文化传播，他们用文学作品赞颂古迹，用碑石标表和宣扬古迹保护事迹及其意义，通过编纂地方志书实现古迹的广泛认知和全民性传播。毕沅因身居高位且学问精详，因而在推动传播过程中具有很强的感召力，他的数百首相关诗作、为陵墓所竖立的百余座丰碑、为各地编写的数十部方志，不但织绘了知识阶层对于古迹的想象图景，也提升了普通民众的认知，显著增强了人们的“族群认同感”，并在较广阔区域内、较长时段内产生有效影响。另外，清人将古迹的传播弘扬与保护实践相结合，将想象的文化图景变为现实的保护成果，又将这些成果用一定理念阐释后继续传播，使更多的人理解古迹保护并投入其中。如毕沅主政陕西时就将恢复“汉唐旧观”作为其重要修缮理念并付诸实践，在保护实践之后又与其幕府宾客共同赞美这些理念及行为，还将其收入自己的著作中通过刊刻出版进一步扩大影响力。尽管毕沅的古迹保护措施未必尽善，但这种“想象→实践→想象”的交互递进式传播模式仍然具有启发性。

清人在开展古迹保护活动时对于社会参与也相当重视，事实上，对于古迹的传播本身就是实现更广泛社会参与的手段之一。此外，清人还在古迹保护中通过“以工代赈”、募捐、守护等形式大力吸纳社会力量。以毕沅为例，他在荆州城垣整修中对遭受洪灾的黎民实行“以工代赈”的办法，他还积极推动为古迹修缮开展社会募捐或政府集资❷，他亦曾奏请令咸阳姬姓子孙为其先祖（周朝的文、武、成、康诸王及周公）守护陵墓[255]247–248。

今日文化遗产保护活动的传播和社会参与问题已引起国内外广泛关注并取得一定的成果，但仍有继续提升的空间。在传播方面，“虚拟紫禁城”“网上虚拟圆明园”“数字敦煌”等精品主题网站陆续上线，南京博物院、上海博物馆、中国国际友谊博物馆等若干博物馆建成了数字馆。但围绕文化遗产开展的全民性网络传播的力度依然有限，优秀成果向民众公开程度仍有待提升。在社会参与方面，尽管我国自2016年起已先后举办过五届“社会力量参与文物保护论坛”，各方人士积极建言献策并形成了数量可观的理论探索成果，但各省市的相关交流及志愿性活动仍显匮乏，有热情参与的市民很难拥有为文物保护事业奉献己力的机会。

当今媒体的发达程度已远超清代，这意味着对于文化遗产可以有更广的人群覆盖面、更多的想象空间、更大的数据传播

❶按2019年4月15日巴黎圣母院被焚当日的汇率计算，1欧元折合人民币7.59元。

❷在崇圣寺和西安城垣的修缮活动中，毕沅均以向全体民众加征“平余”的形式获得额外税收（详见第三章第二节），通过这份税收修缮古迹，修缮后的成果则由民众共享，这与政府集资行为有类似之处。

量以及更高的社会参与程度。在政府层面，文化遗产作为一种特殊媒介能够连接不同民族不同信仰的人们，为中国带来更多的知名度、话语权、亲和力和合作机遇，像“一带一路”倡议❶的提出就属于极高明的创造性构想，是兼顾古代文化线路与当今政治格局的新型合作模式。在民间层面，可以借助有影响力的自媒体、网络社交软件、知识服务类App和文化遗产周边产品，进一步发掘“全民想象力”，为公众提供更多体验式、互动式的文化遗产类服务。未来政府和民间可开展的工作，诸如：利用文化遗产作为媒介进一步推动边境贸易和跨区域合作；面向公众有偿征集技术服务（优秀故事、旅游讲解词、文学作品、设计方案等）以提升运营管理水平；面向全社会为重要文化遗产开展网络募捐和署名守护；鼓励并支持文化遗产优秀自媒体的创立和运营；推动文化遗产的信息解构，有意识融合新兴技术、时尚潮流、热点话题进行再创造；搭建类似同城求职网站的文化遗产志愿者招聘网站；建立服务全民、群体建设、高效检索、易于分享的文化遗产保护大数据库；推出更多像《国家宝藏》《我在故宫修文物》这样优秀的文化遗产主题纪录片或举办“中华文化遗产大会”等相关节目。这样不仅能给予每个人获取有效反馈和展示社会贡献度的机会，将文化遗产保护与市民日常生活紧密相扣，让民众在共同想象和参与性实践中获得“族群认同感”并发挥自身作用，同时也能在全社会范围内引导人们对文物保护的正确价值观。相信这些措施必将为文化遗产保护事业增光添彩，并进一步提升社会凝聚力。

6. 关注文化遗产的预防性保护和整体性保护

目前中国的遗产保护工作，已逐渐“从抢救性保护向抢救性与预防性保护并重，从文物本体保护向文物本体与周边环境的整体性保护转变”[456]转变❷，开展预防性保护和整体性保护的重要性日益凸显。事实上，清代对于古迹已采用多种方式的保护：

其一是对古迹的日常性维护。清代对古迹经常进行洒扫除尘，每隔一段时间还进行修缮（岁修），如腐朽构件更换、屋面除草换瓦等。今日我们采取的措施实际与此类似，只是更换下来的构件被更好地记录和保存。这也从侧面反映出，一些基本的古迹保护措施本身很有效，可以长期沿用，没有必要刻意“求新求变”。更重要的是，对于古迹定期保持维护能够有效防止“破窗效应”，使人们不会将破坏古迹的不良行为不断效仿和放大。清代制度中对于古迹的岁修颇为重视，甚至不厌其烦地强调某些保护活动的细节，相信古人已初步认识到“破窗效应”的存在并采取此种方法作为应对。值得反思的是，当今不少文保单位因保护等级较高而导致维修报批的流程较复杂且周期较长，因此经常出现文物已摇摇欲坠却得不到及时修缮的情况，如内蒙古的辽代武安州白塔就发生过这种“修缮滞后事件”[457]并一度受到社会广泛关注。基于此，有必要进一步完善文化遗产的抢修机制，为存在风险的遗产提前制订应急处置方案，并在出现险情时能够开辟“快速应急通道”。

❶2013年9月，习近平总书记访问哈萨克斯坦时提出共建“丝绸之路经济带”，他在同年10月访问印度尼西亚时又提出共建“海上丝绸之路”，两者合称“一带一路”倡议[454]。

❷2016年12月10日全国文物科技工作会议上国家文物局局长刘玉珠的讲话。

其二是对以火灾为主的各类灾害的防范。清代重要木构建筑周边往往会设置水激桶用于灭火，城内建筑间要求设置防火墙，陵墓周边也严禁烧造、放火以防止陵园树木被引燃。清代凡纵火或无意失火的人员均会受到处罚，如乾隆四十九年（1784）西安鼓楼大街店铺火灾，陕西巡抚毕沅将失火的民人朱元儿治罪，地方官员也被上报议处[458]，这种严格的措施保障了近在咫尺的鼓楼、钟楼、清真寺等众多古迹的安全。今日同样将失火行为列入刑法❶，如武当山古建筑群（列入世界文化遗产）中的遇真宫在2004年因用电不当而失火，直接责任者分别被判处有期徒刑二年和一年六个月，文物安全相关负责人也受到行政处罚[460]。不过将古今对比可明显看出，古代对于失火等防灾不力的处罚力度更大，并将火灾防范的范围扩大至古迹周边的环境，而不仅是古迹本体。今日文物保护单位内往往安设防火、防雷、防盗的相关设备，但主要还是聚焦于文物本体，对于周边环境的监测和防范力度在未来有待进一步加强。

❶《中华人民共和国刑法》（2017年11月4日第十次修订）第一百一十五条规定："［放火罪］［决水罪］［爆炸罪］［投放危险物质罪］［以危险方法危害公共安全罪］放火、决水、爆炸以及投放毒害性、放射性、传染病病原体等物质或者以其他危险方法致人重伤、死亡或者使公私财产遭受重大损失的，处十年以上有期徒刑、无期徒刑或者死刑。［失火罪］［过失决水罪］［过失爆炸罪］［过失投放危险物质罪］［过失以危险方法危害公共安全罪］过失犯前款罪的，处三年以上七年以下有期徒刑；情节较轻的，处三年以下有期徒刑或者拘役。"[459]

其三是对古迹周边整体环境的保护。清代帝王陵寝周边禁止放牧樵采，也不允许民众随意占地建屋；坛庙祠宇等古迹周边不得挖渠、种树、埋葬。在保证古迹氛围庄严肃穆的同时，也向民众传达了国家重视古迹保护的态度，无形中规范了民众的其他行为，这就如同在整洁的环境里人们大多注意保持环境卫生，而肮脏的环境内人们就会随意丢弃垃圾。在今日高密度的城市空间中，对于古迹的风貌保护主要是对附近建筑进行限高和统一风格，但对其周边乱拉电线、开挖地下管网、垃圾污水排放等问题尚未引起高度重视，这种环境问题使得许多游客轻视古迹的历史文化价值，进而造成各类破坏行为，上述问题应在城市规划和文化遗产地环境整治时充分纳入考虑。

其四是对民众意识的引导。清代国家法典中规定民众不得擅自破坏重要古迹，陵墓、坛庙等类型的古迹还要定期进行祭祀，这使得民众对古迹大多心存敬畏；另外，文人们在游览古迹时更重视心灵体验和时空感知体验，而非"到此一游"的打卡体验，这些文学作品在媒体匮乏的当时大大影响了民众的欣赏偏好和感知倾向，也进一步强化了古迹的神圣形象。在旅游产业蓬勃发展的今日，民众在有限假期内"打卡"尽量多的景点成为常态，他们往往将文物古迹和旅游景点划等号，认为欣赏古迹与其他消费式体验并无差异，地方也为了拉动经济而对古迹过度开发并不断强化这种消费式引导，导致许多古迹超负荷"带病运转"。改变游客意识成为解决该问题的关键，应尽可能借助广大媒体引导民众的旅游方式，用心灵体验来取代消费体验，鼓励"善行旅游"，以欣赏和尊重的眼光来看待古迹，将"到此一游"的快乐感逐渐转变为向古迹贡献自身力量的成就感。同时，应进一步推动带薪休假制度，使多数民众能够实现"理性出行"和"错峰出行"。如果这些构想都能落地，那么由此产生的良好效果必将值得期待。

7．加强遗产保护领域的“以工代赈”活动

中国古代历来有通过开展工程活动发放工费及伙食以补助黎民的做法，称为“以工代赈”或“以工赡民”。清代将这种做法在各地大力推行且成效显著，而修缮古迹便是“以工代赈”中常见的工程活动之一，尤以乾隆朝最为频繁。“以工代赈”的优点很多，一是可以救济无业饥民或灾民；二是可以作为盛世时期缓解货币储备过量的绝好手段，能够在不引起显著通货膨胀的情况下通过注入货币来活跃经济市场❶；三是可以配合古迹本来就需要的岁修并使工匠技能得到定期巩固和提升；四是可以通过大规模劳动协作实现广泛的公众参与，在无形中提升文化普及度和强化社会凝聚力。

不仅在中国，19世纪法国人也意识到这种措施能够为工匠们提供生计和锻炼手艺，普罗斯佩・梅里美（Prosper Mérimée）说：“切石工，砌石工，雕刻师，玻璃匠，屋面工，细木工，木匠，画师，锁匠。总之，建筑行业都将投入历史古迹修复中来。古迹修复工程不仅给为数众多手工匠提供谋生的机会，也使他们有了锻炼和提高手艺的场所。”[393]35 1929—1933年欧美陷入经济大萧条时期，美国采取一系列改革举措（即“罗斯福新政”）帮助国家渡过难关，其核心举措就是通过全民兴建公共工程，来增加就业岗位和刺激消费生产，进而缓解社会矛盾，本质上就是“以工代赈”。

今日的中国政府也十分重视“以工代赈”的意义。2005年国家发展改革委发布了《国家以工代赈管理办法》[394]并在2014年根据国情进行了修订，2019年又印发《关于进一步发挥以工代赈政策作用助力打赢脱贫攻坚战的指导意见》[395]。这充分反映了“以工代赈”的措施仍然具有显著的时代价值。

值得注意的是，以往的“以工代赈”大多关注于基础设施建设，而很少涉及古迹修缮方面，这主要是由于后者所需的技术门槛较高。但随着高等教育推广度不断提升和文化遗产保护类专业人才日益增多，围绕文化遗产开展的“以工代赈”逐渐成为可能，而它正是文物古迹“社会价值”的直接体现。该措施一方面可配合地方扶贫，将发放实物或资金转变为劳动报酬，让贫困地区的民众在专业工程队或工匠的带领下为修缮本地古迹出力，在修缮过程中派驻业务对口的扶贫干部开展文化遗产教育普及和技术培训，逐步为地方积累文物保护方面的人才资源；另一方面，目前农村“空心化”现象较为严重，劳动力大多外出寻求务工机会，如果能在提升地区环境品质的各类建设活动中吸纳更多本地劳动力，特别是吸引优秀大学生在毕业后回归家乡，同时将部分原有居民（包括留守儿童）纳入其中，使更多的本地人参与到地方古迹的保护工作中，不仅能纾解农村“空心化”问题，响应国家乡村振兴战略，还可显著加强地方民众的凝聚力和归属感。

8．聚焦遗产保护的前提与目标——国泰民安

清代的古迹保护更看重济世安民，带有浓重的实用主义色

❶以劳动换取的货币通常只会以分次消费形式缓慢流入市场。

彩，它有着较明确的宏观目标——彰显国家形象并维护社会稳定。毕沅在任陕西巡抚时上奏乾隆皇帝称：“关中系临边重镇，西接新疆，为外藩朝觐往还必经之所，沿途古迹甚多，除华岳以外，如灞桥、温泉、终南山、慈恩寺等处俱系汉唐名胜之区，近年以来所有关中陵墓、祠墓虽经臣次第补修，但胜迹尚多，工费亦巨，既未便频请动项，亦不宜任其荒颓。”[256]福康安奏请修缮潼关城垣时则称：“查该处依山傍河，为历来守险之地，虽际此圣世升平，原不借资捍御，但界连晋豫，究属屏障全秦，每年新疆伯克及川省土司朝觐往来，均属必由之路，自应亟为修葺，俾一律完整，以壮观瞻。”[461]可见，清人在看待古迹时，往往怀有居安思危的意识，希望古迹能保持完整而庄严的形象以显示国家和社会的稳定，这也直接影响了清人的古迹修缮理念。此外，民众还将社会的良好运转与古迹保护相附会，如乾隆时期灞桥倾圮后，当地士绅认为灞桥关乎西安、同州、凤翔三府的文风，若不复建会影响士子考取功名[375]。正是在这样的社会观念下，清代的古迹保护发挥了超乎物质层面的更强烈效用。不仅如此，毕沅和当时的许多有识之士还希望借助古迹保护去进一步构建和完善他们心目中的“理想天下”，以实现国家昌盛、民众安乐、人文复兴、旧迹重现，这无疑是对古迹保护寄予了更高的期望。

纵观历史，在战争和文明冲突面前，所有文化遗产保护措施都显得极其苍白无力。在20世纪的短短百年时间里，中国因战争而毁灭或流失的各类文化遗产及相关文物之总数以最保守估算已高达数千万之多。因此，国泰民安是文化遗产保护的基本前提，否则所有的古迹都将暴露在巨大威胁之下而随时可能覆灭。另外，文化遗产保护也可以反作用于国家和社会，文化遗产作为联系古今的纽带，可以依托它进行爱国主义教育，强化民众对于“命运共同体”的认知概念，同时可以调节现实社会中的人际关系。当然，为了实现文化遗产对国家和社会的作用，有时又不得不涉及古迹复建、古迹改建和为提高经济收益而改变古迹用途等行为。**这无疑面临一种博弈，前者是改变古迹的当前状态去巩固更长久的未来，更重视精神层面的调节；后者是保持古迹的当前状态而将风险转交给未来，更重视物质层面的保存。清人更倾向于选择前者，而现有西方遗产保护理论则倾向于选择后者，这两者都值得我们深入反思。**笔者认为，文化遗产保护由具体到宏观可分为四个层级——技术、人才、制度、风气，清代古迹保护更看重后两个层级，使得其与国家及社会的关系更紧密，而单纯的物质性保护无法有效解决这些更宏观的问题，因此必须要有符合文化意义、满足社会需求的理论来进一步完善，才能真正实现文化遗产保护的“经世致用”。当然，在重意识引导和重物质保存的两方博弈中，如何找寻合适的平衡点使得文化遗产本身、社会、国家的“总体利益”达到最大化，还需要理论和实践的不断尝试。

总而言之，国泰民安才是文化遗产保护中最宏大的“预防性保护”，它既是文化遗产保护的良好前提，也是日益进步的社会向文化遗产保护提出的更高目标。为实现这个目标，我们仍应不断探索更有智慧的解决策略和利用方法。

结语

中国对于古迹的关注和保护由来已久，但自20世纪西方遗产保护理论传入后，曾经的历史却处于被人忽视和遗忘的尴尬境地。尽管古代中国的古迹保护模式与当代体系仍存在较大差异，但全面认识和客观评判我们的过往，在历史中汲取经验与教训，探寻古代智慧的创造性转化思路，对于今日的遗产保护工作仍有裨益。

本书全面系统地研究了中国古迹保护领域的代表人物——毕沅的相关成就，运用工程典籍、宫廷档案、金石碑刻、书札信件等以往易被忽视的文献资料，从游历考察、学术研究、保护实践等多个维度，对毕沅的古迹保护活动进行了整体论述、案例剖析、特征归纳和历史评价，使研究成果在广度、深度及可信度方面较以往有明显提升；书中梳理了清代与古迹保护相关的典籍并阐发其重要价值，较有开创性地论述了清代古迹保护在观念、制度、机构、实施流程、保护措施等方面的情况，归纳了清代古迹保护的整体特征，为后续研究奠定了良好基础；通过将清代古迹保护与17—19世纪欧洲和民国时期进行多维对比，尝试对其历史意义进行重新审视和客观评价，并探寻外来理论与本土体系融合过程中的经验教训；书中还阐发了清代古迹保护和毕沅事迹在历史及现实两方面的积极意义，不仅为文化遗产保护的理论研究和实践活动积累了历史素材和工程经验，也为古代遗产保护智慧进行“创造性转化”提供了若干思路和有益借鉴。

全书形成的主要认识可总结为以下五点：

（1）毕沅（1730—1797）是中国古代古迹保护领域的突出代表人物，也是自周至清近三千年间亲自主持古迹保护实践数量最多者，他在古迹保护的思想和实践两方面都做出了重要贡献。与毕沅同时代的西方学者无人能在该领域与他抗衡，百余年后的不少民国学者仍受到毕沅影响。

毕沅身处的清代乾隆朝（1735—1795）是中国古代历史上古迹保护的高峰时期，在这样的时代背景下，毕沅凭借自身的博学、勤勉及社会影响力为我国古迹保护做出了显著贡献。

在古迹游历考察方面，毕沅一生足迹踏遍江苏、山东、直隶、安徽、河南、陕西、湖北、湖南、甘肃、新疆等地，以诗作形式记录的古迹多达291处（涉及诗作402首）。他曾在陕西、甘肃、河南、湖北、山东等地为官，任职期间极力寻访当地的名山、大川、古城、胜迹，并经常进行仔细记录和深入考证。

在古迹研究方面，毕沅重视田野调查与文献考证相结合的方法，相关学术成果有《关中胜迹图志》《关中金石记》《中州金石记》，他组织幕府编修刊刻地方志20部（陕西11部、河南6部、湖北3部），为各地古迹建立了翔实的文献库，成为后世研究的基础。他还与王昶、阮元、张开东、黄易等学者在相关领域开展学术交流，共同推动了当时古迹保护的发展。毕沅认为古迹保护是“为政之急务”，他既将古迹视为国家的公共资源，也当作士民想象和文化认同的产生地，主张利用古迹来复兴文化、恢复盛世旧观并为社会带来积极效应，他关注古迹的风貌建设和预防性保护，不反对古迹的修缮、改建甚至新建。他的上述研究成果和相关思想直接影响了当时的古迹保护。

在保护实践方面，毕沅为官20余年间共保护和修缮各地古迹215处（陕西201处、湖北11处、河南2处、青海1处），是自周至清近三千年间亲自主持古迹保护实践数量最多者。毕沅的古迹保护对象覆盖陵墓、坛庙、城垣、文教场所、寺观、桥梁等多种类型，工作内容涉及古迹维修、日常养护管理、保护范围确立、保护标识设置、保护性设施增建、遗址复建等诸多方面，单项保护工程的经费最多达159.5576万两（西安城垣），工期最长达9年（唐昭陵）。此外，毕沅还通过田野调查发现和抢救了诸多濒临损毁的金石碑刻。上述古迹及古物保护活动大多基于当时相关制度而开展，也与毕沅自身的兴趣爱好和学术造诣有关，受到时代及个人的共同作用。

在毕沅所生活的18世纪，西方学者尚未出现能在古迹保护领域与他相匹敌的学者。至19世纪西方学者才开始在古迹保护思想方面取得关键性突破，逐步建立理论体系并应用于古迹保护实践方面，但兼具理论著述和保护实践的双料学者依然是极少数。百余年后的民国时期，毕沅对于陕西地区的古迹保护仍保持影响力，当时许多学者都研究和关注过其学术著作，或在开展保护实践时对毕沅以往的贡献有所称赞。直至今日，毕沅的《关中胜迹图志》依然是学者们研究陕西文化遗产的热门参考书籍，他的《关中金石记》和《中州金石记》也在金石学领域中被经常提及。

（2）毕沅对古迹的保护具有五点特征——重视古迹价值尤其是社会价值及文化价值的发掘；以“化育人物”为理念进行古迹文化传播和修缮改造；强调古迹及其保护行为的延续性；其操作模式是在制度框架下以文人官员为主导开展保护；其长远目标是为了构建“理想天下”的图景。他对陵墓、坛庙、城垣及其他古迹的保护活动体现出时代性与个体性，其保护理念与今日有所差异。

毕沅由于拥有独特的政治经历、文化理想、学术素养以及乐于求索的幕僚团体，使得他开展的古迹保护在价值评估、保护理念、延续方式、操作模式、长远目标五方面具有显著特征，且与现代遗产保护有所差异。毕沅受到他所处时代的深刻影响，他对陵墓、坛庙、城垣及其他古迹的诸多保护实践活动，反映出鲜明的时代理念：对陵墓的保护重视家国信仰的构建，希望通过塑造先贤不朽的观念来实现古今相承的目标；对坛庙的保护及修缮是意图通过创立和维护信仰符号来巩固社会等级秩序，以实现国家稳定；对城垣的保护主要考虑安危、赈济、观瞻三方面因素，是兼顾军事性、社会性、艺术性的矛盾平衡；还常以“改造”或“复建”作为手段赋予古迹新的时代意义和文化价值，堪称是“激进的复兴”。

（3）清代古迹保护呈现自洽性和复杂性，其总体特征是——重视古迹的社会价值及文化价值、工程制度严密但并无专项保护制度、在“国家站位”下以代表政府的文人官员为主导、专业学者数量匮乏并普遍轻视工匠、实践规模大而干预行为多。清代古迹保护体系自19世纪起被逐步形成的西方遗产保护体系所超越，但仍然深刻影响民国古物保护体系的发展。

清代古迹保护虽与今日存在显著差异，但其体系本身具有很强的自洽性，它不仅关注古迹本体的保存和更新问题，也试图解决文化、政治、经济、军事等多方面的命题。

在观念上，它将古迹视为维系国家认同感和延续文化意义的事物进行保护或改造；在制度上，将古迹保护纳入工程制度体系进行严格约束，但由严密制度导致的“路径依赖”反而限制了理论体系的进一步发展；在机构上，清朝以政府为主导开展古迹保护，强调“国家站位”，但也因此抑制了民间学术团体的出现；在专业学者方面，长期致力于理论或实践探索的代表性人物极少，且他们普遍轻视工匠阶层；在保护实践方面，工程规模普遍较宏大，经常发生更换构件、改造外观、整体拆卸、遗址重建等干预行为。

西方遗产保护体系在19世纪蓬勃发展，逐步在理论框架建构、概念界定、机构设置、保护措施分析等方面显现出优势并最终全面超越清朝。民国时期的古物保护，是在西方遗产保护的框架下融入和继承了清代古迹保护的部分内容，它的指导思想和保护原则偏于西式，但操作方法仍然接近传统。

（4）以毕沅为代表的清代古迹保护存在历史局限性，主要表现在“理论体系”缺失、保护理念不够明晰、人员职责分工尚不完善、记录手段不够完整准确，这些问题对于清代古迹保护迈向现代学科产生了一定阻碍。

毕沅的事迹充分反映清代乃至以往古迹保护的基本方面，既有值得称道之处，也存在历史局限性。清代古迹保护的完整理论体系尚未建立，因而缺乏贯彻始终的指导路径；当时的保护理念亦不甚明晰，尽管不少保护原则与今日颇为相符，但保护活动往往受到个人主观因素影响而波动，并存在理论指导与工程实践“分台唱戏”的情况；清代涉及古迹保护工作的人员大多由政府相关部门官员兼任，并未出现专门负责古迹保护的管理机构和专职人员；清代的古迹保护记录手段主要以文字为主、示意图为辅，方案图纸表达不甚规范，施工图纸则很少妥善保存，并严重缺乏修缮前后的对比记录，因而难以有效实现经验积累和技术迭代。

（5）清代古迹保护的历史经验及毕沅相关事迹，在文化遗产价值评估、遗产“真实性”认知、文化遗产复建、文化信仰构建、价值传播和社会参与、预防性和整体性保护、“以工代赈”、遗产保护与国家安定等方面，对于今日仍有启示和借鉴意义。

文化遗产保护活动的恒久期望是以遗产为媒介让今人及后代变得更加优秀、幸福、团结，继而创造出更伟大的文明成就。中国传统古迹保护的基本理念是“化育人物”，使其足以缔造新历史、留存新遗迹并不断化育后人，它与上述期望并不矛盾。遗产保护终究是一种实践活动，千百年来积累的古代智慧仍具有一定现代意义并可尝试进行创造性转化，应重点关注以下几方面：尊重文化遗产的差异化价值评估并彰显核心价值；辩证看待文化遗产修缮中的“真实性”；信息视角下重新审视文化遗产的复建行为；重视文化信仰的隐性作用并积极引导构建；推动文化遗产的价值传播和社会参与；关注文化遗产的预防性保护和整体性保护；加强遗产保护领域的“以工代赈”活动；聚焦遗产保护的前提与目标——国泰民安。

璀璨星空之下、壮美河山之间，千万座凝结古人神思智慧、历经世代守护的光辉遗产，正是华夏文明宇宙观和价值观的独特见证，也承载着中华民族伟大复兴的历史使命。在我国文化遗产保护事业蓬勃发展的今日，传统古迹保护的理念及方法，既可作为汲取精华而创造新思想的源头活水，也是与往圣先贤同溯初心的独特媒介。

毕沅是古往今来遗产保护群体的一个缩影，他们在有限的生命里守土弘道，在时代的迷雾中构建秩序，在岁月的长河内接续古今，他们已化身文脉、融入金石而从未远离。在我们审视历史和古人的同时，历史也未尝不在审视着我们。

附表

陕西地理志书中“古迹”部分撰写体例举要（来源：自制） **附表1**

时代	书名	是否专设古迹类别	书内一级分类	书内二级分类（仅列出涉及古迹的部分）
汉	《三辅黄图》	否	全书共6卷，卷1叙述建置沿革，卷2叙述街陌宫室，卷3叙述宫殿来历，卷4叙述苑囿池沼，卷5叙述台榭、宗庙、楼观，卷6叙述长安之阁、署、库、仓、厩、圈、桥、陵墓，并附杂录	无相关二级分类
宋	宋敏求《长安志》	否	全书共20卷，分为总叙、分野、土产、土贡、风俗、四至、管县（户口附）、杂制、雍州、京都、京兆尹、府县官、宫室、唐京城、诸县共15门类	无相关二级分类
元	骆天骧《类编长安志》	是（一级分类）	全书共10卷，分为杂著、管治郡县、京城、宫殿室亭、圜丘郊社、明堂辟雍、苑囿池台、馆阁楼观、宅堂庭园、街市里第、寺观、庙祠、山水、川谷、泉渠、陂泽、潭泊、桥渡、原丘、关塞、镇聚、堡寨、驿邮、坡坂、堆堰、故城关、古迹、山陵冢墓、纪异、辨惑、数目故事、胜游、石刻共33门类	古迹门下不细分类，涉及名人遗迹、古代石刻、知名景观等
明	何景明《雍大记》	是（一级分类）	全书共36卷，分为考易、考迹、纪运、纪治、志献、志赍共6门类	考迹门下不细分类，涉及关中之山、原、河渠、桥，及长安之宫殿、馆、圜丘、台、陵墓
	嘉靖《陕西通志》	是（一级分类）	全书共40卷，分为星野、山川、封建、疆域、建置沿革、河套、西域、圣神帝王遗迹（降诞、都邑、宫殿、陵庙附）、古迹共9门类	古迹门下不细分类，涉及古城、街坊、第宅、名贤墓、亭榭、石刻、名人遗迹等
	万历《陕西通志》	是（一级分类）	全书共35卷，分为建置沿革、天文（附灾祥）、疆域（附形胜）、山川（附关梁）、风俗、物产（附坑冶）、户口、田赋、盐法、茶法、封建、职官、城池、兵防、屯田、马政、水利（附漕运）、公署、学校（附书院、贡院）、科举、乡举、祠祀、寺观、陵墓、古迹、帝王（附窃据、后妃）、名宦、人物、列女、节妇、隐逸、仙释、方伎（附滑稽）、艺文共34门类	古迹门下不细分类，涉及古城、街坊、第宅、名贤墓、亭榭、石刻、名人遗迹等

时代	书名	是否专设古迹类别	书内一级分类	书内二级分类（仅列出涉及古迹的部分）
清	康熙《陕西通志》	是（一级分类）	全书共32卷，分为星野、疆域、山川、建置沿革、城池、公署、学校、祠祀、贡赋、屯田、水利、茶法、盐法（钱法附）、兵防、马政（驿传附）、帝王（后妃、封建、窃据附）、职官、名宦、选举（武宦附）、人物、孝义、烈女、隐逸、流寓、仙释（方伎附）、风俗（土产附）、古迹、陵墓、寺观、祥异、杂记（鉴戒、盗贼附）、艺文共32门类	古迹门下不细分类，涉及古城、古镇、砦堡、宫殿、陂池、亭榭、奇特景观等）
	康熙《长安县志》	是（二级分类）	全书共8卷，分地理、建置、贡赋、官师、选举、封建、人物、杂记共8门类	杂记门下分古迹、陵墓（附漏泽园）、寺观（附仙释）、灾祥（附逸事遗闻）4目
	雍正《陕西通志》	是（一级分类）	全书共100卷，分为星野、建置、疆域、山川、城池、公署、关梁、封爵、职官、贡赋、学校、祠祀、选举、兵防、驿传、屯运、水利、盐法、茶马、物产、风俗、祥异、帝系、名宦、人物、陵墓、古迹、经籍、纪事、德音、艺文、拾遗共32门类	古迹门下设5目，为宫殿、坛庙、府第、园林（园池、薮泽）、郊坰（涉及高台、名人遗迹、石刻瓦当、古树、奇特景观、陂池、古城、古镇、古村等）
	雍正《蓝田县志》	是（一级分类）	全书共4卷，分为星象、山川、风俗、疆圉、古迹、建革（附城郭、官署、儒学、杂建、市镇、坊表、书院、学田、陵墓、祠庙、寺观、田赋、水利）、帝王（附封爵）、宦绩、才贤（附封赠）、隐逸、流寓、卓行、文集、题咏、物产、纪事共16个门类	古迹门下不细分类，涉及古城、古镇、古驿、陂池等
	毕沅《关中胜迹图志》	是（一级分类）	全书共30卷，以地区分卷，每地区内设地理、名山、大川（水利附）、古迹共4门类	古迹门下设4目，为宫阙、苑囿（附第宅）、祠宇、郊邑（涉及高台、陵墓、陂池、关隘、桥梁、古城、古镇、古村等）
	乾隆《西安府志》	是（一级分类）	全书共80卷，分为地理（附疆域图、分野）、名山、大川、建置、食货、学校、职官、人物、选举、大事、古迹、艺文、金石、拾遗共14门类	古迹门下设宫阙、苑囿、第宅、林坰、祠宇、陵墓6类
	嘉庆《长安县志》	否	全书共36卷，分为疆域图、山川图、城郭图、乡镇图、晷度表、纪事沿革表、职官表、选举表、土地志、山川志、田赋志、祠祀志、学校志、衙署志、风俗志、宫室志、陵墓志、寺观志、经籍志、金石志、循吏传、先贤传、忠节传、孝友传、义行传、逸民传、艺术传、列女传、释老传、叙传共30门类	无相关二级分类

续表

时代	书名	是否专设古迹类别	书内一级分类	书内二级分类（仅列出涉及古迹的部分）
清	道光《陕西志辑要》	是（一级分类）	全书共6卷，以地区分卷，各府县下设户口、田赋、关津、山川、古迹、祠庙陵墓、列女、仙释、逸民、流寓共10门类	古迹门下不细分类，涉及苑囿、古城、宫室、楼观、亭榭、宅第、碑碣、社田等

清代陕西古迹保护工程典型案例支出经费分析表（来源：自制[1]） **附表2**

工程动工年代	古迹保护工程对象	工程费（两）	上年底陕西藩库存银（两）	工程费占陕西藩库存银比例（%）	上年底户部银库存银（两）	工程费占户部银库存银比例（%）	当年户部银库大出银数（两）	工程费占户部大出银比例（%）
顺治13年	西安城垣	约2000	未详	/	未详	/	未详	/
乾隆4年	西安城垣	70986.0322	未详	/	34858748	0.204	未详	/
乾隆8年	陕西29处城垣	约431000	未详	/	32746752	1.316	11638228	3.703
乾隆11年	榆林、府谷、神木、定边、鄜州、安塞6处城垣	估92434	未详	/	33170655	0.279	约9160000	1.010
乾隆25年	建安堡	12919.355	未详	/	36732865	0.035	11572236	0.110
乾隆27年	西安城垣	11456.254	未详	/	36638572	0.031	10365967	0.110
乾隆31年	陕西25处城垣、21处堡城	约589000	未详	/	60336375	0.976	11516935	5.110
乾隆32年	陕西19处城垣	260731	未详	/	66613127	0.391	12456158	2.090
乾隆42年	西岳庙	约180000	3602439.484	5.00	74662671	0.241	10956360	1.640

[1] 本表内经费信息根据中国社会科学院经济研究所藏清代抄档《黄册·户部银库类》，以及中国第一历史档案馆和中国台湾"台北故宫博物院"所藏乾隆朝户科题本、朱批奏折、军机处录副奏折等资料整理获得。表内工程费用一栏内数字无任何标注时指最终实际支出的银数，银数前加"约"指并非精确数值；银数前加"估"指为工程开工前的估算银数；银数前加"实销"指工部最终批准报销的费用，在计算工程费所占比例时以实支银数而非实销银数为准；银数后加"笔者估算"指由于该年数据缺失而根据其前后年份的准确数据对该年数据进行推算的估计值。

续表

工程动工年代	古迹保护工程对象	工程费（两）	上年底陕西藩库存银（两）	工程费占陕西藩库存银比例（%）	上年底户部银库存银（两）	工程费占户部银库存银比例（%）	当年户部银库大出银数（两）	工程费占户部大出银比例（%）
乾隆48年	西安城垣	1595576（实销1585158）	1883059.473	84.73	约84540000	1.887	未详	/
乾隆53年	潼关城垣	1359865.933	1306025.675	104.12	约85500000	1.590	10664253	12.750
乾隆53年	西安钟楼、鼓楼	75031.952	1306025.675	5.75	约85500000	0.088	10664253	0.700
嘉庆10年	五台山13处庙宇	估16474.765	未详	/	21645471	0.076	10117518	0.160
嘉庆15年	镇安县文庙及武庙、褒城县文庙	2702.4	未详	/	约21000000（笔者估算）	0.013	未详	/
嘉庆17年	西安城垣	9627.366（实销9593.605）	未详	/	20784465.439	0.046	9769631	0.100
道光7年	西安城垣	116562（民间捐款）	未详	/	30009706	0.388	11373705	1.020
道光9年	西岳庙	估69974.582	未详	/	33480556	0.209	11713017	0.600
道光12年	西岳庙	59904.591	未详	/	约28000000（笔者估算）	0.214	10987586	0.550
同治6年	西岳庙	约29000	未详	/	/	未详	10293685	0.280

清代陕西主要行政官员一览表（来源：自制[1]） **附表3**

官职衔名	品级	人数	执掌事务
陕甘总督	从一品	1名	掌厘治军民，综制文武，察举官吏，修饬封疆。其三年大比充监临官，武科充主试官。除掌地方民政外，还节制辖区内提督、总兵辖军，其直属军曰督标，营下设副将、参将、游击等官

[1] 表内资料据嘉庆《大清一统志·陕西统部·文职官》《清史稿·志九十一·职官三》《清朝文献通考·职官考九》整理。

官职衔名	品级	人数	执掌事务
陕西巡抚	从二品（加兵部侍郎衔为正二品）	1名	掌宣布德意，抚安齐民，修明政刑，兴革利弊，考覈群吏，会总督以诏废置。其三年大比充监临官，武科充主试官。除掌地方民政外，还节制辖区内总兵辖军，其直属军曰抚标，营下设参将、游击、都司等官
陕西布政使	从二品	1名	掌宣化承流，帅府、州、县官，廉其录职能否，上下其考，报督、抚上达吏部。三年宾兴，提调考试事，升贤能，上达礼部。十年会户版，均税役，登民数、田数，上达户部。凡诸政务，会督、抚议行
陕西按察使	正三品	1名	掌振扬风纪，澄清吏治。所至录囚徒，勘辞状，大者会藩司议，以听于部、院。兼领阖省驿传。三年大比充监试官，大计充考察官，秋审充主稿官
陕西提督学政	品级不定（以进士出身官员内简用，各带原衔品级）	1名	掌学校政令，岁、科两试。巡历所至，察师儒优劣，生员勤惰，升其贤者能者，斥其不帅教者。凡有兴革，会督、抚行之
道员	正四品（初各道员品级不定，乾隆十八年定）	共5名	各掌分守、分巡，及河、粮、盐、茶，或兼水利、驿传，或兼关务、屯田；并佐藩、臬覈官吏，课农桑，兴贤能，励风俗，简军实，固封守，以帅所属而廉察其政治。 设督粮兼分守西乾鄜道1名、驿盐道1名（乾隆四十四年改为盐法道，乾隆五十九年改为凤邠道，嘉庆十二年改为盐法兼分巡凤邠道）、分守潼商道1名、汉兴道1名（嘉庆五年改为分巡陕安兵备道）、延绥鄜道1名（乾隆二十五年改为分巡延榆绥兵备道）
知府	从四品（乾隆十八年前为正四品）	各府1名	知府掌总领属县，宣布条教，兴利除害，决讼检奸。三岁察属吏贤否，职事修废，刺举上达，地方要政白督、抚，允乃行
知州	正五品（乾隆十八年前直隶州知州为从五品）	各州1名	知州掌一州治理。属州视县，直隶州视府
同知	正五品（直隶厅同知） 从六品（散厅同知）	数量不定	各府、州设有佐贰之同知、通判数名，分掌粮盐督捕，江海防务，河工水利，清军理事，抚绥民夷诸要职。 后专设直隶厅、散厅，以同知、通判专管，直隶厅同知职掌与知府无异，散厅同知职掌与知县无异
通判	正六品	数量不定	直隶厅通判职掌与知府无异，散厅通判职掌与知县无异
知县	正七品	各县1名	掌一县治理，决讼断辟，劝农赈贫，讨猾除奸，兴养立教。凡贡士、读法、养老、祀神，靡所不综

清乾隆时期全国人口及陕西人口数量表（来源：自制[1]） **附表 4**

年份	全国总人数（口）	陕西总人数（口）	陕西人口占全国人口比例（%）
乾隆六年（1741）	143411559	6329773	4.41
乾隆十年（1745）	169922127	6565879	3.86
乾隆十五年（1750）	179538540	6739009	3.75
乾隆二十年（1755）	185612881	6873807	3.70
乾隆二十五年（1760）	196837977	7268238	3.69
乾隆三十年（1765）	206993224	7334103	3.54
乾隆三十五年（1770）	213613163	7425259	3.48
乾隆四十年（1775）	264561355	8190607	3.10
乾隆四十五年（1780）	277554431	8237887	2.97
乾隆五十年（1785）	288863974	8345154	2.89
乾隆五十八年（1793）	310497210	8520619	2.74

清乾隆时期全国粮储及陕西粮储情况表（来源：自制[2]） **附表 5**

年份	全国各省实贮谷总数（石）	陕西实贮谷数（石）	陕西实贮谷数占全国实贮谷数比例（%）	陕西当年人均储谷数（石）
乾隆六年（1741）	31721903	2695850.44	8.50	0.43
乾隆十年（1745）	35586613	2782338.61	7.82	0.42
乾隆十五年（1750）	33190900	2788054.978	8.40	0.41
乾隆二十年（1755）	32966101	3342280.6	10.14	0.49
乾隆二十五年（1760）	31979841	**1722118**（目前所知乾隆朝陕西粮储最低值）	5.39	0.24
乾隆三十年（1765）	33389684	2675924	8.01	0.37
乾隆三十五年（1770）	35793437	3231668	9.03	0.44
乾隆四十年（1775）	30958090	3180353	10.27	0.39

❶表内人口信息根据中国第一历史档案馆及中国台湾“台北故宫博物院”所藏乾隆朝户科题本、朱批奏折、军机处录副奏折等资料整理获得。乾隆六年以前及乾隆五十八年以后陕西人口无准确统计数据，故不录，乾隆六年至五十八年间全国人口及陕西人口数据均呈稳步增长态势，择其代表性年份列出。

❷表内粮储信息根据中国第一历史档案馆及中国台湾“台北故宫博物院”所藏乾隆朝户科题本、朱批奏折、军机处录副奏折等资料整理获得。乾隆六年（1741）以前及乾隆五十八年（1793）以后陕西粮储量无准确统计数据，故不录，乾隆六年至五十八年间择其代表性年份列出。本表内“陕西当年人均储谷数”一列数据由附表4内“陕西总人数”数据除以本表内“陕西实贮谷数”相应数据获得。

续表

年份	全国各省实贮谷总数（石）	陕西实贮谷数（石）	陕西实贮谷数占全国实贮谷数比例（%）	陕西当年人均储谷数（石）
乾隆四十二年（1777）	41454324	**3905093.981**（目前所知乾隆朝陕西粮储最高值）	9.42	0.48
乾隆四十五年（1780）	37725569	2858428.028	7.58	0.35
乾隆五十年（1785）	39175630	2426584	6.19	0.29
乾隆五十八年（1793）	44185923	2191910	4.96	0.26

清乾隆至光绪朝户部银库及陕西藩库贮银情况表（来源：自制[1]） **附表 6**

陕西藩库存银统计日期	陕西藩库实贮银数（两）	该年岁末户部银库实贮银数（两）
乾隆二十二年十月初八日	2771481	40152254.177
乾隆三十年十二月二十六日	2362541	60336375
乾隆三十三年正月十八日	1904379	71823888
乾隆三十六年六月初八日	**4333700**（目前所知陕西藩库存银最高值）	**78940001**（目前所知户部银库存银次高值）
乾隆三十六年十一月二十六日	1395808.1	
乾隆三十七年十二月底	1456706.6	78740262
乾隆三十八年十二月底	948996.5	68677071.225
乾隆四十年十二月底	2215666.93	64957273.478
乾隆四十一年十二月底	**3602439.484**（目前所知陕西藩库存银次高值）	74662671.446
乾隆四十二年十二月底	无统计数据	**81824043.71**（目前所知户部银库存银最高值）
乾隆四十四年十二月底	2675186.236	75042231
乾隆四十六年十二月底	2756294.238	无统计数据

[1] 表内银库存银信息根据中国社会科学院经济研究所藏清代抄档《黄册 · 户部银库类》、中国第一历史档案馆及中国台湾“台北故宫博物院”所藏乾隆朝户科题本、朱批奏折、军机处录副奏折等资料整理获得。因现存档案有缺失，乾隆朝在二十二年（1757）以前及五十八年（1793）以后的陕西藩库存银量无统计数据，乾隆朝后的其他各朝统计数据更为匮乏，故仅列举部分有代表性的年份。

续表

陕西藩库存银统计日期	陕西藩库实贮银数（两）	该年岁末户部银库实贮银数（两）
乾隆五十年十二月底	1684398	无统计数据
乾隆五十八年十二月底	562677	无统计数据
嘉庆三年	无统计数据	19185592.454
嘉庆十年	无统计数据	24551905.453
嘉庆二十年	无统计数据	24408276.447
道光八年	无统计数据	33480555.996
道光十六年十月二十八日	1800296	无统计数据
道光二十三年正月初九日	910599	9933789.792❶
咸丰七年二月二十九日	**81811** （目前所知陕西藩库存银最低值）	无统计数据
咸丰十年十二月底	无统计数据	**1175097** （目前所知户部银库存银最低值）
光绪八年	无统计数据	8055470
光绪二十五年	无统计数据	4780492
光绪三十二年十月二十三日	377222.57	无统计数据

毕沅时期陕西部分陵墓的保障情况一览表（来源：自制❷） **附表 7**

名称	墓葬围墙周长（丈）	守墓者人数	实起租地❸（亩）	地租银❹（两）
周文王陵	342.4	陵户4名	162	19.44
周武王陵				
周成王陵	尺寸不详	陵户2名	140	16.8
周康王陵	尺寸不详	陵户2名	60	7.2

❶道光二十三年（1843）刑部尚书惟勤等奏称，当年三月盘库后发现，按库册所载应有库银1218万余两，实际仅292万余两，短缺925万余两[174]。道光帝震怒而立即下旨命乾隆朝以后任职的户部官员一律摊赔，因此当年年底库银又回升至993万余两[175] 81,164,228。当然，这件银库亏空巨案暴露了嘉庆朝以后的户部银库及陕西藩库的存银数据未必可信，实际存银量皆应少于账面数字。

❷据乾隆《钦定礼部则例》卷一百三十、乾隆《咸阳县志·陵墓》、乾隆《蒲城县志·地理一·陵墓》、乾隆《泾阳县志·建置志·陵墓》、嘉庆《咸宁县志·陵墓志》、民国《乾县新志·陵墓》、民国《咸阳县志·古遗古物志》（手稿）、张开东《海岳集》卷二及卷六、宇野哲人《中国文明记》"长安纪行"篇等相关信息整理。

❸陵墓所属土地自陵墙外开始计算，除去守墓者每人配20亩耕地外，所剩土地为实际的起租地，用来租给周边的村民收取田租，这些田租可用以供养陵户和保障陵墓的定期修护。

❹地租银数与实起租地面积相关，乾隆中期时每亩地起租银为一钱二分，其中三分解库，即土地年租价为0.12两/亩，其中解库银数为0.03两/亩。

续表

名称	墓葬围墙周长（丈）	守墓者人数	实起租地（亩）	地租银（两）
秦二世皇帝陵	22	陵户2名	不详	不详
汉高祖长陵	尺寸不详	陵户2名	314.4	37.728
汉惠帝安陵	尺寸不详	陵户2名	不详	不详
汉文帝霸陵	181	陵户1名	不详	不详
汉景帝阳陵	尺寸不详	陵户2名	269.83	32.3796
汉武帝茂陵	288	陵户2名	不详	不详
汉昭帝平陵	249	陵户2名	不详	不详
汉宣帝杜陵	312	陵户2名	不详	不详
汉元帝渭陵	361	陵户2名	不详	不详
汉成帝延陵	257	陵户2名	不详	不详
汉哀帝义陵	尺寸不详	陵户2名	205.593	24.671
汉平帝康陵	尺寸不详	陵户2名	147.32	17.6784
汉薄太后南陵	196	陵户1名	不详	不详
汉李夫人英陵	136	不详	不详	不详
唐太宗昭陵	30余	陵户若干（毕沅增设）	不详	不详
唐高宗乾陵	尺寸不详	陵户25家41名[1]	163.1	19.572
唐睿宗桥陵	100	陵户10名	不详	不详
唐让皇帝惠陵	80	陵户10名	不详	不详
唐玄宗泰陵	100	陵户10名	不详	不详
唐宪宗景陵	100	陵户10名	不详	不详
唐穆宗光陵	100	陵户10名	不详	不详
唐德宗崇陵	尺寸不详	陵户4名	114.7	13.764
唐宣宗贞陵	尺寸不详	陵户10名	448	53.76
唐韦太后福陵	28	陵户1名	不详	不详
唐晁太后庆陵	40	陵户1名	不详	不详
唐王太后安陵	24	陵户1名	不详	不详

[1] 仅知陵户共25家，具体人数为笔者根据地租银数推算。

续表

名称	墓葬围墙周长（丈）	守墓者人数	实起租地（亩）	地租银（两）
唐王太后寿陵	23.6	陵户1名	不详	不详
周公墓	164	墓户2名	不详	不详
周太公墓	104	墓户2名	不详	不详
萧何墓	尺寸不详	墓户1名	不详	不详
曹参墓	尺寸不详	墓户1名	不详	不详
周勃墓	尺寸不详	墓户1名	不详	不详
韩信墓	25.5	墓户1名	不详	不详
卫青墓	94.6	不详	不详	不详
霍去病墓	80.3	不详	不详	不详
霍光墓[1]	75	不详	不详	不详
张安世墓	12	墓户1名	不详	不详
郭敬之墓	24	墓户1名	不详	不详
萧嵩墓	16	后裔，数量不详	不详	不详
雍泰墓	38	墓户1名	不详	不详
邹应龙墓	58	后裔，数量不详	不详	不详

毕沅保护昭陵相关事件一览表（来源：自制） **附表 8**

时间	事件	相关人物	备注
乾隆四十年（1775）三月	毕沅考察昭陵及21座陪葬墓后，发现陵墓保护存在的各类问题	毕沅、金兆琦（时任醴泉县知县）	毕沅由四川护送官兵后返程时途经醴泉
乾隆四十年（1775）八月	行旅文人张开东在考察昭陵和建陵后发现陵墓保存状态不容乐观，因此向毕沅提交《呈毕中丞请护醴泉唐陵启》一文	张开东、毕沅	张开东于乾隆四十年初由晋入陕，自韩城一路西行，途经西安并谒见了毕沅，随后西行至醴泉，在昭陵和建陵考察了三天

[1] 从乾隆《兴平县志》中所绘霍光墓的位置来看，很可能是金日磾墓。

续表

时间	事件	相关人物	备注
乾隆四十一年（1776）夏秋之际	为昭陵陵园修筑园墙30余丈，在陵园内种植松柏，并树立“唐太宗昭陵”碑和“唐文德皇后昭陵”碑	毕沅、张心镜（时任醴泉县知县）	陵墙今已无存，仅在数张历史影像中依稀可见，据《重修唐太宗庙碑记》记载陵墙为红色
乾隆四十二年（1777）八月	为昭陵周围24座墓主可考的陪葬墓立碑，为当时仍立于各陪葬墓前的27座唐碑建立碑亭	毕沅、张心镜	所有碑亭今均已无存，亦无历史影像可考
乾隆四十五年（1780）	用银995两修缮了九嵕山下昭陵陵庙（唐太宗庙）。修缮了九嵕山上唐太宗祠的祭殿，为“昭陵六骏”石刻修建了廊房进行保护	毕沅、蒋骐昌（时任醴泉县知县）	山上的唐太宗祠围墙为红色，祠内祭殿、六骏廊房、卷棚、山门等建筑均为黄色琉璃瓦屋顶。据道光时人记载，祭殿为五开间建筑，六骏廊房为面阔三开间、进深一开间的单檐硬山顶建筑，卷棚为五开间建筑。此外，六骏廊房和山门存有历史影像可供参考
乾隆四十六年（1781）	毕沅的幕宾洪亮吉受蒋骐昌之请撰写《重修唐太宗庙碑记》	洪亮吉、蒋骐昌	该文收入洪亮吉《卷施阁文乙集》内
乾隆四十七年（1782）春	毕沅与幕宾再次考察昭陵，并共同创作《昭陵石马联句》一诗	毕沅、吴泰来、严长明、洪亮吉、孙星衍、朱爔	该诗为五言长诗，共60句，收入初刊于乾隆四十七年的毕沅所编《乐游联唱集》内
乾隆四十八年（1783）十月	为昭陵周围147座墓主失考的陪葬墓树立3座总碑，其中在昭陵东侧陪葬区立2座碑，西侧陪葬区立1座碑。在总碑上刻写所存各墓名位及尺寸	毕沅、蒋骐昌	3座总碑今已无存，亦无历史影像可考
乾隆四十九年（1784）四月	于燕妃墓旁竖立《大清防护唐昭陵碑》，碑文中记录本次昭陵保护的相关事迹	毕沅、钱坫、孙星衍、蒋骐昌、王景桓	该碑现藏昭陵博物馆，由毕沅撰文，钱坫篆书，孙星衍题额并摹勒，蒋骐昌立石，监生王景桓刻字
乾隆四十九年（1784）	《醴泉县志》修成，毕沅亲自作序并特别强调昭陵的保护工作。书中将昭陵作为醴泉县重要古迹进行大篇幅介绍，并叙述了本次保护的相关情况	毕沅、蒋骐昌、孙星衍	该书文14卷、图1卷，由毕沅倡导蒋骐昌、孙星衍修纂而成

昭陵附近毕沅寻访所见的27座唐碑情况一览（来源：自制❶） **附表9**

立碑年代	碑名	碑文撰者	碑文书者	字体❷	碑刻尺寸❸ 高×宽×厚（cm）
唐贞观十一年（637）	温彦博碑	岑文本	欧阳询	正书	342×111×37
唐贞观十六年（642）	段志玄碑	无撰者名	无书者名	正书	334×105×35
唐贞观十七年（643）	魏征碑	唐太宗	唐太宗	已磨损	430×110×40
唐永徽六年（655）	高士廉茔兆记	许敬宗	赵模	正书	437×130×50
唐贞观二十二年（648）	孔颖达碑	无撰者名	无书者名	正书	347×108×35
唐高宗朝 （年代不详）	褚亮碑	无撰者名	无书者名	分书	298×110×39
唐永徽三年（652）	房玄龄碑	无撰者名	无书者名	正书	385×136×45
唐永徽元年（650）	豆卢宽碑	李义府	无书者名	正书	361×100×37
唐永徽六年（655）	薛收碑	于志宁	无书者名	正书	293×108×33
唐显庆元年（656）	崔敦礼碑	于志宁	于立政正	正书	338×110×31
唐显庆三年（658）	张胤碑	李义府	无书者名	正书	354×110×35
唐显庆三年（658）	李靖碑	许敬宗	王知敬	正书	427×128×42
唐显庆四年（659）	尉迟敬德碑	许敬宗	无书者名	正书	442×150×53
唐显庆四年（659）	兰陵长公主碑	李义府	无书者名	正书	338×111×31.5
唐龙朔二年（662）	许洛仁碑	无撰者名	无书者名	正书	338×120×36
唐乾封元年（667）	纪国陆先妃碑	无撰者名	无书者名	正书	318×102×34
唐上元元年（674）	马周碑	许敬宗	殷仲容	分书	358×116×39
唐上元二年（675）	阿史那忠碑	无撰者名	无书者名	正书	388×118×34
唐仪凤二年（677）	李勣碑	唐高宗	唐高宗	行书	570×180×54

❶通过分析《关中胜迹图志》《关中金石记》及乾隆《西安府志》等资料后制作。《关中胜迹图志》中收录唐碑20座，原书中有6处讹误，张沛先生在点校时已指出，分别是：高士廉茔兆记误作立于贞观二十一年，孔颖达碑误作立于贞观二十六年，张胤误作张后胤，尉迟敬德碑名未写作尉迟恭碑，阿史那忠碑误作立于咸亨四年，裴艺碑之撰者书者并非不可考，表内皆已更正。《关中金石记》较《关中胜迹图志》多收录杜君绰、张阿难、姜遐、乙速孤行俨、唐俭等5人的墓碑。毕沅未考证出确切年代的高士廉碑、孔颖达碑、房玄龄碑、裴艺碑，张沛先生已在《昭陵碑石》[262]一书中考证出。乾隆《西安府志》中作者明确记载是与毕沅一同进行的昭陵调查，该书中较《关中金石记》多收录魏征碑、乙速孤神庆碑，但未收录尉迟敬德碑。除此27座碑外，毕沅还遗漏15座至今仍保存且墓主姓名可考的墓碑。

❷清人所称的“正书”[263]即楷书，“分书”即隶书，本表内仍采用当时之称呼。

❸张沛《昭陵碑石》[262]和张崇德《礼泉文物志》[263]表五 两书中都记载了各碑尺寸数据，但两书的数据有所差异，本表内尺寸数据主要来源于《昭陵碑石》一书，缺漏者以《礼泉文物志》中数据补充。另外，许多唐碑下部较宽，上部略有收分，本表内所记宽度数据均为碑刻下部较宽处尺寸。

续表

立碑年代	碑名	碑文撰者	碑文书者	字体	碑刻尺寸 高×宽×厚（cm）
唐贞观二十三年（649）	裴艺碑	上官仪	褚遂良	正书	363×111×39
唐永徽年间（650—655）	王君碑❶	无撰者名	无书者名	正书	不详
唐麟德元年（664）	杜君绰碑	李俨	高正臣	正书	352×123×30
唐咸亨二年（671）	张阿难碑	无撰者名	僧普昌	正书	205×81×26.5
唐代（年代不详）	姜遐碑	无撰者名	无书者名	正书	279×103×31
唐载初二年（690）	乙速孤神庆碑	苗神客	释行满	正书	不详
唐开元十三年（725）	乙速孤行俨碑	刘宪	白义晊	分书	275×104×34.5
唐开元二十九年（741）	唐俭碑	无撰者名	无书者名	正书	360×120×34

西岳庙修缮工程中官员捐款数与其养廉银数对比（来源：自制） **附表 10**

<table>
<tr><th>官职</th><th>年额定养廉银数❷（两）</th><th>西岳庙工程中捐款总数（两）</th><th>西岳庙工程中年均捐款数（两）</th><th>年均捐款数占年养廉银数比例（%）</th></tr>
<tr><td>陕甘总督</td><td>20000</td><td>9000</td><td>3000</td><td>15</td></tr>
<tr><td>陕西巡抚</td><td>12000</td><td>9000</td><td>3000</td><td>25</td></tr>
<tr><td>陕西布政使</td><td>8000</td><td>6000</td><td>2000</td><td>25</td></tr>
<tr><td>陕西按察使</td><td>5000</td><td>3000</td><td>1000</td><td>20</td></tr>
<tr><td>陕西督粮道</td><td>2400</td><td rowspan="3">12000</td><td>不详</td><td>/</td></tr>
<tr><td>陕西其他各道员</td><td>2000</td><td>不详</td><td>/</td></tr>
<tr><td>陕西各府级官员</td><td>2000</td><td>不详</td><td>/</td></tr>
<tr><td>甘肃布政使</td><td>7000</td><td>6000</td><td>2000</td><td>28.57</td></tr>
<tr><td>甘肃按察使</td><td>4000</td><td rowspan="3">15000</td><td>不详</td><td>/</td></tr>
<tr><td>甘肃各道员</td><td>3000</td><td>不详</td><td>/</td></tr>
<tr><td>甘肃各府级官员</td><td>2000</td><td>不详</td><td>/</td></tr>
</table>

❶此碑今已亡佚，仅在《关中金石记》中收录部分碑文，张沛先生考证其墓主很可能为王涛，字波利。

❷表内涉及的官员年额定养廉银两数据来源为乾隆《钦定户部则例》卷九十二《廪禄·俸薪养廉下》[299]452-453。

毕沅主持的西岳庙、玉泉院、金天宫等修缮工程费用明细（来源：自制[1]） **附表 11**

工程名称	估算费用（两）	实支费用（两）	经费来源及拨款数额（两）	到款时间	核销时间
西岳庙修缮工程	120000	约180000，具体不详	内务府帑金 120000（实际在陕西省应解户部正项内扣存120000两，由内务府照数拨还户部）	乾隆四十二年（1777）十一月	乾隆四十六年（1781）内务府核减部分报销费用，乾隆四十七年（1782）三月乾隆皇帝特降旨准予全部报销
			陕西巡抚养廉银 9000	乾隆四十四年（1779）（由司库贮备项下一次性划拨到款，自乾隆四十四年至乾隆四十六年每年还款3000两）	属于捐款，不核销
			陕西布政使养廉银 6000	乾隆四十四年（1779）（由司库贮备项下一次性划拨到款，自乾隆四十四年至乾隆四十六年每年还款2000两）	属于捐款，不核销
			陕西按察使及陕西五道六府官员养廉银 15000	乾隆四十四年（1779）（由司库贮备项下一次性划拨到款，自乾隆四十四年至乾隆四十六年，每年按察使还款1000两，其余道府官员共还款4000两）	属于捐款，不核销
			陕甘总督养廉银 9000	乾隆四十六年（1781）	属于捐款，不核销
			甘肃布政使养廉银 6000	乾隆四十六年（1781）	属于捐款，不核销
			甘肃按察使及各道、府官员养廉银 15000	乾隆四十六年（1781）	属于捐款，不核销
西岳庙神旛、供器等购置工程	2000	2000	陕西省赏借营息银两 2000	乾隆四十六年（1781）	属于息银，不核销
玉泉院修缮工程	18000	18179.2	陕西省赏借营息银两	乾隆四十三年（1778）	属于息银，不核销
金天宫修缮工程	>20000	18932.376	陕西省赏借营息银两	乾隆四十四年（1779）十一月	属于息银，不核销

[1] 表内数据来源为中国台湾“台北故宫博物院”编《宫中档乾隆朝奏折》第45辑第721–723页、第51辑第147页、第 51辑第590页，以及中国第一历史档案馆藏乾隆朝朱批奏折（档号04-01-37-0039-006）。

乾隆时期陕西境内部分城、堡修葺所用工期及经费一览（来源：自制[1]） **附表 12**

城垣或堡城名称	开工时间	竣工时间	原估工料银（两）	实销工料银（两）
西安城垣	乾隆4年1月10日	乾隆5年11月6日	90994.9774	70986.322
西安城垣	乾隆27年9月	乾隆28年11月18日	不详	11456.254
西安城垣	乾隆48年6月18日	乾隆51年9月	1566125.195	1585158.203
潼关城垣	乾隆53年4月9日	乾隆56年7月	约1359800	1359865.933
耀州城垣	乾隆31年	乾隆32年	约20000余	不详
洛川县城垣及衙署（移建）	开竣工时间不详，核销时间为乾隆34年		19558.659	19512.392
紫阳县城垣	开竣工时间不详，核销时间为乾隆36年		4753.165	4749.485
汉阴县城垣	开竣工时间不详，核销时间为乾隆36年		13720.228	13052.253
吴堡县城垣	开竣工时间不详，核销时间为乾隆25年		7922.8	7689.438
怀远县城垣	乾隆24年	乾隆24年	14448.145	13037.629
归德堡	乾隆24年	乾隆24年	7127.1269	不详
建安堡	乾隆24年	乾隆24年	13859.623	12919.355
柏林堡	乾隆24年	乾隆24年	6050.524	5734.945
镇羌堡	乾隆24年	乾隆24年	8841.426	8388.527
安边堡	乾隆24年	乾隆24年	4968.203	49033.468
龙州堡	乾隆33年	乾隆36年	5140.252	4445.189
镇罗堡	乾隆33年	乾隆36年	4513.681	4055.292
木瓜园堡	乾隆33年	乾隆36年3月16日	17444.898	16175.25
孤山堡	乾隆33年	乾隆35年8月29日	7461.962	6973.529
高家堡	乾隆33年8月29日	乾隆36年3月22日	14608.141	13845.75
渔河堡	乾隆33年	乾隆36年3月27日	12177.102	11747.5
常乐堡	乾隆33年	乾隆36年3月26日	11578.096	11020.111
波罗堡	乾隆33年	乾隆35年9月24日	26349.987	25571.566
响水堡	乾隆33年	乾隆35年8月26日	19541.709	18901.44
砖井堡	乾隆33年9月1日	乾隆36年3月29日	24400.143	23728.517
盐场堡	乾隆33年9月1日	乾隆36年3月20日	7070.45	6677.299

[1] 表内数据来源为中国第一历史档案馆及中国台湾“台北故宫博物院”所藏乾隆朝朱批奏折。

西安城垣在毕沅修缮前后数量或尺寸变动情况一览（来源：自制[1]） **附表 13**

修缮对象	毕沅修缮前数量或尺寸	毕沅修缮后数量或尺寸	目前数量或尺寸
城濠（护城河）	深3丈、底宽8尺（明初时深2丈、底宽8尺，康熙元年加深至该尺寸）	深3.4丈（10.73米）、河面宽6丈（18.94米）、底宽3丈（9.47米）	深约9~11米不等、河面宽约34~54米不等、底宽约18米
城垣墙体	均高3.4丈、顶宽3.8丈、底宽6丈（乾隆《西安府志》记载，明代时记载高3丈、宽4丈）	外墙高3.65丈（11.52米）、内墙高3.55丈（11.21米）、顶宽4.7丈（14.84米）、底宽6.2丈（19.57米）	外墙高11.7~11.9米、内墙高11.3~11.5米、顶部总宽14.46~15.46米不等、底宽约18米
海墁	城顶原本无海墁，顶部素土宽3~5丈（9.47~15.79米）不等	宽4.7丈（14.84米）、总周长4302丈（13581.41米）	海墁宽13.5~14.5米不等，总周长13192米
垛墙及垛口	设有垛墙，具体尺寸及垛口数量不详	垛墙顶高5.5尺（1.74米），垛口5858个	垛墙顶高1.76~1.83米，垛口5984个（1949年后陆续被破坏殆尽，后统一按原样重建）
宇墙	未设置	高2.5尺（0.79米）	高0.78~0.79米（1949年后陆续被破坏殆尽，1983年起按原样重建）
城门	4处（共计4座门洞）	4处（共计4座门洞）	18处（共计76座门洞）（民国时期新开4座门，1949年以后新开10座门）
城楼	4处	4处	4处（除北门城楼于1911年被毁外，其余3处城楼保存完好）
闸楼	4处	4处	1处（民国初年4座闸楼均被拆除，南门闸楼于1989年复建，不久后将屋顶由清代的悬山顶改为歇山顶）
箭楼	4处	4处	4处（南门箭楼于1926年失火被毁，2014年复建，其余三门箭楼保存完好）
角楼	4处	4处	4处（民国后陆续被毁，1983年来复建东北、西北、东南角楼，西南角楼保存遗址）
马面（敌台）	98处	98处	93处（因后世新开城门破坏9处，1983年后恢复4处）

[1]表中数据来源为中国第一历史档案馆及中国台湾"台北故宫博物院"所藏朱批奏折、军机处录副奏折，以及乾隆《西安府志·建置志上·城池》、嘉庆《长安县志·土地志上》、嘉庆《咸宁县志·地理志》《明清西安词典·府城建筑》《西安城墙·建筑卷》《西安城墙·保护卷》等资料，并结合笔者现场实测数据。

修缮对象	毕沅修缮前数量或尺寸	毕沅修缮后数量或尺寸	目前数量或尺寸
卡房（敌楼、卡楼）	98座	98座[1]	21座（民国时皆毁，1989年后陆续重建21座）
官厅	4座	4座	0座（民国初被拆除）
排水槽	0个	205个	167个
马道	18处24条（四门马道12处共12条，中心台马道6处共12条）	18处24条（四门马道12处共12条，中心台马道6处共12条）	17处26条（原四门马道皆拆除，改建于瓮城内，东、西瓮城各2处共4条，南、北瓮城各1处共2条；中心台马道仅存5处共10条；新建登城阶道6处共10条）
马道门楼	0座	24处	11处
魁星阁（魁星楼）	1座（二重檐十字歇山顶）	1座（二重檐十字歇山顶）	1座（民国初年被毁，1986—1987年重建为二重檐四角攒尖顶）

西安城墙修缮工程中原估与实际兴工变更之处及变动银数（来源：自制） **附表 14**

修缮对象	修缮对象数量	实支比原估变动银数（两）
城身背底海墁	总长4302丈	+51920
城上卡房外皮旧砖挪用里面，外添新砖	98座（以上海墁、卡房两项新增城砖4151560个）	
城身外墙砖	节省城砖1290840个 应拆修者凑长4492.8丈	
魁星阁	1座	+18558
东门、西门、北门箭楼城台	3座	
城墙内侧夯土	总长3907.8丈	–41028（利用旧有夯土而节省的费用）
		–9610.471（未予报销，多估算的土方费用由前巡抚何裕城赔缴）

[1]《明清西安词典》[332]43和《西安城墙·建筑卷》[333]18中记述城上建有94座卡房和4座官厅，而德成、毕沅的奏折内明确提到有“卡房”98座和“看守楼座官厅”4座，表明前说有误。结合历史影像，笔者发现西安城垣的官厅位于各门城楼一侧的基座上，永宁门官厅位于城楼东侧，安定门官厅位于城楼南侧，安远门官厅位于城楼西侧，长乐门官厅位于城楼南侧，各官厅距离城楼5~15米不等。

续表

修缮对象	修缮对象数量	实支比原估变动银数（两）
东门外月城南马道	2处	–214.757 （未支出无须报销，因南面1处马道不需修筑）
里皮水沟	205道	–592.608 （未支出无须报销，因水沟实际少砌砖七层）
原估银数	/	**1566125.195**
续估银数	/	**1618045.195**
实支银数	/	**1595576.038**
实销银数	/	**1585158.203**[1]

清代嘉庆朝各类古迹修缮保固期限一览表（来源：自制[2]） **附表 15**

古迹类型	具体修缮对象	修缮措施	保固年限（年）
坛庙	坛庙殿宇	拨正纠偏	12
		更换大木或夯筑地脚	15
		揭瓦新茸屋面	10
	殿座房屋	重新油饰13次或9次	10
		重新油饰7次或5次	6
		重新油饰3次或无地仗只加油饰	2
牌楼及各类露天建筑	牌楼（亦适用于各类露天建筑）	拆换大木	10
		抽换木构件或揭瓦新葺屋面	6
		黏修及油饰	3
		无地仗仅加紫朱油润色	1
城垣	城垣墙体	新修城垣	30
		拆修城身、另筑地脚	30
		补砌城身海墁或补筑土牛（未动城垣地脚）	20
		贴砌砖瓦或拆修海墁（未动城垣内夯土）	8

❶实销银数1585158.203两与未报销的银数相加，比实支银数的1595576.038两多出0.001两，这应当与清代财务计算时舍去零头有关。
❷笔者据嘉庆二十二年（1817）《钦定工部保固则例》整理。

续表

古迹类型	具体修缮对象	修缮措施	保固年限（年）
城垣	城垣墙体	零星剔补黏修	3
	城楼	整座城楼全部拆卸重建	15
		抽换或拨正大木构件	10
		揭瓦新葺屋面	8
		城门扇新造或另修	5
		更换半扇城门	3
		修补门角起锭铁叶	1
		各城门踏跺木新造或另修	3
		更换城门木构件五成以上	2
		更换城门木构件五成以下	1
坛庙、陵墓等古迹内围墙	各类砖围墙	灰砌城砖夯筑灰土地脚	10
		灰砌沙滚砖、下肩沙滚砖上身土坯两面抹饰（夯筑地脚）	8
		灰砌沙滚砖、下肩沙滚砖上身土坯两面抹饰（不动地脚）	4
		灰砌碎砖及土坯抹饰（夯筑地脚）	4
		找砌长宽一丈以上	3
		剔补抹饰	2
	各类灰土围墙	新建另修筑打地脚（上有护顶砖）	6
		补砌段落（上有护顶砖）	3
		筑打灰土（上无护顶砖）	3
		补砌段落（上无护顶砖）	2
	各类素土围墙	筑打素土（上有屯顶）	3
		筑打素土（上无屯顶）	1
坛庙、陵墓、城垣等地面铺装	各类砖地面、海墁	新修	10
		挑墁五成以上	6
		挑墁五成以下	4

附文

附文 1

清代毕沅《奏进〈关中胜迹图志〉原疏》[1]

奏为恭进《关中胜迹图志》事：陕省外控新疆，内毗陇、蜀，表以终南、太华，带以泾渭、洪河，其中沃野千里，古称天府四塞之区。粤自成周而后，以迄秦、汉、隋、唐，代建国都，是以胜躅名踪，甲于他省。我皇上威棱远訾，底定四陲。昨者金川小丑，自作不靖，王师挞伐，迅集鸿勋。关中当入川孔道，臣以樗栎庸才，仰承恩命，简任封圻，计今六稔于兹。其间名山大泽，每因公务，车尘马迹，大半经行。至于故宫旧苑，废刹遗墟，凭吊所经，率多湮没。窃思山川胜迹，显晦有期。兹值国家治定功成，百废修明之日，兼以关中六载以来，雨旸时若，年谷顺成，民力宽舒，废坠堪以具举，臣不揣固陋，每届辙迹经由，于邮亭候馆中，咨询钞撮。幸《大清一统志》及《陕西通志》堪以依据，此外如《元和郡县志》《太平寰宇记》《三辅黄图》《西京杂记》、宋敏求《长安志》、程大昌《雍录》、何景明《雍大记》诸书尚存什一，其中或有舛讹疑似，间抒一得之愚，旁加考证。岁月既多，遂成卷帙。荟萃已基于此日，兴修可待于他时。窃惟我皇上法健顺于乾坤，协仁智于山水。翠华遥莅，则翕河乔岳尽被怀柔；丹诏新颁，虽汉阙唐陵咸邀保护。是以不揆梼昧，谨将纂成《图志》三十卷缮成上下二函，敬上西清，仰尘乙览。窃比豳风、夏谚，聊述职于輶轩；载欣禹甸、周原，得时披于黼扆。谨缮折具奏，伏乞睿鉴。谨奏。

乾隆四十一年六月初十日在热河行在恭进

奉旨：毕沅所进《关中胜迹图志》，著录入《四库全书》

[1]引自毕沅撰，张沛点校．关中胜迹图志[M]．西安：三秦出版社，2004：3.

附文 2

《关中胜迹图志》卷首[1]

四库全书提要

关中胜迹图志三十二卷，乾隆四十一年巡抚陕西兵部侍郎兼都察院右副都御史毕沅所进也。

关中为雍州旧壤，班固所称“神皋奥区”，周、秦、汉、唐并建都作邑，遗闻旧事见于典籍者至多，可以循览前编，考求故址，而河山表里，形势尤雄，奇迹灵踪，亦往往而在。诸家撰述之存于今者，《三辅黄图》以下，如宋敏求《长安志》、吕大防《长安图记》、程大昌《雍录》、李好文《长安志图》、何景明《雍大记》、李应祥《雍胜略》之类，未易一二殚数，而山水游记、州郡志乘，尚不与焉。然体例各殊，纯驳互见，披图按籍，牴牾实繁，未有荟萃群言，归于画一者。

我国家醲化覃敷，桐生茂豫。周原豳土，庆告屡丰。华岳之祠，太白之湫，俱仰荷宸翰褒题，光烛霄宇，其秦、汉泾渠故道，亦皆次第兴修。守土之臣，得乘边圉宁谧、民气和乐之余，行部川原，询求旧迹，订讹厘舛，勒成是编，以上呈乙览。

视儒生著述，披寻于断碑碎碣之间，研索于脱简残编之内者，其广狭固有殊矣。其书以郡县为经，以地理、名山、大川、古迹四目为纬，而以诸图列于前。援据考证，各附本条，具有始末。臣等谨为录副，登诸秘阁，亦古者郡国志藏在太史之义也。

[1] 引自毕沅撰，张沛点校．关中胜迹图志［M］．西安：三秦出版社，2004：1-2.

附文 3

清代卢文弨《关中金石记》叙[1]

余生平未尝至关中，闻有所谓碑林者，未由见也。数十年前，有人从长安来，叩之，则大率在榛莽中，雨淋日炙，不加葺治，甚且众秽所容，几难厕足。盖未尝不慨然兴叹也。

镇洋毕公，前抚陕之二载，政通人和，爰以暇日，访古至其地，顾而悚息。于是，堂庑之倾圮者，亟令缮完；旧刻之陷于土中者，洗而出之。开成石经多失其故，第复一一加以排比，于外周以阑楯，又为门以限之，使有司掌其启闭。废坠之久，然更劆新，儒林传为盛举。及公之复莅秦中也，乃并裒各郡邑前后所得金石刻，始于秦，讫于元，著为《关中金石记》八卷。考正史传，辨析点画，以视洪、赵诸人，殆又过之。夫人苟趣目前，往往于先代所留遗不甚爱惜，而亦无以为后来之地。儒生网罗放失，亦能使古人之精神相焕发，而或限于其力之所不能，必赖上之人宝护而表章之，以相推相衍于无穷，其视治效之仅及于一时者，相什伯也。公之于政也，绵有余力，故能百废具兴，即此亦其一也。自国朝以来，为金石之学者多于前代。以余所知，若昆山顾氏炎武、秀水朱氏彝尊、嘉兴曹氏溶、仁和倪氏涛、大兴黄氏叔璥、襄城刘氏青芝、黄冈叶氏封、嘉兴李氏光映、郃阳褚氏峻、钱塘丁氏敬、山阳吴氏玉搢、嘉定钱氏大昕、海盐张氏燕昌，皆其选也，继此者方未有艾。得公书而考之，庶几古今人之精神命脉，不至中绝也乎！

乾隆四十有七年季冬，杭东里人卢文弨叙。

---

[1]引自毕沅．关中金石记［M］．北京：中华书局，1985：叙．

附文 4

清代钱大昕《关中金石记》叙[1]

金石之学，与经史相表里。侧菑异本，任城辨于《公羊》；戛臭殊文，新安述于《鲁论》；欧、赵、洪诸家涉猎正史，是正尤多。盖以竹帛之文，久而易坏，手钞板刻，展转失真。独金石铭勒，出于千百载以前，犹见古人真面目，其文其事，信而有征，故可宝也。

关中为三代、秦汉、隋唐都会之地，碑碣之富，甲于海内。巡抚毕公以文学侍从之臣，膺分陕之任，三辅、汉中、上郡皆桉部所及。又尝再领总督印，逾河陇，度伊凉，跋涉万里，周爰咨询，所得金石文字，起秦汉，讫于金元，凡七百九十七通。雍凉之奇秀，萃于是矣。公又以政事之暇，钩稽经史，决擿异同，条举而件系之。正六书偏旁，以纠冰英之谬；桉《禹贡》古义而求汉漾之源。表河伯之故祠，紬道经之善本，以及三藏五灯之秘、七音九弄之根。偶举一隅，都超凡谛，自非多学而识，何以臻此？在宋元丰中，北平田概尝撰《京兆金石录》六卷，其书虽不传，然陈氏《宝刻丛编》屡引之。揆其体例，仅纪撰书姓名、年月，初无考证之益，且所录不过京兆一路，岂若斯记自关内、山南、河西、陇右，悉著于录；而且征引之博，辨析之精，沿波而讨源，推十以合一，虽曰尝鼎一脔，而经史之实学寓焉。

大昕于兹事笃嗜有年，尝恨见闻浅尠，读公新制，如获异珍。它日桉籍而求，以补藏弆之阙，则是编为西道主人矣。辛丑岁七月钱大昕序。

[1] 引自毕沅. 关中金石记［M］. 北京：中华书局，1985：叙.

附文 5

清代钱坫《关中金石记》书后[1]

彝鼎之显由二汉，则许洨长言之矣；志碑之著由二魏，则郦中尉详之矣，皆以金石刻核考古事古言，用资洽闻。然或代易物湮，始存终轶，往往不可得征。老沙勒之犹不能久，宁论易殄耶?《唐史》载乾元中京师坏钟像，私铸小钱，会昌中李郁彦以钟铎纳巡院，充鼓铸用;《宋史》载姜遵知永兴军，太后诏营浮图，遵毁汉唐碑碣，以代砖甓。摧败之事岂特前世，后或甚之矣。巡抚公监兹放失，欲永其传，讲政之暇，日采集焉。又用真知，条证肆考，傅合别否，务得故实。取其片羽，可用为仪，盖菿然于洪、薛、欧、赵之上矣。令坫校字，得审观焉。点次卷目，谨识其尾。

时乾隆重光赤奋若岁相月，后学钱坫撰。

[1]引自毕沅．关中金石记［M］．北京：中华书局，1985：173.

附文 6

清代洪亮吉《关中金石记》书后[1]

魏郦道元撰《水经注》四十卷，凡引汉碑百、魏碑二十、晋及宋魏称是。窃尝谓金石之学，惟道元能见其大。今读其注，如华阴载祠堂碑，钜鹿载神坛碑，则祀典可定也；荥阳石门之铭，沛郡石坡之颂，则水利可兴也；洛阳南界，冀州北界之石，则区域可正也；曲江泷中碑，新城大石山碑，则幽远可通也。魏收仿之，故撰《魏书·地形志》，于郡县下每引汉魏以来石刻。巡抚毕公再涖陕西，前又两摄兰州之节，凡自潼关以西，玉门以东，其道路险易，川渠通塞，及郡县之兴废，祠庙之存否，莫不画然若萃诸掌，今记中所散见是也。夫欧、赵、洪、薛之撰集金石，仅藉以考古，而公则因以兴灌溉之利，通山谷之邃，修明疆界，厘正祀典。既非若道元之注托之空言，又非若欧阳诸书仅资博识，则所得实多焉。公既尝以案部至咸阳，读周文公庙诸石刻，为守墓之裔请于朝，增置五经博士；近又欲考定临晋河伯之祠，郃阳子夏之墓，皆公经世之务之获于稽古者也。读是记者，可以观其概焉。后学洪亮吉跋尾。

[1]引自毕沅．关中金石记［M］．北京：中华书局，1985：173-174.

附文 7

清代孙星衍《关中金石记》书后[1]

雍凉之域，实曰神皋，吉金乐石之所萃也。尔乃竹书纪异，昆仑树王母之眉；韩非著书，华岳勒天神之字。休与藐哉！其详轶矣。若其列侯尸祀，铭业乎奇器；汉将扬武，纪威乎绝域。

西京崇秩望之仪，蜀魏盛开凿之迹，固亦有焉。是以岐阳石鼓，厥贡于上京；裴岑纪功，扬光于昭代。暨乎唐叶，作都渭阳，宫室陵寝，此焉是集。移山寿绩，压岫标奇。赑屃负文而疑神，螭虬挟篆而欻走。亦越宋元，弥工题唱，镌名百仞之翠，沉字九回之渊。莫不比重昆琼，方真华玉。自是厥后，废兴忽然。颓坻昼落，则伟额潜埋；野燎宵飞，则贞趺涣碎。承平以来，廛居愈阜，削员珉而代甓，卧方阙以治繇。或乃因文昌之小辞，劘皇象之逸制。耆古之士，盖其闵矣；隐显之候，岂其恒欤？

今陕西巡抚毕公，江左之望，蔚矣儒风，汉庭之才，褎然举首。逮乎为政，其学益敦。开府乎咸林，摄节乎凉肃。外传有云："夕而序业，周公之美，读书百篇，公其体之，斯为大矣！"时则郑白之沃，互有泛塞；公斯渠所及，则有随便。子谷造象得于长安，唐尔、朱逵墓碣得于郃阳，朱孝诚碑得于三原。临洮之垣，亘以河朔。公案部所次，则有唐姜行本勒石得于塞外，梁折刺史嗣祚碑得于府谷，宝室寺钟铭得于鄜州，汉鄐君开道石刻、魏李苞题名得于褒城。公又奏修岳祀，而华阴庙题名及唐华山铭始出焉。公释奠学校，而开成石经及儒学碑林复立焉。自余创见，多后哲之未窥，前贤之未录。公受之以藏，是云敦素；获之有道，乃惟贤劳。其知者曰："可以观政矣！"重光之岁，月移且相，武橐有缄，嘉禾告瑞。公始从容晨暮，校理旧文，考厥异同，编诸韦册。且夫欧、赵之书，徒订其条目；洪都之著，弟详其年代。公证古之学，奄有征南博闻之才，通知荀勖，此之造述，力越前修。谈经则马、郑之微，辨字则杨、杜之正，论史则知几之邃，察地则道元之神，旁及《九章》，渊通《内典》，承天谱系之学，神珙字母之传，固已夺安石之碎金，惊君苗以焚砚。君子多乎？于公未也。公既理其打本，藏诸名山，刊其嘉言，诒之来学。谬承校录，略悉源流。若公惠政之列，国勋之章，方与往刻，共不朽焉，非所及也。后学孙星衍撰。

[1]引自毕沅. 关中金石记[M]. 北京：中华书局，1985：174-175.

附文 8

清代洪亮吉《中州金石记》后序[1]

尚书弇山先生成《关中金石记》之后二年，奉命调抚河南，又三年而复有《中州金石》之著，自是而秦凉之宝墨、荆豫之贞珉，搜采靡遗，殆称观止。亮吉于金石之学，素寡究心，而舆地之嗜，几于成癖。暇日尝假先生碑数百通，校史传阙遗，其间得史文之误者十之三，以史文正碑石之失者亦十之一。继又周览大河，纵观崇岳，南游乎汝颍，北极乎殷魏。又悟乎金石之失，有即可以金石正之者，如大坯之山，《尚书》有洛汭之文，《尔雅》标一成之目，而《唐天宝中河北黜陟使碑》以坯为岯，遂举黎阳县南山当之，虽说由臣瓒，而义无左证，何则？昔日一成，今乃岩岩之石岭，昔曰洛汭，今乃汤汤之淇水，必谓臣瓒之云足据，则周公文命之言未可凭也。惟晋灼《汉书音义》黎阳县下云："黎山在其南，河水经其东。"其山上碑云："县取山之名，取水之阳以为名。"固知魏晋以前，无有以黎阳南山为大坯者矣。又汲县近代比干墓碑，称郦道元《水经注》北魏时墓前石铭云："殷太师比干之墓。"夫未蒙其宠，而先有是称，此则厚诬古人，取讥来哲。惟《唐李翰碑》云："贞观十九年，太宗东征，师次殷墟，下诏追赠殷少师比干为太师，谥曰'忠烈'。"固知饰终之典，远逮夫贞观；崇号之加，无关于拓跋。必炫其该博，信此鲁鱼。是谓生被实祸，没蒙虚称，非后儒之无学，即前贤之不幸也。若夫滇阳之为慎，正以永平四年之印；成皋之为皐，见于建武中叶之章。虽始存终轶，而此是彼非，是知前之乐石，足以订来刻之譌，昔之吉金亦可纠近铸之失，有裨于实学不少也。近者圆石出洛阳，而知王伯舆为祔葬；残本藏太室，而知堂谿典字伯并。昨冯户部敏昌游王屋之山，于怀县得《司马升墓志铭》；武进士亿行巩洛之野，于董家邨得《姜纂造象记》。求之昔人，皆未著录，盖好古之至，川岳鉴其诚；购奇之心，球琳逾其价。固不必投文清泗，搜嬴秦已失之金；移檄阳侯，访太学久沉之石，而所得既如此矣。亮吉按《魏司马升碑》："曾祖彭城王祖荆州"云云，而知《晋史》列王之传缺略实多。又校《齐姜纂记》云："天统元年，太岁乙酉九月庚辰朔"，而知北齐后主之编干支亦误。未尝不申纸百回，求其堕义，面壁竟日，取悟一隅，俦类以此而疏，寒暑因之而变也。昔者戴渊之洫州，兼司兖豫；近则田公之作督，亦统山东。先生倚畀之隆，倘同兹例，庶几弦歌有暇，雠阙里之碑；旌麾所贲，访郎台之刻。自是而天下之大观，庶毕萃于一室矣。受业阳湖洪亮吉撰。

[1] 引自毕沅．中州金石记［M］//王云五主编．丛书集成初编（1523册），上海：商务印书馆，中华民国二十五年（1936）：后序1–2.

附文 9

清代毕沅《大清防护唐昭陵碑》碑文❶

赐进士及第、诰授资政大夫、兵部侍郎兼都察院右副都御史、巡抚陕西西安等处地方、赞理军务、兼理粮饷、钦赐一品顶带 毕沅撰

夫知堂者密，实惟帝之囿时；积高日邕，乃神明之冢舍。是以尊卢虚陇，尚仿像于蓝田；西海衣冠，必封崇乎上都。何况龙蟠大壑，比镐聚之声灵；天命元宫，继长陵之功烈者哉。醴泉县东北五十里九嵕山，唐太宗文皇帝昭陵之所在也。帝提剑乘天，握图出震，驱除吞噬，弹压殷齐。白鱼赤帝之祥，阪泉丹水之迹。让黼扆而肃五日之谒，遇斧戕而止二叔之辜。浮龟不足效其文，断鳌不足媲其武。帝系之所传，史牒之所颂，尽美又善，无得而称焉。原其终始，靡间归臧。乃若山陵，有彰圣哲。且夫雄略之主，必旁皇乎上仙；盖代之气，每绸缪于没世。水衡灌地，将为江河；玉柲服尸，恩毕天地。故以七十余万骊山穿治之徒，一万六千茂陵大徙之户，帝则深遵节约，廑凿嵯峨。似委宛之桐棺，拟谷林之通树。万乘之贵，悟旨庄周；独决之明，征言季札。克终后意，遂下王言。侍卫减于常仪，瓦木止于形具，此则帝之俭也。藏弓烹狗，烈士因而拊心；长颈鸟喙，哲人于焉长往。子胥抉目于吴阙，彭越覆醢于淮南，未尝不掩浸润之明，损豁达之度。帝则我言妩媚，推心置腹之诫；袒见创痍，丈夫意气之语。暨乎鼎湖髯去，闵堕地之空号；欒水和存，想张朝而再见。金枝玉叶，左武右文。前部鼓龠，东园秘器。祁连之冢，亘驰道以如山；赑屃之文，蔽元宫而似垒，此又帝之仁也。兵者凶事，不得已而用之。守在四裔，将羁縻而勿断。然奇肱之车，飞而偶至；长臂之服，通而遂迷。帝则薄伐之勇，系馘于明堂；畏怀之徒，输诚于身后。至使酋豪谢罪，綦浅血于坟沙；蕃长归朝，门图形于元阙。拜官尚主，天下一家。椎发雕题，骏奉左右，此又帝之大也。昔者宣丘遗训，古墓无坟；汉臣陈言，南山有隙。亡羊之牧，欻误人于三泉；踞虎之丘，骤见伤于敌国。帝则流连翰墨，眷惜钟王，以尧典之同棺，当佳城之名椁。卒令沙丘之字，势恢于登堂；宝鼎之茔，力穷于发弩。嗟尔后世，似有先知。倒我衣裳，诒之茧纸，此又帝之智也。若乃宣室之问，不信无征；墨翟之言，将闻岂见。鬼雄非毅，魂气何之。楚平一去，被辱于仇鞭；武皇见形，愤心于磨剑。帝则归复于士，陟降在天，呼啸若瑾之神，叱吒投壶之电。墨云颤野，遏袄寇于咸阳；黄旗立空，御贼军于华泽。皇堂奏异，血汗如神。祖龙无所用其驱，蚩尤不足比其纵，此又帝之灵也。帝缉熙之德，

❶笔者据碑文拓片辨识整理，亦参看张沛编著．昭陵碑石［M］．西安：三秦出版社，1993：235-236．

不解于生存；服畏之恩，弥光于奕祀。故能奠不朽之基业，享绝代之明湮。置庙设祀，建隆、开宝之遗；陵户丰碑，洪武、崇祯之册。我国家光宅八表，怀柔百神，屡致馨香，频加守护。使星夜出，映园寝之神光；燎火朝辉，杂封中之云气。沅守官关陇，按部池阳，瞻拜神宫，周游墓道。其山也，背据寒门之阪，面带甘泉之流，西睨温宿之崖，东眺焦获之薮。岩峦巀嶭，三嵕角其雄名；磴道盘纡，九嶷争其远势。非烟非雾，立而望之，郁郁葱葱，佳哉气也。而风高壤裂，石室摧基；地阻荆生，阴室绝栈。樵苏上下，曾无百步之防；芟锸侵陵，或至诸臣之冢。穹碑半剥，翁仲全倾，因以乾隆四十一年[1]檄筑园墙三十余丈。六书瓦屑，邕分恳隶之奇；列植松楸，茇舍甘棠之敬。旋因入觐，上适畴咨。始知聪明之德，早契于圣怀；平成之欢，待假乎神漠。沅再之官，又逾五稔，兼营祠宇，特用陵租，知县蒋君能平其政，实任斯劳。恐古墓之为田，考陪陵于往牍，纪其名位，复立贞珉，仰体皇谟，光照来者。将与会稽窆石，共磨灭于苗山；风后神陮，谢浮沉于黄水。游心随武，九原可作之臣；宁想非熊，五世归周之葬。风云如会，陵谷长存。岂止狄山之纪，久迷视肉之方；汴阴之祠，但获鳣鱼之瑞云尔。

候补直隶州州判钱坫书　阳湖贡生孙星衍题额并摹勒

乾隆四十有九年，岁在甲辰四月望日，醴泉知县蒋其昌立石

国子监生王景桓刻字

[1]《大清防护唐昭陵碑》原文作“四十二年”，但从此句后又写道“旋因入觐”，由于毕沅上京觐见是在乾隆四十一年（1776），四十二年（1777）并未觐见。檄筑园墙既然是在觐见前不久，时间无疑是在乾隆四十一年，且毕沅所题“唐太宗昭陵”碑的落款时间也为丙申年（即乾隆四十一年），因此很可能是此碑在刻写时发生讹误。

附文 10

清代张开东《呈毕中丞请护醴泉唐陵启》[1]

开东七月晦日之醴泉，行九十里，车中望见九嵕山。八月初二，渡泔河，东北行六十里，抵山麓。其山南斗削如人头面，不可升，由左入隘道，以数人挽舆。上二十余里，岩北有祭殿一所，旁列方石六，刻六骏，其下十四番酋之像，存者六枚，皆断缺，立仆不等。缘山脊东南隅，览三隧道之门，其蹊径不可容步。往返约三里许，其一门空窈，匍匐而入可二丈，以足踊之，有声。其稍南上一门，又上丈余，一门窍只三四尺，皆土塞。及下，经中途风急云黯，从者多怖，有三四高冢立道旁，皆无碑。下抵平地，冢夹道累累不可数，约六七十。及暮，风雷并作，过一高碑，则李卫公靖之墓也。不及，停宿于赵村。次日，上凤凰山，谒魏征墓。山尤险恶，一线之路，悬于千尺之岩，下临百仞之沟。由九嵕之西迤而北，又八九里，舆马无所施，径凡五折，乃少息。又一折，崇冈矗起六七百丈，忽少平夷，有二土堆对峙，盖昔之墓门也。又进二百余步，则魏公之墓也，其墓皆平塌，前一大碑斜仆于地，土翳其半，无字可识，以手物参量之，碑身长一丈七尺，阔四尺有奇，厚一尺三寸，即魏公没后，以事累及，仆其碑且磨其文。又东一小碑，不及其半，亦仆，乃下览许洛仁之墓。又东南，吊薛收墓，皆有碑，许碑大而薛差。小讫赵村，又雨。又次日，西谒建陵，路险较长，荒蹊陂陀，人迹不到。山上忽有数家，多岩居，少憩。遥望建陵，陵冢尽垦，与泾阳德宗陵无以异。及返，二十余里，道旁丰碑大书“唐汾阳王郭子仪之墓”，系前明陕西巡按都御史毕懋康所题。陟其原，西北有墓在焉，则已为耕者垦去其半，冢高不逾七八尺，周围十丈有奇，地判高下，而冢介其中，欹而易崩，久之必恐迷失矣。开东观三代而降，汉有文景，迄唐太宗拨乱反正，贤后名臣，一时并集，克全终始，卒葬佳城，愿附骸骨者百有余人，前所未有。夫遇一令主之陵、一勋臣之墓，犹当敬承，况主辅丛兴，生死不易，赫赫为龙蛇盘踞之区哉！谨拟昭陵筑垣立碑之法，九嵕山南面巉刻，下无余地，不可筑垣，惟左从东南起首包三隧门，右从西南起首，俱随山体崇卑，以为垣之高下。分绕而北，至于石级之前，建一门，须用砖石为之，方能久远。再按《昭陵图》，所列六石骏之外多公主墓，不见堆冢，须拓去六骏各二丈地，庶无遗憾。垣南树一大碑，大书深刻“唐太宗皇帝之陵”，旁书“文德皇后祔”。又树一大碑于左，据史及《通志》所载，陪葬一百七十余人，皇后妃一例，太子一例，公主一例，诸王一例，宰相一例，将军一例，三品以下各一例。其皇

[1]此文未收入张开东《海岳集》中，而载于乾隆《醴泉县志·艺文》中。

戚、功臣之子孙祔其祖父者，官爵虽尊，统附于后。此二大碑，一长九尺，一长八尺。又昭陵封内一百二十里，陪葬之墓有去陵二十余里者，多在山下，平地谓之乱冢坪，此等墓既无碑碣，又鲜识认，宜一概立碑，大书“唐昭陵陪葬诸臣之墓”，其新筑垣外五步不许耕种。自太子、公主、诸王及功臣房、杜、李靖、尉迟诸人之碑与不可识者，止高六尺五寸，计昭陵筑垣立碑，费不下六七百金，陪葬一百六七十人筑垣立碑，费不下千五六百金有零，此在邑令既不能力出，亦必不敢多请于上，惟阁下明谕，则事可毕举。又按魏征墓，荒山巉崖，运碑殊难，其谕邑令饬老成书吏同地方保甲登山掘起大小二碑，如果无字迹，即用小碑磨刻新样，亦为省便。至于建陵及泾阳德宗之陵，陵冢尽垦，急宜依冢筑围垣百余丈。又郭子仪、李光弼二墓，均当亟治，不容少待。再阅《醴泉县志》载：“昭陵陵户一名，地三十亩。建陵陵户二名，地各二十亩。二陵共陵户三，地七十亩。”今问县人，并无一户一亩，若阁下面谕邑令动帑修陵，必无苟且涂饰者矣。且开东谒诸陵，有一陵而陵户十余人，陵地四五百亩不等，即富平李光弼墓并无墓田，每年给守户口食银六两。昭陵以一帝一后，太子、公主、诸王、将相、词臣、勋戚百余人，而竟无一亩之地，一户之守，请更酌量公项，共置守户二十名，陵地七八百亩，散布于山下二十里之内，以为守户之资。既确着于志，复记于册，以为常典，是阁下庇一昭陵，而百余墓之英灵赖以妥侑，其为功德溥且远矣。

附文11

清代洪亮吉《重修唐太宗庙碑记》[1]

盖闻天眷有德，五运所以叠隆；民报惟功，百世而有必祀。矧大矣远矣！聿臻上治之休，唐哉皇哉！爰同中古之号。则黄帝之寿三百，以畏其神；炎宗之庙六十，思广其报者矣。

醴泉县唐太宗庙者，自宋建隆之岁，创自东郊；逮明万历之年，移兹南郭。嗣后百有余岁，旷而勿修，守土者惧焉。请于上官，发兹中帑，银凡九千有奇，工甫数月而毕。乾隆四十五年，岁在庚子也。天作高山，成万年之寝室；汉立原庙，藏一帝之衣冠。固知魂魄乐游之地，近在武功；神明永聚之乡，先瞻谷口，祀典所以重与。夫闰位不列，则嗣汉者首唐；大统有开，则名宗而实祖。必推其始，有可言焉。爰自黄星既见，天习瓜分；黑水群飞，民随波沸。未尝知九州百县，统于盈寸之圭；四海万夫，责成一人之抱。金宿则时时入斗，玉玺则频频出宫，天地之厌乱至矣，神人之望治切矣。于是六合再朗，成于戊午之朝；星辰忽降，光兹甲乙之馆。允矣哉！太平之运兆于开皇十八年乎？一治一乱，运天地之生；前圣后圣，拯斯民之死。故上古未奠，则八鳌开娲氏之勋；中天未平，则双龙建神禹之绩；近古未靖，则六马昭唐室之功。亦越万年，甫闻三圣，则凌晋跨汉，越秦轶周者焉。尤可异者，礼乐征伐，并曜一时；文德武勋，兼隆俄顷。定龙鲸之骇浪，握管而赋小池；戢兕虎之雄威，擘笺而唫艷体。何其盛也，美矣君哉！是以廿三年之政，纪在史官；十八士之文，压于御制。梁魏二武，对金甲而颜惭；高光两朝，见华词而色沮者也。至于自家及国，则略迹论心，陈混一之策，奋袂而起王师；挈九五之尊，拱手而归严父。此则汉尊太上，终非有位之称；周得武王，方有无忧之实。即或阏伯构衅，元武贻讥，此之播称，或云惭德，不知西京歌尺布斗粟，庙亦称宗；东征赋取子毁巢，名无嫌圣。恢恢乎包举天人之槩，非一端可议者乎？

知县蒋君，宰斯三载，礼祀历时。护青苍之冢树，缭以红墙，法太紫之星垣，建兹黄屋。三过昭陵之作，世逊其工；式瞻画象之文，人推其博。当惟新之落成，乃征词而授简。亮吉再辞不获，三叹以兴。昔者龙凤挺质，表伟度于书生；今兹赑屃负文，纪殊勋于下士。则通天峨峨，曾嘉沉炯之表；漳水浩浩，永鉴陆机之文。英爽迈昔者，谅鉴观在今也。遂使儿童父老，嬉游忘天日之尊；榱栋几筵，环拱聚川原之势。他日者，过验穹碑，来观典礼。庶几冲山之风忽起，西接上郡之祠；如龙之云怒飞，东连丰水之庙云尔。

[1]引自洪亮吉．洪亮吉集［M］．北京：中华书局，2001：311-312．

附文 12

清代德成《重修西安城垣记》[1]

乾隆四十六年十一月，陕西巡抚臣毕沅奏言：“西安城垣历年久远，日见坍圮。西安系都会要区，必须巩固金汤，始足以壮观瞻而资守御。但此项工徭甚巨，估计最须确实。现在工部侍郎臣德成奉命前赴甘省估办城工，可否俟其回京时路过西安，顺便将应行城垣修葺等处切实料估，酌筹款项”等因。奉朱批：“是，知道了。钦此。”臣德成抵西安与臣毕沅公同筹画，悉心经度，为留两阅月乃去。次年即集料兴工，遵照议定章程，如式修建。四十八年十月，臣德成奉命前赴兰州收验工程，臣毕沅复以工巨费罄，不嫌详慎，奏：“恳皇上天恩，仍令德成归途之便暂驻西安覆验。现经筑就工程或尚有未集之处，正可及今指示酌更，以期尽善。”钦奉朱批俞允。臣德成面奉谕旨，即以十二月暂驻青门，与臣毕沅逐日亲临工次，登障周览，相度经营。乃招在事诸员而告之曰：“皇上保惠黎元，不惜百数十万帑金，为谋奠安慎固之计，司其事者孰敢不精白一心、恪勤厥役?”第审曲面势以及絙木、箕土、编绳、夯筑之事，各有其法。苟不中于程度，难以要诸久道。德成忝贰冬官，鸠工庀材，以饬邦事，固其职也，将以身先之，俾有所取则焉。明年二月，冰泮土濡，实始兴作。东段派虞衡司员外郎傅崙岱专司指示；西段派都水司主事恭安专司指示。城之东面稍北，其长二十六丈有奇，授之留坝同知李带双、华州知州汪以诚、咸宁县知县郭履恒、永寿县知县乔苑[2]，俾董其事；城之西面稍南，其长三十丈有奇，授之潼关同知徐大文、乾州同知高珺、长安县知县王垂纪、署盩厔县知县庄炘，俾董其事。臣毕沅率布政司使图萨布、按察使王昶、督粮道苏楞泰、盐道法道顾长绂、西安知府和明督察甚备。臣德成日亲加指示在工各员，积七十有六日。既竣，城身高三丈六尺五寸，而雉堞不与焉。下广六丈二尺，上广四丈七尺。筑壤以为基，甃石以为固，累甓以为崇，缩板以为直，克坚克良，咸中程度，称是以往，各殚厥心。矢以勤德，可以副诏旨而规永图矣。其夏四月将还京师，乃记之，俾刻于石。

钦差工部左侍郎德成谨撰并书

乾隆四十九年四月□日

[1] 此碑文抄本为笔者所藏，其上有“一九九四年九月廿四年 开任同志赠”字样，其内容为“附记：西安市环建委员负责人赵公书铭携石本嘱余断识，然此碑漫漶殊甚，至字迹有不可辨者。题目仅有一画可辨，应为‘记’字，征之同代《重修咸阳城碑记》，似可拟为《重修西安城碑记》。此碑系镶壁碑，据拓碑者张耕海先生称，位置在长乐门（东大门）以北第二马面处，与碑文吻合。文中主持各段工程司员中有某县同知，应是所隶州府派驻某县之同知。文中所列实测数据，皆与近年文物主管单位实测数据相合。西安市文物局研究中心 姜开任谨识。”

[2] 最初为许光基，后改为乔苑。

附文13

清代毕沅《大清重修大崇圣寺碑》碑文[1]

赐进士及第、资政大夫、兵部侍郎兼都察院右副都御使、巡抚陕西西安等处地方、赞理军务、兼理粮饷、署理陕西总督、兼管甘肃巡抚事、前日讲起居注官、右春坊右庶子、教习庶吉士、翰林院侍讲、右春坊右中允、翰林院修撰兼国史、一统志、方略馆纂修官、内阁中书、军机处行走、军功加七级、镇洋毕沅撰文并书丹篆额

西安府大崇圣寺者，震旦之香城，西昆之福地也。毓粹灵山，呈辉金界，佛本觉流慈之地，释慧照演教之区。肇始开皇，阐布金之愿力；恢诸仪凤，表挂锡之庄严。逮乎梵相重光，托自秦藩再构；时更数历二,千祀于兹矣。

余少被儒风，旁窥净业，瓶光锡景，宛记前修。大业山花，渐繇新莎，比策名于东观，旋按部于西陲。衔恩溯疆圉之玉，载旆越咸秦之境。暂休边地，证物聚之清凉；一宿诸天，接空中之呗赞。慨灵光之造久，存龙汉之经余。霜露经年，丹青减岁。曾宫瓦冷，宵明佛项之星；丈室花凋，春渍禅林之雨。访药师之瑞相，土蚀前朝；扣景教之贞珉，苔侵何代。感兹永劫，矢证前人。窃以法重因缘，佛称遭际。礼金身于天竺，曾夸白傅重来，建宝塔于龙兴，终候裴公再到。兰陀香矣，檀越嗣焉，固贞运之循环，大法门之故惺也。

未几，仰荷皇仁，潜蒙佛佑，江山利整，周道重临。旆节花生，秦风丹沐，属华封之道恭，欣帝壤之时和。百废得以浡兴，一赍因之云委。占星揆日，架回年高，门假丹铺，坊镌翠琬。曾甍切汉，中唐分五髻之辉；反宇橹烟，偏袒示双林之寂。经台亦属，俯听轻雷，阁道双承，旁窥列宿。庆以净慈兰若，昳荡祇林，起五百之金仙，度三千之宝界。缅慈光于薄曙，碧月晨昭，觇樛栋于清宵，珠虹夜朗。遂使戒光还照，定水归源，法鼓将沉，倏闻鼍响，青莲既落，再吐龙华。盖自薙草开林，以远飞者涌塔。岁逾五稔，功倍千缗。粤以宗风，肇开临济，载延昙宿，用嗣天童。洗盖三旬，足了伊蒲之供，安单十目，具严双树之现。四众皈依，百城回向，庶几给徽前劫，垂裕后闻也。

而或乃谓真如之教，梦幻为宗，性莫系于有无，相弗滞于荣落。聚沙画地，自证圆通，芥子庵罗，无嫌褊陋。小乘之所私述，大旨乃固殊焉。盖洪钤以温肃秉能，王者以政刑并驭。至于道扬善气，调伏浸萌。并育并生，罔间乎人中天上，无定无害，愿周乎历劫穷尘。

[1]此碑目前立于西安市莲湖区丰镐东路北侧219号蓝天小区内，碑文内容为笔者辨识后整理。

惟我大慈实殷默相，故夫周纲遐鹫，台启中天，汉道延宏，功崇报圣。萧智深树，风楚国头陀之贞石南琹，裴公美缉，化宣州妙觉之长林夜从。盖御世算先于贞教，遗经首重于报恩，讵有蔚荟绵天，津梁浃地。沃群生以甘露，翻难润及香林，覆八□以慈云，转自靡其宝盖。揆之世谛，抑岂人情?

矧夫灵宇中兴之日，恭值圣皇万寿之辰。殷宴喜于西都，庆同春于兜率。南山积翠，无殊般若之台；山水方流，即是醍醐之海。香云潮涌，尽荡恩波；经海寿添，遥增圣算。会无量西方之佛，祝常明南极之星，庶少申灌佛之初心，而私罄祝厘之宏愿矣。敢韬金管，敬勒瑶华，永揿南禅，用光西极。铭曰：

奕奕崇圣，金光郭西。隋宫肇址，唐业崇基。

樱林启宴，玉垩流慈。人天合福，作镇西陲。其一

天暨贤藩，遗构再举。台殿凋云，丹青沐雨。

烟饮新幡，苔蘸古树。皇矣大慈，观空弗语。其二

贞元往复，世运周回。香城涌出，惊岭飞来。

岩舒金碧，地起楼台。俯宏六度，永谢三灾。其三

矧值观成，恭逢介祉。一人有庆，万佛攸止。

稽首莲台，楚客之祀。光诵胜因，敬劝延喜。其四

乾隆四十四年岁次己亥秋七月癸未朔之六日立石

附文 14

清代王昶《大崇仁寺五百罗汉记》[1]

佛书言声闻四果：曰须陀洹，曰斯陀含，曰阿那舍，曰阿罗汉。其与菩萨摩诃萨良有别矣。然《楞严》二十五无学，如憍、陈那、摩诃、迦叶等十四人，皆成阿罗汉道及所说圆通，乃与弥勒、普贤实无优劣。盖离欲无净人中最为第一，其为人天崇奉宜矣。阿罗汉之传于世，有云十六者，有云十八者，有云五百者，有云八百者，有云五千者。盖犹佛之称七大，菩萨之称八大，曼荼罗义之称十七，圣栴檀海佛及弟子本起之各称五百，因时以立数也。而五百之名最著，宋乾明院是以有尊号之文，著于释藏。昔苏文忠公作《荐诚禅院五百罗汉记》，盖塑像之来旧矣。宋南渡，净慈寺僧道容塑五百罗汉，作田字殿贮之。近灵隐云林寺亦有塑像，是岂徒费抟埴、工藻绘、夸殊形异状之胜哉！惟使十方众生，翘诚悲仰，发菩提心，生正信心而已矣。

西安城西大崇仁寺，于隋为济渡寺，于唐初名灵宝，又名崇圣，年久颓废甚。中丞毕君既撤而更新，复仿净慈之制，设像建室以居之，至甲辰夏月讫工，而嘱余为记。或曰：佛书诸俱罗与其徒众，五百居天台，三百居雁宕，于关陕无闻焉。曷为而建此堂？余以为阿罗汉能于国土从佛转轮，故其众二百五十人常与佛俱。是佛所在，即罗汉所在，况其应身无量，又未可以国土限明矣。我皇上精研梵策，深入佛智，于万寿山大报恩延寿寺筑秖（祇）树园、狮子窟诸胜，以奉五百应真，人天环拱，普摄三千大千世界。中丞于是时也，踵而行之，不亦宜乎？落成之日，来游者益众。喜中丞之能复旧观，又为都人士新耳目，得未曾有也，故著罗汉之果位与五百之缘起，俾翘诚悲仰者有以览焉。

[1]引自王昶著；陈明洁，朱惠国，裴风顺点校．春融堂集［M］．上海：上海文化出版社，2013：852-853.

附文 15

清代毕沅《重葺横渠先生祠并立书院记》碑文[1]

临潼令蒋君重葺横渠先生祠，并立书院，工既讫，请余文，以劖之贞石。余惟张子之学，略具《正蒙》，粹于《西铭》，世之后学，罔不知之。即祠宇聿新，讲堂鼎建，凡楹桷、宋齍、陶旊工匠之各程其材，蒋君所记详矣，余又何以益之哉？特余读延祐七年文礼恺撰《郿县张子祠记》云："先生之书曾有覆瓿之议，则当时已有未信从者，而年来缀学之士骛词藻者，诋宋儒为质直；肆考核者，诮宋儒为空疏；喜谈事功者，且笑宋儒为迂远而不切情事，此余尝未慊于中也。"昔张子以崇文校书谒告，予归居横渠镇南之大振谷口，终日危坐，志道精思，几若无所发挥矣。讵知谳狱浙东，惠心淑问，文潞公聘以束帛，礼际殊隆。渭帅蔡公军府政事，大小是咨。他若河渠水利，行于一乡，具有成效，谓非儒术之明验欤？至其少时，泛滥群籍，坐皋比讲论，与邠人焦寅并习兵家言，注《尉缭子》一卷，慨然以功名自许。及见范文正公暨河南二程先生，乃涣然自信，悟为学之要。然则迩时学者所务，张子早已一一能之，而特为晚岁所吐弃者也。夫张子，郿人也，临潼距郿三百里，士人闻风兴起，犹邹、鲁之相近。今张子从祀孔子庙廷，既通于天下矣，况临潼为张子讲学、考终之地，祀之尤宜亟也。余恐知末者不揣其本，饮流者或忘其源，故撮举张子之博览百家、志气激发者，先以祛学者之惑，而告之如此。《诗》不云乎："济济多士，克广德心"，诸生能广蒋君修建之心，相与考德行而习文艺，以振兴关中之学，然后知当时之以《西铭》为言体不言用者，固未能深窥张子。即陈同甫云"低头拱手，高谈性命"之徒，皆风痹不知痛痒之语，此盖为承学者流弊而言，原非为大儒而言也。士之肃拜祠下而肄业书院者，于张子之学可以笃信而谨守已。

进士及第、兵部侍郎毕沅撰

进士及第、兵部尚书王杰书

---

[1]原文未署标题，此标题为笔者根据内容所补。碑文内容引自安守和修，杨彦修纂.（光绪）临潼县续志［M］//江苏古籍出版社，上海书店，巴蜀书社. 中国地方志集成·陕西府县志辑（第十五册）. 南京：凤凰出版社，2007：246.

附文16

清代毕沅所作乾隆《郿县志》序[1]

明万历中，刘九经撰《郿志》，王文简公称之，今版已不存，藏书家有其书，征引富雅，多合地理，而纪载稍似碎杂，类于说部之书。嗣后，国朝顺治十四年、康熙九年、雍正十一年皆重修。又阅四十余年之久，政风民俗阙如未备，余故令重为续纂。成书十四篇，次第为十八卷，文不甚多于九经之志，而万历以前九经所有者有之，九经所无者增补十之二三，若万历以后文献可征者又无论已。昔贤谓宋子京作史文简事繁，最为难得，此其然乎！

郿有太白山，余忝莅封疆以来，偶遇旱潦，祈祷踵验，故特请于朝，蒙加封号。又钦颁御书匾额、诗篇，报功崇德，超轶前代。又郿人横渠先生为关中正学之宗，二程子称道于前，朱子表彰于后，皆宜大书特书，故此书特为《灵感录》《道统录》，为方州小志之创体，其它体例与九经之志亦全判然。已纂此书者为吴郡张舍人，若搜罗近迹，邑令李君带双与有劳焉。书成，喜为序之如前方。

赐进士及第、兵部侍郎、巡抚陕西、都察院右副都御史镇洋毕沅序

[1]引自李带双修，张若纂.（乾隆）郿县志［M］.北京：中国国家图书馆藏，清乾隆四十四年（1779）刻本：序.

附文 17

清代毕沅所作乾隆《渭南县志》序[1]

昔江淹有言："信史之难，无出于志。"盖志为国史之一体，宪章所在，固不得缺焉而弗详，亦不得以浮靡虚妄之词参之者也。陕服左河右山，为古神皋奥区，而渭水西自鸟鼠同穴山，东至船司空，绵亘者千七百余里，临渭南北郡县不下数十，唯渭源称其所自始，终之者，其渭南县乎！县故新丰东境，又东为郑地，定名画界，始自苻秦。历世以来，相沿弗替，至元始以下邽并管入县，明因之。由是跨有渭北，幅员广袤，轶于前代矣。

夫县令职司一方，其间如山原川泽、物产民风，必周知熟悉，然后设施举措，咸得其宜。非稽之纪载，则不足以明其领要，然则志书者，亦助理之一端欤？余自癸巳岁特蒙恩命，巡抚是邦，六载于兹矣。凡属政事之何先、化理之何亟，间亦旁征志乘，以为经纪，如渭邑省垣首辅，尤风化之所自始。近奉旨修华岳庙，每以阅工之役，往来是邑，尤悉其情形，详其利病，求之旧志，舛略或多。前丙申七月入觐，曾具奏编纂郡志，仰荷俞允，衔命西旋，即谕各属延纳博雅之士，各加修辑，今汪令以成书至，得无一言以骈其首乎？

夫渭邑自唐宋以来俱为赤紧，欧阳詹所称"畿县仅于百，而渭南为之长者"是也。地近都会，俗阜人殷，又当孔道之冲，輶轩络绎，非得干练之才、廉能之吏，则不足以资其理。汪令盖以名孝廉挑选一等，奉旨发往陕西，以知县试用者。向尝委署汧、沔等邑，后题授鄠令，不两年间，见其整饬庶务，井理秩然，有守有为，贤声懋著。因复奏调是邑，人宜其地，用当其才，今又一载有余矣。以政治之闲，任编摩之职，甄录繁多，文成简要，于古不背，于今实详，仿之明《南志》、本朝《岳志》，綦骎骎乎轶而上之。我圣朝久道化成，重熙累洽，倘不以其时鼓吹休明，颂飏功德，是以固陋自安也。是志成将，上溥国家之化，下输舆众之情者，实于是乎！在今朝廷方重修统志，大征天下郡县各书，以备采择，异日献之，当宁将使此志为史册之信征，宁仅属一方之纪录而已哉！若夫因其取与信，其从违彰善瘅恶，感发创惩，俾士俗日以醇，民风日以朴，则尤不能无厚望于此都人士，抑亦长吏者之责也夫。

乾隆四十三年岁在戊戌十有一月，赐进士及第、兵部侍郎、都
察院副都御史、巡抚陕西西安等处地方、
赞理军务兼理粮饷镇洋毕沅撰

[1] 引自汪以诚等修.（乾隆）渭南县志［M］. 西安：陕西师范大学图书馆藏，清乾隆四十三年（1778）刻本：序.

附文18

清代毕沅所作乾隆《兴平县志》序[1]

今兴平之地为西汉置县之始者，曰槐里县。孝武帝又于槐里之茂乡起陵置县，曰茂陵县。孝昭帝亦起陵于槐里，曰平陵，置平陵县。或谓在今之咸阳，然据杜佑《通典》曰："废邱，汉高帝改名槐里，武帝割置茂陵县，有武帝茂陵。昭帝又割其地，置平陵县，有昭帝平陵。"此说显然可据。魏文帝改平陵县为始平县，唐改始平县为兴平县，今沿其名，此历代地理之沿革如此。置县既多，乡贤灿著，又汉时每徙它郡豪桀、资财大户，以实其地，故茂陵、平陵二县侨寓之人亦最众多，详采正史，胪列可观，并非出于假借附会者也。旧志最先之本不传，今所传，惟乾隆元年所纂之本，阅今四十余年，版片弥漶，一切建置多有不同，官师、科名亦有未详，余故令重为采辑，成书二十五卷，较旧志殊称美备。邑令顾君声雷颇有循声，亦踊跃乐成此书焉。今恭遇右文盛世，一切遗文佚献多入《四库》编摩，此虽方州小志，亦和鸣其盛有如此者，亦以征休养生息、民物繁庶有如此之超轶前古者，故为之序。

赐进士及第、兵部侍郎、巡抚陕西、都察院右副都御史镇洋毕沅

[1]引自顾声雷修，张埙纂.（乾隆）兴平县志［M］//江苏古籍出版社，上海书店，巴蜀书社. 中国地方志集成·陕西府县志辑（第六册）. 南京：凤凰出版社，2007：2.

附文 19

清代毕沅所作乾隆《富平县志》叙[1]

《传》曰：“志者，记也，所以积记其事也。”《周礼》：“邦国之志，小史掌之。”而地图、方志，则土训、诵训诏观焉。《汉书》首志地理，其析之为一方也。自山谦之之南徐，沈怀文之南越始，厥后作者不乏流传，而善本盖不数觏。夫县令职在一邑，然即此百里之内，必使古今疆索之殊致、山川民物之异宜、利病沿革贯串于中，而后举措设施，各职于理，则方志者固亦辅相裁成之一事也。

余荷恩命，简任封圻，巡抚关内，今六稔于兹矣。其间政事治忽之原、民生休戚之本，因革损益，率已得其纲要。然往往征诸志乘，习故沿讹，未免有遗憾焉。因思国家稽古右文，而关中为丰镐遗区，声教更易于渐被。前岁丙申入觐，持为奏请，先将府志重加修纂，荷蒙俞允，秉节西旋，即谕各郡甄录事实，延请娴雅之材，为事编订，而各州县乃亦相率以请。复惟郡志所载，皆州县事也，州县修明，郡志将益征美备焉。未几而富平吴令六鳌所辑先蒇厥事，以成书来上，复请叙以弁其首。吴令向宰凤翔府属之宝鸡县，前时用兵金川，其地为入蜀咽喉，輶轩络绎，徼调频烦，余数往还云栈，驻节斯邑者两月余。时适大发京旅车马，刍茭动以数万计，俱萃集栈口，吴令尽心经理，以至寝食俱废，一切筹画周详，支应赖以无误，过师如在枕席。凯旋后，因以其才列荐于朝，仰荷优叙，调任斯土。

夫富平为西安左掖，班固谓其“北当上郡、西河数郡之凑”，号称烦剧。今甫莅止一载有余，修明政教之暇，复能涤举废坠，有事于兹。间披览之，其中发凡起例，文则简要而事复该综，揆之孙恭介、乔明府先后所修，骎骎乎乃轶而上之，洵其才具有过人者。抑余闻之，古者州郡图志，唐时三年一上，宋则闰年一上。今国家重修《统志》，方成数省，而四库馆亦未竣事，他时关内诸郡次第成书，将仿古形方训俗之意，上之馆阁，用备西清、东观之储，俾知周原之内。宰百里者从政之暇，尚能祓饰文具，如古文翁、景毅、主阜、冯伉其人在焉，为长吏者亦与有荣施也。因其请，并书以示之。时乾隆岁次戊戌冬十月朔，赐进士及第、兵部侍郎兼都察院右副都御史、巡抚陕西西安等处地方、赞理军务、兼理粮饷、加五级镇洋毕沅撰。

[1]引自吴六鳌修，胡文铨纂.（乾隆）富平县志［M］//江苏古籍出版社，上海书店，巴蜀书社. 中国地方志集成·陕西府县志辑（第十四册）. 南京：凤凰出版社，2007：1-3.

附文 20

清代毕沅所作乾隆《岐山县志》序[1]

志者，史之一体也。刘知几云："史莫难于志，而志地理尤难。"盖夫山峙川流，申画之定界也；高城深池，建置之大端也；任土则壤，贡赋之成规也。然而代有沿革，时有治忽，由是政事有损益，官师有贤否，民俗有淳漓，土物有赢绌，苟非证今宪古，勒有成书，俾此中利弊因革贯串于中，曷由见诸施行，而各得其职。

矧岐山为周室开基之地，关中数千余年声名文物胥于此肇端，倘因陋就简，任其文献无征，莫之或顾，得非守土者之责欤？余奉天子恩命，简任封圻，巡抚兹土，七稔于兹。其间望山名水，以及故墟废井，大半经行，而于岐山尤不惮致意再三。每马迹车尘，经过其下，必恭诣周公祠庙，容与瞻拜，觉当日辟雍钟鼓，流风余韵，犹有存焉。因忆其间必有闳通淹雅之才，隶事摛文，畅演鸿制，以道扬其休美。顾余广为咨访，惟国朝顺治初年，县令王毂所辑一志仅有存者，而义例未谐，辞旨亦多弇陋，因谕平令世增留心甄辑，而胡农部文铨为编铲焉。继而平令以铜务赴滇，未蒇厥事，爰谕三水郭令履恒来摄邑篆。履恒为南一先生令子，南一所学，渊源伊洛，为河汾人士宗师。郭令能世其家学，甫莅岐下，即修文庙以崇圣教，创书院以育贤才，余心仪之，谓其能以文学祓饰吏治，有古循吏风。未几，复以平令未成志事为请，许之。不一载，以成书来上。公余之暇，间肆披览，为门有八，卷亦如之。其中发凡起例，参稽案牍，斟酌民言，举凡山川田赋、建置官师、民风土物，订其旧而补其新，其用心可谓勤且苦矣。于是叹斯志之得其人，而令之勇于从事，尤不可及也。

嗟乎！天下之事，其初常苦于有所待，而其后往往因循辗转，遂至于不复为。今令于志事尚如此，则其于民生利济、政事纲纪，所在苟有可为，又其肯缓哉！乐观厥成，因为叙其端委，且并以励其后效也。

时乾隆己亥冬十月下浣，赐进士及第、兵部侍郎兼都察院右都御史、
巡抚陕西西安等处地方、赞理军务兼理粮饷、军功加七级镇洋毕沅撰

[1] 引自平世增，郭履恒修，蒋兆甲纂．（乾隆）岐山县志［M］．北京：中国国家图书馆藏，清乾隆四十四年（1779）刻本：序．

附文 21

清代毕沅所作乾隆《西安府志》序[1]

古者以大臣出为郡守，天子得亲见问，优者辄劳玺书，赐金增职，甚至入为三公。盖谓其承流宣化，实能名实相应，致其事于民也。然一郡之内，古今疆索殊其致，山川民物异其宜，利弊沿革，必先贯串于中而后见之施行，各得其职，是以班氏《汉书》首志地理，诚见夫欲行所知，未有不先以尊所闻者也。西安古称天府四塞，丰镐宅京，而后秦、汉、隋、唐咸建都邑于此，因是掌故甲于寰宇。

余于乾隆癸巳奉天子命，简任封圻，巡抚兹土，七稔于兹。其间名山大川以暨故墟废井、车尘马迹，大半经行，然于山则终南、惇物、太乙、垂山、武功、太白，一实数名：于水则灞、浐、泾、渭、沣、镐、潦、潏，存亡分合，虽孔《传》、班《书》、桑《经》、郦《注》，迄无定论，《锥指》莫繇，其他袭故沿讹，更难究诘。向著《关中胜迹图志》类加辨析，而只议单辞，相羊莫助。岁乙未，江宁严侍读长明以病在告，税驾关中，因以积疑与之上下，侍读所见，多与余相吻合。丙申入觐，爰请先将关中府志重加修辑，荷蒙俞允，秉节西旋，乃以首郡属其排纂，武进庄州倅炘佐之。侍读因与原本史裁，发凡起例，商榷既定，复以兹事体大，率臆莫凭，乃携归金陵，搜芸群籍，凡与秦中文献关涉者，计得千数百种目载卷首，类次区分，文成数万，致力可谓勤矣。犹以事不深于政术，理弗密于时务，史廓经郛事等驵贩识者恧焉，因是复诣青门，适榆林舒太守其绅调任首郡，修明政教，百废具举，公余之暇，力任搜扬，阅其所上图册，至于兼两莫能胜载。侍读复详加决录，州次部居，为门一十有五，分类五十有一，统计成书八十卷，剞劂蒇事，以全函来上，复请序以弁其首。余时方奉命署理督篆金城，候馆间时复披览，其文则简要而事复赅综，具程大昌之博议而谢其烦芜，擅何景明之雅材而加以典实。盖侍读读书破万，故能衷百论以贯三长，而舒守本实心以行实政。即其甄录所在，而于食货见其勤求政本焉，于建置见其兴举废坠焉，于学校官师知其兴德造而重循良，于忠贞节烈知其阐幽潜而维风教。则是志也，固一郡之献征，即谓太守之治谱可也。

昔京兆尹之盛，无过两汉，今观所载如张敞、翟方进、隽不疑、颜斐诸人，皆起家经术，不徒以文法见长，厥后咸至大官。今当计吏之年，余以太守才猷卓著，为书上考，列荐于朝，肆觐后蒙恩嘉劳，行将蜚英腾茂，允升于大猷。爰为述其

[1]引自舒其绅等修，严长明等纂，何炳武，高叶青，党斌校点．西安府志［M］．西安：三秦出版社，2011：序1-2.

颠末，用示郡有良二千石，能以文学祓饰吏治，不特长吏与有荣施，兼使列郡诸守亦知所以自效也。

乾隆己亥秋七月朔，赐进士及第、兵部侍郎兼都察院右副都御史、
巡抚陕西西安等处地方赞理军务兼理粮饷、
署理陕甘总督兼管甘肃巡抚事、军功加七级、镇洋毕沅撰

附文 22

清代毕沅所作乾隆《朝邑县志》序❶

《周礼·职方氏》曰："雍州，其浸渭洛。"班固赋《西京》，亦云："带以洪河、泾渭之川。"窃以关中诸水，河渭洛为最大，而河自古城黄甫堡入境，沿流屈曲，经历二千余里，惟渭洛能横亘东西以贯之。朝邑，小县也，实兼三水之胜。县故以朝坂得名，即河壖地。古者渭水入河，谓之渭汭。洛水入渭，由渭入河，自明成化中改流，直入河，亦谓之洛汭。三水者，皆以朝邑为会归之所，是朝邑独总三水之全者也。

乙未岁秋，余以祈泽华岳庙，尝登山礼金天宫毕，北望问所谓平原广泽，沃野漫衍，葱葱郁郁，自冯翊以东者，佥曰朝邑。一指顾之间，而其宅壤丰腴，物阜民殷之象，皆可得焉，是其地有足多者。独念朝志自明韩参议五泉后，节经六修，虽踵事而增，而漏略不鲜。独本朝圣祖仁皇帝时，王《志》犹称该备，然历时既久，事迹繁多，不得不重商增辑。适金令嘉琰来谒，语以故，即承之去。金故名孝廉，其官直隶、粤东，颇著声迹。前岁冬，以候补分发至，爰宰是邑。今甫一载有余，而政教修明，废坠俱举，据文考献，纂录成编。披览之时，于是邦之因革形胜、土俗民风，皆俱见焉。记有之曰："莫为之前，虽美弗彰。莫为之后，虽盛弗传。"有五泉诸子开于前，而是志成于后，所谓相得益彰，亦并传诸不朽矣。今国家方汇萃四库，以广石渠、天禄之储，异时关中郡邑次第成书，会当上之馆阁，用备采录。古不云乎，河海不挥细流，是志虽涓滴之余，亦当与洪河、渭洛共效朝宗，将斯地斯人同沐恩波于无既，抑长吏者亦与有荣施矣夫。

乾隆四十三年岁在戊戌十有一月，赐进士及第、兵部侍郎、都察院副都御史、
巡抚陕西西安等处地方、赞理军务兼理粮饷、镇洋毕沅撰

❶引自金嘉琰，朱廷模修，钱坫纂.（乾隆）朝邑县志［M］//江苏古籍出版社，上海书店，巴蜀书社. 中国地方志集成·陕西府县志辑（第二十一册）. 南京：凤凰出版社，2007：207.

附文 23

清代毕沅所作乾隆《同州府志》序[1]

古字“识”与“志”通，识者，记也。《论语》曰：“贤者识大，不贤识小。”又曰：“多见而识之。”《史记》称屈平博闻强识，张衡亦自谓学乎旧史氏，多识前代之载，故志以博记为长。且方志之作，以备輶轩使者之采，史馆有取焉。故近世作志者徒矜其文义之简、取舍之当，按其体例，皆未合也。

同州为陕西大府，山有二华之高，水有河、渭、泾、洛之大，古今名胜有龙门、桃林之古，是以其地里见于《西山经》《周书·职方》诸经、诸史志。唐宋郡县图志者甚著，非夫该洽多闻之士，焉能撰集，以为一代之典。旧志修自乾隆五年，知府张奎祥依《通志》编纂，极有体例，越今四十余年，政事、人物又多不备。且予自持节关陇，前后十余载，恭赖圣主深仁，年丰民乐，百度俱举。其间风俗渐摩，人事代出，府州县官乐为名宦，邦之士女乐为乡贤、节孝。以及在官吏、户、礼、兵、刑、工六曹之发，为政若学校、钱粮、仓库、驿传、河渠之属，悉心整饬，因利除弊，期以至于尽善，率皆体皇上移风易俗之意，月异而岁不同，不可胜记。

于时雨泽偶愆，祷于岳庙，甘霖即沛，若响应焉。奏入，御赐“岳莲灵澍”匾额。又以乾隆四十二年奏请修建西岳华山神庙，特蒙俞允，敕发帑金若干万，三年工竣，钦颁御制碑文，以垂永久。神功圣泽，照耀今古，甚盛典也，守土者何可以忽诸。乃者府之士大夫谙于文献，呈请修志，府县官申上其事，予深韪之。适同年友内阁中书含人吴君竹屿主讲关中书院，实任斯役，信能搜集旧闻，校理讹舛，三年书成，请序于予。予览其书，详慎明备，又嘉都人士之乐成此举，以绍张志而示后来也，因述其梗概如此。

大清乾隆四十六年岁次辛丑三月既望，赐进士及第、资政大夫、
钦赐一品顶带、兵部侍郎兼都察院右副都御史、巡抚陕西等处地方、
赞理军务、兼理粮饷镇洋毕沅撰

---

[1] 引自闵鉴修，吴泰来纂.（乾隆）同州府志［M］. 西安：陕西省图书馆藏，清乾隆四十六年（1781）刻本：序.

附文 24

清代毕沅所作乾隆《府谷县志》序[1]

府谷，古稒阳、榆中地，负山阻河，逼处边塞，明末潢池窃发，府州为首难。国朝初年，复罹余孽高有才之变，蹂躏摧残。杨介璜题名，称其“斗城如瓠，高踞悬崖。睥睨半隤，茅茨不掩”，萧槭情形，宛然在目。今则户庆盈宁，民安耕凿而知礼义，盖国家重熙累洽，休养生息百数十年，复得良有司如志所称刘宏达、魏震、龚荣遇、杨许玉诸人，抚字心劳，庶加而当，富加而教，故能利赖，以至于今。惟是自古言：“治人者必先治法”，盖一邑之疆理、山川、土田、民物、官师、学校、利弊、沿革，必先贯串于中，而后见之施行，各得其职，所谓由前言之，为行所知，由后言之，为尊所闻，则志乘其未可缓也。

余奉天子恩命，简任封圻，巡抚兹土，七稔于兹。前于丙申入觐，曾经奏请先将府志重加修辑，乘节西旋，次第甄综厥事，而各县属亦相率以请。余惟县志者，府州之权舆也，县志修明，而府州当益臻美备可喜。榆林府府谷县以成书来上，令以名孝廉出宰百里，政教修明。余尝为书上考，列荐于朝，是书为所手辑，意必可以备一方文献。亟披览之，为卷者四，为门三十有二，编次井井，勿漏勿支，若网在纲，若农有畔。至其中随地随事，征引考据，尤见其平素心乃公事，在在引为己责，务为其可传而后，辨晰详明，至于如此，此其致力亦良勤矣。

嗟乎！士人一行作吏，绾铜章，垂墨绶，嶷然为一方保障，乃问山川、田赋不知，问民风、土物不知，顾名思义，其不二于旷且瘝者几希。今令既以实心知之，因即实政行之，将来报最循良无难，与汉孟舒、廉范、崔实诸贤争烈，而刘、魏、龚、杨不获专美于前，庶弗辜余之厚望耳，爰从其请而为之弁。

乾隆癸卯春二月，赐进士及第、兵部侍郎兼都察院右副都御史、
巡抚陕西西安等处地方、赞理军务、兼理粮饷、
军功加七级镇洋毕沅撰

[1] 引自郑居中，麟书纂修.（乾隆）府谷县志［M］//江苏古籍出版社，上海书店，巴蜀书社. 中国地方志集成·陕西府县志辑（第四十一册）. 南京：凤凰出版社，2007：1.

附文 25

清代毕沅所作乾隆《洵阳县志》序[1]

洵阳古荆、梁地，商周时为庸国，旋灭于楚，是称郇阳，苏秦谓“楚北有陉塞、郇阳”是也。其地西通陇蜀，东接荆襄，控房竹而引商雒，在昔推为形胜之区。明季政治不纲，寇盗蔓延，出入充斥，邑井萧条，如《汉志》所称“火耕水耨，饮食给而不忧冻饿”者，盖难言之。今国家重熙累洽，休养生息百数十年，其中复得良有司如李衷灿、陈元宾、沈天祥、于维琇，前后十余人为之，噢咻劝令，于是民安耕凿，士知礼义，居然一大都会，采风者称上理焉。然自古言治人者必先治法，盖一邑虽小，而疆里、山川、土田、民物、官师、学校、利弊、沿革，必先贯串于中，而后见之施行，各得其职。所谓由前言之，为尊所闻，由后言之，为行所知，则志乘其未可缓也。

余奉天子恩命，再莅关中，先后十稔于兹。前于丙申入觐，请将《陕西府志》重加修辑，荷蒙俞允。秉节西旋，次第甄综厥事，诸县属亦相率以请。余惟县志者，府志之权舆也，县志修明，府志当益臻美备。未几而洵阳邓令以成书来上，邓令以江右名进士出宰百里，政教修明，有古循吏风，是书为所手辑，知必有以异于人者。亟披览之，分门凡十有四，编次井井，勿漏勿支。至其据群史以证《南志》沿革之讹，据《宋书》以究《通志》避讳之非，据《后汉书》“西城”以辩“西县”之误，据《梁书》“洵州”以补官绩之遗。他如志赋役，而见其勤求政本焉；志建置，而见其兴举废坠焉；于选举、秩官，知其兴德造而重循良；于祠庙、风俗，知其阐幽微而维风俗。则是志也，虽一邑之献征，即谓邓令之治谱可也。

嗟乎！士人一行作吏，绾铜章，垂墨绶，嶷然作民父母，而乃问山川、田赋不知，问民风、土物不知，循名责实，其不至于旷且瘝者有几。今邓令实心知之，自无难以实政行之，而转惜政声卓著以报最，调任繁剧，未获于此观厥成也。然前车已过，后轸方遒，所赖是编具在，俾后任者观摩有籍，得以按籍而从事焉，固亦邓令所乐闻者。因其请而为之弁，兼使后来者益知所以自效，毋使邓令专美于前也。

赐进士及第、钦赐一品顶带、兵部侍郎兼都察院右副都御史、巡抚陕西西安等处地方、赞理军务、兼理粮饷、军功加七级镇洋毕沅撰

[1] 引自邓梦琴纂修.（乾隆）洵阳县志［M］//江苏古籍出版社，上海书店，巴蜀书社. 中国地方志集成·陕西府县志辑（第五十五册）. 南京：凤凰出版社，2007：1-2.

附文 26

清代毕沅所作乾隆《绥德州直隶州志》序[1]

关中之地自秦汉以来，分立郡州县之多，未有若绥德一隅者也，今试以历史、地理志所有数之。秦汉为上郡，治及肤施县治，北魏分置上县、石城、城中、大斌四县。西魏改置绥州，又分置安宁郡、安政郡及安宁、绥德、延陵三县。周又分置义良县，隋置雕阴郡。唐又析延福，置北吉州，并置归义、洛阳二县，又析置罗州，并置石罗、开善、万福三县，又析置匡州，并置安定、源泉二县外，又有龙泉、魏平二县，魏平则武德三年置，龙泉则天宝元年更名至金，而又析置怀宁、定戎、义合三县。统而计之，州郡县之名已不下三十，然《元和郡县志》绥州所属，唐开元中不过二十八乡，元和中二十一乡。《太平寰宇记》州所属，又仅十乡，复兼包清涧、米脂数县地。逮夫本朝，而绥州编户合民与屯，定为七里三川，属县清、米而外，并辖吴堡，辐员所至，仍复辽远。而建置州县不必至前代如彼之多，而上无废事，下无殊俗者，岂非以我国家久道化成，车书一统之盛，有以深入乎人心，故向之号称难治者，今皆渐仁摩义，相安于一道同风之世，而并臻夫声名文物之休，无烦设官置吏之多欤？

州守吴君牧是州四年，余既以其能尽心民事，荐之于朝。今观其与州儒绅所辑之志，条分缕析，举类不烦，于农桑、学校之中，寓教士牧民之义，亦其尽心民事之一端也。惟是州郡之志难于地理，地理之难，则山川高下，以迄四至八到，皆其大端。余故依历史、地志、舆地诸书，择其言可考似者冠弁序端，盖始使后之牧是州者，知是州于前代实为要区，故建置郡县至如是之多，则必加意于近边之民，留心于瘠薄之壤，是尤志之有裨于政治者。夫时乾隆四十九年岁次甲辰季冬之月，是为序。

兵部侍郎兼都察院右副都御史、巡抚陕西西安等处地方、

赞理军务、钦加一品顶带毕沅撰

---

[1] 引自吴忠诰修，李继峤纂.（乾隆）绥德州直隶州志［M］//江苏古籍出版社，上海书店，巴蜀书社. 中国地方志集成·陕西府县志辑（第四十一册）. 南京：凤凰出版社，2007：141-142.

附文 27

清代毕沅所作乾隆《醴泉县志》序[1]

一方之志始于《越绝》，后有常璩《华阳国志》，《越绝》先记山川、城郭、冢墓，次以纪传，《华阳国志》则有郡县废置。李吉甫《元和郡县志》、乐史《太平寰宇记》体例最善，吉甫则不引古书，乐史全用旧说，尤广异闻，而有土产、人物。其后善者，则宋敏求《长安志》、罗愿《新安志》等。关中地大物博，宜有善志，而世所传康海《武功志》、韩邦靖《朝邑志》皆以意排纂，漫无体例，由明世书传少出，学士、大夫争以空言相尚，不重旧闻，无足怪焉。醴泉汉为谷口，后汉至晋则入池阳，池阳又兼今泾阳县地，旧之作志疆域不分，则故实杂厕。又昭陵陪葬凡百，其人《文献通考》及《昭陵图》《长安志》等传写名字尚有乌焉，何况俗志？古时金石凡有百通，存者不下数十，好古之士不由亲历，考订亦难，于是县之士民惧旧典之佚坠，喜新政之可记，请修志乘，以示将来，蒋令骐昌申上其事，予嘉而许之。古之大夫诵《诗》授政，是以登高能赋，遇物能名，观今志所采，有《唐会要》、新旧《唐书》、"十七史"地志、李吉甫、杜佑、乐史等志，前之作者皆未之及也。若昭陵在县境，予向请帑修葺，又饬常加筑护，具有石碣，建立碑亭，近又东、西竖碑，纪列所存名位及志冢墓丈尺，将使后人守而勿坏，予与蒋令皆有劳焉，尤为政之急务，恶可以不志与？

乾隆癸卯春日，兵部侍郎兼都察院右副都御史、
巡抚陕西西安等处地方、兼理粮饷、
加五级毕沅序于终南仙馆

---

[1]引自蒋骐昌修，孙星衍纂.（乾隆）醴泉县志［M］//江苏古籍出版社、上海书店、巴蜀书社. 中国地方志集成·陕西府县志辑（第十册）. 南京：凤凰出版社，2007：4.

附文 28

清代毕沅所作乾隆《淳化县志》序[1]

淳化为今陕西下县，于汉则三辅名邑也。司马迁、班固皆云："黄帝万灵明庭在焉。"汉王褒有《云阳宫记》，扬雄有《甘泉宫赋》，世所艳称，为渊、云词赋者均萃于此县，其为灵胜何如哉！至宋而宋敏求《长安记》、程大昌《雍胜略》，搜采广博，尚校有明所修县志为详。

余自壬辰岁开府西安，于关中州县之志皆次第修举，独淳化以僻在众山中，民俗凋敝，不欲有所创造以动众。然前以公事至县，览其山川，访其基址，未尝不致意久之。岁壬寅，邠州及所属三县有重修志乘之请，适常州洪孝廉稚存来客西安，余因以嘱之。孝廉精于史学，所修州县志皆一以史例编之，志成凡十八卷，余又以十年来所闻见而欲订定者，为增益十数条。于是此书之成，其详核可继《长安志》《雍胜略》二书，非世所传明康海《武功志》、韩邦靖《朝邑志》等所可比矣。知县万令廷树宰是八年，亦能以儒学饰吏治者，且其挑纂搜辑，于是志之成实有力焉，例所得附书也。

乾隆四十八年岁在癸卯夏五月，赐进士及第、兵部侍郎、
都察院副都御史、巡抚陕西西安等处地方、
赞理军务、兼理粮饷镇洋毕沅撰

[1]引自万廷树修、洪亮吉纂.（乾隆）淳化县志［M］//江苏古籍出版社，上海书店，巴蜀书社. 中国地方志集成·陕西府县志辑（第九册）. 南京：凤凰出版社，2007：433.

附文 29

清代毕沅所作乾隆《三水县志》序[1]

兵部侍郎兼都察院右副都御史、巡抚陕西西安等处、赞理军务、兼理粮饷、钦加一品顶带毕沅撰

志之体例，出于《括地志》《元和郡县志》《太平寰宇记》《长安志》，外此，宋元人著作地里亦可观也。世称《武功志》及《朝邑志》，然朝邑大县，嫌其篇幅太窘，《武功志》以苏若兰文为首卷，亦非方志之体，县志之善，必求诸唐宋人乎！

三水县稍僻，羌无故实，旧志疏略尤甚。知县葛君到官以来，政平民和，百废俱举，因言其地缙绅、耆老好尚文雅，念圣朝厚泽深仁，重熙累洽。自一县官师制度、法良意美及孝悌节烈、掇科中策之士蒸蒸焉，月异而日新，不可无纪载，以表当时而示来世。

适有阳湖孙明经所学该博，负一时盛望，因嘱撰成之。予览其文，实能考书传之故事，删旧文之猥冗。其以艺文分隶各部，及刺取书传，必载所出，皆宋元人方志之法，异乎流俗之为之也。艺文则载其有关政事者，余概从削，又获于予心，故为序而行之。志凡十卷十四部，县谱一，故城二，国、城、乡、镇、亭、堡、寨三，山属四，水属五，城署、关桥、坊、古址六，坛庙、寺观、墓七，职官八，地丁钱粮九，兵防十，名人十一，列女十二，科贡十三封赠、寿民附，图序十四。孙君著述之简而有法，如此恐有议其漏者，予为道其体例云。

---

[1] 引自朱廷模，葛德新修、孙星衍纂．（乾隆）三水县志［M］//江苏古籍出版社，上海书店，巴蜀书社．中国地方志集成·陕西府县志辑（第十册）．南京：凤凰出版社，2007：465．

附文 30

纂修志书凡例[1]（明永乐十六年颁降）

一、建置沿革　历叙郡县建置之由，自禹贡、周职方氏所属某州，并历代分合废置与夫僭伪所据，逮国朝平定属某府所管。

一、分野　属某州天文、某宿分野之次。

一、疆域　在郡之上下左右，四方所抵界分若干里，广若干，袤若干。四至，叙邻县界府地名若干里。八到，叙到邻近府州县治若干里。陆路、水路皆叙其至本府若干、布政使若干、南京若干、北京若干。陆路言几里，水路言几驿。

一、城池　所建何时，续后增筑何人，有碑文者收录，及城楼、垛堞、吊桥之类悉录之。

一、山川　叙境内山岭、江河、溪涧之类所从来者。旧有事迹及名山大川有碑文者皆录，其余虽小山小水，有名者亦录。

一、坊郭镇市　其坊厢都里，分镇市录其见在者。如古有其名而今废者，于古迹下收之。

一、土产、贡赋、田地、税粮、课程、税钞　自前代至本朝洪武二十四年、并永乐十年之数，并悉录之。

一、风俗　叙前代至今风俗异同。形势，论其山川雄险。如诸葛亮论钟山龙蟠、石城虎踞之类。

一、户口　自前代至本朝洪武二十四年、永乐十年，版籍所载，并详其数目。

一、学校　叙其建置之由，续修理者何人。廨舍堂斋、书籍碑记并收录。学官、科贡人才并详收录。有碑记者亦录之。

一、军卫　叙置建何代，衙门、廨舍、教场、屯田去处，田亩、岁纳子粒之数、武臣功迹，并采录之。碑记之类亦收。

一、郡县廨舍　自前代建置，以至本朝见在者详叙之。古时所建不在此及废者，于古迹下收之。所属衙门如馆驿、镇所、仓场、库务、申明旌喜亭、坛场、铺舍并详收录。有碑文者，亦录之。

一、寺观　叙其创建何时，续修若何，及有碑文者并录之。如废，收古迹下。

[1]引自吴宗器纂修.（正德）莘县志［M］. 宁波：宁波市天一阁博物馆藏，明正德十年（1515）刻本：卷首.

一、祠庙　如文庙详录其创建、祭器、乐器、碑记，悉录无遗。其他祠庙，亦叙创建，因何而立。封敕、制诰、碑记之类，并收录之。

一、桥梁　叙创建之由，在于何处，继后何人修建。有碑记者亦收录之。

一、古迹　凡前代城垒、公廨、驿铺、山寨、仓场、库务，古有而今无或改移他处者，基址亦收录之。陵墓、前代帝王、名臣贤士者，并收录之。亭馆、台榭、楼阁、书院之类，或存或废，有碑记者，亦备录于后。津渡见在某处，路通何方。岩洞井泉之有名者亦收录。龙湫亦载何处，或有灵异可验者。前代园池何由而建。本朝桑枣备载各都某处。陂堰、圩塘之类见何代开凿。如无考者，止书见存某处，废者亦见因何而废。寺观、庵庙虽废亦录。墟巷之类，凡废者俱收录之。

一、宦迹　自前代开创政绩相传者、有提名者备录之。至本朝某人有政绩悉录之。见任者止书事迹，不可谀颂。

一、人物　俱自前代至今。本朝贤人、烈士、忠臣、名将、仕宦、孝子、顺孙、义夫、节妇、隐逸、儒士、方技及有能保障乡闾者并录。

一、仙释　自前代至今有名有灵迹者收录之。

一、杂志　记其本处古今事迹难入前项条目。如人事风俗可为劝戒，草木虫兽之妖祥、水火荒旱、幽怪之类可收者录之，以备观考。

一、诗文　先以圣朝制诰别汇一卷，所以尊崇也。其次，古今名公诗篇、记序之类，其有关于政教风俗、题咏山川者，并收录之。浮文不醇正者，勿录。

附文31

雍正内阁一统志馆行查事项[1]（清雍正十一年）

内阁一统志馆为行查事，照得本馆现编大清一统志，克期告竣，校对进呈。但直隶各省府州县户口田赋、文武职官、公廨仓廒，营卫兵数、监场、土贡、土司等项，与各书院、古迹、祠庙、寺观中御赐匾额碑记，以及近年增设裁革，修建移改诸务年月，理应务裁，……并本处城池、学校、境内之山川、古迹、关隘、市镇、驿递、桥梁、河渠、……陵墓、寺观等项，尤须一一详载，非行查各省府州县，本馆无凭查考。为此移会贵部，烦照后开条款，作速转行各省，详查造册送馆，以便增辑。此系克期进呈紧要事务，必须文到之日，限三个月内条晰造册报部送馆，毋得迟滞，须至移会者。计粘单一纸。

右移会

户部　　雍正十一年十月初八日

一、查各省及各府州县职官几员，并各公廨在本城何处，其中有移驻增设者查何年份?

一、查各府州县卫，现在户口若干，田赋清数若干。

一、查各处仓廒几何，弁在本城何处，并何年设立。

一、查各营汛卫所武弁几员，并驻防何处，管兵若干名，其中有移驻增设者查何年份。

一、查各处所增河渠、城堡、堤堰、祠庙、寺观，在本城何处，有御题匾额碑记，恭录原文，并注明何年建立。

一、查各巡司驿站，有增设改置及裁革者在何年份。

一、查滨海盐场，属何府州县，在城东西南北若干里。

一、查各处现在土贡何物。

一、查各土司属何府州县，其改土归流者在何年份。

以上十条，通查各府州县。

一、查新设新分各府、各直隶州通属之四至八到，交界地方，去本城若干里，在所属之布政司东西南北若干里，本城至京师若干里。

一、查新设新分各州县，四至八到，去本城若干里，本城在所属之府州东南西北若干里。

[1]转引自《中国方志大辞典》编辑委员会编. 中国方志大辞典［M］. 杭州：浙江人民出版社，1988：506-508.

一、查各新州县城池，或创筑或附旧城，或用旧镇旧堡改建，其儒学或附旧处或新设，在何年份。

一、查各新州县境内之山川、古迹、关隘、市镇、驿递、桥梁、河渠、城堡、堤堰、陵墓、祠庙、寺观等项，在本城东西南北若干里，其跨新旧二处交界地方者，并查注明。

以上四条，凡有新设新分之处，连前件一并行查。

又州县内有改隶村镇，添附边疆以及城廓迁徙，江海坍涨之处，其行查俱新州县例。

附文32

民政部奏《保存古迹推广办法》另行酌拟章程折并清单[1]（1909年）

窃臣部职掌原有保存古迹事项，嗣于光绪三十二年十月二十日接收工部划归事宜案卷，各省每于年终，造具古昔陵寝、先贤祠墓防护无误册结报部，原所以景行前哲资人观感也，惟是奉行日久，已成具文。查各国民政应行保存古迹事项，范围颇广，如埃及金字塔之古文，希腊古庙之雕刻，罗马万里古道邦，俾发掘之古城下，至先贤一草一木，故庐遗物或关于历史或涉于美术，虽至纤悉，亦无不什袭珍藏。因之，上自皇家，下迄草野，广如通都，僻在乡壤，咸有博物馆储藏品物，以为文明之观耀。而其保存通例，凡兵燹时，他国不得毁坏，毁坏者可责赔偿，著为万国公法，故其馆历时至久，聚物至伙，我中国文化之开先于列国，古昔圣哲，联肩接踵，所遗之迹，应亦倍蓰于他邦，乃至今而求数千年之遗迹，反不如泰西之多者，则以调查不勤，保存不力故也。因而海外洋商不惜巨资，赴我内地购买古代碑版、石刻、图画、造像之类，运至本国庋藏，宝贵著书、摹印以为夸耀者，络绎不绝，夫我自有之而不自宝之，视同瓦砾任其外流，不惟于古代之精神不能浃洽，而于国体之观瞻，实多违碍。臣等公同商酌于陵寝祠墓以外，推广调查保存两项办法，谨拟章程缮单，恭呈御览，如蒙俞允，即由臣部咨行步军统领衙门、顺天府、各直省将军、督抚、都统，按照新章认真办理，每届年终，将办理情形造具清册报部，再由臣部汇齐奏闻，谨奏。宣统元年八月初七日奉旨，依议。钦此。

谨将《保存古迹推广办法》章程缮单，恭呈御览。

一　周秦以来碑碣、石幢、石磬、造像及石刻、古画、摩崖字迹之类，现存何县、何地，及某县某种物共有若干，某物字迹现存若干，有无断折残缺情形，拟令督抚饬属详查咨部存案备核。

一　石质古物，近年以来，每为寺僧及不肖匪徒所盗卖，因之洋商络绎，将我碑版诸物贩归本国者，时有所闻，国体所关，尤堪痛惜，拟由督抚饬属严禁。如有盗卖碑版于外人者，科以重罚，并予州县官以失察之罪。

一　古庙名人画壁或雕刻塑像精巧之件，美术所关，较之字迹尤可珍宝，拟令督抚饬属查明，如有以上所列各件的，系何年遗迹者，咨部备考。

一　古代帝王陵寝、先贤祠墓，日久漂没，踪迹模糊，一人而数处有墓者有之，此其故。由于真墓毁失，不知处所，好

[1] 引自上海商务印书馆编译所编纂，蒋传光点校．大清新法令（1901—1911）点校本（第六卷）[M]．北京：商务印书馆，2011：186-188.

事者逐从而作伪，英光浩气，失所凭依，观览兴起，遂难亲切，拟由督抚确查审定，咨部立案。

一　名人祠庙或非祠庙而为古迹者，临履其地，在在生历史之感情，拟由督抚确查，咨部备核。

一　金石诸物，时有出土之件，拟由督抚饬属，凡由地下掘得石而有字迹者，访查详确，即由督抚于年终时报部备核。

以上六条系调查事项。

一　碑碣、石幢、造像之属，雨淋日炙，石质最易朽，或书肆贾贩任意拓拓，致使字迹模糊，碑身断折者，在在皆是，拟由督抚饬属于露立之碑，或移置廊庑，或由本地筹款建造碑楼栅栏之属，凡书肆贾贩，须报官后，由官体察石质情形，准其印拓若干者，始能印拓，否则从严惩罚。

一　古人金石书画并陶瓷各项什物，或宋元精印书籍石拓碑版之属，摩娑之下，如对古人。第中国历来无一公共储藏之所，或秘于一家，或私于一姓，一经兵火，散失焚弃，瓦砾之不如。故世愈久则愈少，物愈少则愈珍，扃固秘藏，只供一二有力者之把玩，而寒素儒生，至求一过目而不得，夫珍贵之品，不能接于人人之耳目，一旦遭遇变故，又岂能邀人人之爱惜。今拟由督抚在省城创设博物馆，随时搜辑，分类储藏，其或学士大夫达观旷识，欲将私蓄捐入馆中，永远存置，抑或暂时存置，皆听其便，庶世间珍品，共之众人，既免幽闭之害，兼得保存之益。

一　古代帝王陵寝、先贤祠墓，虽由地方官出具保护无误册结报部。然奉行日久，已成具文，拟由督抚于陵寝坟墓之就湮者，务建设标志，俾垂水久，其著名祠庙之完固者，则设法保护，其倾圮者，由地方择要修葺，不得仍前视为具文。

一　古庙名人画壁并雕刻塑像精巧之件，务加意保存，不得任其毁坏，亦不得因形迹模糊重行涂饰，致失本来面目，于古人美术反无所窥寻。

一　非陵寝祠墓而为古迹者，如光武千秋亭、诸葛八阵图、魏武铜雀台之属，或种树株，或立碑记，务使遗迹有所稽考，不致渐泯。

以上五条系保存事项。

附文33

古物保存法[1]（1930年公布）

第一条　本法所称古物，指与考古学、历史学、古生物学及其他文化有关之一切古物而言。

前项古物之范围及种类，由中央古物保管委员会定之。

第二条　古物除私有者外，应由中央古物保管委员会责成保存处所保存之。

第三条　保存于左列处所之古物，应由保存者制成可垂久远之照片，分存教育部、内政部、中央古物保管委员会及原保存处所。

一、直辖于中央之机关；

二、省市县或其他地方机关；

三、寺庙或古迹所在地。

第四条　古物保存处所每年应将古物填具表册，呈报教育部、内政部、中央古物保管委员会及地方主管行政官署。

前项表册格式由中央古物保管委员会定之。

第五条　私有之重要古物，应向地方主管行政官署登记，并由该管官署汇报教育部、内政部及中央古物保管委员会。

前项重要古物之标准，由中央古物保管委员会定之。

第六条　前条应登记之私有古物，不得移转于外人，违者没收其古物，不能没收者追缴其价额。

第七条　埋藏地下及由地下暴露地面之古物，概归国有。

前项古物发现时，发现人应立即报告当地主管行政官署，呈由上级机关咨明教育、内政两部及中央古物保管委员会收存其古物，并酌给相当奖金，其有不报而隐匿者，以窃盗论。

第八条　采掘古物应由中央或地方政府直辖之学术机关为之。

前项学术机关采掘古物，应呈请中央古物保管委员会审查，转请教育、内政两部会同发给采取执照，无前项执照而采掘古物者，以窃盗论。

第九条　中央古物保管委员会由行政院聘请古物专家六人至十一人，教育部、内政部代表各二人，国立各研究院、国立

[1]引自李晓东．民国文物法规史评［M］．北京：文物出版社，2013：110-111.

各博物院代表各一人为委员组织之。

中央古物保管委员会之组织条例另定之。

第十条　中央或地方政府直辖之学术机关采取古物有须外国学术团体或专门人才参加协助之必要时，应先呈请中央古物保管委员会核准。

第十一条　采掘古物应由中央古物保管委员会派员监察。

第十二条　采掘所得之古物，由中央或地方政府直辖之学术机关呈经中央古物保管委员会核准，于一定期内负责保存，以供学术上之研究。

第十三条　古物之流通以国内为限，但中央或地方政府直辖之学术机关，因研究之必要，须派员携往国外研究时，应呈经中央古物保管委员会核准，转请教育、内政两部会同发给出境护照。

携往国外之古物，至迟须于二年内归还原保存处所。

前二项之规定，于应登记之私有古物适用之。

第十四条　本法施行日期以命令定之。

附文34

古物保存法施行细则[1]（1931年公布）

第一条　古物保存法第三条所列举各保存处所，除遵照本法第四条第一项每年填表呈报外，应于本法施行后两个月内，由原保存者将所有古物造具清册，并分别记明古物之种类、数目、现状暨所在地及在历史或学术上之关系，连同照片一并送请中央古物保管委员会登记。

第二条　私有重要古物声请登记，其声请书内应记载左列事项：

一、古物之名称数目

二、声请登记年月

三、登记官署

四、古物之照片

五、古物在历史或学术上之关系

六、现状

七、保管方法

八、登记人之姓名、籍贯、年龄、住址、职业，声请人若为法人，其名称及事务所

第三条　私有古物之登记，由该管官署依古物保存法第五条之规定，汇报中央古物保管委员会时须照录原声请书，连同古物照片一并附送。

第四条　已经登记之私有古物，如有移转或让与等行为，应由原主会同取得人向原主管官署声请移转登记，违者其移转行为为无效。

第五条　凡私有古物已经登记者，其所有权仍属之原主。但私有古物应登记而不登记者，得按其情节之轻重，施以二百元以上一千元以下之罚锾，并得责令古物所有人补行登记。

第六条　凡经登记之古物，如有已经残损，中央古物保管委员会认为有修整之必要时，得会同原主或该管官署分别酌量修整之，其经费除由原主或该管官署担任外，得由中央古物保管委员会补助之。

第七条　凡经登记之古物，倘有因残损或他种原因须改变形式或移转地点，应由原主或该管官署先行报告中央古物保管委员会，非经该会核准，不得处置。

第八条　凡学术机关呈请发掘古物，须具备声请书，应记

[1] 引自李晓东．民国文物法规史评［M］．北京：文物出版社，2013：112-114.

左列事项：

一、古物种类

二、古物所在地

三、发掘时期

四、发掘古物之原因

五、学术机关之名称

六、预定发掘之计划

第九条　依古物保存法第七条发现之古物，应由中央古物保管委员会核定其保存办法，并呈报行政院备案。

第十条　前条发现之古物，经核定保存办法后，由中央古物保管委员会登记之。

第十一条　监察采掘古物人员，应将下列各事：（一）采掘古物之数量，（二）古物名称，（三）发掘年月日，（四）古物所在地，（五）采掘所得之古物现存何处，（六）已否采掘完毕，分别列表，详细呈报中央古物保管委员会备核。

前项表式由中央古物保管委员会定之。

第十二条　采掘古物，不得损毁古代建筑物、雕刻塑像、碑文及其他附属地面上之古物遗物或减少其价值。

第十三条　凡外国人民，无论用何种名义，不得在中国境内采掘古物。但外国学术团体或私人，对于中国学术机关发掘古物，如有经济上之协助、该学术机关报告中央古物保管委员会核准后得承受之。

第十四条　古物之流通以国内为限，如擅自输出国外，其情节系违反古物保存法第十三条之规定者，得按其情节之轻重，施以五百元以上三千元以下之罚锾。

第十五条　凡名胜古迹古物应永远保存之。但依土地征收法应征收时，由该管官署呈由内政部核办，并分报中央古物保管委员会备查。

第十六条　违反本细则第一条第一项之规定，故意不依限登记者，原保存处所之保存者，应受相当之处分。

第十七条　各省市县政府得斟酌地方情形，组织古物保存委员会及其保护古物办法，报经中央古物保管委员会核准后施行。

第十八条　关于古物之登记、保护、奖励、采掘各规则及登记簿册式样，由中央古物保管委员会定之。

第十九条　本条例自公布之日施行。

附图

附图 1　沙畹 1907 年拍摄的唐高宗乾陵及毕沅立碑（来源：沙畹（Edouard Chavannes）《北中国考古图录》（*Mission archéologique dans la Chine septentrionale*）NO.450）

附图 2　供奉历代帝王牌位的北京历代帝王庙景德崇圣殿[1]（来源：中国文化遗产研究院编《北平研究院北平庙宇调查资料汇编》（内四区卷）下册第 952 页）

---

[1] 北平研究院北京内城寺庙调查组于民国二十年（1931）7月拍摄，该图亦见于北京历代帝王庙图书编辑委员会编《北京历代帝王庙古建筑修缮工程专辑》第194页图11。

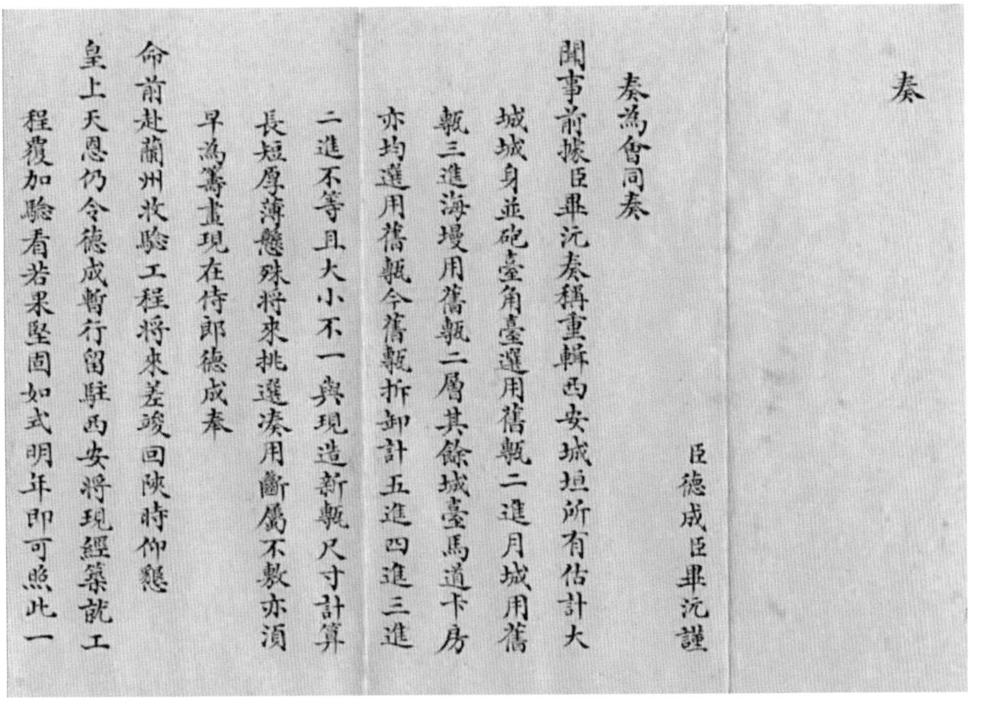

奏

臣德成臣畢沅謹

奏為會同奏

聞事前據臣畢沅奏稱重輯西安城垣所有估計大城城身並砲臺角臺選用舊甎二進月城用舊甎三進海墁用舊甎二層其餘城臺馬道卡房亦均選用舊甎今舊甎拆卸計五進四進三進二進不等且大小不一與現造新甎尺寸計算長短厚薄懸殊將來挑選湊用斷屬不敷亦須早為籌畫現在侍郎德成奉

命前赴蘭州收驗工程將來差竣回陝時仰懇

皇上天恩仍令德成暫行留駐西安將現經築就工程覆加驗看若果堅固如式明年即可照此一

附图 4　毕沅与德成于乾隆四十八年（1783）上奏的有关重修西安城垣的奏折局部（来源：《奏闻臣等会同查看商办重辑西安城垣情形》，中国台湾“台北故宫博物院”藏，文献编号 403046856）

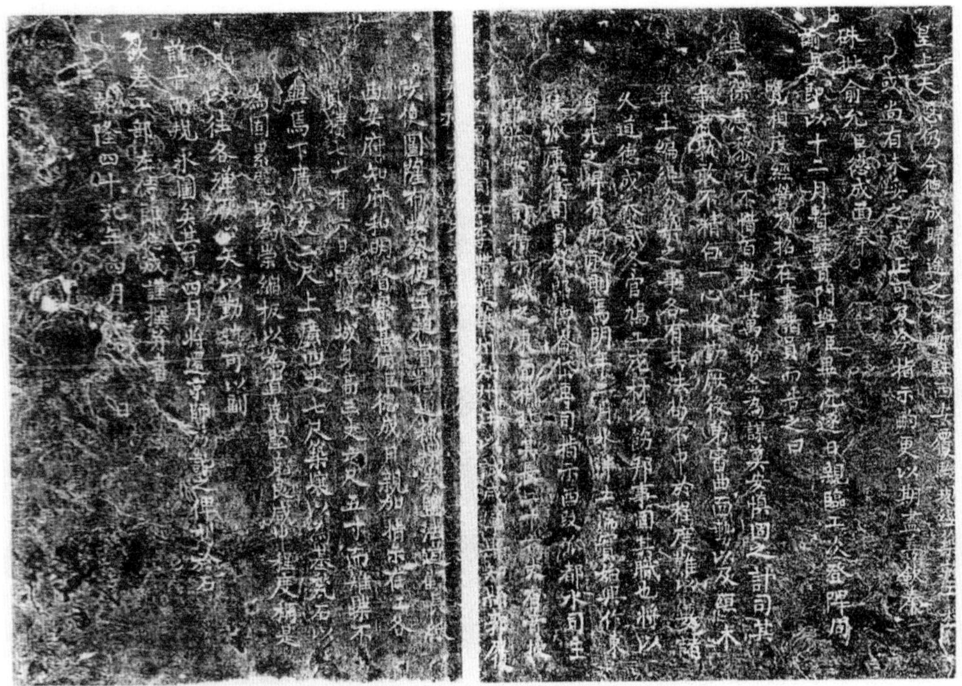

附图 5　清工部左侍郎德成《重修西安城垣记》拓片局部（来源：引自史红帅著《明清西安城》第 18 页）

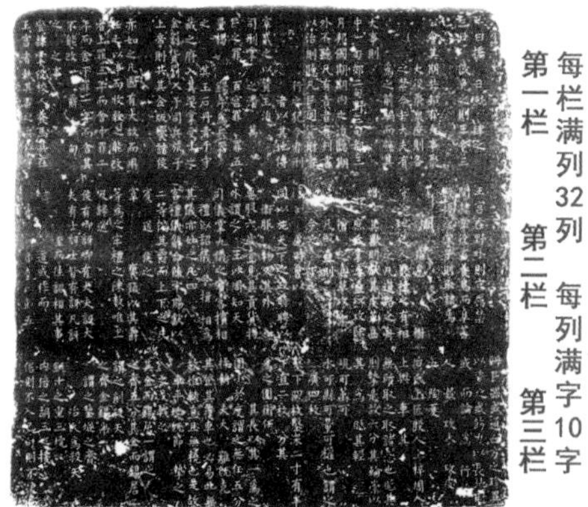

第一栏
第二栏
第三栏
每栏满列32列
每列满字10字

开成石经（明刻“石经补字”）

开成石经（唐刻《礼记》）

第一栏
第二栏
第三栏
第四栏
第五栏
第六栏
第七栏
第八栏
每栏满列37至39列
每列满字10字

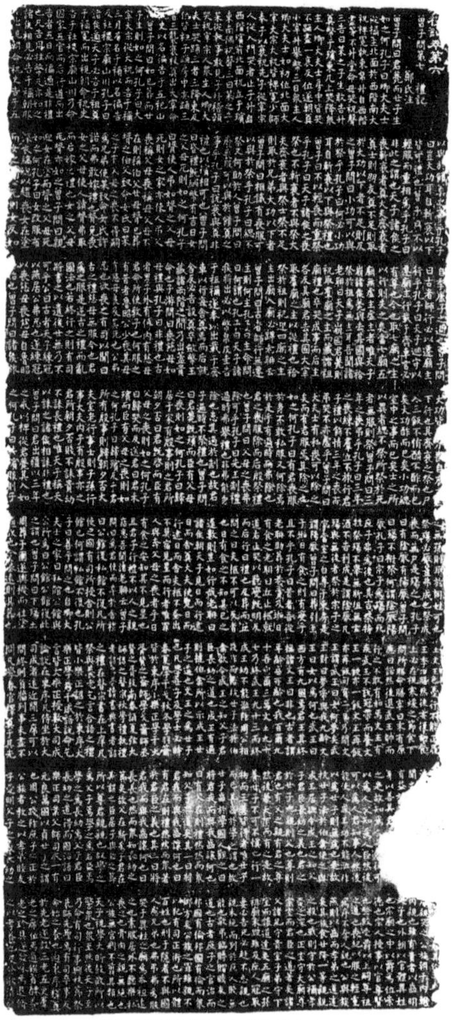

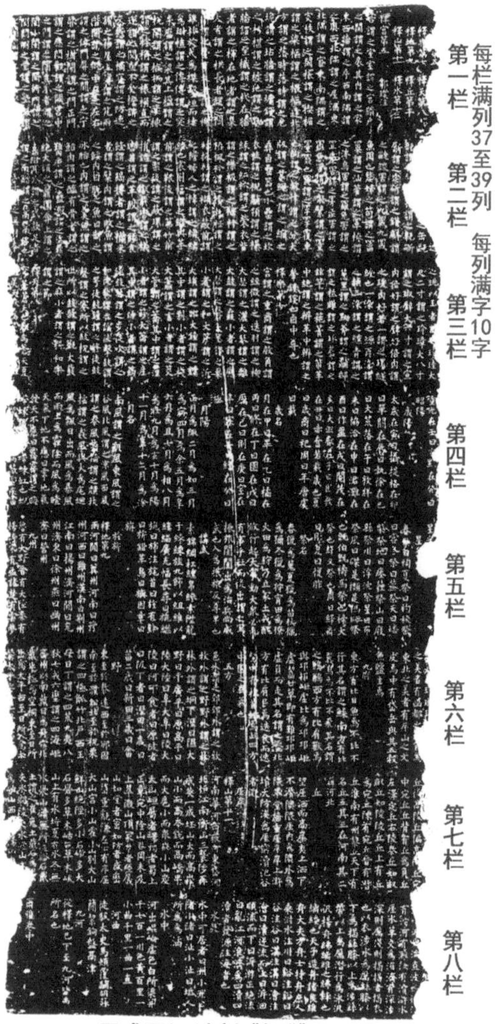

开成石经（唐刻《尔雅》）

附图6　开成石经拓本（来源：上、左、右三图分别引自北京图书馆金石组编《北京图书馆藏中国历代石刻拓本汇编》第三十一册第30、23、29页，彩色文字标注为笔者所加）

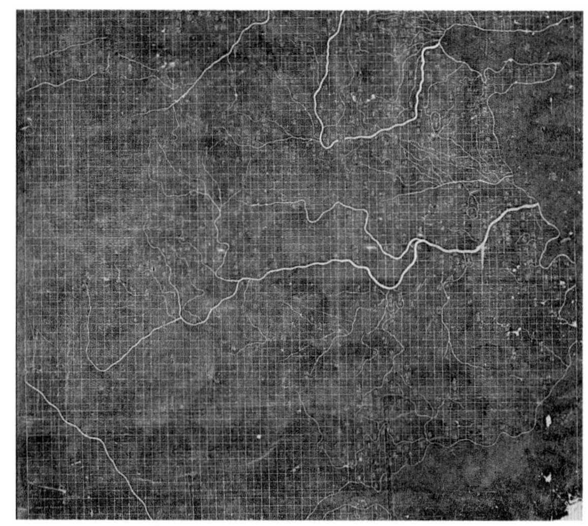

附图 7　西安碑林博物馆石刻《禹迹图》之拓本
（来源：美国国会图书馆藏）

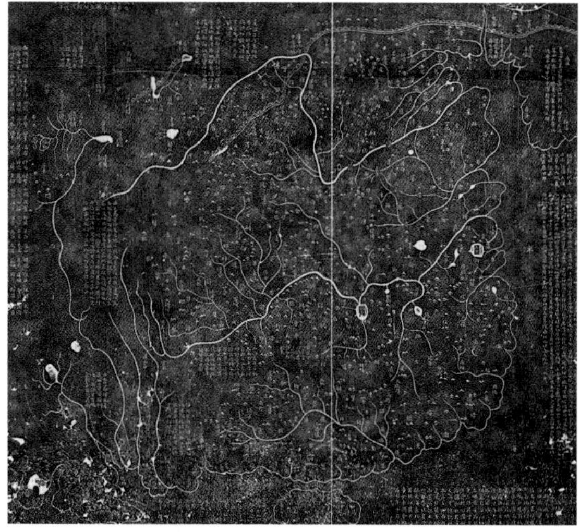

附图 8　西安碑林博物馆石刻《华夷图》之拓本
（来源：美国国会图书馆藏）

附图 9　1928 年时的平等寺及灵台遗址
（来源：《西京胜迹》插图《鄠县灵台故迹（胜迹七）》）

附图 10　清乾隆时期的凤翔东湖面貌
（来源：毕沅《关中胜迹图志》（经训堂刻本）卷十五《东湖图》）

附图 11　清乾隆时期的华阴玉泉院面貌
（来源：乾隆《华阴县志》卷首《玉泉院图》）

附图 12　民国时期的西宁塔尔寺全景（来源：哈里森 · 福尔曼（Harrison Forman）拍摄，胶片藏于美国威斯康星大学密尔沃基分校图书馆）

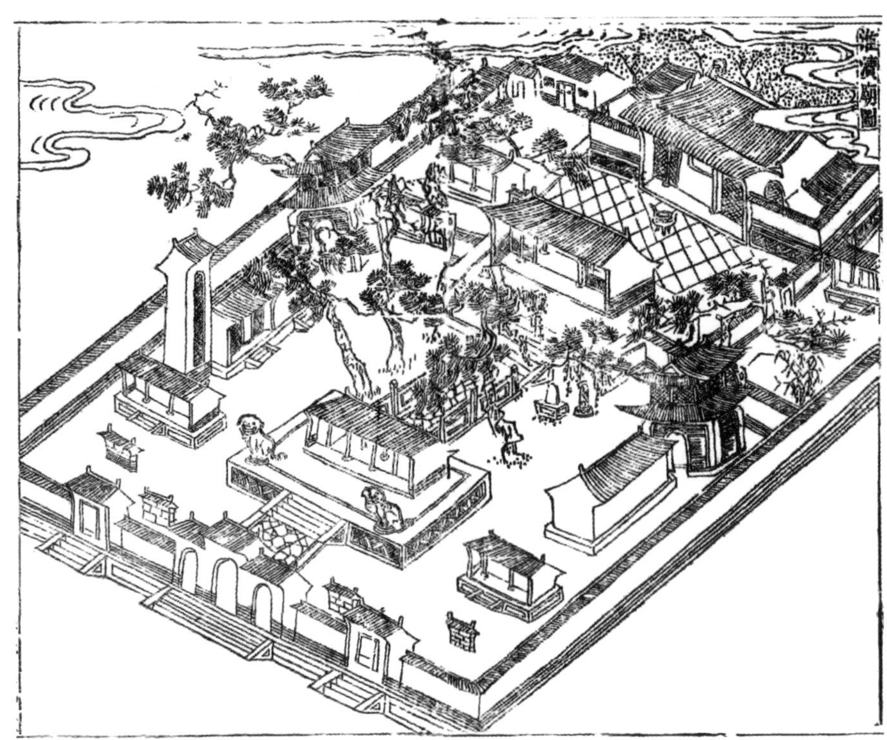

附图 13　清乾隆时期的桐柏淮渎庙面貌（来源：乾隆《桐柏县志》卷首《淮渎庙图》）

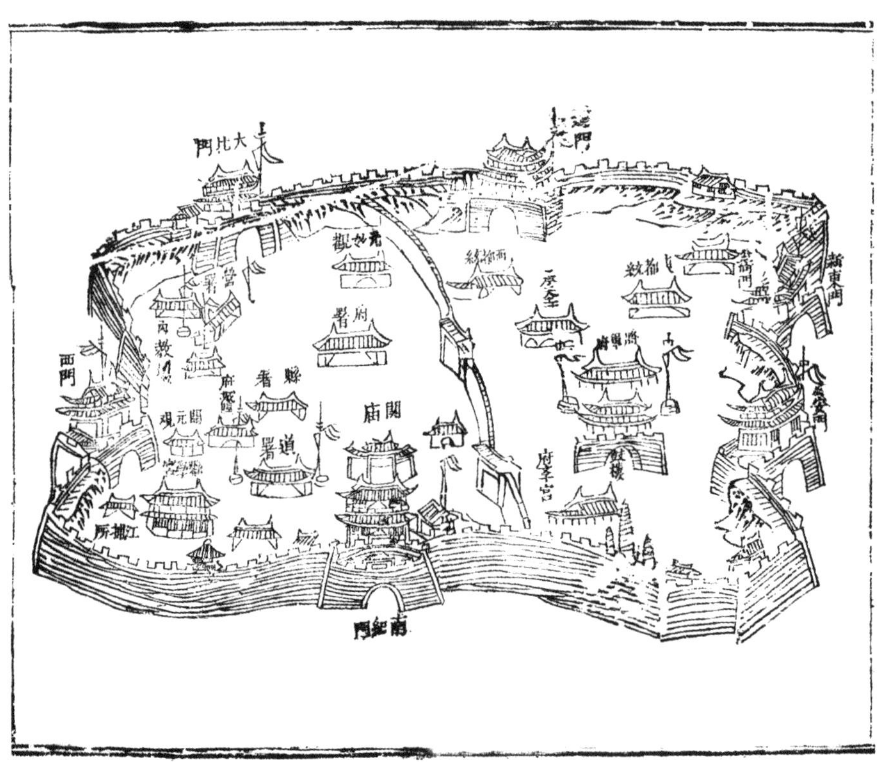

附图 14　清乾隆时期的荆州城垣全貌（来源：乾隆《荆州府志》卷首《荆州府城图》）

附图 15　1938 年时的湖北汉阳古琴台(来源：满蒙印画协会编《亚东印画辑》第 162 回第 7 张)

附图 16　大清重修大崇圣寺碑四视图(来源：陈斯亮、袁震宏制作)

附图 17　勒 – 杜克绘制的皮埃尔丰城堡东南立面水彩渲染图(来源：让·保罗·米丹特(Jean–Paul Midant)《维奥莱 – 勒 – 杜克：法国哥特式建筑复兴》(*Viollet-le-Duc*：*The French Gothic Revival*)第 112 页

参考文献

［1］郭震旦．音调难定的本土化——近年来若干相关问题述评［J］．清华大学学报（哲学社会科学版），2019，34（1）：1-18，194．

［2］联合国教科文组织世界遗产中心，国际古迹遗址理事会，国际文物保护与修复研究中心，中国国家文物局主编．国际文化遗产保护文件选编［M］．北京：文物出版社，2007．

［3］国际古迹遗址理事会中国国家委员会．中国文物古迹保护准则（2015年修订）［M］．北京：文物出版社，2015．

［4］［汉］司马迁．史记［M］．北京：中华书局，1982．

［5］吴良镛．中国人居史［M］北京：中国建筑工业出版社，2014．

［6］王贵祥．中国古代人居理念与建筑原则［M］北京：中国建筑工业出版社，2015．

［7］王其亨．风水理论研究（第二版）［M］天津：天津大学出版社，2005．

［8］王树声编著．中国城市人居环境历史图典（全18卷）［M］北京：科学出版社，2015．

［9］王树声．重拾中国城市规划的风景营造传统［J］．中国园林，2018，34（1）：28-34．

［10］费孝通．费孝通全集（第五卷）［M］．呼和浩特：内蒙古人民出版社，2009．

［11］习近平．在纪念孔子诞辰2565周年国际学术研讨会暨国际儒学联合会第五届会员大会开幕会上的讲话［N］．人民日报，2014-09-25．

［12］［清］沈宗骞．芥舟学画编［M］．济南：山东画报出版社，2013．

［13］习近平．在文艺工作座谈会上的讲话［OL］．http://www.xinhuanet.com//politics/2015-10/14/c_1116825558.htm，2015-10-14．

［14］中央全面深化改革委员会．关于加强文物保护利用改革的若干意见［OL］．http://www.gov.cn/xinwen/2018-10/08/content_5328558.htm?_zbs_baidu_bk，2018-07-06．

［15］陈蔚．我国建筑遗产保护理论和方法研究［D］．重庆：重庆大学，2006．

［16］肖金亮．中国历史建筑保护科学体系的建立与方法论研究［D］．北京：清华大学，2009．

[17] 郑滨. 1860—2009中国文物保护历程研究[D]. 济南：山东大学，2010.
[18] 薛林平. 建筑遗产保护概论[M]. 北京：中国建筑工业出版社，2013.
[19] 林源. 中国建筑遗产保护基础理论[M]. 北京：中国建筑工业出版社，2012.
[20] 乔童慧. 中国建筑遗产概念及其发展[J]. 中外建筑，2003(6)：13-16.
[21] 苑娜. 历史建筑保护及修复概论[M]. 北京：中国建筑工业出版社，2017.
[22] 李建. 我国文物保护法制化的发端——论清末《保存古迹推广办法》及其历史作用[J]. 山东大学学报(哲学社会科学版)，2015(6)：153-160.
[23] 林佳，王其亨. 中国建筑遗产保护的理念与实践[M]. 北京：中国建筑工业出版社，2017.
[24] 刘守柔. 清末民国文化遗产保护的兴起与演进研究[D]. 上海：复旦大学，2014.
[25] 梁思成. 梁思成文集(第三集)[M]. 北京：中国建筑工业出版社，1982.
[26] 常青. 关于建筑遗产保存与修复的反思[C]//中国文物学会传统建筑园林委员会. 建筑文化遗产的传承与保护论文集. 天津：天津大学出版社，2011：88-94.
[27] 郭磊. 基于西方建筑遗产保护理论视野下的我国建筑遗产保护与开发思考[J]. 沈阳建筑大学学报(社会科学版)，2011，13(4)：399-402.
[28] 张靓，陈易，庄葳. 从国际宪章视角论世界文化遗产保护的理论发展[J]. 住宅科技，2012(10)：32-35.
[29] 陈曦. 建筑遗产保护思想的演变[M]. 上海：同济大学出版社，2016.
[30] 史勇. 中国近代文物事业简史[M]. 兰州：甘肃人民出版社，2009：18-67.
[31] 江琳. 从"文物保护"到"文化保护"近代中国文物保护的制度与实践研究1840—1949[M]. 北京：新华出版社，2015.
[32] 尤嘎·尤基莱托. 建筑保护史(A History of Architectural Conservation)[M]. 郭旃译. 中华书局，2011.
[33] 约翰·H·斯塔布斯著，申思译. 永垂不朽：全球建筑保护概观[M]. 北京：电子工业出版社，2016.
[34] 米歇尔·佩赛特，歌德·马德尔著. 古迹维护原则与务实[M]. 孙全文，张采欣译. 武汉：华中科技大学出版社，2010.
[35] John H. Stubbs. Time Honored: A Global View of Architectural Conservation[M]. Hoboken: wiley，2009.
[36] Salvador Munoz vinas. Contemporary Theory of Conservation[M]. Oxford: Elsevier Buttterworth-Heinemann，2004.
[37] 弗朗索瓦丝·萧伊(Francoise Choay)，寇庆民译. 建筑遗产的寓意(*L'Allegorie Du Patrimoine*)[M]. 北京：清华大学出版社，2013.
[38] 喻学才. 中国建筑遗产保护传统的研究[M]//喻学才. 三元草堂文钞(遗产保护

研究）. 南京：南京大学出版社，2012：251–266.

［39］喻学才. 中国古代文化遗产保护的三个来源［M］//喻学才. 三元草堂文钞（遗产保护研究）. 南京：南京大学出版社，2012：152–158.

［40］喻学才. 中国古代遗产保护传统的七大特征［M］//喻学才. 三元草堂文钞（遗产保护研究）. 南京：南京大学出版社，2012：159–166.

［41］喻学才. 康有为的遗产保护思想［M］//喻学才. 三元草堂文钞（遗产保护研究）. 南京：南京大学出版社，2012：296–309.

［42］喻学才. 梁启超的遗产保护思想［M］//喻学才. 三元草堂文钞（遗产保护研究）. 南京：南京大学出版社，2012：310–318.

［43］喻学才. 论张謇遗产保护思想的创新性［M］// 喻学才. 三元草堂文钞（遗产保护研究）. 南京：南京大学出版社，2012：329–338.

［44］朱光亚. 建筑遗产保护学［M］. 南京：东南大学出版社，2019.

［45］曹永康. 我国文物古建筑保护的理论分析与实践控制研究［D］. 杭州：浙江大学，2008.

［46］张黎明. 西方权威遗产话语及其与中国传统遗产保护理念的对比［D］. 天津：天津大学，2014.

［47］吴宗杰. 话语与文化遗产的本土意义建构［J］. 浙江大学学报（人文社会科学版），2012，42（5）：28–40.

［48］郭满. 方志记载折射出的中国古代古迹观念初探［D］. 天津：天津大学，2013.

［49］吴美萍. 中国建筑遗产的预防性保护研究［M］. 南京：东南大学出版社，2014.

［50］刘雨婷. 中国历代建筑典章制度（下）［M］. 上海：同济大学出版社，2010：256–288.

［51］朱顺. 清代工程营造法初探［D］. 北京：中国政法大学，2009.

［52］郭岩.《工部则例》之工程规制研究［D］. 呼和浩特：内蒙古大学，2014.

［53］王华丽. 清代土木营造保固制度探析［J］. 湖北警官学院学报，2013（7）：115–118.

［54］李志国，朱顺. 清代“保固制度”对我国建筑质量保障制度的启示［J］. 法学杂志，2010，31（S1）：177–182.

［55］刘志松. 清“冒破物料”律与工程管理制度［D］. 天津：南开大学，2010.

［56］程婧.《物料价值则例》和有关数据的分析［D］. 北京：清华大学，2004.

［57］高换婷，秦国经. 清代宫廷建筑的管理制度及有关档案文献研究［J］. 故宫博物院院刊，2005（5）：293–310.

［58］周小明. 论清代宫廷建筑工程建设程序及其档案内容［J］. 城建档案，1997（2）：37–39.

[59] 汪江华，王其亨．清代惠陵工程处的建制与职能 [J]．建筑师，2008（2）：13-18.
[60] 刘畅．从清代晚期算房高家档案看皇家建筑工程销算流程 [J]．建筑史论文集．（第14辑），2001：128-133.
[61] 王海燕．陵寝工程中的赔修制：以清东陵裕陵隆恩殿为例 [J]．河北大学学报（哲学社会科学版），2006，31（5）：96-99.
[62] 王蔚．清代定东陵建筑工程全案研究 [D]．天津：天津大学，2005.
[63] 曾辉．清代定陵建筑工程全案研究 [D]．天津：天津大学，2005.
[64] 史红帅．清代灞桥建修工程考论 [J]．中国历史地理论丛，2012，27（2）：118-131.
[65] 史红帅．清乾隆四十六年至五十一年西安城墙维修工程考——基于奏折档案的探讨 [J]．中国历史地理论丛刊，2011，26（1）：112-125.
[66] 史红帅．清乾隆五十二～五十六年潼关城工考论——基于奏折档案的探讨 [J]．中国历史地理论丛，2016，31（2）：78-96.
[67] 陈青化．清代川陕官道中栈道维修活动考述——以清宫档案为中心 [J]．陕西理工学院学报（社会科学版），2011，29（3）：21-29.
[68] 马亚辉．乾隆时期云南之城垣修筑 [J]．中国边疆史地研究，2012，22（2）：37-45.
[69] 杨立志．论清代湖广官吏与武当山建筑维修 [J]．湖北社会科学，2006（6）：96-98.
[70] 傅强．清景陵圣德神功碑亭修缮研究——兼论清代大碑楼传承与发展 [D]．天津：天津大学，2013.
[71] 刘畅，王时伟．从现存图样资料看清代晚期长春宫改造工程 [J]．故宫博物院院刊．2005（5）：190-206.
[72] 朱蕾，陈书砚．清代文献记载的盘山古迹保护 [J]．中国文化遗产，2017（1）：96-100.
[73] 魏欣宝．明清关中地区府县城池建修研究 [D]．西安：陕西师范大学，2018.
[74] 王其亨．清代建筑工程籍本的研究利用 [J]．中国建筑史论汇刊，2014（2）：147-187.
[75] 何蓓洁，王其亨．清代样式雷世家及其建筑图档研究史 [M]．北京：中国建筑工业出版社，2017.
[76] 张凤梧．样式雷圆明园图档综合研究 [D]．天津：天津大学，2009.
[77] 张威，李晓丹．中国营造学社与样式雷研究 [J]．新建筑，2003（4）：70-71.
[78] 王其亨，张龙．光绪朝颐和园重修与样式雷图档 [J]．中国园林，2008（6）：23-31.
[79] [清] 史善长．弇山毕公年谱 [M]//北京图书馆出版社影印室辑．乾嘉名儒年谱（第5册）．北京：北京图书馆出版社，2006：465-600.

[80][清]钱泳撰，孟裴点校．履园丛话（全二册）[M]．上海：上海古籍出版社，2012.
[81][清]袁枚．随园诗话[M]．杭州：浙江古籍出版社，2011.
[82][清]徐珂编撰．清稗类钞[M]．北京：中华书局，2010.
[83][清]钱大昕．潜研堂文集（1-6）[M]．上海：商务印书馆，1935.
[84][清]王昶著；陈明洁，朱惠国，裴风顺点校．春融堂集[M]．上海：上海文化出版社，2013.
[85][清]洪亮吉．洪亮吉集[M]．北京：商务印书馆，2017.
[86][清]钱坫．钱坫致黄易书札[M]//赵魏，余集，钱坫等撰．黄小松友朋书札（第十三册）．北京：中国国家图书馆藏，清稿本．
[87]薛龙春．古欢：黄易与乾嘉金石时尚[M]．北京：生活．读书．新知三联书店，2019.
[88][清]张开东．白莼诗集[M]//《清代诗文集汇编》编纂委员会编．清代诗文集汇编（三三三）．上海：上海古籍出版社，2010：353-591.
[89][清]清实录·高宗纯皇帝实录[M]．北京：中华书局，1986.
[90][清]清实录·圣祖仁皇帝实录[M]．北京：中华书局，1985.
[91][清]吴六鳌修，[清]胡文铨纂．（乾隆）富平县志[M]//江苏古籍出版社，上海书店，巴蜀书社．中国地方志集成·陕西府县志辑（第十四册）．南京：凤凰出版社，2007.
[92][清]毕沅．奏为太白神祠落成请颁给匾额事（乾隆四十三年四月廿九日）[M]//中国台湾台北故宫博物院图书文献处文献科编．宫中档乾隆朝奏折（第42辑），台北：中国台湾台北故宫博物院，1985：832.
[93][清]毕沅．奏请加恩元圣周公后裔以光盛典事（乾隆四十三年闰六月初十日）[M]//中国台湾台北故宫博物院图书文献处文献科编．宫中档乾隆朝奏折（第43辑），台北：中国台湾台北故宫博物院，1985：742.
[94][清]赵尔巽等．清史稿[M]．北京：中华书局．1977.
[95][清]无名氏撰，王忠翰点校．清史列传[M]．北京：中华书局．1987.
[96][清]钱仪吉．碑传集[M]．北京：中华书局．1993.
[97][清]国史馆辑，吴忠匡校订．满汉名臣传[M]．哈尔滨：黑龙江人民出版社，1991.
[98][清]李元度．国朝先正事略[M]．长沙：岳麓书社，1991.
[99][清]李桓辑．国朝耆献类征（初编）[M]．北京：中华书局，1989.
[100][清]徐世昌．清儒学案[M]．北京：中华书局，2008.
[101][民国]支伟成．清代朴学大师列传[M]．长沙：岳麓书社，1998.
[102][清]叶衍兰，叶恭绰编，陈祖武校补．清代学者象传校补[M]．北京：中华书局，2001.

[103] 陈雅飞．毕沅、毕泷家世生平考 [J]．历史档案，2011（3）：51–59.
[104] 毕义星，毕红星，毕江军．毕氏进士（下）[M]．济南：山东人民出版社，2013.
[105] 马萌．毕沅评传 [M]．香港：香港四季出版有限公司，2020.
[106] 韩先艳．生前幕府三千士，死后名山万卷书——毕沅幕府及其学术成就 [D]．兰州：兰州大学，2007.
[107] 任昭君．毕沅对陕甘治绩述论 [D]．天津：南开大学，2010.
[108] 夏永丽．毕沅学术研究 [D]．北京：中国人民大学，2006.
[109] 徐耿华．学者督抚毕沅 [M]．西安：三秦出版社，2009.
[110] 郭文娟．毕沅及其幕僚对陕西的文化贡献 [J]．西安文理学院学报（社会科学版），2005，8（1）：88–92.
[111] 尚小明．学人游幕与清代学术 [D]．北京：北京大学，1997.
[112] 林存阳．乾嘉四大幕府研究 [M]．北京：中国社会科学出版社，2016.
[113] 梅季．古代学者百人传 [M]．广州：广州文化出版社，1989.
[114] 宋元强．清朝的状元 [M]．长春：吉林文史出版社，1992.
[115] 朱端强，姜胜利．明清状元别传 [M]．沈阳：春风文艺出版社，1991.
[116] 王继．毕秋帆述评 [J]．兰州大学学报（社会科学版），1983（2）：48–57.
[117] 安杰．毕沅：学者督抚的双面人生 [J]．档案，2017（7）：45–50.
[118] 李金华．毕沅及其幕府的史学成就 [D]．天津：南开大学，2010.
[119] 雷传远．毕沅与乾嘉史学 [D]．香港：香港大学，1987.
[120] 孙运君．评毕沅的历史学贡献 [J]．辽宁大学学报（哲学社会科学版），2002，30（5）：61–63.
[121] 侯霭奇．毕沅与陕西地方文献 [C] //陕西省图书馆学会．陕西省图书馆第五次会员代表大会暨学术研讨会与全国图书馆部室主任工作、学术研讨会论文集，西安：陕西省图书馆学会，2003：355–360.
[122] 郭友亮．毕沅史学成就述略 [J]．商丘师范学院学报，2008，24（5）：48–50.
[123] 林存阳．毕沅《续资治通鉴》考辨 [J]．北京联合大学学报（人文社会科学版），2009，7（3）：71–78.
[124] 林存阳．毕沅对经史诸学的扶持与倡导 [M] //中国社会科学院历史研究所清史研究室编．清史论丛（2006年号），北京：中国广播电视出版社，2006：175–197.
[125] 王彦霞．毕沅《续资治通鉴》的史学价值之辨 [J]．唐山师范学院学报，2010，32（4）：51–55.
[126] 乔治忠，李金华．毕沅幕府修史在乾隆时期史学发展中的地位 [J]．求实学刊，2010，37（1）：131–137.
[127] 刁美林．毕沅的方志学思想成就探析 [J]．中国地方志，2012（4）：52–58.

[128]郭明明. 毕沅幕府书籍修纂活动研究［D］. 北京：首都师范大学，2012.
[129]王雪玲. 清代学者名儒与陕西地方志的修纂［M］. 北京：科学出版社，2016.
[130]黄忠怀. 毕沅整理研究史地典籍之成果与方法［J］. 中国历史地理论丛，2003，18（1）：139-145.
[131]黄忠怀. 毕沅整理研究的几种历史地理文献［J］. 古籍研究，2005（1）：291-294.
[132]柯秉芳. 毕沅《山海经新校正》之贡献、缺失及其影响［J］. 有凤初鸣年刊，2013（9）：165-191.
[133]冷亦. 毕沅《山海经新校正》研究［D］. 成都：四川师范大学，2016.
[134]王巧巧. 毕沅《山海经新校正》研究［D］. 兰州：西北师范大学，2016.
[135]王珏.《一切经音义》引《山海经》之神异动物——与毕沅校本异文比较［J］. 集美大学学报（哲学社会科学版），2009，12（4）：67-70.
[136]杜国庆. 毕沅与孙诒让《墨子》校勘比较研究［D］. 温州：温州大学，2010.
[137]李茂康. 毕沅与吴志忠所校《释名》异文比较［J］. 古籍研究，1999（4）：64-69.
[138]魏宇文. 谈毕沅《释名疏证》中的“今本俗字”［J］. 中国语文，2007（1）：63-67.
[139]贺知章. 王先谦与毕沅《释名》研究比较［J］. 延安大学学报（社会科学版），2008（5）：104-107.
[140]白雪松. 清代乾嘉时期的《晋书》研究［D］. 上海：上海师范大学，2008.
[141]白雪松. 乾嘉学者《晋书》研究论析［J］. 辽宁大学学报（哲学社会科学版），2011，39（1）：79-85.
[142]王品龙. 清代以来的《晋书》研究考述［D］. 长沙：湖南师范大学，2009.
[143]刘维波. 毕沅与金石学研究——以《关中金石记》为中心［D］. 西安：陕西师范大学，2009.
[144]刁美林. 毕沅的金石学成就考述［J］. 宁夏师范学院学报，2013，34（1）：82-86.
[145]李向菲. 毕沅《关中金石记》考论［J］. 西部学刊，2015（12）：34-37.
[146]倪惠颖. 毕沅幕府与文学［M］. 南京：江苏人民出版社，2010.
[147]杨焄点校. 毕沅诗集［M］. 北京：人民文学出版社，2016.
[148]林啸. 毕沅诗歌研究［D］. 南宁：广西师范大学，2018.
[149]林啸. 毕沅诗歌中的陕西印记——灞桥［J］. 陕西理工大学学报（社会科学版），2018，36（1）：45-49，56.
[150]杨玲玲. 毕沅诗歌艺术特色探微［J］. 辽宁师专学报（社会科学版），2011（4）：21-22.
[151]李金华. 毕沅诗歌结集过程及创作意义［J］. 广播电视大学学报（哲学社会科学版），2014（2）：3-9.

[152] 朱则杰. 毕沅“官阁消寒会”与严长明《官阁消寒集》[J]. 甘肃社会科学，2013（6）：165-168.

[153] 朱则杰. 毕沅“苏文忠公生日设祀”集会唱和考论[J]. 江南大学学报（人文社会科学版），2014，13（2）：84-89.

[154] 侯冬. 毕沅幕府与乾隆后期诗坛[J]. 中南大学学报（社会科学版），2015，21（2）：213-221.

[155] 侯冬. 乾嘉幕府与诗歌研究——以卢见曾、毕沅、曾燠、阮元幕府为个案的考察[M]. 北京：中国社会科学出版社，2018.

[156] 张亚庆. 毕沅及其诗歌研究[D]. 兰州：西北师范大学，2017.

[157] 张俊岭. 朱筠、毕沅、阮元三家幕府与乾嘉碑学[M]. 杭州：浙江大学出版社，2014.

[158] 于若溪. 毕沅艺事研究[D]. 西安：西安美术学院，2018.

[159] 曹风权. 毕沅及其对陕西文物的保护[J]. 文博，1989（1）：79-83.

[160] 高景明，袁玉生. 毕沅与陕西文物[J]. 文博，1992（1）：47-50.

[161] 李挺. “关中文物的守护神”清代鉴藏家毕沅[J]. 东方收藏，2012（6）：113-116.

[162] 杨丽莎. 毕沅对陕西文化遗产保护的启示. 西安：西北大学文化遗产学院学年论文（内部资料），2012（电子资料见https://www.academia.edu/9664579/%E6%AF%95%E6%B2%85%E5%AF%B9%E9%99%95%E8%A5%BF%E6%96%87%E5%8C%96%E9%81%97%E4%BA%A7%E4%BF%9D%E6%8A%A4%E7%9A%84%E8%B4%A1%E7%8C%AE）.

[163] 殷麒鹏. 毕沅对陕西的文物保护贡献[J]. 人类文化遗产保护，2016：78-80.

[164] 南志秀. 毕沅保护富平文物古迹[C]//三秦文化研究会. 三秦文化研究会年录（二〇一三年），西安：三秦文化研究会，2014：63-64.

[165] 赵荣芳，刘维波. 毕沅与西安碑林[M]//中国古都学会. 中国古都研究（第三十一辑），西安：陕西师范大学出版社，2016：112-118.

[166] 刘红. 毕沅《关中胜迹图志》对西汉帝陵名位判定之得失及其他[J]. 碑林集刊，2008：213-218.

[167] 陈斯亮，杨豪中，赵荣. 清人毕沅为陕西陵墓立碑考[J]. 山西档案，2018（2）：161-164.

[168] 陈斯亮. 清乾隆四十二年至四十六年西岳庙修缮工程研究[J]. 古建园林技术，2020（6）：75-77.

[169] 黄燕生. 略论方志古迹志的演进[M]//中国历史文献研究会编. 历史文献研究（总第32辑），上海：华东师范大学出版社有限公司，2013：316-319.

[170] 路遇，滕泽之. 中国人口通史[M]. 济南：山东人民出版社，2015.

[171] 徐英凯，万明. 明代《万历会计录》整理与研究［M］. 北京：中国社会科学出版社，2015.
[172] 路伟东. 清代陕甘人口研究［D］. 上海：复旦大学，2008.
[173] 陕西省地方志编纂委员会. 陕西省志·文物志［M］. 西安：陕西人民出版社，2016.
[174]［清］惟勤. 奏报遵旨盘查户部银库存储各项银两确数完竣事（道光二十三年三月二十六日）［B］. 宫中档道光朝录副奏折，中国第一历史档案馆藏，档号03-9502-007.
[175] 史志宏. 清代户部银库收支和库存统计［M］福州：福建人民出版社，2008.
[176]［民国］王国维. 古史新证——王国维最后的讲义［M］. 北京：清华大学出版社，1994.
[177]［宋］王存撰，王文楚，魏嵩山点校. 元丰九域志（附新定九域志）［M］. 北京：中华书局，1984.
[178] 王世襄主编. 清代匠作则例［M］. 郑州：大象出版社，2009.
[179]（乾隆）大清会典则例［O/CD］//文渊阁四库全书电子版. 上海：上海人民出版社，1999.
[180] 全国图书馆微缩文献复制中心编. 清代六部文案手折（第1册）［M］. 全国图书馆微缩文献复制中心，2008.
[181]［清］张廷玉等撰. 明史［M］. 北京：中华书局，1974.
[182]（乾隆）大清会典［O/CD］//文渊阁四库全书电子版. 上海：上海人民出版社，1999.
[183] 田涛，郑秦点校.（乾隆）大清律例［M］. 北京：法律出版社，1999.
[184]［清］阮元辑. 两浙防护录（又名两浙防护陵寝祠墓录）［M］. 杭州：浙江古籍出版社，2017.
[185]（乾隆）大清通礼［O/CD］//文渊阁四库全书电子版. 上海：上海人民出版社，1999.
[186]［清］陈弘谋. 奏为遵旨查明历代帝王陵寝无围墙处酌筑事（乾隆十三年五月十六日）［B］. 宫中档乾隆朝朱批奏折，中国第一历史档案馆藏，档号04-01-37-0012-012.
[187]［清］圣祖仁皇帝圣训［O/CD］//文渊阁四库全书电子版. 上海：上海人民出版社，1999.
[188] 中国第一历史档案馆编. 乾隆朝上谕档（第一册）［M］. 桂林：广西师范大学出版社，2008.
[189] 中国第一历史档案馆编. 乾隆朝上谕档（第十二册）［M］. 桂林：广西师范大学出版社，2008.
[190]［清］历代职官表［O/CD］//文渊阁四库全书电子版. 上海：上海人民出版社，1999.

[191][清]世宗宪皇帝圣训[O/CD]//文渊阁四库全书电子版. 上海：上海人民出版社，1999.
[192][清]皇朝文献通考[O/CD]//文渊阁四库全书电子版. 上海：上海人民出版社，1999.
[193][清]永保. 奏报估修长武县坍塌城垣事（乾隆五十一年闰七月十三日）[M]//中国台湾台北故宫博物院图书文献处文献科编. 宫中档乾隆朝奏折（第61辑），台北：中国台湾台北故宫博物院，1987：306.
[194][清]佚名纂. 工部则例[M]. 北京：中国国家图书馆藏，乾隆中期抄本.
[195]北京图书馆出版社编. 钦定工部则例正续编（第3册）[M]. 北京：北京图书馆出版社，1997.
[196]刘光临. 竞逐权利：晚期中华帝国的国家与市场经济（1000—1770）[D]. 美国马萨诸塞州剑桥市：哈佛大学，2005.
[197]刘逖. 1600—1840年的中国国内生产总值的估算[J]. 经济研究，2009（10）：151–153.
[198]刘瑞中. 十八世纪中国人均国民收入估计及其与英国的比较[J]. 中国经济史研究，1987（3）：113–114，117.
[199][清]毕沅. 奏为估勘桐柏县境内淮渎庙及禹庙工程事（乾隆五十年十一月二十三日）[B]. 宫中档乾隆朝朱批奏折，中国第一历史档案馆藏，档号04–01–37–0042–007.
[200][清]毕沅. 奏为查浚淮源并修葺祠宇事（乾隆五十年九月二十五日）[B]. 宫中档乾隆朝朱批奏折，中国第一历史档案馆藏，档号04–01–05–0066–013.
[201][清]毕沅. 奏为估修淮渎神庙及兴工日报事（乾隆五十一年六月廿二日）[M]//中国台湾台北故宫博物院图书文献处文献科编. 宫中档乾隆朝奏折（第60辑）台北：中国台湾台北故宫博物院，1987：811.
[202][民国]梁启超. 中国近三百年学术史[M]. 天津：天津古籍出版社，2003.
[203][清]张埙. 张氏吉金贞石录[M]. 中国台北：文海出版社，1971.
[204][清]翁方纲. 重立汉武氏祠石记. 清拓本，东京：早稻田大学藏（拓本影像见http://www.360doc.com/content/19/0830/18/52920_858097551.shtml）.
[205][清]毕沅. 关中金石记[M]. 北京：中华书局，1985.
[206][清]毕沅. 中州金石记[M]//王云五主编. 丛书集成初编（1523册），上海：商务印书馆，中华民国二十五年（1936）.
[207][宋]宋敏求撰，[元]李好文绘；阎琦，李福标；姚敏杰点校. 长安志·长安志图[M]. 西安：三秦出版社，2013.
[208]星汉. 清代西域诗研究[M]. 上海：上海古籍出版社，2009.
[209][清]王志沂. 关中汉唐存碑跋[M]. 长沙：湖南省博物馆藏，清道光七年（1827）

刻本.
[210]中国第一历史档案馆编. 乾隆朝上谕档（第十六册）[M]. 桂林：广西师范大学出版社，2008.
[211][清]杨嗣曾. 奏请拓取陕甘通省所有历代名人石刻等事（乾隆三十八年六月二十日）[B]. 军机处录副奏折，中国第一历史档案馆藏，档号03-1148-020.
[212][清]三宝. 奏为浙省搜剔摹拓各项碑刻情形事（乾隆三十九年十二月初六日）[B]. 宫中档乾隆朝朱批奏折，中国第一历史档案馆藏，档号04-01-38-0010-009.
[213][清]明山. 奏为遵旨查明苏轼有凤翔八观诗所称石鼓等因年久废弃遗迹湮没事（乾隆三十四年三月十五日）[B]. 宫中档乾隆朝朱批奏折，中国第一历史档案馆藏，档号04-01-38-0208-010.
[214][清]秦承恩. 奏为遵旨于西安碑林查出王维双竹石刻二块等情形事（乾隆五十六年九月十二日）[B]. 宫中档乾隆朝朱批奏折，中国第一历史档案馆藏，档号04-01-38-0208-013.
[215][清]秦承恩. 奏为访查咸阳广教寺两壁绘天尊诸佛像相传为吴道子手笔挑选画工用墨笔钩出粗稿进呈事（乾隆五十六年九月十二日）[B]. 宫中档乾隆朝朱批奏折，中国第一历史档案馆藏，档号04-01-38-0208-014.
[216][清]阿里衮. 奏为遵查前赴五台沿途行宫庙宇修葺事（乾隆十四年十月二十日）[B]. 宫中档乾隆朝朱批奏折，中国第一历史档案馆藏，档号04-01-37-0013-030.
[217]江苏吴县清毕沅墓发掘简报——十八世纪后期一个官僚地主奢侈腐朽生活的写照. 文物编辑委员会编. 文物资料丛刊北京：文物出版社，1977（第一辑）：141-148.
[218][清]舒位著，杨扬整理. 乾嘉诗坛点将录[C]//三百年来诗坛人物评点小传汇录，郑州：中州古籍出版社，1986.
[219]陈显远. 毕沅从陕西带走的四方唐代墓志[J]. 碑林集刊，1998：59.
[220]陈雅飞. 毕沅书画鉴藏刍议（下）——鉴赏篇[J]. 荣宝斋，2011（7）：224-237.
[221]陈雅飞. 毕沅书画鉴藏刍议（上）——收藏篇[J]. 荣宝斋，2011（5）：220-233.
[222]陈雅飞. 乾隆年间的毕沅幕府及其书法活动[J]. 书法赏评，2010（1）：36-40.
[223]孟凡港.《山左金石志》纂修者述论——兼对"毕沅、阮元同撰"的辨正[J]. 古籍整理研究学刊，2012（4）：17-20.
[224][清]毕沅. 奏报亲往勘办修葺西宁塔尔寺事（乾隆四十四年五月廿四日）[M]//中国台湾台北故宫博物院图书文献处文献科编. 宫中档乾隆朝奏折（第47辑）台北：中国台湾台北故宫博物院，1986：821.
[225][清]阿桂. 奏为查办抚赈情形及会勘城工各事宜事（乾隆五十三年九月廿七日）[M]//中国台湾台北故宫博物院图书文献处文献科编. 宫中档乾隆朝奏折（第69辑）台北：中国台湾台北故宫博物院，1988：630.

[226][清]毕沅．奏为湖北荆州城垣工竣事（乾隆五十七年九月二十四日）[B]．宫中档乾隆朝朱批奏折，中国第一历史档案馆藏，档号04-01-37-0049-008.

[227][清]毕沅．奏报关帝神迹及开庙匾尺寸事<附奏报荆州城南外有息壤古迹之折片>（乾隆五十三年十月廿一日）[M]//中国台湾台北故宫博物院图书文献处文献科编．宫中档乾隆朝奏折（第69辑）台北：中国台湾台北故宫博物院，1988：830.

[228][清]阿桂．奏为遵旨会勘荆州关帝庙工程估计钱粮事（乾隆五十三年九月廿七日）[M]//中国台湾台北故宫博物院图书文献处文献科编．宫中档乾隆朝奏折（第69辑）台北：中国台湾台北故宫博物院，1988：629.

[229][清]安守和修，[清]杨彦修纂．（光绪）临潼县续志[M]//江苏古籍出版社，上海书店，巴蜀书社．中国地方志集成·陕西府县志辑（第十五册）．南京：凤凰出版社，2007.

[230][清]汪中著，田汉云点校．新编汪中集[M]．扬州：广陵书社，2005.

[231][清]章学诚著．章学诚遗书[M]．北京：文物出版社，1985.

[232][清]毕沅．奏报估修荆州庙宇考棚事（乾隆五十四年三月廿四日）[M]//中国台湾台北故宫博物院图书文献处文献科编．宫中档乾隆朝奏折（第71辑）台北：中国台湾台北故宫博物院，1988：500.

[233][清]毕沅．奏闻万城堤工完工请设江神庙事（乾隆五十四年三月廿六日）[M]//中国台湾台北故宫博物院图书文献处文献科编．宫中档乾隆朝奏折（第71辑）台北：中国台湾台北故宫博物院，1988：551.

[234]中国人民政治协商会议，湖北省荆州市委员会学习文史委员会编．荆州文史资料·第4辑·荆州名胜[M]．荆州：政协湖北省荆州市委员会学习文史委员会，2002.

[235][清]王庭桢修，彭崧毓纂．（同治）江夏县志[M]//江苏古籍出版社，上海书店，巴蜀书社．中国地方志集成·湖北府县志辑（第三十二册）．南京：江苏古籍出版社，2001.

[236]万艳华编著．荆楚文化丛书·胜迹系列·荆楚名楼揽胜[M]．武汉：武汉出版社，2012.

[237][清]迈柱．为核查雍正十三年奉天、直隶等省古昔陵寝等项工程情形事（乾隆元年十二月初六日）[B]．内阁工科题本，中国第一历史档案馆藏，档号02-01-008-000003-0012.

[238][清]刘于义等修，[清]沈青崖纂．（雍正）陕西通志[M]．重庆：重庆市北碚图书馆藏，清雍正十三年（1735）刻本.

[239]朱鸿．清代人士的明十三陵与景帝陵情怀[M]//东吴大学历史学系编．全球化下明史研究之新视野论文集（第二册），内部刊行，2007：1-30.

[240] 喻学才. 中国古代的建筑遗产保护实践述略 [M] //三元草堂文钞（遗产保护研究），南京：南京大学出版社，2012：130-151.
[241] 刘毅. 明代帝王陵墓制度研究 [M]. 北京：人民出版社，2006：544.
[242] 石悦. 宋朝陵墓的守护人员 [J]. 淮南师范学院学报，2016（2）：95-103.
[243] 樊英峰，王晓莉. 保护乾陵有功的五位历史人物 [J]. 乾陵文化研究（六），2011：33-40.
[244] 张祖群. 大遗址的文化地理空间分析——以咸阳原为例 [M]. 北京：科学出版社，2013：157-166.
[245] 胡汉生. 明朝帝王陵 [M]. 北京：学苑出版社，2013：299-303.
[246] [清] 昆冈等修.（光绪）大清会典事例（卷八六七）[M]. 北京：中华书局，1991.
[247] [清] 陈弘谋. 奏为遵旨查明历代帝王陵寝无围墙处酌筑事（乾隆十三年五月十六日）[B]. 宫中档乾隆朝朱批奏折，中国第一历史档案馆藏，档号04-01-37-0012-012.
[248] 中国第一历史档案馆编. 嘉庆道光两朝上谕档（第二十六册）[M]. 桂林：广西师范大学出版社，2000.
[249] 陕西省地方志办公室编. 陕西帝王陵墓志 [M]. 西安：三秦出版社，2017.
[250] 王雪玲. 清代学者名儒与陕西地方志的修纂 [M]. 北京：科学出版社，2016：75-78.
[251] 任昭君. 毕沅对陕甘治绩述论 [D]. 天津：南开大学，2010.
[252] 赵超. 毕沅、足立喜六与汉阳陵 [J]. 大众考古，2014（8）：50-53.
[253] [清] 舒其绅等修，[清] 严长明等纂，何炳武，高叶青，党斌校点. 西安府志 [M]. 西安：三秦出版社，2011.
[254] [清] 慧中. 奏为敬筹保护历代帝王陵寝事（乾隆十一年三月十六日）[B]. 宫中档乾隆朝朱批奏折，中国第一历史档案馆藏，档号04-01-14-0012-039.
[255] [清] 张开东. 海岳集 [M] //南开大学图书馆编，江晓敏主编. 南开大学图书馆藏稀见清人别集丛刊（第九册）. 桂林：广西师范大学出版社，2010：159-287.
[256] [清] 毕沅. 奏覆筹办修复太华山灵岳庙事（乾隆四十二年五月初四日）[M] //中国台湾台北故宫博物院图书文献处文献股编. 宫中档乾隆朝奏折（第38辑），中国台北：中国台湾台北故宫博物院，1985：509.
[257] [清] 葛晨纂修.（乾隆）泾阳县志 [M] //江苏古籍出版社，上海书店，巴蜀书社. 中国地方志集成·陕西府县志辑（第七册）. 南京：凤凰出版社，2007.
[258] [清] 毕沅撰，张沛点校. 关中胜迹图志 [M]. 西安：三秦出版社，2004.
[259] [清] 毕沅. 奏报陕西河渠修竣情形事（乾隆四十二年三月廿九日）[M] //中国台湾台北故宫博物院图书文献处文献股编. 台北：宫中档乾隆朝奏折（第38辑），中国台湾台北故宫博物院，1985：243.

[260] 刘富兴. 清东陵区域界桩管理初探 [J]. 文物春秋，2007 (5)：38-44.
[261] [清] 裘陈佩纂修. (康熙) 醴泉县志 [M]. 民国抄本.
[262] 张沛编著. 昭陵碑石 [M]. 西安：三秦出版社，1993.
[263] 张崇德编著. 礼泉文物志 [M]. 北京：作家出版社，2006.
[264] [清] 蒋骐昌修，[清] 孙星衍纂. (乾隆) 醴泉县志 [M] //江苏古籍出版社，上海书店，巴蜀书社. 中国地方志集成・陕西府县志辑 (第十册). 南京：凤凰出版社，2007.
[265] [清] 张心镜修，[清] 吴泰来纂. (乾隆) 蒲城县志 [M] //江苏古籍出版社，上海书店，巴蜀书社. 中国地方志集成・陕西府县志辑 (第二十六册). 南京：凤凰出版社，2007.
[266] [明] 苟好善纂. (崇祯) 醴泉县志 [M] //国家图书馆地方志和家谱文献中心编. 明代孤本方志选 (第一册). 北京：中华全国图书馆文献微缩复制中心，2000.
[267] (日) 足立喜六. 长安史迹の研究 (东洋文库论丛第二十一) [M]. 东京：东洋文库，昭和八年 (1933).
[268] (日) 宇野哲人著，张学锋译. 中国文明记 [M]. 北京：中华书局，2008.
[269] (日) 桑原骘藏. 考史游记 [M]. 东京：弘文堂书房，昭和十七年 (1942).
[270] 张建林. 唐昭陵考古的重要收获及几点认识 [J]. 乾陵文化研究，2005：224-229.
[271] 陕西省文物局，西安文物保护修复中心编. 陕西帝陵档案 [M]. 西安：三秦出版社，2009年.
[272] 昭陵博物馆编. 历代昭陵诗选注 [M]. 咸阳：昭陵博物馆，1983.
[273] [清] 裕康. 奏报修理醴泉、鄠县唐太宗祠宇、周康王陵寝估需动用银款数目事 (道光二十六年闰五月二十二日) [B]. 军机处录副奏折，中国第一历史档案馆藏，档号03-3644-017.
[274] [清] 穆彰阿等. 为核议陕西巡抚题请核估醴泉等县修理唐太宗祠宇周康王陵寝等工需用工料银两事 (道光三十年十月二十三日) [B]. 内阁工科题本，中国第一历史档案馆藏，档号02-01-008-004197-0008.
[275] 张建林，王小蒙，张博，等. 2002年度唐昭陵北司马门遗址发掘简报 [J]. 考古与文物，2006 (6)：3-16+2，114.
[276] 张维慎. “特勒骠”系“特勤骠”之讹辨析——兼论“特勤骠”的由来 [J]. 碑林集刊，1998：220-222，265.
[277] [春秋] 孔丘著，刘兆伟译注. 论语 [M]. 北京：人民教育出版社，2015.
[278] [战国] 荀况著；孙安邦，马银华译注. 荀子 [M]. 太原：山西古籍出版社，2003.
[279] 北京市古代建筑研究所. 北京现存祠庙建筑研究 [M]. 北京：北京燕山出版社，2015.

[280] 张江涛，刘帆编. 西岳庙碑石［M］. 北京：中央文献出版社，2011.
[281]［清］米登岳修，张崇善，王之彦纂.［民国］华阴县续志［M］//江苏古籍出版社，上海书店，巴蜀书社. 中国地方志集成·陕西府县志辑（第二十五册）. 南京：凤凰出版社，2007.
[282] 陕西省考古研究院，西岳庙文物管理处所编著. 西岳庙［M］. 西安：三秦出版社，2007.
[283] 刘宇生. 明清西岳庙修缮记略［J］. 文博，2015（5）：18-23.
[284]［清］毕沅. 呈请颁赐华山金天宫御书匾额事（乾隆四十年九月二十五日）[B]. 军机处录副奏折，中国第一历史档案馆藏，档号03-0300-026.
[285]［清］毕沅. 奏闻修葺华阴县岳庙已未完工程并酌拟公捐添补各缘由（乾隆四十三年十一月二十九日）[M]//中国台湾台北故宫博物院图书文献处文献股编. 台北：宫中档乾隆朝奏折（第45辑），中国台湾台北故宫博物院，1986：721-723.
[286]［清］毕沅. 奏为修理华岳庙工程切实估计一切办理情形并约需银数遵旨密奏并绘图贴说恭呈御览事（乾隆四十二年九月二十三日）[M]//中国台湾台北故宫博物院图书文献处文献股编. 宫中档乾隆朝奏折（第40辑），台北：中国台湾台北故宫博物院，1985：206-209.
[287]［清］毕沅. 奏为华阴县西岳神庙工程完竣事（乾隆四十六年三月二十四日）[B]. 宫中档乾隆朝朱批奏折，中国第一历史档案馆藏，档号04-01-37-0039-006.
[288]［清］毕沅. 奏报修理华阴县岳庙工程事（乾隆四十二年十一月十六日）[M]//中国台湾台北故宫博物院图书文献处文献股编. 宫中档乾隆朝奏折（第41辑），台北：中国台湾台北故宫博物院，1985：17.
[289]［清］毕沅. 奏为遵旨覆奏事（乾隆四十七年四月三十日）[M]//中国台湾台北故宫博物院图书文献处文献股编. 宫中档乾隆朝奏折（第51辑），台北：中国台湾台北故宫博物院，1986：590.
[290]［清］毕沅. 奏为恭呈华阴岳庙全图事（乾隆四十六年七月初十日）[B]. 宫中档乾隆朝朱批奏折，中国第一历史档案馆藏，档号04-01-37-0039-014.
[291]［清］毕沅. 奏为奉旨为华岳庙全图着色并标明古树事（乾隆四十七年三月二十五日）[M]//中国台湾台北故宫博物院图书文献处文献股编. 宫中档乾隆朝奏折（第51辑），台北：中国台湾台北故宫博物院，1986：344-345.
[292]［清］李榕荫.（道光）华岳志［M］//沈云龙主编. 中国名山胜迹志丛刊（第四辑）. 中国台北：文海出版社，1971.
[293]［清］陆维垣，许光基修，［清］李天秀等纂.（乾隆）华阴县志［M］//江苏古籍出版社，上海书店，巴蜀书社. 中国地方志集成·陕西府县志辑（第二十四册）. 南京：凤凰出版社，2007.

[294][清]黄家鼎. 西征日记[M]//李德龙，俞冰主编. 历代日记丛钞(106册)，北京：学苑出版社，2006：1-92.
[295][清]毕沅. 奏为恭进《华岳图志》事(乾隆五十年二月初九日)[B]. 宫中档乾隆朝朱批奏折，中国第一历史档案馆藏，档号04-01-14-0045-064.
[296]刘宇生，吕智荣. 西岳庙清乾隆御制碑与毕沅卧碑[C]//北京联合大学文化遗产保护协会. 文化遗产与公众考古(第四辑). 北京：北京联合大学文化遗产保护协会，2017：75-81.
[297][民国]杨虎城，邵力子修，宋伯鲁，吴廷锡纂. 续修陕西通志稿[M]. 西安：陕西省图书馆藏铅印本，中华民国二十三年(1934).
[298]段晓明. 华山西岳庙石牌坊石刻图像初步研究[D]. 西安：西安美术学院，2007.
[299][清]于敏中，蔡履元等纂修.(乾隆)钦定户部则例(第二册)[M]//故宫博物院编. 故宫珍本丛刊(第285册). 海口：海南出版社，2000.
[300]中国第一历史档案馆编. 乾隆朝上谕档(第二册)[M]. 桂林：广西师范大学出版社，2008.
[301]北京图书馆出版社编. 钦定工部则例正续编(第6册)[M]. 北京：北京图书馆出版社，1997.
[302][清]曹振镛等纂.(嘉庆二十年本)钦定工部则例(第一册)[M]//故宫博物院编. 故宫珍本丛刊(第294册). 海口：海南出版社，2000.
[303][清]德保等修.(乾隆)钦定礼部则例(第一册)[M]//故宫博物院编. 故宫珍本丛刊(第288册). 海口：海南出版社，2000.
[304]中国第一历史档案馆编. 乾隆朝上谕档(第四册)[M]. 桂林：广西师范大学出版社，2008.
[305][清]来保. 为核议陕西省题请核估修理西安省城城垣需用工料银两事(乾隆四年八月十三日)[B]. 内阁工科题本，中国第一历史档案馆藏，档号02-01-008-000137-0006.
[306][清]彭肇洙. 奏为饬令川陕督抚商酌办理城工良法事(乾隆十年四月初四日)[B]. 宫中档乾隆朝朱批奏折，中国第一历史档案馆藏，档号04-01-37-0009-009.
[307][清]阿里衮. 为核议陕西巡抚题请核销咸、长二县城垣等工用过工料银两事(乾隆二十九年五月二十九日)[B]. 内阁工科题本，中国第一历史档案馆藏，档号02-01-008-001386-0005.
[308][清]毕沅. 奏报本省城垣完固事(乾隆四十二年十一月十六日)[M]//中国台湾台北故宫博物院图书文献处文献股编，宫中档乾隆朝奏折(第41辑)，台北：中国台湾台北故宫博物院，1985：16.
[309][清]毕沅. 奏为勘明乾隆四十四年份陕省各属城垣情形事(乾隆四十四年十一月

十九日）[B]. 宫中档乾隆朝朱批奏折，中国第一历史档案馆藏，档号04-01-37-0036-021.

[310] 中国第一历史档案馆编. 乾隆朝上谕档（第十册）[M]. 桂林：广西师范大学出版社，2008.

[311][清] 毕沅. 奏为奏明事（乾隆四十七年十二月初六日）[M] //中国台湾台北故宫博物院图书文献处文献科编. 宫中档乾隆朝奏折（第54辑），台北：中国台湾台北故宫博物院，1986：293.

[312][清] 毕沅. 奏为奏明请旨修西安省城事（乾隆四十六年十一月初三日）[M] //中国台湾台北故宫博物院图书文献处文献科编，宫中档乾隆朝奏折（第49辑）. 台北：中国台湾台北故宫博物院，1986：438.

[313][清] 德成，毕沅. 奏为估勘西安城工情形事（乾隆四十七年二月十二日）[M] //中国台湾台北故宫博物院图书文献处文献科编，宫中档乾隆朝奏折（第50辑）. 台北：中国台湾台北故宫博物院，1986：812.

[314][清] 毕沅. 奏为奏闻事（乾隆四十八年六月十八日）[M] //中国台湾台北故宫博物院图书文献处文献科编. 宫中档乾隆朝奏折（第56辑），台北：中国台湾台北故宫博物院，1986：487.

[315][清] 毕沅. 为题请核估修理西安省会城垣需用工料银两事（乾隆四十九年十二月十八日）[B]. 内阁工科题本，中国第一历史档案馆藏，档号02-01-008-002150-0015.

[316][清] 德成. 奏为遵旨明白回奏事（乾隆四十七年四月二十四日）[M] //中国台湾台北故宫博物院图书文献处文献科编，宫中档乾隆朝奏折（第51辑），台北：中国台湾台北故宫博物院，1986：542.

[317][清] 毕沅. 奏为奏闻事（乾隆四十八年九月二十七日）[M] //中国台湾台北故宫博物院图书文献处文献科编，宫中档乾隆朝奏折（第57辑），台北：中国台湾台北故宫博物院，1987：519.

[318][清] 图萨布. 奏为督办西安城垣工程事（乾隆五十年二月二十七日）[B]. 宫中档乾隆朝朱批奏折，中国第一历史档案馆藏，档号04-01-37-0041-003.

[319][清] 毕沅. 奏为西安城工成数并现交冬季暂停工作事（乾隆四十九年十月二十八日）[B]. 宫中档乾隆朝朱批奏折，中国第一历史档案馆藏，档号04-01-37-0040-018.

[320][清] 德成. 重修西安城垣记. 姜开任据张耕海拓本所作手抄本，笔者自藏（拓本照片另见史红帅. 明清西安城，西安：西安出版社，2018：18.）.

[321][清] 永保. 奏为重修西安城垣四门匾额字样应否照旧抑或更定并翻清兼写请旨事（乾隆五十一年二月二十日）[B]. 宫中档乾隆朝朱批奏折，中国第一历史档案馆藏，档号04-01-37-0043-007.

[322][清]德成．奏为遵旨查验西安城工事（乾隆五十一年十一月二十四日）[B]．军机处录副奏折，中国第一历史档案馆藏，档号03-1138-042.
[323][清]永保．奏为查看西安城工情形事（乾隆五十年十月二十四日）[B]．宫中档乾隆朝朱批奏折，中国第一历史档案馆藏，档号04-01-37-0041-024.
[324][清]巴延三．为题请核销陕西修理省会城垣用过工料银两事（乾隆五十二年九月二十六日）[B]．内阁工科题本，中国第一历史档案馆藏，档号02-01-008-002188-0009.
[325]叶公平．为何应是"喜龙仁"？[N]．文汇报，2019-02-22（W07）.
[326][清]德成．奏报至西安查勘城工情形事（乾隆四十六年十二月二十日）[M]//中国台湾台北故宫博物院图书文献处文献科编．宫中档乾隆朝奏折（第50辑），台北：中国台湾台北故宫博物院，1986：316.
[327][清]德成，毕沅．奏报遵旨会勘城垣估计钱粮事（乾隆四十七年三月初六日）[M]//中国台湾台北故宫博物院图书文献处文献科编．宫中档乾隆朝奏折（第51辑），台北：中国台湾台北故宫博物院，1986：150.
[328][清]何裕城．奏为验看西安城垣原筑土牛坚松情形事（乾隆五十年八月二十六日）[B]．宫中档乾隆朝朱批奏折，中国第一历史档案馆藏，档号04-01-37-0041-018.
[329][清]陈辉祖．奏报续估增改武昌县城工事（乾隆四十二年四月十七日）[M]//中国台湾台北故宫博物院图书文献处文献科编．宫中档乾隆朝奏折（第38辑），台北：中国台湾台北故宫博物院，1985：368.
[330]中国第一历史档案馆编．乾隆朝上谕档（第五册）[M]．桂林：广西师范大学出版社，2008.
[331][清]文绶．奏为遵旨通饬道府州县逐细查验修过城垣事（乾隆三十四年八月十一日）[B]．宫中档乾隆朝朱批奏折，中国第一历史档案馆藏，档号04-01-37-0025-011.
[332]张永禄．明清西安词典[M]．西安：陕西人民出版社，1999.
[333]姚立军，商子秦．西安城墙·建筑卷[M]．西安：三秦出版社，2012.
[334]商子秦．西安城墙·保护卷[M]．西安：三秦出版社，2012.
[335][清]奕譞．奏为普祥峪吉地工程循案呈进样土事（同治十三年五月十四日）[B]．宫中档乾隆朝朱批奏折，中国第一历史档案馆藏，档号04-01-37-0115-011.
[336]王姣阳．西安城墙及周边地段景观控制的理论探讨[D]．陕西：西安建筑科技大学，2002.
[337]西安西门城楼考古调查组．西安城墙西门城楼内部隔断遗迹考古调查报告[J]．文博，2005（05）：65-69.
[338][清]德成，毕沅．奏为会奏请旨事（乾隆四十九年三月十七日）[M]//中国台湾台北故宫博物院图书文献处文献科编．宫中档乾隆朝奏折（第59辑），台北：中国

台湾台北故宫博物院，1987：526.
[339]（日）常盘大定，关野贞. 支那文化史迹［M］. 东京：法藏馆，昭和十四年（1939）.
[340] 范丽娜. 清代四大五百罗汉堂雕塑的图像分析［J］. 石窟寺研究，2013（00）：273-302.
[341]（丹）何乐模（Frits Holm）著，史红帅译. 我为景教碑在中国的冒险［M］. 上海：上海科学技术文献出版社，2011.
[342][清] 林侗. 来斋金石刻考略［M］. 西安：陕西师范大学图书馆藏，清道光二十一年（1841）徐渭仁刻本.
[343]（德）费迪南德·冯·李希霍芬（Ferdinand Paul Wilhelm Richthofen）著，（德）E·蒂森选编，李岩，王彦会译. 李希霍芬中国旅行日记［M］. 北京：商务印书馆，2018.
[344][清] 张聪贤修，[清] 董曾臣纂.（嘉庆）长安县志［M］//江苏古籍出版社，上海书店，巴蜀书社. 中国地方志集成·陕西府县志辑（第二册）. 南京：凤凰出版社，2007.
[345][清] 高廷法等修，[清] 陆耀遹等纂.（嘉庆）咸宁县志.［M］//江苏古籍出版社，上海书店，巴蜀书社. 中国地方志集成·陕西府县志辑（第三册）. 南京：凤凰出版社，2007.
[346][清] 翁柽修，[清] 宋联奎纂.（民国）咸宁长安两县续志［M］//江苏古籍出版社，上海书店，巴蜀书社. 中国地方志集成·陕西府县志辑（第三册）. 南京：凤凰出版社，2007.
[347][清] 毕沅. 大清重修大崇圣寺碑. 西安市莲湖区丰镐东路219号蓝天小区内.
[348] 史红帅. 人神共在：明清西安城乡寺宇的社会功能——基于碑刻资料的考察［C］//中国古都学会等. 中国古都研究（第二十一辑）. 三秦出版社，2004：327-338.
[349][民国] 宋联奎. 苏龛杂志［M］. 北京：撷华书局铅印本，1918.
[350][清] 基厚. 奏请核销成造热河狮子园罗汉堂应奉罗汉银两事（乾隆三十八年九月二十八日）［B］. 宫中档乾隆朝朱批奏折，中国第一历史档案馆藏，档号04-01-37-0032-017.
[351] 周绍良主编. 全唐文新编（第2部第3册）［M］. 长春：吉林文史出版社，2000.
[352][明] 赵崡. 石墨镌华［M］. 北京：中华书局，1985.
[353][清] 和珅等撰.（乾隆）大清一统志［O/CD］//文渊阁四库全书电子版. 上海：上海人民出版社，1999.
[354][民国] 张长工编. 西京胜迹［M］. 西安：陕西省第一图书馆，中华民国二十一年（1932）.
[355] 王子云. 中国雕塑艺术史（中）［M］. 北京：人民美术出版社，2012.

[356] 张国柱. 一方清代瓦当佐证隋唐名刹金胜寺的变迁 [J]. 收藏，2021(03)：126–131.
[357] 路远. 西安碑林史（修订版）[M]. 西安：西安出版社，2018.
[358] [清] 顾炎武. 西安府儒学碑目序 [M] //顾炎武著，华忱之点校. 顾亭林诗文集. 北京：中华书局，1959：31–32.
[359] 卢桂兰，李林娜. 中国最大的石质书库——唐开成石经 [M] //西安碑林博物院编. 碑林集刊（五）. 西安：陕西人民出版社，1997：32–38.
[360] 樊培荣，史耀增. 合阳文史资料（第六辑）文化艺术专辑 [M]. 陕西省合阳县印刷厂印刷（内部资料），2000.
[361] [清] 叶昌炽撰，姚文昌点校. 语石 [M]. 杭州：浙江大学出版社，2018.
[362] [清] 赵钧彤. 西行日记 [M] //李德龙，俞冰主编. 历代日记丛钞（第32册）. 北京：学苑出版社，2006.
[363] [清] 李保泰. 入蜀记 [M] //李德龙，俞冰主编. 历代日记丛钞（第145册）. 北京：学苑出版社，2006.
[364] [民国] 黄炎培. 河车记（下）[J]. 东方杂志，1935，32(17)：53–62.
[365] 辛德勇. 说阜昌石刻《禹迹图》与《华夷图》[J]. 燕京学报，2010，(1)：1–72.
[366] [清] 顾炎武. 金石文字记 [M] //顾炎武. 顾炎武全集（第五册）. 上海：上海古籍出版社，2011.
[367] 中央古物保管委员会. 西安办事处整理西安碑林计划书 [M] //中国博物馆协会. 中国博物馆协会会报（第1卷第4期）. 北平：中国博物馆协会，中华民国二十五年(1936)：8–11.
[368] 白海峰，王如冰. 西安府文庙现存古建筑研究 [J]. 碑林集刊，2011：334–357.
[369] 张慧茹. 历代灞桥位置变迁及原因探析 [J]. 三门峡职业技术学院学报，2006(3)：24–27.
[370] [唐] 李吉甫撰，贺次君点校. 元和郡县图志 [M]. 北京：中华书局，2008.
[371] [宋] 吴曾. 能改斋漫录 [M]. 上海：上海古籍出版社，1960.
[372] 杜文. 灞河古桥址出土唐代残碑略考 [M] //西安碑林博物院编. 碑林集刊. 西安：陕西人民出版社，1997：85–87.
[373] 李之勤. 元代重建灞桥的又一重要文献——张养浩的《安西府咸宁县创建灞桥记》[C] //中国古都学会. 中国古都研究（第二辑）——中国古都学会第二届年会论文集，西安：中国古都学会，1984：11.
[374] [清] 西宁. 奏为奉旨遣子基厚前赴杭州雇工照式成造热河狮子园应供罗汉事（乾隆三十七年七月十一日）[B]. 宫中档乾隆朝朱批奏折，中国第一历史档案馆藏，档号04-01-37-0030-025.
[375] [清] 杨应琚. 奏为重建灞桥事（乾隆二十八年十二月五日）[B]. 宫中档乾隆朝

朱批奏折，中国第一历史档案馆藏，档号03-1144-042.
[376][清]杨应琚，和其衷．奏报西安城东二十里之灞桥重建告成事（乾隆三十年八月初六日）[M]//中国台湾台北故宫博物院图书文献处文献股编．宫中档乾隆朝奏折（第25辑），台北：中国台湾台北故宫博物院，1984：689.
[377][清]张绍南．孙渊如先生年谱[M]//北京图书馆编．北京图书馆藏珍本年谱丛刊（第119册）．北京：北京图书馆出版社，1999.
[378][清]德成，毕沅．奏报遵旨会勘灞桥工程估计钱粮事（乾隆四十七年三月初六日）[M]//中国台湾台北故宫博物院图书文献处文献科编．宫中档乾隆朝奏折（第51辑）．台北：中国台湾台北故宫博物院，1986：153-155.
[379][清]杨名飏．奏为陕省士民捐修灞、浐二桥工竣事（道光十四年七月二十一日）[B]．宫中档道光朝朱批奏折，中国第一历史档案馆藏，档号04-01-37-0155-039.
[380]唐寰澄．中国科学技术史·桥梁卷[M]．北京：科学出版社，2000.
[381][春秋]左丘明著，郭丹，程小青，李彬源译注．左传（中）[M]．北京：中华书局，2012.
[382][唐]韩愈．新修滕王阁记[M]//韩愈．韩昌黎全集（上）．北京：北京燕山出版社，2009：374-375.
[383]陈斯亮，杨豪中．兴于人亦达于人——中国地方古迹的人文内涵[J]．山西档案，2018（5）：148.
[384]上海商务印书馆编译所编纂，李秀清等点校．大清新法令（1901—1911）点校本（第一卷）[M]．北京：商务印书馆，2011.
[385]上海商务印书馆编译所编纂，荆月新，林乾等点校．大清新法令（1901—1911）点校本（第二卷）[M]．北京：商务印书馆，2011.
[386]上海商务印书馆编译所编纂，李秀清，王捷点校．大清新法令（1901—1911）点校本（第五卷）[M]．北京：商务印书馆，2011.
[387]上海商务印书馆编译所编纂，蒋传光点校．大清新法令（1901—1911）点校本（第六卷）[M]．北京：商务印书馆，2011.
[388][清]顾炎武．历代宅京记[M]．北京：中华书局，1984.
[389]维克多·雨果．华新民译．向拆房者宣战[M]//华新民著．为了不能失去的故乡．北京：法律出版社，2009：57.
[390]邵勇．法国建筑城市景观遗产保护与价值重现[M]．上海：同济大学出版社，2010.
[391]殷俊洁．维欧莱-勒-杜克的修复理论研究[D]．北京：中央美术学院，2011.
[392]李军．可视的艺术史：从教堂到博物馆[M]．北京：北京大学出版社，2016.
[393]张平，黄传根主编．法国人文古迹[M]．西安：世界图书出版西安公司，2010.
[394]国家发展和改革委员会．国家以工代赈管理办法[OL]．http://www.gov.cn/gong

bao/content/2015/content_2835234.htm.
[395] 国家发展和改革委员会. 关于进一步发挥以工代赈政策作用助力打赢脱贫攻坚战的指导意见[OL]. http://fgw.czs.gov.cn/fzggdt/ncjj/content_2975443.html.
[396] Society of Antiquaries of London[OL]. https://www.sal.org.uk/about-us/who-we-are/our-history/.
[397](法)吉尧姆·里格尔. 全集[M]. 巴黎：H. F. 德拉鲍德出版社，1882，Vol(1).
[398] 黄宗智. 法典、习俗与司法实践：清代与民国的比较[M]. 上海：上海书店出版社，2003.
[399] 中华民国宪法(1923年公布)[OL]. https://www.douban.com/note/94505187/.
[400] 中华民国宪法(1947年公布)[OL]. https://wenku.baidu.com/view/f176e31a26d3240c844769eae009581b6bd9bdd2.html.
[401][清]福康安，永保. 奏为西安省会城垣工竣请旨简员验收事(乾隆五十一年九月二十二日)[B]. 宫中档乾隆朝朱批奏折，中国第一历史档案馆藏，档号04-01-37-0043-018.
[402][清]永保. 奏为查明西安省会城垣续有增修工程事(乾隆五十一年九月二十二日)[B]. 宫中档乾隆朝朱批奏折，中国第一历史档案馆藏，档号04-01-37-0043-019.
[403] Jean-Paul Midant. Viollet-le-Duc：The French Gothic Revival[M]. Paris：L'Aventurine，2002.
[404] Erder，Cevat. Our architectural heritage：from consciousuess to conservation[M]. Paris：Unesco，1986.
[405] 江琳. 留学生与近代中国的文物保护[J]. 徐州师范大学学报(哲学社会科学版)，2008(4)：8-13.
[406] 陕西省政府建设厅. 陕西长安市市政建设计划[M]//陕西省政府建设厅编. 建设汇报. 西安：陕西省政府建设厅建设汇报编辑处，中华民国十六年(1927)11月.
[407] 中国博物馆协会. 组织中国博物馆协会缘起[J]. 中国博物馆协会会报，1935(1)：1-2.
[408] 西安市档案馆编. 民国西安城墙档案史料选辑[M]. 西安：西安市档案馆(内部资料)，2008.
[409] 考古家急起图之[N]. 申报，1913-01-28.
[410][清]黄节. 国粹保存主义[N]. 政艺通报，1902-12-30.
[411] 宋昆，武玉华. 天津基泰工程司与华北基泰工程司研究[J]. 建筑师，2017(1)：57-72.
[412] 黄元炤.《中国建筑》的介绍，及建筑师发表在《中国建筑》文章之观察[J]. 世界建筑导报，2017，32(6)：35-41.

[413] 梁思成. 杭州六和塔复原状计划 [J]. 中国营造学社汇刊，1935，5（3）：1–11.
[414] 梁思成. 曲阜孔庙之建筑及其修葺计划 [J]. 中国营造学社汇刊，1935，6（1），（曲阜孔庙专号）.
[415] 中国文化遗产研究院编. 北平研究院北平庙宇调查资料汇编 [M]. 北京：文物出版社，2015.
[416] 陈为. 从古物陈列所到国立博古院——中国的第一座国家博物馆 [J]. 中国博物馆，2009（4）：86–89.
[417] 李晓东. 民国文物法规史评 [M]. 北京：文物出版社，2013.
[418] 郑欣淼. 民国时期故宫博物院学术史略 [J]. 江南大学学报（人文社会科学版），2019（2）：5–14.
[419] 王谦. 孙殿英盗掘东陵内幕 [J]. 文史春秋，2003（11）：57–61，1.
[420] 袁晓春. 文物巨鳄——卢芹斋 [N]. 中国文物报，2015–08–11（007）.
[421] 赵珊瑚. 民国古董商岳彬与《帝后礼佛图》[J]. 湖北档案，2012（8）：47.
[422]［元］陈澔注，金晓东点校. 礼记 [M]. 上海：上海古籍出版社，2016.
[423] 下月六日之首届民族扫墓节 [N]. 中央日报，1935–03–23.
[424] 赖德霖. 中国近代建筑史研究 [M]. 北京：清华大学出版社，2007.
[425] 陈天成. 文整会修缮个案研究 [D]. 天津：天津大学，2007.
[426] 薛萍. 全球化背景下的中国现代性 [M]. 长春：吉林大学出版社，2013.
[427]（美）塞缪尔·亨廷顿. 文明的冲突与世界秩序的重建（修订版）[M]. 北京：新华出版社，2018.
[428] 吴军. 全球科技通史 [M]. 北京：中信出版社，2019.
[429]（以）尤瓦尔·赫拉利著，林俊宏译. 未来简史：从智人到神人 [M]. 北京：中信出版社，2017.
[430]（以）尤瓦尔·赫拉利著，林俊宏译. 人类简史：从动物到上帝 [M]. 北京：中信出版社，2014.
[431] 徐桐. 迈向文化性保护：遗产地的场所精神和社区角色 [M]. 北京：中国建筑工业出版社，2019.
[432] 仇化庭，王树恩，季子林，陈士俊著；何钟秀，关西普主编. 科学学纲要：应用科学学原理 [M]. 科学学与科学技术管理杂志社，1983.
[433] 孙熙国编著. 全球化与中国传统文化的现代转换 [M]. 济南：山东大学出版社，2009.
[434] 周大鸣主编，秦红增副主编. 文化人类学概论 [M]. 广州：中山大学出版社，2009.
[435] 杨四平，李硕. 跨时同一性问题刍议 [J]. 燕山大学学报（哲学社会科学版），

2015，16（3）：20–24.
[436] 刘振. 论特修斯之船问题及其解决——对E. J. 劳连续历史解释方案的批判［J］. 自然辩证法研究，2015，31（7）：9–14.
[437] 国家文物局. 文物建筑开放导则［OL］. http://www.gov.cn/zhengce/zhengceku/2020-01/17/content_5470062.htm.
[438] 人民网. 北京工人体育场开始保护性改造复建［OL］. https://baijiahao.baidu.com/s?id=1674586073033489478&wfr=spider&for=pc.
[439]［宋］苏轼. 前赤壁赋［M］//王海燕，尚晓阳注析. 历代赋选，海口：南海出版公司，2007：322–323.
[440] 陈斯亮，杨豪中，韩鲁华. 文化视域下的中国古代建筑古迹保护观念研究［J］. 建筑与文化，2016（1）：62–64.
[441]（美）巫鸿著，肖铁译. 废墟的故事·中国美术和视觉文化中的“在场”与“缺席”［M］. 上海：上海人民出版社，2012.
[442] 王新文，张沛，孔黎明. 试论“重建”之于中国文化遗产保护的意义［J］. 东南文化，2016（6）：13–19，127–128.
[443] 崔金泽. 破题——刍议中国文物古迹的物质性再造问题［J］. 中国文化遗产，2017（2）：16–27.
[444] 白海峰. 浅析建筑遗址活化利用中的“恢复重建”［J］. 旅游学刊，2018，33（9）：9–11.
[445] 马炳坚. 北京四合院“恢复性修缮”的几个相关问题（上）［J］. 古建园林技术，2018（2）：6–12.
[446] 马炳坚. 北京四合院“恢复性修建”的几个相关问题（下）［J］. 古建园林技术，2018（3）：5–9.
[447] Siliang Chen，Qingwu Hu，Shaohua Wang，Hongjun Yang. A Virtual Restoration Approach for Ancient Plank Road Using Mechanical Analysis with Precision 3D Data of Heritage Site［J］. Remote Sensing，2016，8（10），828.
[448] Siliang Chen，Haozhong Yang，Shusheng Wang，Qingwu Hu. Surveying and Digital Restoration of Towering Architectural Heritage in Harsh Environments：A Case Study of the Millennium Ancient Watchtower in Tibet［J］. Sustainability，2018，10（9），3138.
[449]（意）切萨雷·布兰迪（Cesare Brandi）著，陆地译. 修复理论［M］. 上海：同济大学出版社，2016.
[450] 常青. 西藏山巅宫堡的变迁：桑珠孜宗宫的复生及宗山博物馆设计研究［M］. 上海：同济大学出版社，2015.

[451] 张基伟，贺林. 西安城墙永宁门（南门）箭楼复建研究［J］. 文博，2012（2）：71-75，40.
[452] 杨团. 中国慈善发展报告（2020）［M］. 北京：社会科学文献出版社，2020.
[453] 央视网. 巴黎圣母院重建捐款超10亿，其他古迹也缺钱修缮［OL］. http://news.cctv.com/2019/04/22/ARTILdhdFpjMflOeUnbHclGU190422.shtml.
[454] 中国一带一路网［OL］. https://www.yidaiyilu.gov.cn/info/iList.jsp?tm_id=540.
[455] 罗志田. 中国的近代：大国的历史转身［M］. 北京：商务印书馆，2019.
[456] 刘玉珠. 文物保护向抢救性与预防性保护并重转变［OL］. https://www.sohu.com/a/121188068_115420.
[457] 中国小康网. "修缮"停在纸上？千年辽塔快塌了！武安州白塔亟待加固维修［OL］. https://baijiahao.baidu.com/s?id=1664459251093989160&wfr=spider&for=pc.
[458]［清］毕沅. 奏为陈明省城鼓楼大街失火根由已谕令照旧修建烧毁房屋并将失火民人朱元儿照律治罪事（乾隆四十九年十一月二十一日）［B］. 宫中档乾隆朝朱批奏折，中国第一历史档案馆藏，档号04-01-01-0406-022.
[459] 中华人民共和国刑法（危害公共安全罪）［OL］. https://www.66law.cn/tiaoli/2485.aspx#第二章 危害公共安全罪.
[460] 武当山遇真宫失火案二审终结［OL］. https://lunwen.7139.com/340/09/28703.html.
[461]［清］福康安. 奏为请修陕西省城钟、鼓楼座及潼关城垣事（乾隆五十二年正月初四日）［B］. 军机处录副奏折，中国第一历史档案馆藏，档号03-1139-001.
[462]［清］毕沅. 复奏委派正印州县八员分段承修西安城垣工程事（乾隆四十七年七月十二日）［M］//中国台湾台北故宫博物院图书文献处文献科编. 宫中档乾隆朝奏折（第52辑），台北：中国台湾台北故宫博物院，1986：447.
[463] 陈斯亮，杨豪中，王新文. 清朝对历代帝王陵墓的保护［J］. 古建园林技术，2018（4）：27-31.
[464] 徐桐. 浅谈文物建筑灾（战）后"重建"的国际理论发展脉络［J］. 古建园林技术，2018（4）：36-40.

后记

中国传统的古迹保护究竟有何种意义及价值，又怎样去继承和发扬？这始终是备受争议的论题。尤其在西方遗产保护的权威话语体系下，试图开展此类探索，注定会经历曲折的道路。尽管如此，中华数千年的文明史和无数先贤们的智慧成就仍使我坚信，必能在故纸堆中寻得金玉、重焕光芒。

正是出于这份执着，我在8年前将其选作博士论文的切入点进行探索。因从小生长在陕西，早就对毕沅等地方历史文化名人略有耳闻。但初步梳理资料后，惊讶地发现毕沅开展过如此多的古迹保护工程，并在清代乃至整个中国古代的古迹保护历史上占有一席之地，这超乎既往之预期，于是顺理成章地把毕沅与陕西古迹保护敲定为主要研究对象。随着研究的推进，又发现许多保护思想和行为被典章制度所规范而具有内在相似性，历代制度内容之间也存在继承关系，因此，基于更广阔的背景补入了诸多重要资料，并有意进行中西古今对比，以期服务于当下及未来。可以说，整个研究历程既是不断发现和认识古代文明面貌的过程，也是自身乡土情怀和文化责任持续升温的过程。

当然，本次研究也绝非一帆风顺，在三方面遇到不少困难：

其一是海量资料的搜罗整理。书中所涉及历史档案、典章、方志、历史影像等均非易得。由于历史档案按规定不能通过网络传输或拍照的方式便捷获取，因此我只能借助工作之隙，数十次前往北京中国第一历史档案馆，每日手抄近万字，积年累月，最终收集到近百万字的原始资料，经梳理分析后方得些许成果。清代典章卷帙浩繁，乾隆时期的相关方志数量亦不少，我将其尽数翻检并整理汇总，前后所观览者亦逾数百万字。此外，为裨补文献缺疏而展现遗迹真实面貌，我又从数百种摄影集的五万余张历史影像中筛出与研究有关的若干影像。整个过程若聚沙成塔，静寂而漫长。

其二是立论所需理论框架及核心思想的筹划。书中虽尽言古人之事，却仍需要借助现代的理论框架来审视和阐述，也有必要对纷繁的历史现象进行思想层面的提炼、升华、比较、评价。因此，近现代各类遗产保护理论、国际文化遗产保护相关文件、诸多建筑遗产保护案例都需要认真学习，前贤们所思考的问题也值得反复揣摩推敲。由于深入论述古人遗产保护思想的研究先例甚少，使这次写作唯有选择披荆斩棘、自辟茅径，尽管仍有不少缺憾，但因愆延过久，不得以做出阶段性收笔，留待未来有识者补益。

其三是相关表格图纸的制作。书中每份表格都倾注了大量心血，我尽力做到“毫厘皆察、锱铢必较”。除追溯早期文献的原始记载外，我还常常奔波千里开展田野调查或建筑测绘，以确定关键数据之真伪。书中的图纸尤其是复原图，也尽可能融入丰富而准确的信息。这些努力是希望能将认知基础筑牢，为后来的学者提供研究便利。

上述工作所包含的艰辛毋庸赘言，而经历此番磨砺，使我愈发真切地感受到中华文化之博大精深、典籍文献之恢弘深邃、古人守土化民之勤恳至诚，也坚定了将研究成果公布以彰显古人神思智慧的决心。幸运的是，相关成果陆续得到多位匿名专家的高度肯定，修订提升后的书稿则于2022年顺利获批陕西省社科著作资助出版项目，这些对我无疑是莫大的鼓舞。

在从启动研究到集结成书的漫长岁月里，离不开至亲家人的支持和理解，时常领受来自恩师赵荣、杨豪中、林源三位教授的教诲指导，有幸得到王树声、李志民、董卫、王军、吴国源、高博等多位教授的点拨指正，并获得众多好友（王新文、喻梦哲、戚昊、秦思月、王浩楠）和学生（孙开宇、彭琛、许心悦、范宇华、王心雨、李志强、李祎烁、戴卓、景一桐、吴妍、杨郁欣、梁坤、张哲）的倾力帮助，中国建筑工业出版社吴宇江编审、陈夕涛副编审、刘颖超编辑也为本书的付梓给予颇多支持和宝贵建议。在此表达最真挚的感谢！

当然，余深知学无止境而力有所限，虽尽心而为却难免挂一漏万，不足之处恳请读者不吝批评指正。书中所关注的若干问题，还有继续深入阐发和讨论的必要。除毕沅外，亦有不少古代先贤适合开展专题性研究。这些古人所秉持的古迹保护观念，值得进一步凝聚而形成较完整的思想体系，从而使中国古代的遗产保护成就得以全面揭示，其理念精神能够传承光大。谨以此书作为引玉之砖，期盼这一天的早日到来。

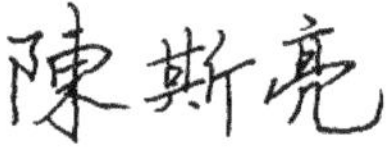

壬寅冬至识于西安雁塔之畔

图书在版编目（CIP）数据

清人毕沅与陕西古迹保护 / 陈斯亮著．—北京：中国建筑工业出版社，2023.5
ISBN 978-7-112-28675-1

Ⅰ.①清⋯ Ⅱ.①陈⋯ Ⅲ.①毕沅—生平事迹②文化遗址—文物保护—研究—陕西—清代 Ⅳ.①K825.41 ②K878.04

中国国家版本馆CIP数据核字（2023）第073783号

本书全面系统地论述了中国传统古迹保护领域的代表人物——毕沅（1730—1797）在古迹保护方面的事迹和成就，运用工程典籍、宫廷档案、金石碑刻、书札信件、报刊、摄影集、测绘图纸、考古发掘成果等资料，清晰梳理了毕沅在古迹游历考察、学术研究、保护实践方面的积极贡献，也从观念、制度、方法等多角度生动呈现了清代古迹保护的真实面貌，并结合近现代遗产保护问题进行了古今对比。

时至今日，聚焦中国传统古迹保护及历史人物的专门性著作仍相当匮乏，本书堪称先声之作，具有一定开创性。在今日文化复兴的时代背景下，本书不仅为读者了解既往遗产保护历史提供了丰富素材，也为古代遗产保护智慧的创造性转化贡献了有益思路，在历史与现实两方面具有积极意义。

责任编辑：吴宇江　刘颖超　陈夕涛
书籍设计：锋尚设计
责任校对：孙　莹

清人毕沅与陕西古迹保护
陈斯亮　著
*
中国建筑工业出版社 出版、发行（北京海淀三里河路9号）
各地新华书店、建筑书店经销
北京锋尚制版有限公司制版
天津图文方嘉印刷有限公司印刷
*
开本：787毫米×1092毫米　1/16　印张：24½　插页：1　字数：550千字
2023年6月第一版　2023年6月第一次印刷
定价：**258.00**元
ISBN 978-7-112-28675-1
（40909）